2015
中国住户调查年鉴
CHINA YEARBOOK OF HOUSEHOLD SURVEY

国家统计局住户调查办公室　编
COMPILED BY
Department of Household Surveys
National Bureau of Statistics of China

中国统计出版社
China Statistics Press

图书在版编目（CIP）数据

中国住户调查年鉴 . 2015 / 国家统计局住户调查办公室编 . -- 北京 : 中国统计出版社 , 2015.11
ISBN 978-7-5037-7661-8

Ⅰ . ①中… Ⅱ . ①国… Ⅲ . ①居民家庭收支调查－中国－ 2015 －年鉴 Ⅳ . ① F126.2-54

中国版本图书馆 CIP 数据核字 (2015) 第 231076 号

中国住户调查年鉴—2015

作　　者 / 国家统计局住户调查办公室
责任编辑 / 冯燕玲
封面设计 / 孙元明
出版发行 / 中国统计出版社
通信地址 / 北京市丰台区西三环南路甲 6 号 邮政编码 /100073
电　　话 / 邮购（010）63376909 书店（010）68783171
网　　址 /www. zgtjcbs.con
印　　刷 / 河北天普润印刷厂
经　　销 / 新华书店
开　　本 / 880×1230 毫米 1/16
字　　数 / 760 千字
印　　张 / 24
版　　别 /2015 年 11 月第 1 版
版　　次 /2015 年 11 月第 1 次印刷
定　　价 /248. 00 元

如有印装差错，由本社发行部调换。

《中国住户调查年鉴—2015》编辑委员会

编者说明

一、《中国住户调查年鉴—2015》是将城乡住户调查资料整合后，统一编辑出版的、全面反映中国城乡居民收支、生产和生活状况的资料性年鉴。该年鉴收录了历年全国及分城乡居民收支与生活状况主要数据，以及分省、分地区及按收入等份分组和按4个经济区域分组的住户调查基本情况及收支数据，还包括农村住户固定资产投资情况，以及住户调查其他数据。

二、本书所收录的2013年及之后年份的居民收支及生活状况数据，资料来源于国家统计局自2013年起组织开展的全国住户收支与生活状况调查；2012年及以前年份的数据资料来源于分别开展的城镇住户抽样调查和农村住户抽样调查，未包括香港、澳门特别行政区和台湾省数据。其中，2012年及以前年份的分城乡居民收支数据是分别按照城乡住户调查方案采集和汇总，编辑过程中尽量与以往年鉴资料保持一致。

三、全书内容分为如下部分，即：综述；（一）2013-2014年全国及分城乡居民收支与生活状况调查主要数据；（二） 2013-2014年分地区居民收支与生活状况调查主要数据；（三）历年城镇和农村住户调查主要数据；（四）2005-2012年城镇和农村住户调查主要分组数据；（五）2005-2012年分地区城镇和农村住户调查收支数据；（六）全国及分地区农村住户固定资产投资情况；（七）住户调查其他数据；住户调查简介。

四、本年鉴数据一般保留一位小数，部分数据合计由于单位取舍不同而产生的计算误差均未作调整。

五、本年鉴各表中对全表的注解均在表上方，对表中部分指标的注解则在表下方。带续表的资料中对部分指标的注解则在最后一张续表的下方。

六、本年鉴的符号使用说明："空格"表示该统计指标数据不详或无该项统计；"#"表示其中的主要项；"*"表示本表下有注解。

编　者

2015年8月

目录

综述

第一部分 2013-2014 年全国及分城乡居民收支与生活状况调查主要数据（新口径）

第二部分 2013-2014 年分地区居民收支与生活状况调查主要数据（新口径）

一、全国居民数据

（一）2013 年全国居民分地区收支主要数据

（二）2014 年全国居民分地区收支主要数据

二、城镇居民数据

（一）2013 年城镇居民分地区收支主要数据

（二）2014 年城镇居民分地区收支主要数据

三、农村居民数据

（一）2013年农村居民分地区收支主要数据

（二）2014年农村居民分地区收支主要数据

第三部分　历年城镇和农村住户调查主要数据（老口径）

一、全国城镇居民收支主要数据

二、全国农村居民收支主要数据

第四部分　2005-2012年城镇和农村住户调查主要分组数据（老口径）

第五部分　2005-2012 年分地区城镇和农村住户调查收支数据（老口径）

一、分地区城镇居民主要收支数据

二、分地区农村居民主要收支数据

第七部分　住户调查其他数据

住户调查简介

综　述

2014年全国住户收支与生活状况调查主要结果综述

据国家统计局对全国31个省(自治区、直辖市)16万户居民家庭开展的城乡一体化住户抽样调查[①],2014年全国居民收入稳定增长,生活水平继续提高。城乡居民收入差距有所缩小。

一、2014年居民收入状况

(一)人均可支配收入[②]

2014年全国居民人均可支配收入20167元,同比名义增长[③]10.1%,扣除价格因素影响,实际增长8.0%。按常住地分,城镇居民人均可支配收入28844元,同比名义增长9.0%,扣除价格因素影响,实际增长6.8%;农村居民人均可支配收入10489元,同比名义增长11.2%,实际增长9.2%。农村居民人均纯收入9892元。全国及分城乡居民人均可支配收入增长的主要情况如下:

1. 工资性收入。

2014年,全国居民人均工资性收入11421元,增长9.7%,对全国居民人均可支配收入增长的贡献率为54.4%,拉动全国居民人均可支配收入增长5.5个百分点。其中,城镇居民人均工资性收入增长7.9%,农村居民人均工资性收入增长13.7%。工资性收入增长的主要原因:一是各级政府积极促进就业,城镇就业人数稳中有升,农民工人数继续保持增长,比上年增长1.9%。二是大多数省份在2014年上调了最低工资标准和企业工资指导线,工资水平继续保持稳定上升,尤其是农民工工资保持了较快增长,月均收入同比增长9.8%。但随着各地产业转型升级步伐加快,部分地区压缩过剩产能,调节产业结构,影响了部分人员工资增速,使得居民工资性收入增长与2013年相比有所放缓。

2. 经营净收入。

2014年,全国居民人均经营净收入3732元,增长8.7%,对全国居民人均可支配收入增长的贡献率为16.0%,拉动全国居民人均可支配收入增长1.6个百分点。其中,城镇居民人均经营净收入增长10.2%,农村居民人均经营净收入增长7.7%。

经营净收入增长的主要原因:一是全国居民人均二三产业经营净收入增长较快,比上年增长11.6%。主要是各地区积极贯彻落实对小微企业的各项财政、金融、税费等扶持政策,如在2013年下半年对小微企业免征增值税、营业税的基础上,2014年继续扩大免征范围,使个体工商户和小微企业的税负进一步减轻,经营环境进一步改善。二是农村居民人均一产经营净收入增长5.6%。其中,人均种植业净收入增长6.8%。主要是种植业产品价格和粮食产量总体有所上升,水果、蔬菜、药材等生产情况较好,但棉花量价齐跌。人均牧业净收入下降3.7%,主要是受猪肉、羊肉、奶、毛绒价格明显下跌的影响。三是油价下跌以及化肥等农业生产资料价格的下降,降低了家庭生产经营成本,拉动城乡居民经营净收入较快增长。

3. 财产净收入。

2014年,全国居民人均财产净收入1588元,增长11.6%,对全国居民人均可支配收入增长的贡献率为8.9%,拉动全国居民人均可支配收入增长0.9个百分点。其中,城镇居民人均财产净收入增长10.2%,农村居民人均财产净收入增长14.1%。财产净收入增长的主要原因:一是全国居民人均出租房屋收入增长21.5%,人均红利收入增长14.6%,使得财产净收入保持较快增长。二是农村土地流转和规模经营加快,农村居民人均转让承包土地经营权租金净收入增长40.3%。

4. 转移净收入。

2014年,全国居民人均转移净收入3427元,增长12.6%,对全国居民人均可支配收入增长贡献率为20.7%,拉动全国居民人均可支配收入增长2.1个百分点。其中,城镇居民人均转移净收入增长11.4%,农村居民人均转移净收入增长13.9%。转移净收入增长的主要原因:一是国家继续提高企业离退休人员基本养老金和城镇居民基

① 自2013年度起,国家统计局实施了城乡一体化住户调查改革,统一了城乡居民收入名称、分类和统计标准,在全国统一抽选了16万户城乡居民家庭,直接开展全国住户收支与生活状况调查。本文使用数据均来源于此项调查。

② 根据城乡一体化住户收支调查,国家统计局于2015年正式公布了城乡可比、口径统一的新口径城乡常住居民人均可支配收入和人均消费支出。计算农村居民人均可支配收入时不包括在城镇地区常住的农民工。同时为满足政策需求,按照一体化改革前的农村住户调查老口径推算农村居民人均纯收入大数。

③ 若无特殊说明,本文各项收入和消费增长均未考虑价格因素影响。因四舍五入原因,部分数据存在分项数据与合计数据有误差的情况。

础养老金水平，部分行政事业单位津补贴改革覆盖离退休人员，城镇居民人均养老金和离退休金比上年增长11.2%，带动城镇居民人均转移净收入稳定增长；二是各地陆续提高农村低保、农村基本养老等社保标准，提高新农合报销范围和标准，进一步加大强农惠农政策力度，带动农村居民人均转移净收入保持较快增长速度。

（二）人均可支配收入中位数①

2014年全国居民人均可支配收入中位数17570元，同比增长12.4%，比平均数增速高2.3个百分点。全国居民人均可支配收入中位数相当于平均数的87.1%。其中，城镇居民人均可支配收入中位数为26635元，同比增长10.3%，比平均数增速高1.3个百分点。城镇居民人均可支配收入中位数相当于平均数的92.3%。农村居民人均可支配收入中位数9497元，同比增长12.7%，比平均数增速高1.5个百分点。农村居民人均可支配收入中位数相当于平均数的90.5%。

表1　2014年居民人均可支配收入增长情况

指　　标	全国居民		城镇居民		农村居民	
	绝对值（元）	增速（%）	绝对值（元）	增速（%）	绝对值（元）	增速（%）
人均可支配收入	20167	10.1	28844	9.0	10489	11.2
（一）工资性收入	11421	9.7	17937	7.9	4152	13.7
（二）经营净收入	3732	8.7	3279	10.2	4237	7.7
（三）财产净收入	1588	11.6	2812	10.2	222	14.1
（四）转移净收入	3427	12.6	4816	11.4	1877	13.9

二、2014年居民收入差距

（一）全国居民收入差距

2014年全国居民人均可支配收入20167元，人均可支配收入基尼系数为0.469，比上年下降了0.004，居民总体收入分配格局有所改善。

1. 城乡居民间收入差距缩小。

2014年，农村居民人均可支配收入增速为11.2%，快于城镇居民收入增速2.2个百分点。按照城乡同口径人均可支配收入计算，2014年城乡居民人均收入之比为2.75：1，比上年下降0.06。

2. 不同地区居民间收入差距略有下降。

分区域看，收入水平较低的中部、西部地区居民收入增速较快，收入水平较高的东部、东北地区居民收入增速较慢。中部、西部地区全体居民收入增速均为10.5%，比东部地区高0.8个百分点，比东北地区高0.9个百分点。东部地区与西部地区全体居民人均收入之比为1.69：1，与中部地区之比为1.54：1。东部与西部、东部与中部地区差距均比上年缩小0.01。

表2　2014年分区域居民人均可支配收入情况

区　域	全体居民		城镇居民		农村居民	
	绝对值（元）	增长率（%）	绝对值（元）	增长率（%）	绝对值（元）	增长率（%）
全　国	20167	10.1	28844	9.0	10489	11.2
东　部	25954	9.7	33905	8.8	13145	10.9
中　部	16868	10.5	24733	9.1	10011	11.4
西　部	15376	10.5	24391	9.1	8295	11.5
东　北	19604	9.6	25579	8.8	10802	10.7

3. 全国居民收入增长"中间快、两头慢"。

按人均可支配收入从低到高进行五等份分组，全国低收入组、高收入组居民收入增速基本一致，分别为7.8%和7.4%，明显低于中等偏下、中等、中等偏上三组居民12.8%、12.3%和10.6%的收入增长速度。全国高、低收入组居民人均可支配收入之比为10.74：1，比上年下降了0.04。

① 人均可支配收入中位数：指将所有调查户按人均可支配收入水平从低到高顺序排列，处于最中间位置调查户的人均可支配收入。

表 3 2014 年分组居民人均可支配收入情况

组别		全国居民		城镇居民		农村居民	
		绝对值(元)	增长率(%)	绝对值(元)	增长率(%)	绝对值(元)	增长率(%)
平均数	合计	20167	10.1	28844	9.0	10489	11.2
	低收入组	4747	7.8	11219	13.4	2768	-3.8
	中等偏下组	10887	12.8	19651	11.5	6604	10.7
	中等收入组	17631	12.3	26651	10.2	9504	12.6
	中等偏上组	26937	10.6	35631	9.3	13449	13.8
	高收入组	50968	7.4	61615	6.7	23947	12.3
中位数		17570	12.4	26635	10.3	9497	12.7

(二)城镇居民收入差距

1. 中西部地区城镇居民收入增速较快。

分区域看,2014 年收入水平较低的中部、西部地区城镇居民收入增速较快,为 9.1%;收入水平较高的东部、东北地区城镇居民收入增速相对较慢,为 8.8%。东部地区与西部地区城镇居民人均可支配收入之比为 1.39∶1,东北地区与西部地区农村居民人均可支配收入之比为 1.05∶1。

2. 低收入组城镇居民收入增速较快。

按人均可支配收入从低到高进行五等份分组,低收入组城镇居民收入增速较快。2014 年低收入组城镇居民人均可支配收入增速为 13.4%,中等偏下收入组城镇居民人均可支配收入增速为 11.5%,中等收入组城镇居民人均可支配收入增速为 10.2%。中等偏上收入组城镇居民人均可支配收入增速为 9.3%,高收入组城镇居民人均可支配收入增速为 6.7%。高、低收入组城镇居民人均可支配收入之比有所缩小,2014 年为 5.49∶1,比 2013 年下降 0.35 个百分点。

(三)农村居民收入差距

1. 中西部地区农村居民收入增速较快。

分区域看,2014 年收入水平较低的中部、西部地区农村居民收入增速较快,在 11%以上;收入水平较高的东部、东北地区农村居民收入增速相对较慢,低于 11%。其中:西部地区农村居民人均可支配收入增速为 11.5%,比中部地区高 0.1 个百分点,比东部地区高 0.6 个百分点,比东北地区高 0.8 个百分点。东部地区与西部地区农村居民人均可支配收入之比为 1.58∶1,东北地区与西部地区农村居民人均可支配收入之比为 1.30∶1,中部地区与西部地区农村居民人均可支配收入之比为 1.21∶1。

2. 中等收入以上组农村居民收入增速较快。

按人均可支配收入从低到高进行五等份分组,中等收入以上组农村居民收入增速较快。2014 年中等收入组农村居民人均可支配收入增速为 12.6%,中等偏上收入组农村居民人均可支配收入增速为 13.8%,高收入组农村居民人均可支配收入增速为 12.3%。中等偏下收入组农村居民人均可支配收入增速为 10.7%,低收入组农村居民人均可支配收入同比下降 3.8%。高、低收入组农村居民人均可支配收入之比有所扩大,2014 年为 8.65∶1,比 2013 年扩大 1.24 个百分点。低收入组农村居民人均可支配收入增速下降的主要原因是:2014 年部分农产品价格下降明显,农业经营亏损户增多,使农村低收入人群出现负增长。

三、2014 年居民消费状况

(一)全国居民消费状况

2014 年全国居民人均消费支出 14491 元,同比名义增长 9.6%,剔除价格因素影响,实际增长 7.5%。分项消费支出情况见表 4。

表 4 2014 年全国居民人均消费支出

指标	绝对数(元)	名义增长速度(%)	构成(%)
人均消费支出	14491	9.6	100.0
1. 食品烟酒	4494	8.9	31.0
2. 衣着	1099	7.0	7.6
3. 居住	3201	6.7	22.1
4. 生活用品及服务	890	10.3	6.1
5. 交通通信	1869	14.9	12.9
6. 教育文化娱乐	1536	9.9	10.6
7. 医疗保健	1045	14.5	7.2
8. 其他用品和服务	358	10.3	2.5

1. 食品烟酒。2014 年全国居民人均食品烟酒支出 4494 元，同比增长 8.9%，占消费支出的比重为 31.0%。全国居民人均食品烟酒支出中，粮油支出 787 元，增长 5.0%；蔬菜支出 417 元，增长 3.6%；肉禽支出 893 元，增长 6.5%；水产品支出 258 元，增长 11.8%；蛋奶支出 270 元，增长 14.8%；烟酒支出 447 元，增长 10.7%；在外饮食支出 657 元，增长 8.5%。

2. 衣着。2014 年全国居民人均衣着支出 1099 元，同比增长 7.0%，占消费支出的比重为 7.6%。全国居民人均衣着支出中，服装类支出 847 元，同比增长 6.1%；鞋类支出 252 元，同比增长 10.1%。

3. 居住。2014 年全国居民人均居住支出 3201 元，同比增长 6.7%，占消费支出的比重为 22.1%。全国居民人均居住支出中，住房维修及管理支出增长 8.5%；水电燃料及其他支出增长 4.8%。

4. 生活用品及服务。2014 年全国居民人均生活用品及服务支出 890 元，同比增长 10.3%，占消费支出的比重为 6.1%。全国居民人均生活用品及服务支出中，家庭日用杂品支出 267 元，增长 18.7%；家用器具支出 233 元，增长 5.3%；个人用品支出 124 元，增长 26.9%。

5. 交通通信。2014 年全国居民人均交通通信支出 1869 元，同比增长 14.9%，占消费支出的比重为 12.9%。全国居民人均交通通信支出中，交通支出 1244 元，增长 16.5%；通信支出 625 元，增长 11.7%。

6. 教育文化娱乐。2014 年全国居民人均教育文化娱乐支出 1536 元，同比增长 9.9%，占消费支出的比重为 10.6%。全国居民人均教育文化娱乐支出中，教育支出 864 元，增长 5.3%；文化娱乐支出 671 元，增长 16.4%。

7. 医疗保健。2014 年全国居民人均医疗保健支出 1045 元，同比增长 14.5%，占消费支出的比重为 7.2%。主要是国家提高了居民医疗保险，尤其是大病医疗保险报销的范围和比例，居民看病增加，但个人自付医疗费用支出占比下降。

8. 其他用品和服务。2014 年全国居民人均其他用品和服务支出 358 元，同比增长 10.3%，占消费支出的比重为 2.5%。

（二）城镇居民消费状况

2014 年，按常住地分，全国城镇居民人均消费支出 19968 元，同比名义增长 8.0%，剔除价格因素影响，实际增长 5.8%。分项消费支出情况见表 5。

表 5　2014 年城镇居民人均消费支出

指　标	绝对数(元)	名义增长速度(%)	构成(%)
人均消费支出	19968	8.0	100.0
1. 食品烟酒	6000	7.7	30.0
2. 衣着	1627	4.7	8.1
3. 居住	4490	4.4	22.5
4. 生活用品及服务	1233	9.2	6.2
5. 交通通信	2637	13.8	13.2
6. 教育文化娱乐	2142	7.7	10.7
7. 医疗保健	1306	14.9	6.5
8. 其他用品和服务	533	8.7	2.7

1. 食品烟酒。全国城镇居民人均食品烟酒支出 6000 元，同比增长 7.7%。人均食品烟酒支出中，粮油支出增长 7.6%；蔬菜支出增长 2.0%；肉禽支出增长 4.8%；水产品支出增长 10.1%；蛋类支出增长 13.4%；奶类支出增长 11.1%；烟酒支出增长 8.4%；在外饮食支出增长 6.4%。

2. 衣着。全国城镇居民人均衣着支出 1627 元，同比增长 4.7%。人均衣着支出中，服装类支出增长 4.2%；鞋类支出增长 6.7%。

3. 居住。全国城镇居民人均居住支出 4490 元，同比增长 4.4%。人均居住支出中，住房维修及管理支出增长 7.7%；水电燃料及其他支出增长 2.7%。

4. 生活用品及服务。全国城镇居民人均生活用品及服务支出 1233 元，同比增长 9.2%。人均生活用品及服务支出中，家用器具支出增长 7.4%；家用纺织品支出增长 7.8%；家庭日用杂品支出增长 16.6%；个人用品支出增长 21.3%；家庭服务支出增长 6.3%。

5. 交通通信。全国城镇居民人均交通通信支出2637元，同比增长13.8%。人均交通通信支出中，交通支出增长16.5%，其车辆保险支出增长46.1%；通信支出增长8.6%，其中通信服务支出增长10.3%。

6. 教育文化娱乐。全国城镇居民人均教育文化娱乐支出2142元，同比增长7.7%。人均教育文化娱乐支出中，教育支出增长1.1%；文化娱乐支出增长15.0%，其中主要是文化娱乐服务支出增速较快，增长20%以上。

7. 医疗保健。全国城镇居民人均医疗保健支出1306元，同比增长14.9%。人均医疗保健支出中，医疗器具及药品支出增长14.1%；医疗服务性支出增长15.5%。

8. 其他用品和服务。全国城镇居民人均其他用品和服务支出533元，同比增长8.7%。人均其他用品和服务支出中，其他用品支出增长3.0%；其他服务性支出增长17.6%。

9. 消费支出结构略有变动。与2013年比较，2014年城镇居民八大项消费结构略有变动。在城镇居民消费支出中：食品烟酒支出占30.0%，比2013年略降0.1个百分点；衣着支出占8.1%，比2013年下降0.3个百分点；居住支出占22.5%，比2013年下降0.8个百分点；生活用品及服务支出占6.2%，比2013年略升0.1个百分点；交通通信支出占13.2%，比2013年提高0.7个百分点；教育文化娱乐支出占10.7%，与2013年基本持平；医疗保健支出占6.5%，比2013年提高0.4个百分点；其他用品及服务支出占2.7%，与2013年持平。

（三）农村居民消费状况

2014年，按常住地分，全国农村居民人均消费支出8383元，同比名义增长12.0%，剔除价格因素影响，实际增长10.0%。分项消费支出情况见表6。

表6 2014年农村居民人均消费支出

指 标	绝对数(元)	名义增长速度(%)	构成(%)
人均消费支出	8383	12.0	100.0
1. 食品烟酒	2814	10.2	33.6
2. 衣着	510	12.5	6.1
3. 居住	1763	11.6	21.0
4. 生活用品及服务	506	11.3	6.0
5. 交通通信	1013	15.7	12.1
6. 教育文化娱乐	860	13.9	10.3
7. 医疗保健	754	12.8	9.0
8. 其他用品和服务	163	13.0	1.9

1. 食品烟酒。全国农村居民人均食品烟酒支出2814元，同比增长10.2%。人均食品烟酒支出中，粮油支出增长0.8%；蔬菜支出增长6.0%；肉禽支出增长8.8%；水产品支出增长14.6%；蛋类支出增长20.9%；奶类支出增长20.4%；烟酒支出增长13.8%；在外饮食支出增长15.9%。

2. 衣着。全国农村居民人均衣着支出510元，同比增长12.5%。人均衣着支出中，服装类支出增长10.4%；鞋类支出增长19.2%。

3. 居住。全国农村居民人均居住支出1763元，同比增长11.6%。人均居住支出中，住房维修及管理支出增长9.1%；水电燃料及其他支出增长8.4%。

4. 生活用品及服务。全国农村居民人均生活用品及服务支出506元，同比增长11.3%。人均生活用品及服务支出中，家具及室内装饰品支出增长2.4%；家用纺织品支出增长7.7%；家庭日用杂品支出增长21.9%；家庭服务支出增长10.1%。

5. 交通通信。全国农村居民人均交通通信支出1013元，同比增长15.7%。人均交通通信支出中，交通支出增长14.2%；通信支出增长18.8%。

6. 教育文化娱乐。全国农村居民人均教育文化娱乐支出860元，同比增长13.9%。人均教育文化娱乐支出中，教育支出增长12.5%；文化娱乐支出增长18.4%。

7. 医疗保健。全国农村居民人均医疗保健支出754元，同比增长12.8%。人均医疗保健支出中，医疗器具及药品支出增长18.7%；医疗服务性支出增长10.6%。

8. 其他用品和服务。全国农村居民人均其他用品和服务支出163元，同比增长13.0%。人均其他用品和服务支出中，其他用品支出增长10.1%；其他服务性支出增长18.5%。

9. 消费支出结构略有变动。与2013年比较，

2014 年农村居民八大项消费结构略有变动。在农村居民消费支出中：食品烟酒支出占 33.6%，比 2013 年下降 0.5 个百分点；衣着支出占 6.1%，与 2013 年持平；居住支出占 21.0%，比 2013 年略降 0.1 个百分点；生活用品及服务支出占 6.0%，与 2013 年持平；交通通信支出占 12.1%，比 2013 年提高 0.4 个百分点；教育文化娱乐支出占 10.3%，比 2013 年提高 0.2 个百分点；医疗保健支出占 9.0%，比 2013 年提高 0.1 个百分点；其他用品及服务支出占 1.9%，与 2013 年持平。

四、2014 年全国农村贫困人口减少情况

据对全国 31 个省（自治区、直辖市）16 万户居民家庭的抽样调查，按年人均收入 2300 元（2010 年不变价）的国家农村扶贫标准测算，2014 年全国农村贫困人口为 7017 万人，比上年减少 1232 万人，减少 14.9%；贫困发生率为 7.2%，比上年下降 1.3 个百分点。

（一）各地区农村贫困人口规模全面减少

2014 年，按照国家农村扶贫标准测算，西部地区[①]农村贫困人口 3600 万，比上年减少 609 万，减少 14.5%；贫困人口占全国农村贫困人口的 51.3%，比上年上升 0.3 个百分点；贫困发生率为 12.4%，比上年下降 2.1 个百分点。

中部地区农村贫困人口 2461 万，比上年减少 408 万，减少 14.2%；贫困人口占全国农村贫困人口的 35.1%，比上年上升 0.3 个百分点；贫困发生率为 7.5%，比上年下降 1.3 个百分点。

东部地区农村贫困人口 956 万，比上年减少 215 万，减少 18.4%；贫困人口占全国农村贫困人口的 13.6%，比上年下降 0.6 个百分点；贫困发生率为 2.7%，比上年下降 0.6 个百分点。

（二）贫困人口在 300 万以上的省份有 10 个

2014 年，按照国家农村扶贫标准测算，农村贫困人口仍在 500 万以上的省份有 6 个，包括河南、湖南、广西、四川、贵州、云南；在 300－500 万之间的有 4 个，包括河北、安徽、陕西、甘肃；在 100－300 万之间的有 7 个，包括山西、辽宁、江西、山东、湖北、重庆、新疆；100 万以下的有 14 个，包括北京、天津、内蒙古、吉林、黑龙江、上海、江苏、浙江、福建、广东、海南、西藏、青海、宁夏。

（三）贫困发生率在 10%以上的省份有 10 个

2014 年，按照国家农村扶贫标准测算，贫困发生率在 15%以上的省份有 5 个，包括贵州、云南、西藏、甘肃和新疆；在 10%－15%之间的有 5 个，包括山西、广西、陕西、青海、宁夏；在 5%－10%之间的有 13 个，包括河北、内蒙古、辽宁、吉林、黑龙江、安徽、江西、河南、湖北、湖南、海南、重庆、四川；在 5%以下的有 8 个，包括北京、天津、上海、江苏、浙江、福建、山东、广东。

---

① 西部地区包括内蒙古、广西、重庆、四川、贵州、云南、西藏、陕西、甘肃、青海、宁夏、新疆。
中部地区包括山西、吉林、黑龙江、安徽、江西、河南、湖北、湖南。
东部地区包括北京、天津、河北、辽宁、上海、江苏、浙江、福建、山东、广东、海南。

2013-2014年全国及分城乡居民收支与生活状况调查主要数据（新口径）

一、全国居民收支与生活状况主要数据

1-1-1 全国居民家庭基本情况

指　　标	单 位	2013年	2014年
一、基本情况			
户均常住人口	人/户	3.1	3.0
户均常住从业人口	人/户	1.8	1.8
平均每户家庭从业人口比重	%	58.4	58.4
平均每一从业人口负担人数(包括从业者本人)	人	1.7	1.7
二、户主文化程度			
(一)未上过学	%	2.9	2.8
(二)小学	%	20.2	20.0
(三)初中	%	41.7	42.0
(四)高中	%	20.0	20.0
(五)大学专科	%	8.9	8.9
(六)大学本科及以上	%	6.2	6.3
三、常住从业人员就业类型			
(一)雇主	%	1.8	1.6
(二)公职人员	%	3.1	3.0
(三)事业单位人员	%	6.3	5.9
(四)国有企业雇员	%	5.2	5.0
(五)其他雇员	%	38.0	40.1
(六)农业自营	%	34.7	33.7
(七)非农自营	%	10.9	10.7
四、常住从业人员从事主要行业			
(一)第一产业	%	35.6	34.8
(二)第二产业	%	23.5	23.0
(三)第三产业	%	40.9	42.2
五、常住户家庭收入与支出			
居民可支配收入	元/人	18310.8	20167.1
居民现金可支配收入	元/人	17114.6	18747.4
现金可支配收入占可支配收入比重	%	93.5	93.0
居民消费支出	元/人	13220.4	14491.4
居民现金消费支出	元/人	10917.4	11975.7
现金消费支出占消费支出比重	%	82.6	82.6

注：①从2013年度起,国家统计局开展了住户收支与生活状况抽样调查,本年鉴中的2013年和2014年数据来源于此调查，与2012年及以前的分城镇和农村住户抽样调查的调查范围、调查方法、指标口径有所不同。②表1-1-1到2-3-2-8数据来源于实施城乡一体化调查后的住户收支与生活状况抽样调查。

1-1-2　全国居民可支配收入及构成

指　　标	2013年	2014年
可支配收入　(元/人)	**18310.8**	**20167.1**
一、工资性收入	10410.8	11420.6
二、经营净收入	3434.7	3732.0
(一)第一产业净收入	1508.1	1582.8
1.农业	1128.6	1198.9
2.林业	86.4	95.0
3.牧业	248.0	238.7
4.渔业	45.1	50.2
(二)第二产业经营净收入	336.3	376.1
(三)第三产业经营净收入	1590.3	1773.1
三、财产净收入	1423.3	1587.8
四、转移净收入	3042.1	3426.8
(一)转移性收入	3929.9	4417.2
其中：养老金或离退休金	2725.8	3083.2
(二)转移性支出	887.9	990.5
其中：个人缴纳的社会保障支出	613.7	700.0
可支配收入构成　(%)	**100.0**	**100.0**
一、工资性收入	56.9	56.6
二、经营净收入	18.8	18.5
(一)第一产业净收入	8.2	7.8
1.农业	6.2	5.9
2.林业	0.5	0.5
3.牧业	1.4	1.2
4.渔业	0.2	0.2
(二)第二产业经营净收入	1.8	1.9
(三)第三产业经营净收入	8.7	8.8
三、财产净收入	7.8	7.9
四、转移净收入	16.6	17.0
(一)转移性收入	21.5	21.9
其中：养老金或离退休金	14.9	15.3
(二)转移性支出	4.8	4.9
其中：个人缴纳的社会保障支出	3.4	3.5

1-1-3　全国居民现金可支配收入及构成

指　　标	2013年	2014年
现金可支配收入　（元/人）	**17114.6**	**18747.4**
一、现金工资性收入	10348.6	11352.7
二、现金经营净收入	3354.2	3571.5
(一)第一产业净收入	1162.9	1197.1
1.农业	807.3	834.5
2.林业	48.1	55.8
3.牧业	261.2	254.7
4.渔业	46.3	52.1
(二)第二产业净收入	405.1	433.8
(三)第三产业净收入	1786.2	1940.6
三、现金财产净收入	526.6	621.8
四、现金转移净收入	2885.2	3201.3
(一)现金转移性收入	3774.8	4192.1
其中：养老金或离退休金	2725.8	3083.2
(二)现金转移性支出	889.5	990.7
其中：个人缴纳的社会保障支出	613.7	700.0
现金可支配收入构成　（%）	**100.0**	**100.0**
一、现金工资性收入	60.5	60.6
二、现金经营净收入	19.6	19.1
(一)第一产业净收入	6.8	6.4
1.农业	4.7	4.5
2.林业	0.3	0.3
3.牧业	1.5	1.4
4.渔业	0.3	0.3
(二)第二产业净收入	2.4	2.3
(三)第三产业净收入	10.4	10.4
三、现金财产净收入	3.1	3.3
四、现金转移净收入	16.9	17.1
(一)现金转移性收入	22.1	22.4
其中：养老金或离退休金	15.9	16.4
(二)现金转移性支出	5.2	5.3
其中：个人缴纳的社会保障支出	3.6	3.7

1-1-4　全国居民按收入五等份分组的人均可支配收入

单位：元/人

年　份	2013年	2014年
低收入户	4402.4	4747.0
中等偏下户	9653.7	10887.0
中等收入户	15698.0	17631.0
中等偏上户	24361.2	26937.0
高收入户	47456.6	50968.0

1-1-5　全国居民按东、中、西部及东北地区分组的人均可支配收入

单位：元/人

年　份	2013年	2014年
东部地区	23658.4	25954.0
中部地区	15263.9	16868.0
西部地区	13919.0	15376.0
东北地区	17893.1	19604.0

1-1-6 全国居民消费支出

单位：元/人

指　　标	2013年	2014年
消费支出	**13220.4**	**14491.4**
(一)食品烟酒	4126.7	4493.9
1.食品	2974.0	3223.9
2.烟酒	403.7	446.7
3.饮料	84.7	97.8
4.饮食服务	664.4	725.4
(二)衣着	1027.1	1099.3
1.衣类	798.1	847.1
2.鞋类	229.0	252.2
(三)居住	2998.5	3200.5
1.租赁房房租	160.8	158.4
2.住房维修及管理	353.1	383.1
3.水、电、燃料及其他	691.3	724.6
4.自有住房折算租金	1793.2	1934.5
(四)生活用品及服务	806.5	889.7
1.家具及室内装饰品	148.4	142.3
2.家用器具	221.2	233.0
3.家用纺织品	74.7	81.0
4.家庭日用杂品	225.1	267.0
5.个人护理用品	98.0	124.4
6.家庭服务	39.0	42.0
(五)交通通信	1627.1	1869.3
1.交通	1067.6	1244.2
2.通信	559.5	625.1
(六)教育文化娱乐	1397.7	1535.9
1.教育	821.0	864.4
2.文化和娱乐	576.7	671.5
(七)医疗保健	912.1	1044.8
1.医疗器具及药品	318.7	369.3
2.医疗服务	593.4	675.5
(八)其他用品及服务	324.7	358.0
1.其他用品	200.7	211.1
2.其他服务	124.0	146.9

1-1-7 全国居民消费支出构成

单位：%

指　　标	2013年	2014年
消费支出构成	**100.0**	**100.0**
(一)食品烟酒	31.2	31.0
1.食品	22.5	22.2
2.烟酒	3.1	3.1
3.饮料	0.6	0.7
4.饮食服务	5.0	5.0
(二)衣着	7.8	7.6
1.衣类	6.0	5.8
2.鞋类	1.7	1.7
(三)居住	22.7	22.1
1.租赁房房租	1.2	1.1
2.住房维修及管理	2.7	2.6
3.水、电、燃料及其他	5.2	5.0
4.自有住房折算租金	13.6	13.3
(四)生活用品及服务	6.1	6.1
1.家具及室内装饰品	1.1	1.0
2.家用器具	1.7	1.6
3.家用纺织品	0.6	0.6
4.家庭日用杂品	1.7	1.8
5.个人护理用品	0.7	0.9
6.家庭服务	0.3	0.3
(五)交通通信	12.3	12.9
1.交通	8.1	8.6
2.通信	4.2	4.3
(六)教育文化娱乐	10.6	10.6
1.教育	6.2	6.0
2.文化和娱乐	4.4	4.6
(七)医疗保健	6.9	7.2
1.医疗器具及药品	2.4	2.5
2.医疗服务	4.5	4.7
(八)其他用品及服务	2.5	2.5
1.其他用品	1.5	1.5
2.其他服务	0.9	1.0

1-1-8　全国居民现金消费支出

单位：元/人

指　　标	2013年	2014年
现金消费支出	**10917.4**	**11975.7**
(一)食品烟酒	3822.8	4185.6
1.食品	2691.9	2955.7
2.烟酒	403.6	446.7
3.饮料	84.5	97.3
4.饮食服务	642.8	685.9
(二)衣着	1025.7	1098.6
1.衣类	770.1	846.4
2.鞋类	229.0	252.2
(三)居住	1155.1	1215.7
1.租赁房房租	160.8	158.4
2.住房维修及管理	353.1	383.1
3.水、电、燃料及其他	625.0	674.3
(四)生活用品及服务	801.8	882.6
1.家具及室内装饰品	131.3	141.1
2.家用器具	221.2	233.0
3.家用纺织品	74.7	81.0
4.家庭日用杂品	225.1	261.1
5.个人护理用品	98.0	124.4
6.家庭服务	39.0	42.0
(五)交通通信	1624.8	1866.2
1.交通	1066.6	1241.1
2.通信	558.2	625.1
(六)教育文化娱乐	1396.5	1534.9
1.教育	821.0	864.3
2.文化和娱乐	575.5	670.6
(七)医疗保健	772.1	838.3
1.医疗器具及药品	316.5	367.6
2.医疗服务	593.4	470.6
(八)其他用品及服务	318.7	353.8
1.其他用品	196.3	209.5
2.其他服务	122.4	144.4

1-1-9　全国居民现金消费支出构成

单位：%

指　　标	2013年	2014年
现金消费支出构成	**100.0**	**100.0**
(一)食品烟酒	35.0	35.0
1.食品	24.7	24.7
2.烟酒	3.7	3.7
3.饮料	0.8	0.8
4.饮食服务	5.9	5.7
(二)衣着	9.4	9.2
1.衣类	7.1	7.1
2.鞋类	2.1	2.1
(三)居住	10.6	10.2
1.租赁房房租	1.5	1.3
2.住房维修及管理	3.2	3.2
3.水、电、燃料及其他	5.7	5.6
(四)生活用品及服务	7.3	7.4
1.家具及室内装饰品	1.2	1.2
2.家用器具	2.0	1.9
3.家用纺织品	0.7	0.7
4.家庭日用杂品	2.1	2.2
5.个人护理用品	0.9	1.0
6.家庭服务	0.4	0.4
(五)交通通信	14.9	15.6
1.交通	9.8	10.4
2.通信	5.1	5.2
(六)教育文化娱乐	12.8	12.8
1.教育	7.5	7.2
2.文化和娱乐	5.3	5.6
(七)医疗保健	7.1	7.0
1.医疗器具及药品	2.9	3.1
2.医疗服务	5.4	3.9
(八)其他用品及服务	2.9	3.0
1.其他用品	1.8	1.7
2.其他服务	1.1	1.2

1-1-10 全国居民消费主要食品数量

单位：公斤/人

指 标	2013年	2014年
一、粮食(原粮)	148.7	141.0
(一)谷物	138.9	131.4
(二)薯类	2.3	2.2
(三)豆类	7.5	7.5
二、食用油	10.6	10.4
# 食用植物油	9.9	9.8
三、蔬菜及食用菌	97.5	96.9
# 鲜菜	94.9	94.1
四、肉类	25.6	25.6
# 猪肉	19.8	20.0
牛肉	1.5	1.5
羊肉	0.9	1.0
五、禽类	7.2	8.0
六、水产品	10.4	10.8
七、蛋类	8.2	8.6
八、奶类	11.7	12.6
九、干鲜瓜果类	40.7	42.2
# 鲜瓜果	37.8	38.6
坚果类	3.0	2.9
十、食糖	1.2	1.3

1-1-11 全国居民年末主要耐用消费品拥有量

单位：平均每百户

指 标	单 位	2013年	2014年
家用汽车	辆	16.9	19.2
摩托车	辆	38.5	43.5
电动助力车	台	39.5	43.8
洗衣机	台	80.8	83.7
电冰箱(柜)	台	82.0	85.5
微波炉	台	34.6	36.0
彩色电视机	台	116.1	119.2
空调	台	70.4	75.2
热水器	台	64.2	67.7
排油烟机	台	42.5	44.3
固定电话	线	41.6	48.2
移动电话	部	203.2	215.9
计算机	台	48.9	53.0
照相机	台	21.0	21.7

二、全国城镇居民收支与生活状况主要数据

1-2-1　城镇居民家庭基本情况

指　　标	单 位	2013年	2014年
一、基本情况			
户均常住人口	人/户	2.8	2.8
户均常住从业人口	人/户	1.5	1.6
平均每户家庭从业人口比重	%	53.9	54.9
平均每一从业人口负担人数(包括从业者本人)	人	1.9	1.8
二、户主文化程度			
(一)未上过学	%	1.6	1.5
(二)小学	%	10.8	10.7
(三)初中	%	34.5	34.5
(四)高中	%	27.2	27.2
(五)大学专科	%	14.9	14.9
(六)大学本科及以上	%	11.0	11.1
三、常住从业人员就业类型			
(一)雇主	%	2.8	2.4
(二)公职人员	%	5.9	5.7
(三)事业单位人员	%	12.0	11.0
(四)国有企业雇员	%	10.2	9.6
(五)其他雇员	%	50.1	52.6
(六)农业自营	%	5.5	5.6
(七)非农自营	%	13.6	13.0
四、常住从业人员从事主要行业			
(一)第一产业	%	6.6	6.6
(二)第二产业	%	26.8	26.1
(三)第三产业	%	66.6	67.3
五、常住户家庭收入与支出			
居民可支配收入	元/人	26467.0	28843.9
居民现金可支配收入	元/人	24799.0	26860.2
现金可支配收入占可支配收入比重	%	93.7	93.1
居民消费支出	元/人	18487.5	19968.1
居民现金消费支出	元/人	15453.0	16690.6
现金消费支出占消费支出比重	%	83.6	83.6

1-2-2　城镇居民可支配收入及构成

指　　标	2013年	2014年
可支配收入　（元/人）	**26467.0**	**28843.9**
一、工资性收入	16617.4	17936.8
二、经营净收入	2975.3	3279.0
（一）第一产业净收入	285.1	313.6
1.农业	181.4	205.7
2.林业	16.9	21.2
3.牧业	53.2	55.5
4.渔业	33.6	31.1
（二）第二产业经营净收入	413.1	481.0
（三）第三产业经营净收入	2277.1	2484.4
三、财产净收入	2551.5	2812.1
四、转移净收入	4322.8	4815.9
（一）转移性收入	5783.0	6425.3
其中：养老金或离退休金	4859.5	5405.1
（二）转移性支出	1460.2	1609.4
其中：个人缴纳的社会保障支出	999.5	1119.9
可支配收入构成　（%）	**100.0**	**100.0**
一、工资性收入	62.8	62.2
二、经营净收入	11.2	11.4
（一）第一产业净收入	1.1	1.1
1.农业	0.7	0.7
2.林业	0.1	0.1
3.牧业	0.2	0.2
4.渔业	0.1	0.1
（二）第二产业经营净收入	1.6	1.7
（三）第三产业经营净收入	8.6	8.6
三、财产净收入	9.6	9.7
四、转移净收入	16.3	16.7
（一）转移性收入	21.8	22.3
其中：养老金或离退休金	18.4	18.7
（二）转移性支出	5.5	5.6
其中：个人缴纳的社会保障支出	3.8	3.9

1-2-3 城镇居民现金可支配收入及构成

指　　标	2013年	2014年
现金可支配收入 （元/人）	**24799.0**	**26860.2**
一、现金工资性收入	16509.9	17821.3
二、现金经营净收入	3332.3	3528.0
(一)第一产业净收入	265.1	267.0
1.农业	164.9	163.0
2.林业	10.5	13.9
3.牧业	54.9	57.5
4.渔业	34.8	32.5
(二)第二产业净收入	512.5	556.9
(三)第三产业净收入	2554.7	2704.1
三、现金财产净收入	831.8	977.8
四、现金转移净收入	4125.0	4533.1
(一)现金转移性收入	5588.4	6143.0
其中：养老金或离退休金	4859.5	5405.1
(二)现金转移性支出	1463.4	1609.9
其中：个人缴纳的社会保障支出	999.4	1119.9
现金可支配收入构成 （%）	**100.0**	**100.0**
一、现金工资性收入	66.6	66.3
二、现金经营净收入	13.4	13.1
(一)第一产业净收入	1.1	1.0
1.农业	0.7	0.6
2.林业	0.0	0.1
3.牧业	0.2	0.2
4.渔业	0.1	0.1
(二)第二产业净收入	2.1	2.1
(三)第三产业净收入	10.3	10.1
三、现金财产净收入	3.4	3.6
四、现金转移净收入	16.6	16.9
(一)现金转移性收入	22.5	22.9
其中：养老金或离退休金	19.6	20.1
(二)现金转移性支出	5.9	6.0
其中：个人缴纳的社会保障支出	4.0	4.2

1-2-4 城镇居民按收入五等份分组的人均可支配收入

单位：元/人

年　　份	2013年	2014年
低收入户	9895.9	11219.3
中等偏下户	17628.1	19650.5
中等收入户	24172.9	26650.6
中等偏上户	32613.8	35631.2
高收入户	57762.1	61615.0

1-2-5 城镇居民按东、中、西部及东北地区分组的人均可支配收入

单位：元/人

年　　份	2013年	2014年
东部地区	31152.4	33905.4
中部地区	22664.7	24733.3
西部地区	22362.9	24390.6
东北地区	23507.2	25578.9

1-2-6　城镇居民消费支出

单位：元/人

指　　标	2013年	2014年
消费支出	**18487.5**	**19968.1**
(一)食品烟酒	5570.7	6000.0
1.食品	3865.5	4163.5
2.烟酒	481.0	521.2
3.饮料	117.5	129.4
4.饮食服务	1106.7	1185.9
(二)衣着	1553.7	1627.2
1.衣类	1212.9	1263.7
2.鞋类	340.7	363.5
(三)居住	4301.4	4489.6
1.租赁房房租	282.2	276.0
2.住房维修及管理	398.1	429.0
3.水、电、燃料及其他	923.0	947.7
4.自有住房折算租金	2698.1	2836.9
(四)生活用品及服务	1129.2	1233.2
1.家具及室内装饰品	203.0	188.0
2.家用器具	288.6	309.9
3.家用纺织品	105.0	113.2
4.家庭日用杂品	304.5	355.0
5.个人护理用品	164.5	199.5
6.家庭服务	63.7	67.6
(五)交通通信	2317.8	2637.3
1.交通	1513.5	1763.8
2.通信	804.4	873.5
(六)教育文化娱乐	1988.3	2142.3
1.教育	1042.5	1054.4
2.文化和娱乐	945.7	1087.9
(七)医疗保健	1136.1	1305.6
1.医疗器具及药品	442.9	505.1
2.医疗服务	693.2	800.4
(八)其他用品及服务	490.4	532.9
1.其他用品	298.5	307.4
2.其他服务	191.9	225.5

1-2-7　城镇居民消费支出构成

单位：%

指　　标	2013年	2014年
消费支出构成	**100.0**	**100.0**
(一)食品烟酒	30.1	30.0
1.食品	20.9	20.9
2.烟酒	2.6	2.6
3.饮料	0.6	0.6
4.饮食服务	6.0	5.9
(二)衣着	8.4	8.1
1.衣类	6.6	6.3
2.鞋类	1.8	1.8
(三)居住	23.3	22.5
1.租赁房房租	1.5	1.4
2.住房维修及管理	2.2	2.1
3.水、电、燃料及其他	5.0	4.7
4.自有住房折算租金	14.6	14.2
(四)生活用品及服务	6.1	6.2
1.家具及室内装饰品	1.1	0.9
2.家用器具	1.6	1.6
3.家用纺织品	0.6	0.6
4.家庭日用杂品	1.6	1.8
5.个人护理用品	0.9	1.0
6.家庭服务	0.3	0.3
(五)交通通信	12.5	13.2
1.交通	8.2	8.8
2.通信	4.4	4.4
(六)教育文化娱乐	10.8	10.7
1.教育	5.6	5.3
2.文化和娱乐	5.1	5.4
(七)医疗保健	6.1	6.5
1.医疗器具及药品	2.4	2.5
2.医疗服务	3.7	4.0
(八)其他用品及服务	2.7	2.7
1.其他用品	1.6	1.5
2.其他服务	1.0	1.1

1-2-8 城镇居民现金消费支出

单位：元/人

指　　标	2013年	2014年
现金消费支出	**15453.0**	**16690.6**
(一)食品烟酒	5461.2	5874.9
1.食品	3791.8	4104.8
2.烟酒	480.9	521.2
3.饮料	117.5	129.4
4.饮食服务	1071.0	1119.6
(二)衣着	1551.5	1626.6
1.衣类	1161.9	1263.1
2.鞋类	340.7	363.5
(三)居住	1579.9	1625.6
1.租赁房房租	282.2	276.0
2.住房维修及管理	398.1	429.0
3.水、电、燃料及其他	870.1	920.7
(四)生活用品及服务	1124.0	1225.6
1.家具及室内装饰品	174.8	187.9
2.家用器具	288.6	309.9
3.家用纺织品	105.0	113.2
4.家庭日用杂品	304.5	347.5
5.个人护理用品	164.5	199.5
6.家庭服务	63.7	67.6
(五)交通通信	2313.6	2631.5
1.交通	1511.7	1758.0
2.通信	801.9	873.5
(六)教育文化娱乐	1986.3	2140.7
1.教育	1042.6	1054.3
2.文化和娱乐	943.7	1086.4
(七)医疗保健	954.8	1038.5
1.医疗器具及药品	438.9	502.1
2.医疗服务	693.2	536.4
(八)其他用品及服务	481.7	527.1
1.其他用品	291.7	305.7
2.其他服务	190.0	221.5

1-2-9 城镇居民现金消费支出构成

单位：%

指　　标	2013年	2014年
现金消费支出构成	**100.0**	**100.0**
(一)食品烟酒	35.3	35.2
1.食品	24.5	24.6
2.烟酒	3.1	3.1
3.饮料	0.8	0.8
4.饮食服务	6.9	6.7
(二)衣着	10.0	9.7
1.衣类	7.5	7.6
2.鞋类	2.2	2.2
(三)居住	10.2	9.7
1.租赁房房租	1.8	1.7
2.住房维修及管理	2.6	2.6
3.水、电、燃料及其他	5.6	5.5
(四)生活用品及服务	7.3	7.3
1.家具及室内装饰品	1.1	1.1
2.家用器具	1.9	1.9
3.家用纺织品	0.7	0.7
4.家庭日用杂品	2.0	2.1
5.个人护理用品	1.1	1.2
6.家庭服务	0.4	0.4
(五)交通通信	15.0	15.8
1.交通	9.8	10.5
2.通信	5.2	5.2
(六)教育文化娱乐	12.9	12.8
1.教育	6.7	6.3
2.文化和娱乐	6.1	6.5
(七)医疗保健	6.2	6.2
1.医疗器具及药品	2.8	3.0
2.医疗服务	4.5	3.2
(八)其他用品及服务	3.1	3.2
1.其他用品	1.9	1.8
2.其他服务	1.2	1.3

1-2-10　城镇居民消费主要食品数量

单位：公斤/人

指　　标	2013年	2014年
一、粮食(原粮)	121.3	117.2
(一)谷物	110.6	106.5
(二)薯类	1.9	2.0
(三)豆类	8.8	8.6
二、食用油	10.9	11.0
# 食用植物油	10.5	10.6
三、蔬菜及食用菌	103.8	104.0
# 鲜菜	100.1	100.1
四、肉类	28.5	28.4
# 猪肉	20.4	20.8
牛肉	2.2	2.2
羊肉	1.1	1.2
五、禽类	8.1	9.1
六、水产品	14.0	14.4
七、蛋类	9.4	9.8
八、奶类	17.1	18.1
九、干鲜瓜果类	51.1	52.9
# 鲜瓜果	47.6	48.1
坚果类	3.4	3.7
十、食糖	1.3	1.3

1-2-11　城镇居民年末主要耐用消费品拥有量

单位：平均每百户

指　　标	单　位	2013年	2014年
家用汽车	辆	22.3	25.7
摩托车	辆	20.8	24.5
电动助力车	台	39.0	42.5
洗衣机	台	88.4	90.7
电冰箱(柜)	台	89.2	91.7
微波炉	台	50.6	52.6
彩色电视机	台	118.6	122.0
空调	台	102.2	107.4
热水器	台	80.3	83.0
排油烟机	台	66.1	68.2
固定电话	线	48.6	55.5
移动电话	部	206.1	216.6
计算机	台	71.5	76.2
照相机	台	34.0	35.2

三、全国农村居民收支与生活状况主要数据

1-3-1 农村居民家庭基本情况

指　　标	单 位	2013年	2014年
一、基本情况			
户均常住人口	人/户	3.3	3.3
户均常住从业人口	人/户	2.1	2.0
平均每户家庭从业人口比重	%	63.4	62.4
平均每一从业人口负担人数(包括从业者本人)	人	1.6	1.6
二、户主文化程度			
(一)未上过学	%	4.7	4.4
(二)小学	%	32.3	31.8
(三)初中	%	51.0	51.5
(四)高中	%	10.7	10.9
(五)大学专科	%	1.2	1.2
(六)大学本科及以上	%	0.2	0.2
三、常住从业人员就业类型			
(一)雇主	%	1.0	0.8
(二)公职人员	%	0.4	0.4
(三)事业单位人员	%	1.0	0.9
(四)国有企业雇员	%	0.5	0.4
(五)其他雇员	%	26.9	27.9
(六)农业自营	%	61.7	61.3
(七)非农自营	%	8.4	8.4
四、常住从业人员从事主要行业			
(一)第一产业	%	62.5	62.5
(二)第二产业	%	20.5	19.8
(三)第三产业	%	17.1	17.7
五、常住户家庭收入与支出			
居民可支配收入	元/人	9429.6	10488.9
居民现金可支配收入	元/人	8747.1	9698.2
现金可支配收入占可支配收入比重	%	92.8	92.5
居民消费支出	元/人	7485.1	8382.6
居民现金消费支出	元/人	5978.7	6716.7
现金消费支出占消费支出比重	%	79.9	80.1

1-3-2　农村居民可支配收入及构成

指　　标	2013年	2014年
可支配收入(元/人)	**9429.6**	**10488.9**
一、工资性收入	3652.5	4152.2
二、经营净收入	3934.8	4237.4
(一)第一产业净收入	2839.8	2998.6
1.农业	2160.0	2306.8
2.林业	162.0	177.3
3.牧业	460.1	443.0
4.渔业	57.6	71.4
(二)第二产业经营净收入	252.5	259.1
(三)第三产业经营净收入	842.5	979.6
三、财产净收入	194.7	222.1
四、转移净收入	1647.5	1877.2
(一)转移性收入	1912.2	2177.4
其中: 养老金或离退休金	402.5	493.2
(二)转移性支出	264.7	300.2
其中: 个人缴纳的社会保障支出	193.7	231.6
可支配收入构成(%)	**100.0**	**100.0**
一、工资性收入	38.7	39.6
二、经营净收入	41.7	40.4
(一)第一产业净收入	30.1	28.6
1.农业	22.9	22.0
2.林业	1.7	1.7
3.牧业	4.9	4.2
4.渔业	0.6	0.7
(二)第二产业经营净收入	2.7	2.5
(三)第三产业经营净收入	8.9	9.3
三、财产净收入	2.1	2.1
四、转移净收入	17.5	17.9
(一)转移性收入	20.3	20.8
其中: 养老金或离退休金	4.3	4.7
(二)转移性支出	2.8	2.9
其中: 个人缴纳的社会保障支出	2.1	2.2

1-3-3　农村居民现金可支配收入及构成

指　　标	2013年	2014年
现金可支配收入　（元/人）	**8747.1**	**9698.2**
一、现金工资性收入	3639.7	4137.5
二、现金经营净收入	3378.0	3620.1
(一)第一产业净收入	2140.5	2234.6
1.农业	1506.8	1583.4
2.林业	89.0	102.5
3.牧业	485.8	474.7
4.渔业	58.9	74.0
(二)第二产业净收入	288.1	296.5
(三)第三产业净收入	949.3	1089.0
三、现金财产净收入	194.2	224.7
四、现金转移净收入	1535.2	1715.9
(一)现金转移性收入	1799.9	2016.0
其中：养老金或离退休金	402.5	493.2
(二)现金转移性支出	264.6	300.1
其中：个人缴纳的社会保障支出	193.7	231.6
现金可支配收入构成　（%）	**100.0**	**100.0**
一、现金工资性收入	41.6	42.7
二、现金经营净收入	38.6	37.3
(一)第一产业净收入	24.5	23.0
1.农业	17.2	16.3
2.林业	1.0	1.1
3.牧业	5.6	4.9
4.渔业	0.7	0.8
(二)第二产业净收入	3.3	3.1
(三)第三产业净收入	10.9	11.2
三、现金财产净收入	2.2	2.3
四、现金转移净收入	17.6	17.7
(一)现金转移性收入	20.6	20.8
其中：养老金或离退休金	4.6	5.1
(二)现金转移性支出	3.0	3.1
其中：个人缴纳的社会保障支出	2.2	2.4

1-3-4 农村居民按收入五等份分组的人均可支配收入

单位：元/人

年　份	2013年	2014年
低收入户	2877.9	2768.1
中等偏下户	5965.6	6604.4
中等收入户	8438.3	9503.9
中等偏上户	11816.0	13449.2
高收入户	21323.7	23947.4

1-3-5 农村居民按东、中、西部及东北地区分组的人均可支配收入

单位：元/人

年　份	2013年	2014年
东部地区	11856.8	13144.6
中部地区	8983.2	10011.1
西部地区	7436.6	8295.0
东北地区	9761.5	10802.1

1-3-6 农村居民消费支出

单位：元/人

指 标	2013年	2014年
消费支出	**7485.1**	**8382.6**
(一)食品烟酒	2554.4	2814.0
1.食品	2003.2	2175.9
2.烟酒	319.5	363.7
3.饮料	49.0	62.6
4.饮食服务	182.8	211.8
(二)衣着	453.8	510.4
1.衣类	346.4	382.4
2.鞋类	107.4	128.0
(三)居住	1579.8	1762.7
1.租赁房房租	28.7	27.2
2.住房维修及管理	304.1	331.9
3.水、电、燃料及其他	439.1	475.9
4.自有住房折算租金	808.0	927.8
(四)生活用品及服务	455.1	506.5
1.家具及室内装饰品	89.0	91.2
2.家用器具	147.8	147.2
3.家用纺织品	41.8	45.0
4.家庭日用杂品	138.6	168.9
5.个人护理用品	25.7	40.7
6.家庭服务	12.2	13.5
(五)交通通信	874.9	1012.6
1.交通	582.0	664.7
2.通信	292.9	348.0
(六)教育文化娱乐	754.6	859.5
1.教育	579.8	652.5
2.文化和娱乐	174.8	207.0
(七)医疗保健	668.2	753.9
1.医疗器具及药品	183.5	217.8
2.医疗服务	484.6	536.1
(八)其他用品及服务	144.2	163.0
1.其他用品	94.2	103.7
2.其他服务	50.0	59.3

1-3-7　农村居民消费支出构成

单位：%

指　标	2013年	2014年
消费支出构成	**100.0**	**100.0**
(一)食品烟酒	34.1	33.6
1.食品	26.8	26.0
2.烟酒	4.3	4.3
3.饮料	0.7	0.7
4.饮食服务	2.4	2.5
(二)衣着	6.1	6.1
1.衣类	4.6	4.6
2.鞋类	1.4	1.5
(三)居住	21.1	21.0
1.租赁房房租	0.4	0.3
2.住房维修及管理	4.1	4.0
3.水、电、燃料及其他	5.9	5.7
4.自有住房折算租金	10.8	11.1
(四)生活用品及服务	6.1	6.0
1.家具及室内装饰品	1.2	1.1
2.家用器具	2.0	1.8
3.家用纺织品	0.6	0.5
4.家庭日用杂品	1.9	2.0
5.个人护理用品	0.3	0.5
6.家庭服务	0.2	0.2
(五)交通通信	11.7	12.1
1.交通	7.8	7.9
2.通信	3.9	4.2
(六)教育文化娱乐	10.1	10.3
1.教育	7.7	7.8
2.文化和娱乐	2.3	2.5
(七)医疗保健	8.9	9.0
1.医疗器具及药品	2.5	2.6
2.医疗服务	6.5	6.4
(八)其他用品及服务	1.9	1.9
1.其他用品	1.3	1.2
2.其他服务	0.7	0.7

1-3-8 农村居民现金消费支出

单位：元/人

指　标	2013年	2014年
现金消费支出	**5978.7**	**6716.7**
(一)食品烟酒	2038.8	2301.3
1.食品	1494.2	1674.0
2.烟酒	319.4	363.6
3.饮料	48.6	61.5
4.饮食服务	176.6	202.2
(二)衣着	453.1	509.7
1.衣类	343.4	381.7
2.鞋类	107.4	128.0
(三)居住	692.4	758.5
1.租赁房房租	28.7	27.2
2.住房维修及管理	304.1	331.9
3.水、电、燃料及其他	358.1	399.4
(四)生活用品及服务	451.0	500.1
1.家具及室内装饰品	83.9	88.8
2.家用器具	147.8	147.2
3.家用纺织品	41.8	45.0
4.家庭日用杂品	138.6	164.9
5.个人护理用品	25.7	40.7
6.家庭服务	12.2	13.5
(五)交通通信	874.7	1012.5
1.交通	581.9	664.5
2.通信	292.8	348.0
(六)教育文化娱乐	754.4	859.2
1.教育	579.8	652.4
2.文化和娱乐	174.5	206.8
(七)医疗保健	573.2	614.9
1.医疗器具及药品	183.2	217.7
2.医疗服务	484.6	397.2
(八)其他用品及服务	141.2	160.5
1.其他用品	92.4	102.1
2.其他服务	48.8	58.4

1-3-9 农村居民现金消费支出构成

单位：%

指　　标	2013年	2014年
现金消费支出构成	**100.0**	**100.0**
(一)食品烟酒	34.1	34.3
1.食品	25.0	24.9
2.烟酒	5.3	5.4
3.饮料	0.8	0.9
4.饮食服务	3.0	3.0
(二)衣着	7.6	7.6
1.衣类	5.7	5.7
2.鞋类	1.8	1.9
(三)居住	11.6	11.3
1.租赁房房租	0.5	0.4
2.住房维修及管理	5.1	4.9
3.水、电、燃料及其他	6.0	5.9
(四)生活用品及服务	7.5	7.4
1.家具及室内装饰品	1.4	1.3
2.家用器具	2.5	2.2
3.家用纺织品	0.7	0.7
4.家庭日用杂品	2.3	2.5
5.个人护理用品	0.4	0.6
6.家庭服务	0.2	0.2
(五)交通通信	14.6	15.1
1.交通	9.7	9.9
2.通信	4.9	5.2
(六)教育文化娱乐	12.6	12.8
1.教育	9.7	9.7
2.文化和娱乐	2.9	3.1
(七)医疗保健	9.6	9.2
1.医疗器具及药品	3.1	3.2
2.医疗服务	8.1	5.9
(八)其他用品及服务	2.4	2.4
1.其他用品	1.5	1.5
2.其他服务	0.8	0.9

1-3-10　农村居民消费主要食品数量

单位：公斤/人

指　　标	2013年	2014年
一、粮食(原粮)	178.5	167.6
(一)谷物	169.8	159.1
(二)薯类	2.7	2.4
(三)豆类	6.0	6.2
二、食用油	10.3	9.8
# 食用植物油	9.3	9.0
三、蔬菜及食用菌	90.6	88.9
# 鲜菜	89.2	87.5
四、肉类	22.4	22.5
# 猪肉	19.1	19.2
牛肉	0.8	0.8
羊肉	0.7	0.7
五、禽类	6.2	6.7
六、水产品	6.6	6.8
七、蛋类	7.0	7.2
八、奶类	5.7	6.4
九、干鲜瓜果类	29.5	30.3
# 鲜瓜果	27.1	28.0
坚果类	2.5	1.9
十、食糖	1.2	1.3

1-3-11　农村居民年末主要耐用消费品拥有量

单位：平均每百户

指　　标	单　位	2013年	2014年
家用汽车	辆	9.9	11.0
摩托车	辆	61.1	67.6
电动助力车	台	40.3	45.4
洗衣机	台	71.2	74.8
电冰箱(柜)	台	72.9	77.6
微波炉	台	14.1	14.7
彩色电视机	台	112.9	115.6
空调	台	29.8	34.2
热水器	台	43.6	48.2
排油烟机	台	12.4	13.9
固定电话	线	32.6	38.9
移动电话	部	199.5	215.0
计算机	台	20.0	23.5
照相机	台	4.4	4.5

1-3-12　农村居民第一产业生产经营收支情况

单位：元/人

指　　标	2013年	2014年
一、生产经营收入	5235.3	5731.6
(一)农业	3526.4	3896.6
(二)林业	202.5	218.2
(三)牧业	1392.2	1473.6
(四)渔业	114.3	143.1
二、生产经营现金收入	4188.4	4586.2
(一)农业	2710.9	2992.2
(二)林业	127.3	141.0
(三)牧业	1239.0	1313.6
(四)渔业	111.2	139.4
三、生产经营费用支出	2193.0	2506.4
(一)农业	1228.6	1439.8
(二)林业	38.4	38.7
(三)牧业	873.1	961.8
(四)渔业	52.9	66.0
四、生产经营现金费用支出	2047.9	2351.7
(一)农业	1196.8	1408.8
(二)林业	38.3	38.5
(三)牧业	760.5	838.9
(四)渔业	52.2	65.5

2013-2014 年分地区居民收支与生活状况调查主要数据（新口径）

一、全国居民数据

(一)2013年全国居民分地区收支主要数据

2-1-1-1　2013年全国居民分地区可支配收入

单位：元/人

地　区	可支配收入	一、工资性收入	二、经营净收入	三、财产净收入	四、转移净收入
全　国	**18310.8**	**10410.8**	**3434.7**	**1423.3**	**3042.1**
北　京	40830.0	25022.8	1295.7	6486.2	8025.4
天　津	26359.2	15567.7	2681.5	2445.4	5664.5
河　北	15189.6	8858.9	2462.3	1048.3	2820.1
山　西	15119.7	9424.0	2338.3	739.0	2618.5
内蒙古	18692.9	10004.9	4729.8	1075.2	2883.0
辽　宁	20817.8	11273.1	3919.1	1312.5	4313.1
吉　林	15998.1	7394.8	4548.3	691.7	3363.4
黑龙江	15903.4	8039.9	3949.8	881.6	3032.1
上　海	42173.6	26747.6	1345.6	6036.8	8043.7
江　苏	24775.5	14434.9	3926.0	2161.2	4253.5
浙　江	29775.0	17426.1	5600.2	3314.5	3434.2
安　徽	15154.3	8155.1	3662.3	814.3	2522.7
福　建	21217.9	12520.8	4129.5	2049.1	2518.6
江　西	15099.7	8293.6	2920.8	1118.3	2766.9
山　东	19008.3	10990.8	4297.8	1215.8	2503.8
河　南	14203.7	7134.8	3551.1	759.5	2758.3
湖　北	16472.5	8159.8	3913.3	957.2	3442.2
湖　南	16004.9	8124.8	3255.2	1158.0	3466.8
广　东	23420.7	17282.3	3094.2	1977.3	1066.9
广　西	14082.3	6868.0	3249.6	862.4	3102.3
海　南	15733.3	8672.1	3575.2	1210.4	2275.6
重　庆	16568.7	8818.8	2749.0	1193.3	3807.5
四　川	14231.0	7149.6	3173.4	864.0	3044.0
贵　州	11083.1	5595.9	2650.4	553.2	2283.6
云　南	12577.9	5715.6	3520.1	1316.6	2025.6
西　藏	9740.4	4786.5	3164.4	380.1	1409.5
陕　西	14371.5	8184.4	2217.3	874.1	3095.7
甘　肃	10954.4	5660.9	2175.8	753.9	2363.8
青　海	12947.8	7607.1	2050.1	561.9	2728.7
宁　夏	14565.8	8836.3	2991.7	474.1	2263.6
新　疆	13669.6	6864.8	4077.0	575.7	2152.1

2-1-1-2　2013年全国居民分地区可支配收入构成

单位：%

地　区	可支配收入	一、工资性收入	二、经营净收入	三、财产净收入	四、转移净收入
全　国	**100.0**	**56.9**	**18.8**	**7.8**	**16.6**
北　京	100.0	61.3	3.2	15.9	19.7
天　津	100.0	59.1	10.2	9.3	21.5
河　北	100.0	58.3	16.2	6.9	18.6
山　西	100.0	62.3	15.5	4.9	17.3
内蒙古	100.0	53.5	25.3	5.8	15.4
辽　宁	100.0	54.2	18.8	6.3	20.7
吉　林	100.0	46.2	28.4	4.3	21.0
黑龙江	100.0	50.6	24.8	5.5	19.1
上　海	100.0	63.4	3.2	14.3	19.1
江　苏	100.0	58.3	15.8	8.7	17.2
浙　江	100.0	58.5	18.8	11.1	11.5
安　徽	100.0	53.8	24.2	5.4	16.6
福　建	100.0	59.0	19.5	9.7	11.9
江　西	100.0	54.9	19.3	7.4	18.3
山　东	100.0	57.8	22.6	6.4	13.2
河　南	100.0	50.2	25.0	5.3	19.4
湖　北	100.0	49.5	23.8	5.8	20.9
湖　南	100.0	50.8	20.3	7.2	21.7
广　东	100.0	73.8	13.2	8.4	4.6
广　西	100.0	48.8	23.1	6.1	22.0
海　南	100.0	55.1	22.7	7.7	14.5
重　庆	100.0	53.2	16.6	7.2	23.0
四　川	100.0	50.2	22.3	6.1	21.4
贵　州	100.0	50.5	23.9	5.0	20.6
云　南	100.0	45.4	28.0	10.5	16.1
西　藏	100.0	49.1	32.5	3.9	14.5
陕　西	100.0	56.9	15.4	6.1	21.5
甘　肃	100.0	51.7	19.9	6.9	21.6
青　海	100.0	58.8	15.8	4.3	21.1
宁　夏	100.0	60.7	20.5	3.3	15.5
新　疆	100.0	50.2	29.8	4.2	15.7

2-1-1-3 2013年全国居民分地区现金可支配收入

单位：元/人

地 区	现金可支配收入	一、工资性收入	二、经营净收入	三、财产净收入	四、转移净收入
全 国	**17114.6**	**10348.6**	**3354.2**	**526.6**	**2885.2**
北 京	35154.1	24926.4	1566.2	954.7	7706.9
天 津	24700.4	15373.8	3218.7	778.5	5329.4
河 北	14325.9	8840.4	2427.2	358.8	2699.5
山 西	14591.2	9390.2	2337.5	422.7	2440.7
内蒙古	17956.5	9997.6	4595.3	539.0	2824.6
辽 宁	19862.4	11081.9	4347.7	331.1	4101.8
吉 林	14910.3	7377.1	4013.3	220.3	3299.7
黑龙江	14863.3	8016.1	3584.2	309.3	2953.6
上 海	35418.7	26436.9	1520.3	400.3	7061.3
江 苏	23188.2	14344.1	4101.5	791.2	3951.4
浙 江	28081.3	17302.0	6271.4	1340.1	3167.8
安 徽	14403.7	8104.0	3611.0	298.8	2389.8
福 建	20097.3	12432.0	4488.2	795.2	2381.9
江 西	13990.6	8284.9	2517.5	495.0	2693.3
山 东	18239.2	10937.4	4436.5	454.5	2410.8
河 南	13050.7	7118.7	2975.9	344.1	2612.0
湖 北	15550.5	8105.7	3900.5	271.2	3273.2
湖 南	15116.6	8088.2	3028.2	630.2	3370.0
广 东	22129.8	17132.9	3118.2	912.3	966.4
广 西	13157.7	6840.9	2966.6	399.4	2950.8
海 南	14953.3	8636.1	3717.3	502.4	2097.4
重 庆	15297.0	8785.4	2325.4	442.7	3743.5
四 川	13012.6	7103.7	2628.3	390.1	2890.5
贵 州	10359.3	5588.4	2319.6	229.9	2221.4
云 南	11681.1	5703.1	3189.1	836.0	1953.0
西 藏	9081.8	4783.4	2720.0	198.3	1380.0
陕 西	13746.8	8132.2	2196.6	453.9	2964.2
甘 肃	10322.9	5647.1	2075.2	317.9	2282.7
青 海	12429.2	7585.4	2291.8	138.5	2413.5
宁 夏	13892.5	8806.5	3037.0	68.2	1980.7
新 疆	13043.5	6839.8	3971.3	194.4	2037.9

2-1-1-4　2013年全国居民分地区现金可支配收入构成

单位：%

地　区	现金可支配收入	一、工资性收入	二、经营净收入	三、财产净收入	四、转移净收入
全　国	**100.0**	**60.5**	**19.6**	**3.1**	**16.9**
北　京	100.0	70.9	4.5	2.7	21.9
天　津	100.0	62.2	13.0	3.2	21.6
河　北	100.0	61.7	16.9	2.5	18.8
山　西	100.0	64.4	16.0	2.9	16.7
内蒙古	100.0	55.7	25.6	3.0	15.7
辽　宁	100.0	55.8	21.9	1.7	20.7
吉　林	100.0	49.5	26.9	1.5	22.1
黑龙江	100.0	53.9	24.1	2.1	19.9
上　海	100.0	74.6	4.3	1.1	19.9
江　苏	100.0	61.9	17.7	3.4	17.0
浙　江	100.0	61.6	22.3	4.8	11.3
安　徽	100.0	56.3	25.1	2.1	16.6
福　建	100.0	61.9	22.3	4.0	11.9
江　西	100.0	59.2	18.0	3.5	19.3
山　东	100.0	60.0	24.3	2.5	13.2
河　南	100.0	54.5	22.8	2.6	20.0
湖　北	100.0	52.1	25.1	1.7	21.0
湖　南	100.0	53.5	20.0	4.2	22.3
广　东	100.0	77.4	14.1	4.1	4.4
广　西	100.0	52.0	22.5	3.0	22.4
海　南	100.0	57.8	24.9	3.4	14.0
重　庆	100.0	57.4	15.2	2.9	24.5
四　川	100.0	54.6	20.2	3.0	22.2
贵　州	100.0	53.9	22.4	2.2	21.4
云　南	100.0	48.8	27.3	7.2	16.7
西　藏	100.0	52.7	30.0	2.2	15.2
陕　西	100.0	59.2	16.0	3.3	21.6
甘　肃	100.0	54.7	20.1	3.1	22.1
青　海	100.0	61.0	18.4	1.1	19.4
宁　夏	100.0	63.4	21.9	0.5	14.3
新　疆	100.0	52.4	30.4	1.5	15.6

2-1-1-5　2013年全国居民分地区消费支出

单位：元/人

地　区	消费支出	一、食品烟酒支出	二、衣着支出	三、居住支出
全　国	**13220.4**	**4126.7**	**1027.1**	**2998.5**
北　京	29175.6	7008.5	2254.9	9120.5
天　津	20418.7	6607.3	1652.0	4525.2
河　北	10872.2	3042.5	905.9	2583.3
山　西	10118.3	2691.9	998.8	2173.8
内蒙古	14877.7	4313.8	1676.2	2684.8
辽　宁	14950.2	4250.3	1400.9	3238.8
吉　林	12054.3	3292.3	1140.6	2475.9
黑龙江	12037.2	3440.5	1238.6	2585.7
上　海	30399.9	8199.6	1603.7	10011.6
江　苏	17925.8	5216.8	1325.0	3978.3
浙　江	20610.1	5990.6	1499.1	5201.5
安　徽	10544.1	3660.8	806.5	2353.6
福　建	16176.6	5543.1	1032.7	3903.7
江　西	10052.8	3450.4	772.7	2418.4
山　东	11896.8	3560.9	1032.7	2660.4
河　南	10002.5	2958.1	1012.4	2093.7
湖　北	11760.8	3794.5	933.5	2625.3
湖　南	11945.9	3899.1	851.5	2521.8
广　东	17421.0	6097.3	951.1	3962.7
广　西	9596.5	3362.8	435.7	2168.5
海　南	11192.9	4468.8	484.8	2468.9
重　庆	12600.2	4511.2	1213.0	2452.2
四　川	11054.7	4074.5	906.1	2064.2
贵　州	8288.0	2906.4	610.8	1678.5
云　南	8823.8	3048.4	550.3	1858.3
西　藏	6306.8	2741.3	632.8	1212.7
陕　西	11217.3	3066.0	912.1	2383.8
甘　肃	8943.4	2897.2	795.4	1796.2
青　海	11576.5	3627.6	1087.1	2245.1
宁　夏	11292.0	3226.2	1022.9	2036.2
新　疆	11391.8	3676.7	1173.8	2160.4

2-1-1-5 续表

单位：元/人

地　区	四、生活用品及服务支出	五、交通通信支出	六、教育文化娱乐支出	七、医疗保健支出	八、其他用品及服务支出
全　国	**806.5**	**1627.1**	**1397.7**	**912.1**	**324.7**
北　京	1862.6	3278.0	3082.9	1765.7	802.6
天　津	1135.3	2832.1	1596.5	1445.0	625.2
河　北	696.8	1414.2	1039.2	956.1	234.3
山　西	609.0	1145.5	1381.0	835.9	282.4
内蒙古	881.1	2036.4	1663.1	1176.0	446.2
辽　宁	865.0	1814.8	1708.8	1213.4	458.2
吉　林	616.0	1520.6	1417.3	1281.8	309.9
黑龙江	630.6	1335.9	1339.9	1153.1	312.9
上　海	1457.8	3450.4	2751.9	2054.1	870.8
江　苏	1047.6	2431.4	2271.3	1155.0	500.3
浙　江	1053.6	3125.5	2019.1	1198.0	522.7
安　徽	594.5	1190.0	1018.7	699.5	220.4
福　建	992.9	1885.8	1570.8	774.7	473.0
江　西	599.9	1045.8	990.7	547.2	227.7
山　东	801.7	1540.8	1136.8	902.1	261.4
河　南	790.3	1049.2	1076.9	766.2	255.6
湖　北	735.6	1236.0	1302.9	876.8	256.2
湖　南	783.3	1381.8	1353.2	865.4	289.9
广　东	999.3	2400.1	1811.0	728.9	470.6
广　西	573.2	1177.5	1064.2	643.0	171.7
海　南	637.8	1157.6	1226.4	540.6	208.0
重　庆	877.5	1214.4	1239.0	837.6	255.3
四　川	774.8	1222.0	986.3	808.8	217.9
贵　州	551.6	933.4	1011.1	447.6	148.7
云　南	511.6	1110.9	962.1	642.1	140.0
西　藏	393.7	700.9	218.5	183.2	223.7
陕　西	729.8	1374.2	1438.1	1081.2	232.2
甘　肃	558.2	1005.3	988.3	727.9	174.9
青　海	702.2	1495.9	1046.6	1101.7	270.3
宁　夏	762.9	1577.3	1273.0	1066.1	327.5
新　疆	651.1	1510.1	1062.5	912.9	244.4

2-1-1-6 2013年全国居民分地区消费支出构成

单位：%

地 区	消费支出	一、食品烟酒支出	二、衣着支出	三、居住支出
全 国	**100.0**	**31.2**	**7.8**	**22.7**
北 京	100.0	24.0	7.7	31.3
天 津	100.0	32.4	8.1	22.2
河 北	100.0	28.0	8.3	23.8
山 西	100.0	26.6	9.9	21.5
内蒙古	100.0	29.0	11.3	18.0
辽 宁	100.0	28.4	9.4	21.7
吉 林	100.0	27.3	9.5	20.5
黑龙江	100.0	28.6	10.3	21.5
上 海	100.0	27.0	5.3	32.9
江 苏	100.0	29.1	7.4	22.2
浙 江	100.0	29.1	7.3	25.2
安 徽	100.0	34.7	7.6	22.3
福 建	100.0	34.3	6.4	24.1
江 西	100.0	34.3	7.7	24.1
山 东	100.0	29.9	8.7	22.4
河 南	100.0	29.6	10.1	20.9
湖 北	100.0	32.3	7.9	22.3
湖 南	100.0	32.6	7.1	21.1
广 东	100.0	35.0	5.5	22.7
广 西	100.0	35.0	4.5	22.6
海 南	100.0	39.9	4.3	22.1
重 庆	100.0	35.8	9.6	19.5
四 川	100.0	36.9	8.2	18.7
贵 州	100.0	35.1	7.4	20.3
云 南	100.0	34.5	6.2	21.1
西 藏	100.0	43.5	10.0	19.2
陕 西	100.0	27.3	8.1	21.3
甘 肃	100.0	32.4	8.9	20.1
青 海	100.0	31.3	9.4	19.4
宁 夏	100.0	28.6	9.1	18.0
新 疆	100.0	32.3	10.3	19.0

2-1-1-6 续表 单位： %

地　区	四、生活用品及服务支出	五、交通通信支出	六、教育文化娱乐支出	七、医疗保健支出	八、其他用品及服务支出
全　国	**6.1**	**12.3**	**10.6**	**6.9**	**2.5**
北　京	6.4	11.2	10.6	6.1	2.8
天　津	5.6	13.9	7.8	7.1	3.1
河　北	6.4	13.0	9.6	8.8	2.2
山　西	6.0	11.3	13.6	8.3	2.8
内蒙古	5.9	13.7	11.2	7.9	3.0
辽　宁	5.8	12.1	11.4	8.1	3.1
吉　林	5.1	12.6	11.8	10.6	2.6
黑龙江	5.2	11.1	11.1	9.6	2.6
上　海	4.8	11.3	9.1	6.8	2.9
江　苏	5.8	13.6	12.7	6.4	2.8
浙　江	5.1	15.2	9.8	5.8	2.5
安　徽	5.6	11.3	9.7	6.6	2.1
福　建	6.1	11.7	9.7	4.8	2.9
江　西	6.0	10.4	9.9	5.4	2.3
山　东	6.7	13.0	9.6	7.6	2.2
河　南	7.9	10.5	10.8	7.7	2.6
湖　北	6.3	10.5	11.1	7.5	2.2
湖　南	6.6	11.6	11.3	7.2	2.4
广　东	5.7	13.8	10.4	4.2	2.7
广　西	6.0	12.3	11.1	6.7	1.8
海　南	5.7	10.3	11.0	4.8	1.9
重　庆	7.0	9.6	9.8	6.6	2.0
四　川	7.0	11.1	8.9	7.3	2.0
贵　州	6.7	11.3	12.2	5.4	1.8
云　南	5.8	12.6	10.9	7.3	1.6
西　藏	6.2	11.1	3.5	2.9	3.5
陕　西	6.5	12.3	12.8	9.6	2.1
甘　肃	6.2	11.2	11.1	8.1	2.0
青　海	6.1	12.9	9.0	9.5	2.3
宁　夏	6.8	14.0	11.3	9.4	2.9
新　疆	5.7	13.3	9.3	8.0	2.1

2-1-1-7　2013年全国居民分地区现金消费支出

单位：元/人

地　区	现金消费支出	一、食品烟酒支出	二、衣着支出	三、居住支出
全　国	**10917.4**	**3822.8**	**1025.7**	**1155.1**
北　京	21787.7	6936.9	2253.7	2119.9
天　津	17064.1	6458.9	1649.2	1688.2
河　北	9177.1	2923.7	905.3	1128.0
山　西	8719.7	2498.4	996.9	1097.1
内蒙古	13235.4	4029.3	1676.7	1382.1
辽　宁	12689.2	4045.8	1400.2	1407.2
吉　林	10565.8	3146.0	1140.1	1198.3
黑龙江	10538.2	3335.0	1238.5	1271.8
上　海	21417.4	7937.7	1601.8	2320.2
江　苏	14634.1	4960.7	1323.1	1258.5
浙　江	16543.2	5800.0	1497.6	1610.4
安　徽	8718.6	3406.3	803.0	918.4
福　建	13158.6	5222.5	1031.8	1374.1
江　西	8005.6	3057.1	772.5	835.8
山　东	10078.2	3399.6	1029.7	1087.3
河　南	8498.8	2790.7	1012.2	904.0
湖　北	9586.4	3352.8	929.3	1063.5
湖　南	9961.6	3446.2	851.1	1090.1
广　东	14811.3	5808.4	947.0	1731.5
广　西	7753.1	2944.3	434.9	880.9
海　南	9330.7	4255.0	484.6	891.0
重　庆	10372.8	4004.2	1211.9	791.3
四　川	8916.0	3389.7	905.3	766.1
贵　州	6698.3	2299.1	610.5	750.0
云　南	7020.3	2535.9	550.1	639.7
西　藏	4732.3	2071.6	631.5	341.5
陕　西	9688.3	2887.9	912.0	1167.4
甘　肃	7528.9	2508.8	795.0	834.8
青　海	9714.8	3106.4	1085.6	1204.8
宁　夏	9785.4	2946.0	1022.6	1085.0
新　疆	9907.7	3353.3	1172.1	1051.3

2-1-1-7　续表　　　　　　　　　　　　　　　　　　　　　　　　　　单位：元/人

地　区	四、生活用品及服务支出	五、交通通信支出	六、教育文化娱乐支出	七、医疗保健支出	八、其他用品及服务支出
全　国	**801.8**	**1624.8**	**1396.5**	**772.1**	**318.7**
北　京	1856.7	3276.4	3079.8	1465.6	798.6
天　津	1130.8	2817.3	1593.3	1135.7	590.8
河　北	695.6	1413.9	1039.0	840.4	231.3
山　西	600.3	1144.6	1380.0	736.9	265.7
内蒙古	881.0	2036.2	1663.0	1121.6	445.4
辽　宁	863.4	1807.6	1708.3	1008.6	448.0
吉　林	613.5	1516.9	1416.7	1225.8	308.4
黑龙江	629.4	1335.3	1339.7	1076.1	312.3
上　海	1448.4	3432.5	2743.0	1076.5	857.4
江　苏	1042.3	2427.3	2269.7	857.8	494.7
浙　江	1045.4	3119.6	2016.2	946.6	507.5
安　徽	591.9	1189.1	1018.5	574.8	216.7
福　建	971.8	1882.5	1568.0	640.8	467.0
江　西	599.2	1045.5	990.5	477.8	227.2
山　东	796.7	1540.3	1136.4	832.4	255.8
河　南	789.6	1048.5	1076.9	622.9	254.1
湖　北	734.1	1234.5	1302.5	717.4	252.5
湖　南	782.4	1380.3	1352.8	771.5	287.2
广　东	992.5	2397.0	1807.2	670.4	457.3
广　西	566.8	1176.5	1062.2	524.3	163.2
海　南	606.2	1157.5	1238.0	496.4	202.0
重　庆	875.4	1213.6	1239.0	786.5	251.1
四　川	767.4	1219.4	984.8	669.3	214.1
贵　州	550.4	933.0	1012.2	400.5	142.6
云　南	510.0	1109.8	961.8	575.5	137.5
西　藏	390.5	700.9	218.5	154.1	223.7
陕　西	724.5	1371.9	1436.5	958.1	230.0
甘　肃	551.0	1004.4	987.5	675.8	171.5
青　海	694.8	1495.9	1041.2	818.0	268.1
宁　夏	745.6	1576.1	1271.9	843.2	294.9
新　疆	645.5	1509.5	1062.0	871.6	242.2

2-1-1-8 2013年全国居民分地区现金消费支出构成

单位：%

地 区	现金消费支出	一、食品烟酒支出	二、衣着支出	三、居住支出
全 国	**100.0**	**35.0**	**9.4**	**10.6**
北 京	100.0	31.8	10.3	9.7
天 津	100.0	37.9	9.7	9.9
河 北	100.0	31.9	9.9	12.3
山 西	100.0	28.7	11.4	12.6
内蒙古	100.0	30.4	12.7	10.4
辽 宁	100.0	31.9	11.0	11.1
吉 林	100.0	29.8	10.8	11.3
黑龙江	100.0	31.6	11.8	12.1
上 海	100.0	37.1	7.5	10.8
江 苏	100.0	33.9	9.0	8.6
浙 江	100.0	35.1	9.1	9.7
安 徽	100.0	39.1	9.2	10.5
福 建	100.0	39.7	7.8	10.4
江 西	100.0	38.2	9.6	10.4
山 东	100.0	33.7	10.2	10.8
河 南	100.0	32.8	11.9	10.6
湖 北	100.0	35.0	9.7	11.1
湖 南	100.0	34.6	8.5	10.9
广 东	100.0	39.2	6.4	11.7
广 西	100.0	38.0	5.6	11.4
海 南	100.0	45.6	5.2	9.5
重 庆	100.0	38.6	11.7	7.6
四 川	100.0	38.0	10.2	8.6
贵 州	100.0	34.3	9.1	11.2
云 南	100.0	36.1	7.8	9.1
西 藏	100.0	43.8	13.3	7.2
陕 西	100.0	29.8	9.4	12.0
甘 肃	100.0	33.3	10.6	11.1
青 海	100.0	32.0	11.2	12.4
宁 夏	100.0	30.1	10.5	11.1
新 疆	100.0	33.8	11.8	10.6

2-1-1-8 续表

单位：%

地区	四、生活用品及服务支出	五、交通通信支出	六、教育文化娱乐支出	七、医疗保健支出	八、其他用品及服务支出
全　国	**7.3**	**14.9**	**12.8**	**7.1**	**2.9**
北　京	8.5	15.0	14.1	6.7	3.7
天　津	6.6	16.5	9.3	6.7	3.5
河　北	7.6	15.4	11.3	9.2	2.5
山　西	6.9	13.1	15.8	8.5	3.0
内蒙古	6.7	15.4	12.6	8.5	3.4
辽　宁	6.8	14.2	13.5	7.9	3.5
吉　林	5.8	14.4	13.4	11.6	2.9
黑龙江	6.0	12.7	12.7	10.2	3.0
上　海	6.8	16.0	12.8	5.0	4.0
江　苏	7.1	16.6	15.5	5.9	3.4
浙　江	6.3	18.9	12.2	5.7	3.1
安　徽	6.8	13.6	11.7	6.6	2.5
福　建	7.4	14.3	11.9	4.9	3.5
江　西	7.5	13.1	12.4	6.0	2.8
山　东	7.9	15.3	11.3	8.3	2.5
河　南	9.3	12.3	12.7	7.3	3.0
湖　北	7.7	12.9	13.6	7.5	2.6
湖　南	7.9	13.9	13.6	7.7	2.9
广　东	6.7	16.2	12.2	4.5	3.1
广　西	7.3	15.2	13.7	6.8	2.1
海　南	6.5	12.4	13.3	5.3	2.2
重　庆	8.4	11.7	11.9	7.6	2.4
四　川	8.6	13.7	11.0	7.5	2.4
贵　州	8.2	13.9	15.1	6.0	2.1
云　南	7.3	15.8	13.7	8.2	2.0
西　藏	8.3	14.8	4.6	3.3	4.7
陕　西	7.5	14.2	14.8	9.9	2.4
甘　肃	7.3	13.3	13.1	9.0	2.3
青　海	7.2	15.4	10.7	8.4	2.8
宁　夏	7.6	16.1	13.0	8.6	3.0
新　疆	6.5	15.2	10.7	8.8	2.4

(二)2014年全国居民分地区收支主要数据

2-1-2-1　2014年全国居民分地区可支配收入

单位：元/人

地　区	可支配收入	一、工资性收入	二、经营净收入	三、财产净收入	四、转移净收入
全　国	**20167.1**	**11420.6**	**3732.0**	**1587.8**	**3426.8**
北　京	44488.6	27554.9	1452.2	7000.9	8480.6
天　津	28832.3	17163.0	2875.6	2781.7	6012.0
河　北	16647.4	9829.3	2681.4	1138.5	2998.2
山　西	16538.3	10168.3	2593.1	935.5	2841.4
内蒙古	20559.3	10904.0	5104.3	1202.8	3348.3
辽　宁	22820.2	12082.5	4062.6	1478.2	5196.8
吉　林	17520.4	8289.3	4835.1	754.2	3641.8
黑龙江	17404.4	8794.9	4208.9	973.1	3427.5
上　海	45965.8	28752.5	1376.4	6504.1	9332.8
江　苏	27172.8	15706.7	4421.3	2299.9	4744.8
浙　江	32657.6	19068.8	5958.9	3586.2	4043.6
安　徽	16795.5	9068.5	3937.9	904.5	2884.7
福　建	23330.9	13658.5	4593.2	2238.6	2840.5
江　西	16734.2	9386.1	3106.3	1242.7	2999.1
山　东	20864.2	12044.4	4708.3	1314.9	2796.7
河　南	15695.2	7963.0	3854.1	863.2	3014.9
湖　北	18283.2	9094.2	4216.0	1079.4	3893.5
湖　南	17621.7	8930.8	3605.8	1293.6	3791.4
广　东	25685.0	18439.3	3458.1	2376.2	1411.3
广　西	15557.1	7305.0	3782.7	1003.9	3465.5
海　南	17476.5	9854.2	3929.9	1253.9	2438.5
重　庆	18351.9	9888.7	2981.0	1256.2	4225.9
四　川	15749.0	7932.1	3459.1	918.5	3439.4
贵　州	12371.1	6336.2	2833.1	672.5	2529.2
云　南	13772.2	6309.0	3743.4	1450.0	2269.8
西　藏	10730.2	5212.8	3503.8	453.6	1560.0
陕　西	15836.7	8848.9	2404.4	1033.4	3550.1
甘　肃	12184.7	6414.6	2346.3	872.2	2551.6
青　海	14374.0	8291.7	2397.4	699.3	2985.6
宁　夏	15906.8	9612.7	3161.0	589.9	2543.2
新　疆	15096.6	7810.1	3997.2	673.6	2615.8

2-1-2-2 2014年全国居民分地区可支配收入构成

单位： %

地　区	可支配收入	一、工资性收入	二、经营净收入	三、财产净收入	四、转移净收入
全　国	**100.0**	**56.6**	**18.5**	**7.9**	**17.0**
北　京	100.0	61.9	3.3	15.7	19.1
天　津	100.0	59.5	10.0	9.6	20.9
河　北	100.0	59.0	16.1	6.8	18.0
山　西	100.0	61.5	15.7	5.7	17.2
内蒙古	100.0	53.0	24.8	5.9	16.3
辽　宁	100.0	52.9	17.8	6.5	22.8
吉　林	100.0	47.3	27.6	4.3	20.8
黑龙江	100.0	50.5	24.2	5.6	19.7
上　海	100.0	62.6	3.0	14.1	20.3
江　苏	100.0	57.8	16.3	8.5	17.5
浙　江	100.0	58.4	18.2	11.0	12.4
安　徽	100.0	54.0	23.4	5.4	17.2
福　建	100.0	58.5	19.7	9.6	12.2
江　西	100.0	56.1	18.6	7.4	17.9
山　东	100.0	57.7	22.6	6.3	13.4
河　南	100.0	50.7	24.6	5.5	19.2
湖　北	100.0	49.7	23.1	5.9	21.3
湖　南	100.0	50.7	20.5	7.3	21.5
广　东	100.0	71.8	13.5	9.3	5.5
广　西	100.0	47.0	24.3	6.5	22.3
海　南	100.0	56.4	22.5	7.2	14.0
重　庆	100.0	53.9	16.2	6.8	23.0
四　川	100.0	50.4	22.0	5.8	21.8
贵　州	100.0	51.2	22.9	5.4	20.4
云　南	100.0	45.8	27.2	10.5	16.5
西　藏	100.0	48.6	32.7	4.2	14.5
陕　西	100.0	55.9	15.2	6.5	22.4
甘　肃	100.0	52.6	19.3	7.2	20.9
青　海	100.0	57.7	16.7	4.9	20.8
宁　夏	100.0	60.4	19.9	3.7	16.0
新　疆	100.0	51.7	26.5	4.5	17.3

2-1-2-3 2014年全国居民分地区现金可支配收入

单位：元/人

地区	现金可支配收入	一、工资性收入	二、经营净收入	三、财产净收入	四、转移净收入
全国	**18747.4**	**11352.7**	**3571.5**	**621.8**	**3201.3**
北京	38339.7	27439.9	1652.9	1116.8	8130.1
天津	26661.2	16941.4	3100.2	968.5	5651.1
河北	15735.7	9812.1	2653.0	423.5	2847.1
山西	15748.1	10132.1	2591.6	492.4	2532.1
内蒙古	20085.0	10897.5	5398.6	596.1	3192.9
辽宁	21434.8	11900.5	4280.1	429.9	4824.3
吉林	16493.1	8243.7	4493.4	256.4	3499.7
黑龙江	16700.6	8780.3	4248.0	401.0	3271.3
上海	38644.3	28462.4	1424.8	456.2	8300.9
江苏	25216.8	15605.9	4491.7	798.4	4320.8
浙江	30734.8	18963.5	6588.0	1497.6	3685.7
安徽	15815.4	9023.0	3813.3	326.7	2652.4
福建	21671.0	13568.9	4596.7	875.1	2630.2
江西	15513.8	9367.8	2687.1	565.5	2893.4
山东	19810.9	12015.0	4615.8	516.8	2663.4
河南	14564.1	7942.5	3320.8	445.6	2855.2
湖北	16890.9	9001.7	3912.6	321.4	3655.1
湖南	16518.9	8882.0	3265.4	745.7	3625.8
广东	24054.2	18228.0	3363.4	1206.6	1256.2
广西	14274.7	7279.3	3216.1	501.5	3277.8
海南	16371.2	9811.8	3896.0	500.9	2162.5
重庆	16914.8	9853.2	2538.6	500.0	4022.9
四川	14424.5	7884.8	2880.7	432.1	3226.9
贵州	11462.0	6322.9	2417.7	302.7	2418.7
云南	12758.3	6301.4	3381.1	955.7	2120.1
西藏	9711.2	5210.9	2783.4	199.6	1517.4
陕西	14921.9	8801.9	2203.2	592.8	3324.0
甘肃	11256.9	6404.1	2034.7	389.7	2428.5
青海	13540.8	8279.3	2350.5	299.4	2611.5
宁夏	15051.9	9584.5	3090.6	125.7	2251.1
新疆	14247.6	7790.9	3826.6	205.2	2424.9

2-1-2-4 2014年全国居民分地区现金可支配收入构成

单位：%

地 区	现金可支配收入	一、工资性收入	二、经营净收入	三、财产净收入	四、转移净收入
全 国	**100.0**	**60.6**	**19.1**	**3.3**	**17.1**
北 京	100.0	71.6	4.3	2.9	21.2
天 津	100.0	63.5	11.6	3.6	21.2
河 北	100.0	62.4	16.9	2.7	18.1
山 西	100.0	64.3	16.5	3.1	16.1
内蒙古	100.0	54.3	26.9	3.0	15.9
辽 宁	100.0	55.5	20.0	2.0	22.5
吉 林	100.0	50.0	27.2	1.6	21.2
黑龙江	100.0	52.6	25.4	2.4	19.6
上 海	100.0	73.7	3.7	1.2	21.5
江 苏	100.0	61.9	17.8	3.2	17.1
浙 江	100.0	61.7	21.4	4.9	12.0
安 徽	100.0	57.1	24.1	2.1	16.8
福 建	100.0	62.6	21.2	4.0	12.1
江 西	100.0	60.4	17.3	3.6	18.7
山 东	100.0	60.6	23.3	2.6	13.4
河 南	100.0	54.5	22.8	3.1	19.6
湖 北	100.0	53.3	23.2	1.9	21.6
湖 南	100.0	53.8	19.8	4.5	21.9
广 东	100.0	75.8	14.0	5.0	5.2
广 西	100.0	51.0	22.5	3.5	23.0
海 南	100.0	59.9	23.8	3.1	13.2
重 庆	100.0	58.3	15.0	3.0	23.8
四 川	100.0	54.7	20.0	3.0	22.4
贵 州	100.0	55.2	21.1	2.6	21.1
云 南	100.0	49.4	26.5	7.5	16.6
西 藏	100.0	53.7	28.7	2.1	15.6
陕 西	100.0	59.0	14.8	4.0	22.3
甘 肃	100.0	56.9	18.1	3.5	21.6
青 海	100.0	61.1	17.4	2.2	19.3
宁 夏	100.0	63.7	20.5	0.8	15.0
新 疆	100.0	54.7	26.9	1.4	17.0

2-1-2-5 2014年全国居民分地区消费支出

单位：元/人

地 区	消费支出	一、食品烟酒支出	二、衣着支出	三、居住支出
全 国	**14491.4**	**4493.9**	**1099.3**	**3200.5**
北 京	31102.9	7467.8	2359.8	9497.7
天 津	22343.0	7376.6	1859.3	4873.0
河 北	11931.5	3263.7	971.8	2727.7
山 西	10863.8	2940.5	1084.8	2198.8
内蒙古	16258.1	4746.4	1688.0	2795.2
辽 宁	16068.0	4554.8	1477.8	3400.5
吉 林	13026.0	3531.6	1228.9	2561.3
黑龙江	12768.8	3537.9	1292.8	2689.6
上 海	33064.8	9011.6	1613.0	10789.1
江 苏	19163.6	5591.7	1385.2	4126.7
浙 江	22552.0	6569.2	1587.1	5577.2
安 徽	11727.0	4003.1	870.3	2541.8
福 建	17644.5	6081.9	1097.5	4278.5
江 西	11088.9	3785.8	853.4	2576.6
山 东	13328.9	3932.3	1168.9	2825.8
河 南	11000.4	3202.4	1111.8	2208.6
湖 北	12928.3	4139.7	1009.7	2810.2
湖 南	13288.7	4240.5	914.1	2708.4
广 东	19205.5	6589.8	1014.6	4300.2
广 西	10274.3	3680.1	460.5	2341.5
海 南	12470.6	4915.0	549.9	2558.2
重 庆	13810.6	4971.9	1275.9	2554.4
四 川	12368.4	4548.2	974.3	2217.3
贵 州	9303.4	3151.9	666.3	1826.9
云 南	9869.5	3211.5	567.0	2018.5
西 藏	7317.0	3370.2	733.7	1311.5
陕 西	12203.6	3405.1	944.6	2585.8
甘 肃	9874.6	3218.2	884.2	2015.0
青 海	12604.8	3854.4	1153.0	2374.5
宁 夏	12484.5	3555.6	1170.0	2214.4
新 疆	11903.7	3855.0	1205.6	2226.4

2-1-2-5 续表　　单位：元/人

地　区	四、生活用品及服务支出	五、交通通信支出	六、教育文化娱乐支出	七、医疗保健支出	八、其他用品及服务支出
全　国	**889.7**	**1869.3**	**1535.9**	**1044.8**	**358.0**
北　京	2041.4	3578.6	3268.3	1914.2	975.2
天　津	1295.5	2904.7	1833.8	1584.5	615.5
河　北	773.6	1749.3	1144.5	1027.5	273.5
山　西	619.4	1214.7	1484.6	1008.6	312.4
内蒙古	1008.9	2405.1	1813.2	1319.7	481.5
辽　宁	918.7	1949.7	1834.4	1419.2	512.9
吉　林	689.5	1636.3	1550.8	1458.0	369.6
黑龙江	670.9	1588.4	1406.8	1258.3	324.1
上　海	1531.6	3596.5	3311.4	2223.9	987.6
江　苏	1107.2	2869.3	2238.2	1331.3	514.0
浙　江	1117.7	3670.6	2169.0	1358.2	503.1
安　徽	694.2	1324.9	1157.3	870.0	265.3
福　建	1032.3	2067.0	1667.2	926.8	493.1
江　西	679.3	1164.3	1151.1	635.0	243.4
山　东	993.6	1821.9	1303.0	989.6	293.7
河　南	875.1	1225.5	1160.8	929.0	287.1
湖　北	813.4	1339.8	1479.8	1056.2	279.3
湖　南	796.9	1600.2	1764.9	972.2	291.4
广　东	1116.5	2795.1	1965.0	890.5	533.9
广　西	614.0	1198.3	1115.3	679.3	185.3
海　南	686.0	1437.4	1358.4	716.8	248.8
重　庆	978.8	1476.2	1319.3	966.1	268.1
四　川	879.6	1437.0	1061.0	964.5	286.5
贵　州	619.1	1080.4	1222.0	572.0	164.7
云　南	568.4	1513.6	1096.7	739.4	154.4
西　藏	399.7	796.0	266.7	197.6	241.5
陕　西	796.2	1535.4	1500.4	1178.2	257.9
甘　肃	652.1	1072.2	1092.4	737.2	203.3
青　海	733.5	1790.1	1293.0	1071.2	335.0
宁　夏	797.9	1763.5	1416.4	1239.9	326.7
新　疆	669.2	1624.5	1102.2	978.3	242.4

2-1-2-6 2014年全国居民分地区消费支出构成

单位：%

地　区	消费支出	一、食品烟酒支出	二、衣着支出	三、居住支出
全　国	**100.0**	**31.0**	**7.6**	**22.1**
北　京	100.0	24.0	7.6	30.5
天　津	100.0	33.0	8.3	21.8
河　北	100.0	27.4	8.1	22.9
山　西	100.0	27.1	10.0	20.2
内 蒙 古	100.0	29.2	10.4	17.2
辽　宁	100.0	28.3	9.2	21.2
吉　林	100.0	27.1	9.4	19.7
黑 龙 江	100.0	27.7	10.1	21.1
上　海	100.0	27.3	4.9	32.6
江　苏	100.0	29.2	7.2	21.5
浙　江	100.0	29.1	7.0	24.7
安　徽	100.0	34.1	7.4	21.7
福　建	100.0	34.5	6.2	24.2
江　西	100.0	34.1	7.7	23.2
山　东	100.0	29.5	8.8	21.2
河　南	100.0	29.1	10.1	20.1
湖　北	100.0	32.0	7.8	21.7
湖　南	100.0	31.9	6.9	20.4
广　东	100.0	34.3	5.3	22.4
广　西	100.0	35.8	4.5	22.8
海　南	100.0	39.4	4.4	20.5
重　庆	100.0	36.0	9.2	18.5
四　川	100.0	36.8	7.9	17.9
贵　州	100.0	33.9	7.2	19.6
云　南	100.0	32.5	5.7	20.5
西　藏	100.0	46.1	10.0	17.9
陕　西	100.0	27.9	7.7	21.2
甘　肃	100.0	32.6	9.0	20.4
青　海	100.0	30.6	9.1	18.8
宁　夏	100.0	28.5	9.4	17.7
新　疆	100.0	32.4	10.1	18.7

2-1-2-6 续表 单位：%

地　区	四、生活用品及服务支出	五、交通通信支出	六、教育文化娱乐支出	七、医疗保健支出	八、其他用品及服务支出
全　国	**6.1**	**12.9**	**10.6**	**7.2**	**2.5**
北　京	6.6	11.5	10.5	6.2	3.1
天　津	5.8	13.0	8.2	7.1	2.8
河　北	6.5	14.7	9.6	8.6	2.3
山　西	5.7	11.2	13.7	9.3	2.9
内蒙古	6.2	14.8	11.2	8.1	3.0
辽　宁	5.7	12.1	11.4	8.8	3.2
吉　林	5.3	12.6	11.9	11.2	2.8
黑龙江	5.3	12.4	11.0	9.9	2.5
上　海	4.6	10.9	10.0	6.7	3.0
江　苏	5.8	15.0	11.7	6.9	2.7
浙　江	5.0	16.3	9.6	6.0	2.2
安　徽	5.9	11.3	9.9	7.4	2.3
福　建	5.9	11.7	9.4	5.3	2.8
江　西	6.1	10.5	10.4	5.7	2.2
山　东	7.5	13.7	9.8	7.4	2.2
河　南	8.0	11.1	10.6	8.4	2.6
湖　北	6.3	10.4	11.4	8.2	2.2
湖　南	6.0	12.0	13.3	7.3	2.2
广　东	5.8	14.6	10.2	4.6	2.8
广　西	6.0	11.7	10.9	6.6	1.8
海　南	5.5	11.5	10.9	5.7	2.0
重　庆	7.1	10.7	9.6	7.0	1.9
四　川	7.1	11.6	8.6	7.8	2.3
贵　州	6.7	11.6	13.1	6.1	1.8
云　南	5.8	15.3	11.1	7.5	1.6
西　藏	5.5	10.9	3.6	2.7	3.3
陕　西	6.5	12.6	12.3	9.7	2.1
甘　肃	6.6	10.9	11.1	7.5	2.1
青　海	5.8	14.2	10.3	8.5	2.7
宁　夏	6.4	14.1	11.3	9.9	2.6
新　疆	5.6	13.6	9.3	8.2	2.0

2-1-2-7　2014年全国居民分地区现金消费支出

单位：元/人

地　区	现金消费支出	一、食品烟酒支出	二、衣着支出	三、居住支出
全　国	**11975.7**	**4185.6**	**1098.6**	**1215.7**
北　京	23254.6	7370.6	2358.6	2092.1
天　津	18677.4	7187.4	1859.1	1780.3
河　北	10128.3	3150.1	971.2	1188.8
山　西	9234.3	2746.0	1081.8	1021.3
内蒙古	14495.7	4492.0	1687.4	1438.2
辽　宁	13486.2	4317.5	1477.3	1438.8
吉　林	11374.3	3363.3	1228.8	1224.2
黑龙江	11178.0	3474.0	1290.4	1319.5
上　海	23375.0	8750.0	1612.0	2430.7
江　苏	15660.0	5333.8	1384.6	1304.7
浙　江	18014.8	6361.7	1586.6	1616.2
安　徽	9677.2	3755.4	868.9	962.8
福　建	14389.1	5759.6	1097.2	1558.7
江　西	8917.9	3397.9	853.1	899.7
山　东	11383.5	3795.6	1167.7	1145.3
河　南	9480.2	3085.6	1111.6	967.4
湖　北	10587.5	3743.0	1008.7	1097.6
湖　南	11099.4	3752.5	913.8	1176.2
广　东	16224.6	6199.8	1014.1	1865.5
广　西	8147.6	3150.1	460.3	910.5
海　南	10423.9	4680.8	549.6	950.7
重　庆	11383.9	4476.7	1275.5	832.9
四　川	10111.9	3891.4	973.8	823.8
贵　州	7491.5	2551.2	666.2	728.0
云　南	7911.2	2728.7	566.9	686.7
西　藏	5296.9	2322.0	732.8	385.1
陕　西	10487.4	3203.3	944.4	1294.9
甘　肃	8342.8	2862.0	884.1	940.2
青　海	10769.0	3398.0	1152.9	1356.5
宁　夏	10873.5	3331.6	1169.9	1104.1
新　疆	10309.7	3534.4	1203.9	1123.3

2-1-2-7 续表　　　　单位：元/人

地　区	四、生活用品及服务支出	五、交通通信支出	六、教育文化娱乐支出	七、医疗保健支出	八、其他用品及服务支出
全　国	**882.6**	**1866.2**	**1534.9**	**838.3**	**353.8**
北　京	2027.5	3575.0	3267.5	1593.0	970.3
天　津	1293.8	2867.0	1832.0	1257.6	600.4
河　北	770.5	1746.6	1144.3	884.8	271.8
山　西	610.3	1214.1	1484.2	773.9	302.6
内蒙古	1008.3	2405.1	1812.9	1176.3	475.6
辽　宁	908.3	1937.1	1833.4	1073.2	500.5
吉　林	685.7	1631.1	1550.7	1320.9	369.5
黑龙江	670.2	1587.3	1406.6	1107.5	322.6
上　海	1525.9	3576.2	3298.0	1200.7	981.6
江　苏	1094.0	2865.0	2237.4	930.3	510.3
浙　江	1097.5	3666.6	2167.9	1022.8	495.7
安　徽	691.3	1323.8	1155.8	656.5	262.8
福　建	1026.1	2064.5	1665.8	729.7	487.6
江　西	678.8	1164.1	1151.0	530.9	242.5
山　东	988.6	1821.5	1302.5	872.2	290.1
河　南	874.8	1224.7	1160.7	768.5	287.0
湖　北	810.0	1338.8	1478.8	835.4	275.3
湖　南	793.0	1597.0	1764.9	813.6	288.4
广　东	1104.6	2789.7	1961.9	763.5	525.5
广　西	606.6	1197.6	1115.0	526.1	181.4
海　南	652.5	1437.3	1357.9	549.2	245.9
重　庆	975.1	1475.7	1319.2	765.0	263.8
四　川	868.6	1434.4	1060.4	776.8	282.7
贵　州	600.6	1079.8	1221.8	481.4	162.6
云　南	561.6	1513.0	1096.7	606.0	151.6
西　藏	398.3	796.0	266.7	154.5	241.5
陕　西	792.4	1533.5	1500.0	963.7	255.3
甘　肃	649.6	1071.5	1092.3	642.3	200.7
青　海	708.5	1790.1	1292.7	737.1	333.1
宁　夏	783.0	1759.6	1416.1	1006.0	303.2
新　疆	667.8	1624.5	1100.8	814.1	240.9

2-1-2-8　2014年全国居民分地区现金消费支出构成

单位：%

地　区	现金消费支出	一、食品烟酒支出	二、衣着支出	三、居住支出
全　国	**100.0**	**35.0**	**9.2**	**10.2**
北　京	100.0	31.7	10.1	9.0
天　津	100.0	38.5	10.0	9.5
河　北	100.0	31.1	9.6	11.7
山　西	100.0	29.7	11.7	11.1
内蒙古	100.0	31.0	11.6	9.9
辽　宁	100.0	32.0	11.0	10.7
吉　林	100.0	29.6	10.8	10.8
黑龙江	100.0	31.1	11.5	11.8
上　海	100.0	37.4	6.9	10.4
江　苏	100.0	34.1	8.8	8.3
浙　江	100.0	35.3	8.8	9.0
安　徽	100.0	38.8	9.0	9.9
福　建	100.0	40.0	7.6	10.8
江　西	100.0	38.1	9.6	10.1
山　东	100.0	33.3	10.3	10.1
河　南	100.0	32.5	11.7	10.2
湖　北	100.0	35.4	9.5	10.4
湖　南	100.0	33.8	8.2	10.6
广　东	100.0	38.2	6.3	11.5
广　西	100.0	38.7	5.6	11.2
海　南	100.0	44.9	5.3	9.1
重　庆	100.0	39.3	11.2	7.3
四　川	100.0	38.5	9.6	8.1
贵　州	100.0	34.1	8.9	9.7
云　南	100.0	34.5	7.2	8.7
西　藏	100.0	43.8	13.8	7.3
陕　西	100.0	30.5	9.0	12.3
甘　肃	100.0	34.3	10.6	11.3
青　海	100.0	31.6	10.7	12.6
宁　夏	100.0	30.6	10.8	10.2
新　疆	100.0	34.3	11.7	10.9

2-1-2-8 续表 单位：%

地 区	四、生活用品及服务支出	五、交通通信支出	六、教育文化娱乐支出	七、医疗保健支出	八、其他用品及服务支出
全 国	**7.4**	**15.6**	**12.8**	**7.0**	**3.0**
北 京	8.7	15.4	14.1	6.9	4.2
天 津	6.9	15.3	9.8	6.7	3.2
河 北	7.6	17.2	11.3	8.7	2.7
山 西	6.6	13.1	16.1	8.4	3.3
内蒙古	7.0	16.6	12.5	8.1	3.3
辽 宁	6.7	14.4	13.6	8.0	3.7
吉 林	6.0	14.3	13.6	11.6	3.2
黑龙江	6.0	14.2	12.6	9.9	2.9
上 海	6.5	15.3	14.1	5.1	4.2
江 苏	7.0	18.3	14.3	5.9	3.3
浙 江	6.1	20.4	12.0	5.7	2.8
安 徽	7.1	13.7	11.9	6.8	2.7
福 建	7.1	14.3	11.6	5.1	3.4
江 西	7.6	13.1	12.9	6.0	2.7
山 东	8.7	16.0	11.4	7.7	2.5
河 南	9.2	12.9	12.2	8.1	3.0
湖 北	7.7	12.6	14.0	7.9	2.6
湖 南	7.1	14.4	15.9	7.3	2.6
广 东	6.8	17.2	12.1	4.7	3.2
广 西	7.4	14.7	13.7	6.5	2.2
海 南	6.3	13.8	13.0	5.3	2.4
重 庆	8.6	13.0	11.6	6.7	2.3
四 川	8.6	14.2	10.5	7.7	2.8
贵 州	8.0	14.4	16.3	6.4	2.2
云 南	7.1	19.1	13.9	7.7	1.9
西 藏	7.5	15.0	5.0	2.9	4.6
陕 西	7.6	14.6	14.3	9.2	2.4
甘 肃	7.8	12.8	13.1	7.7	2.4
青 海	6.6	16.6	12.0	6.8	3.1
宁 夏	7.2	16.2	13.0	9.3	2.8
新 疆	6.5	15.8	10.7	7.9	2.3

二、城镇居民数据

(一)2013年城镇居民分地区收支主要数据

2-2-1-1 2013年城镇居民分地区可支配收入

单位：元/人

地　区	可支配收入	一、工资性收入	二、经营净收入	三、财产净收入	四、转移净收入
全　国	**26467.0**	**16617.4**	**2975.3**	**2551.5**	**4322.8**
北　京	44563.9	26953.7	1227.3	7382.8	9000.2
天　津	28979.8	17155.8	2271.4	2862.4	6690.2
河　北	22226.7	14024.8	1637.7	2082.4	4481.8
山　西	22258.2	14674.3	2485.9	1363.9	3734.0
内蒙古	26003.6	16145.5	4223.6	1585.5	4049.0
辽　宁	26697.0	15435.4	2976.0	1927.5	6358.0
吉　林	21331.1	12599.0	2367.3	1154.9	5209.8
黑龙江	20848.4	12769.1	2382.6	1262.8	4433.8
上　海	44878.3	28142.5	1353.2	6684.7	8698.0
江　苏	31585.5	19321.9	3555.5	3158.6	5549.4
浙　江	37079.7	21595.5	5995.9	5014.0	4474.2
安　徽	22789.3	14106.7	3750.6	1678.8	3253.2
福　建	28173.9	17813.4	3736.1	3388.1	3236.3
江　西	22119.7	14009.1	1940.5	2276.5	3893.6
山　东	26882.4	17426.8	3652.8	2136.9	3665.9
河　南	21740.7	13295.2	3008.7	1671.2	3765.6
湖　北	22667.9	12946.7	3223.7	1741.9	4755.6
湖　南	24352.0	13453.0	3254.8	2387.3	5256.8
广　东	29537.3	23031.6	3117.2	2762.2	626.3
广　西	22689.4	13345.9	2504.0	1973.1	4866.4
海　南	22411.4	14133.2	2717.3	2216.0	3344.9
重　庆	23058.2	13700.0	2408.1	1970.0	4980.0
四　川	22227.5	13115.7	2567.4	1842.4	4702.0
贵　州	20564.9	12006.8	3014.8	1488.2	4055.2
云　南	22460.0	12544.0	2765.3	3333.9	3816.8
西　藏	20394.5	16287.2	569.1	1302.5	2235.7
陕　西	22345.9	13987.4	1875.2	1732.8	4750.5
甘　肃	19873.4	12613.9	1649.9	1899.4	3710.3
青　海	20352.4	14265.8	1207.2	1051.4	3828.0
宁　夏	21475.7	14594.0	2506.5	833.4	3541.9
新　疆	21091.5	14030.5	2645.1	1047.7	3368.2

2-2-1-2　2013年城镇居民分地区可支配收入构成

单位：%

地　　区	可支配收入	一、工资性收入	二、经营净收入	三、财产净收入	四、转移净收入
全　　国	**100.0**	**62.8**	**11.2**	**9.6**	**16.3**
北　　京	100.0	60.5	2.8	16.6	20.2
天　　津	100.0	59.2	7.8	9.9	23.1
河　　北	100.0	63.1	7.4	9.4	20.2
山　　西	100.0	65.9	11.2	6.1	16.8
内 蒙 古	100.0	62.1	16.2	6.1	15.6
辽　　宁	100.0	57.8	11.1	7.2	23.8
吉　　林	100.0	59.1	11.1	5.4	24.4
黑 龙 江	100.0	61.2	11.4	6.1	21.3
上　　海	100.0	62.7	3.0	14.9	19.4
江　　苏	100.0	61.2	11.3	10.0	17.6
浙　　江	100.0	58.2	16.2	13.5	12.1
安　　徽	100.0	61.9	16.5	7.4	14.3
福　　建	100.0	63.2	13.3	12.0	11.5
江　　西	100.0	63.3	8.8	10.3	17.6
山　　东	100.0	64.8	13.6	7.9	13.6
河　　南	100.0	61.2	13.8	7.7	17.3
湖　　北	100.0	57.1	14.2	7.7	21.0
湖　　南	100.0	55.2	13.4	9.8	21.6
广　　东	100.0	78.0	10.6	9.4	2.1
广　　西	100.0	58.8	11.0	8.7	21.4
海　　南	100.0	63.1	12.1	9.9	14.9
重　　庆	100.0	59.4	10.4	8.5	21.6
四　　川	100.0	59.0	11.6	8.3	21.2
贵　　州	100.0	58.4	14.7	7.2	19.7
云　　南	100.0	55.9	12.3	14.8	17.0
西　　藏	100.0	79.9	2.8	6.4	11.0
陕　　西	100.0	62.6	8.4	7.8	21.3
甘　　肃	100.0	63.5	8.3	9.6	18.7
青　　海	100.0	70.1	5.9	5.2	18.8
宁　　夏	100.0	68.0	11.7	3.9	16.5
新　　疆	100.0	66.5	12.5	5.0	16.0

2-2-1-3　2013年城镇居民分地区现金可支配收入

单位：元/人

地　区	现金可支配收入	一、工资性收入	二、经营净收入	三、财产净收入	四、转移净收入
全　国	**24799.0**	**16509.9**	**3332.3**	**831.8**	**4125.0**
北　京	37941.5	26863.5	1450.9	980.8	8646.3
天　津	26886.7	16918.8	2860.6	797.8	6309.5
河　北	20724.0	13992.3	1793.0	578.6	4360.1
山　西	21605.8	14617.0	2667.8	730.2	3590.8
内蒙古	25332.6	16134.1	4563.6	645.6	3989.2
辽　宁	25113.9	15150.1	3459.3	402.2	6102.4
吉　林	20608.5	12567.0	2610.4	279.1	5152.0
黑龙江	19937.5	12727.8	2632.1	250.6	4327.0
上　海	37383.2	27818.6	1524.1	383.7	7656.8
江　苏	29396.8	19203.3	4063.0	952.6	5177.9
浙　江	34355.0	21422.0	6911.9	1866.5	4154.6
安　徽	21673.9	14007.8	4060.5	528.8	3076.8
福　建	26521.0	17685.2	4517.2	1245.1	3073.4
江　西	20840.8	13992.6	2095.8	924.7	3827.6
山　东	25740.3	17331.1	4193.5	649.5	3566.2
河　南	20659.6	13262.1	3137.6	656.9	3603.1
湖　北	21745.3	12852.2	3929.0	428.2	4535.9
湖　南	23321.8	13391.5	3531.0	1226.1	5173.2
广　东	27944.2	22819.6	3420.0	1197.3	507.3
广　西	21640.5	13285.7	2773.1	874.8	4706.8
海　南	21127.2	14080.2	3057.1	824.8	3165.2
重　庆	21654.2	13647.2	2489.5	614.1	4903.5
四　川	20981.4	13022.5	2716.2	720.4	4522.3
贵　州	19929.3	11987.1	3380.7	575.2	3986.3
云　南	21178.7	12513.0	2910.1	2045.3	3710.3
西　藏	19635.4	16278.2	618.0	513.0	2226.2
陕　西	21412.7	13885.3	2088.6	850.5	4588.3
甘　肃	18797.9	12580.7	1866.4	735.0	3615.8
青　海	19725.5	14219.4	1967.5	135.7	3402.9
宁　夏	20617.7	14539.0	2830.3	22.7	3225.7
新　疆	20393.8	13977.8	2926.7	179.2	3310.2

2-2-1-4　2013年城镇居民分地区现金可支配收入构成

单位：%

地　区	现金可支配收入	一、工资性收入	二、经营净收入	三、财产净收入	四、转移净收入
全　国	**100.0**	**66.6**	**13.4**	**3.4**	**16.6**
北　京	100.0	70.8	3.8	2.6	22.8
天　津	100.0	62.9	10.6	3.0	23.5
河　北	100.0	67.5	8.7	2.8	21.0
山　西	100.0	67.7	12.3	3.4	16.6
内蒙古	100.0	63.7	18.0	2.5	15.7
辽　宁	100.0	60.3	13.8	1.6	24.3
吉　林	100.0	61.0	12.7	1.4	25.0
黑龙江	100.0	63.8	13.2	1.3	21.7
上　海	100.0	74.4	4.1	1.0	20.5
江　苏	100.0	65.3	13.8	3.2	17.6
浙　江	100.0	62.4	20.1	5.4	12.1
安　徽	100.0	64.6	18.7	2.4	14.2
福　建	100.0	66.7	17.0	4.7	11.6
江　西	100.0	67.1	10.1	4.4	18.4
山　东	100.0	67.3	16.3	2.5	13.9
河　南	100.0	64.2	15.2	3.2	17.4
湖　北	100.0	59.1	18.1	2.0	20.9
湖　南	100.0	57.4	15.1	5.3	22.2
广　东	100.0	81.7	12.2	4.3	1.8
广　西	100.0	61.4	12.8	4.0	21.8
海　南	100.0	66.6	14.5	3.9	15.0
重　庆	100.0	63.0	11.5	2.8	22.6
四　川	100.0	62.1	12.9	3.4	21.6
贵　州	100.0	60.1	17.0	2.9	20.0
云　南	100.0	59.1	13.7	9.7	17.5
西　藏	100.0	82.9	3.1	2.6	11.3
陕　西	100.0	64.8	9.8	4.0	21.4
甘　肃	100.0	66.9	9.9	3.9	19.2
青　海	100.0	72.1	10.0	0.7	17.3
宁　夏	100.0	70.5	13.7	0.1	15.6
新　疆	100.0	68.5	14.4	0.9	16.2

2-2-1-5 2013年城镇居民分地区消费支出

单位：元/人

地区	消费支出	一、食品烟酒支出	二、衣着支出	三、居住支出
全国	**18487.5**	**5570.7**	**1553.7**	**4301.4**
北京	31632.2	7515.5	2471.3	9871.7
天津	22306.2	7261.7	1819.0	4939.7
河北	14970.0	4024.2	1356.5	3703.0
山西	13762.7	3541.2	1497.6	2924.5
内蒙古	19244.0	5451.5	2440.2	3465.8
辽宁	19318.4	5412.7	1891.0	4266.5
吉林	15940.7	4206.9	1691.0	3298.3
黑龙江	15704.1	4423.3	1778.2	3430.8
上海	32447.2	8622.1	1694.7	10839.2
江苏	22262.3	6431.7	1714.9	5004.6
浙江	25253.5	7129.4	1911.3	6612.6
安徽	14593.6	4894.7	1258.9	3341.3
福建	20564.7	6718.4	1390.4	5018.4
江西	13843.0	4524.6	1278.5	3246.6
山东	16646.5	4857.9	1611.6	3929.3
河南	15248.8	4419.7	1741.1	3071.5
湖北	15334.5	4916.2	1404.1	3329.4
湖南	16867.3	5323.0	1387.9	3427.8
广东	21621.5	7254.0	1283.2	4987.9
广西	14470.1	4933.6	765.3	3262.9
海南	15833.5	6046.2	761.4	3750.2
重庆	17123.8	6000.8	1836.5	3424.0
四川	16098.2	5614.5	1462.6	3055.9
贵州	13768.2	4352.7	1212.1	2935.4
云南	14862.3	4732.7	1087.5	3303.7
西藏	13678.6	5373.5	1412.8	3038.5
陕西	16398.6	4483.6	1453.4	3426.4
甘肃	14411.3	4473.1	1493.6	3168.1
青海	16223.4	4921.5	1692.3	3391.4
宁夏	15806.9	4415.5	1544.9	2893.1
新疆	16858.1	5215.6	1908.6	3113.9

2-2-1-5 续表 单位：元/人

地 区	四、生活用品及服务支出	五、交通通信支出	六、教育文化娱乐支出	七、医疗保健支出	八、其他用品及服务支出
全 国	**1129.2**	**2317.8**	**1988.3**	**1136.1**	**490.4**
北 京	2016.6	3563.9	3422.9	1870.0	900.4
天 津	1223.0	3010.2	1778.3	1562.2	712.2
河 北	962.2	1979.5	1497.0	1144.6	303.0
山 西	877.3	1587.3	1916.9	1023.9	393.9
内 蒙 古	1248.0	2605.5	2039.8	1352.1	641.1
辽 宁	1177.7	2326.6	2135.9	1474.8	633.2
吉 林	888.1	2026.6	1817.3	1577.3	435.1
黑 龙 江	864.0	1694.9	1677.4	1395.8	439.7
上 海	1550.0	3660.0	2992.5	2154.2	934.4
江 苏	1305.2	2936.0	2880.7	1358.9	630.4
浙 江	1289.0	3796.0	2493.5	1335.1	686.7
安 徽	727.4	1769.1	1476.7	789.7	335.8
福 建	1273.9	2572.2	2019.9	924.8	646.6
江 西	867.6	1476.8	1457.4	642.0	349.4
山 东	1147.0	2048.9	1565.4	1083.2	403.2
河 南	1265.8	1585.8	1707.3	976.2	481.5
湖 北	933.5	1690.3	1703.9	1011.5	345.5
湖 南	1108.3	2141.2	2016.4	1022.8	439.8
广 东	1235.2	3139.0	2315.6	793.6	613.0
广 西	855.7	1911.4	1666.4	803.2	271.6
海 南	931.5	1608.7	1729.4	715.1	291.0
重 庆	1156.3	1673.6	1604.5	1057.2	371.0
四 川	1103.8	1848.5	1607.4	1037.9	367.6
贵 州	975.7	1649.7	1764.4	623.0	255.2
云 南	884.8	1880.3	1677.5	1028.0	267.8
西 藏	740.7	1428.9	617.4	523.8	543.2
陕 西	1085.1	2156.7	2067.8	1385.9	339.8
甘 肃	890.0	1517.8	1523.7	1040.9	304.1
青 海	1003.7	1796.9	1638.8	1345.1	433.6
宁 夏	1060.8	2301.2	1806.7	1344.5	440.1
新 疆	1047.4	2250.3	1681.8	1212.0	428.4

2-2-1-6 2013年城镇居民分地区消费支出构成

单位： %

地　区	消费支出	一、食品烟酒支出	二、衣着支出	三、居住支出
全　国	**100.0**	**30.1**	**8.4**	**23.3**
北　京	100.0	23.8	7.8	31.2
天　津	100.0	32.6	8.2	22.1
河　北	100.0	26.9	9.1	24.7
山　西	100.0	25.7	10.9	21.2
内蒙古	100.0	28.3	12.7	18.0
辽　宁	100.0	28.0	9.8	22.1
吉　林	100.0	26.4	10.6	20.7
黑龙江	100.0	28.2	11.3	21.8
上　海	100.0	26.6	5.2	33.4
江　苏	100.0	28.9	7.7	22.5
浙　江	100.0	28.2	7.6	26.2
安　徽	100.0	33.5	8.6	22.9
福　建	100.0	32.7	6.8	24.4
江　西	100.0	32.7	9.2	23.5
山　东	100.0	29.2	9.7	23.6
河　南	100.0	29.0	11.4	20.1
湖　北	100.0	32.1	9.2	21.7
湖　南	100.0	31.6	8.2	20.3
广　东	100.0	33.6	5.9	23.1
广　西	100.0	34.1	5.3	22.5
海　南	100.0	38.2	4.8	23.7
重　庆	100.0	35.0	10.7	20.0
四　川	100.0	34.9	9.1	19.0
贵　州	100.0	31.6	8.8	21.3
云　南	100.0	31.8	7.3	22.2
西　藏	100.0	39.3	10.3	22.2
陕　西	100.0	27.3	8.9	20.9
甘　肃	100.0	31.0	10.4	22.0
青　海	100.0	30.3	10.4	20.9
宁　夏	100.0	27.9	9.8	18.3
新　疆	100.0	30.9	11.3	18.5

2-2-1-6 续表 单位：%

地　区	四、生活用品及服务支出	五、交通通信支出	六、教育文化娱乐支出	七、医疗保健支出	八、其他用品及服务支出
全　国	**6.1**	**12.5**	**10.8**	**6.1**	**2.7**
北　京	6.4	11.3	10.8	5.9	2.8
天　津	5.5	13.5	8.0	7.0	3.2
河　北	6.4	13.2	10.0	7.6	2.0
山　西	6.4	11.5	13.9	7.4	2.9
内蒙古	6.5	13.5	10.6	7.0	3.3
辽　宁	6.1	12.0	11.1	7.6	3.3
吉　林	5.6	12.7	11.4	9.9	2.7
黑龙江	5.5	10.8	10.7	8.9	2.8
上　海	4.8	11.3	9.2	6.6	2.9
江　苏	5.9	13.2	12.9	6.1	2.8
浙　江	5.1	15.0	9.9	5.3	2.7
安　徽	5.0	12.1	10.1	5.4	2.3
福　建	6.2	12.5	9.8	4.5	3.1
江　西	6.3	10.7	10.5	4.6	2.5
山　东	6.9	12.3	9.4	6.5	2.4
河　南	8.3	10.4	11.2	6.4	3.2
湖　北	6.1	11.0	11.1	6.6	2.3
湖　南	6.6	12.7	12.0	6.1	2.6
广　东	5.7	14.5	10.7	3.7	2.8
广　西	5.9	13.2	11.5	5.6	1.9
海　南	5.9	10.2	10.9	4.5	1.8
重　庆	6.8	9.8	9.4	6.2	2.2
四　川	6.9	11.5	10.0	6.4	2.3
贵　州	7.1	12.0	12.8	4.5	1.9
云　南	6.0	12.7	11.3	6.9	1.8
西　藏	5.4	10.4	4.5	3.8	4.0
陕　西	6.6	13.2	12.6	8.5	2.1
甘　肃	6.2	10.5	10.6	7.2	2.1
青　海	6.2	11.1	10.1	8.3	2.7
宁　夏	6.7	14.6	11.4	8.5	2.8
新　疆	6.2	13.3	10.0	7.2	2.5

2-2-1-7 2013年城镇居民分地区现金消费支出

单位：元/人

地　区	现金消费支出	一、食品烟酒支出	二、衣着支出	三、居住支出
全　国	**15453.0**	**5461.2**	**1551.5**	**1579.9**
北　京	23521.2	7456.5	2470.0	2175.8
天　津	18548.9	7099.3	1815.5	1769.3
河　北	12497.7	3985.2	1356.1	1395.8
山　西	12103.8	3462.8	1495.2	1473.7
内蒙古	17468.9	5434.7	2441.2	1763.9
辽　宁	16386.6	5247.9	1889.9	1778.0
吉　林	14262.7	4171.7	1690.1	1715.7
黑龙江	13823.6	4405.7	1778.1	1676.8
上　海	22696.1	8368.6	1693.2	2433.3
江　苏	18145.5	6266.8	1712.6	1444.9
浙　江	20056.2	6981.2	1909.1	1913.4
安　徽	12273.0	4793.7	1255.2	1303.8
福　建	17023.1	6593.4	1389.1	1803.1
江　西	11661.3	4484.3	1278.3	1168.1
山　东	14027.5	4755.1	1606.5	1501.8
河　南	13259.6	4371.5	1740.9	1295.4
湖　北	12918.4	4783.5	1398.4	1271.2
湖　南	14737.7	5238.7	1387.7	1472.5
广　东	18550.6	7105.8	1277.2	2169.5
广　西	12276.7	4823.3	763.5	1338.5
海　南	13267.7	5939.4	761.2	1382.6
重　庆	14605.8	5836.2	1834.8	1140.7
四　川	13799.4	5423.8	1461.7	1130.8
贵　州	11993.8	4292.9	1211.7	1287.0
云　南	12407.5	4631.7	1087.0	1065.5
西　藏	11505.1	5366.5	1412.1	883.4
陕　西	14482.2	4423.1	1453.2	1744.0
甘　肃	12435.3	4422.7	1493.0	1336.1
青　海	14063.6	4859.5	1689.3	1728.1
宁　夏	13922.5	4355.8	1544.5	1388.1
新　疆	15008.3	5175.6	1907.8	1369.4

2-2-1-7 续表 单位：元/人

地　　区	四、生活用品及服务支出	五、交通通信支出	六、教育文化娱乐支出	七、医疗保健支出	八、其他用品及服务支出
全　　国	**1124.0**	**2313.6**	**1986.3**	**954.8**	**481.7**
北　　京	2011.2	3562.2	3419.3	1528.9	897.2
天　　津	1217.5	2991.9	1774.4	1211.0	669.9
河　　北	960.9	1979.0	1496.9	1026.4	297.4
山　　西	869.5	1585.8	1915.2	913.4	388.3
内 蒙 古	1247.9	2605.2	2039.8	1295.7	640.6
辽　　宁	1175.5	2315.6	2135.2	1226.3	618.3
吉　　林	885.3	2020.2	1816.1	1530.6	432.9
黑 龙 江	863.3	1694.1	1677.1	1289.4	439.1
上　　海	1541.9	3640.6	2982.9	1115.3	920.2
江　　苏	1298.9	2929.7	2878.7	990.9	623.0
浙　　江	1279.8	3787.3	2489.2	1032.5	663.7
安　　徽	724.7	1767.2	1476.6	623.0	328.8
福　　建	1260.5	2566.6	2015.3	757.3	637.9
江　　西	866.9	1476.2	1457.4	581.4	348.7
山　　东	1139.8	2048.0	1564.8	1016.6	394.9
河　　南	1264.3	1583.9	1707.2	818.4	478.0
湖　　北	931.4	1687.8	1703.2	804.3	338.6
湖　　南	1106.6	2138.6	2015.8	941.7	436.3
广　　东	1226.2	3134.4	2310.2	732.7	594.4
广　　西	852.0	1909.1	1662.1	666.8	261.3
海　　南	891.0	1608.6	1752.2	652.2	280.4
重　　庆	1155.3	1672.2	1603.6	996.8	366.1
四　　川	1102.2	1842.5	1604.1	873.0	361.4
贵　　州	975.1	1648.7	1767.5	559.8	251.2
云　　南	882.9	1877.4	1676.9	920.8	265.2
西　　藏	740.2	1428.9	617.4	513.5	543.2
陕　　西	1075.6	2152.1	2065.9	1232.9	335.3
甘　　肃	876.3	1515.6	1521.8	969.1	300.6
青　　海	988.6	1796.9	1627.5	944.6	429.1
宁　　夏	1037.9	2299.2	1805.2	1054.0	437.8
新　　疆	1045.7	2249.1	1680.9	1155.4	424.5

2-2-1-8 2013年城镇居民分地区现金消费支出构成

单位：%

地 区	现金消费支出	一、食品烟酒支出	二、衣着支出	三、居住支出
全 国	**100.0**	**35.3**	**10.0**	**10.2**
北 京	100.0	31.7	10.5	9.3
天 津	100.0	38.3	9.8	9.5
河 北	100.0	31.9	10.9	11.2
山 西	100.0	28.6	12.4	12.2
内蒙古	100.0	31.1	14.0	10.1
辽 宁	100.0	32.0	11.5	10.9
吉 林	100.0	29.2	11.8	12.0
黑龙江	100.0	31.9	12.9	12.1
上 海	100.0	36.9	7.5	10.7
江 苏	100.0	34.5	9.4	8.0
浙 江	100.0	34.8	9.5	9.5
安 徽	100.0	39.1	10.2	10.6
福 建	100.0	38.7	8.2	10.6
江 西	100.0	38.5	11.0	10.0
山 东	100.0	33.9	11.5	10.7
河 南	100.0	33.0	13.1	9.8
湖 北	100.0	37.0	10.8	9.8
湖 南	100.0	35.5	9.4	10.0
广 东	100.0	38.3	6.9	11.7
广 西	100.0	39.3	6.2	10.9
海 南	100.0	44.8	5.7	10.4
重 庆	100.0	40.0	12.6	7.8
四 川	100.0	39.3	10.6	8.2
贵 州	100.0	35.8	10.1	10.7
云 南	100.0	37.3	8.8	8.6
西 藏	100.0	46.6	12.3	7.7
陕 西	100.0	30.5	10.0	12.0
甘 肃	100.0	35.6	12.0	10.7
青 海	100.0	34.6	12.0	12.3
宁 夏	100.0	31.3	11.1	10.0
新 疆	100.0	34.5	12.7	9.1

2-2-1-8 续表 单位：%

地 区	四、生活用品及服务支出	五、交通通信支出	六、教育文化娱乐支出	七、医疗保健支出	八、其他用品及服务支出
全 国	**7.3**	**15.0**	**12.9**	**6.2**	**3.1**
北 京	8.6	15.1	14.5	6.5	3.8
天 津	6.6	16.1	9.6	6.5	3.6
河 北	7.7	15.8	12.0	8.2	2.4
山 西	7.2	13.1	15.8	7.5	3.2
内蒙古	7.1	14.9	11.7	7.4	3.7
辽 宁	7.2	14.1	13.0	7.5	3.8
吉 林	6.2	14.2	12.7	10.7	3.0
黑龙江	6.2	12.3	12.1	9.3	3.2
上 海	6.8	16.0	13.1	4.9	4.1
江 苏	7.2	16.1	15.9	5.5	3.4
浙 江	6.4	18.9	12.4	5.1	3.3
安 徽	5.9	14.4	12.0	5.1	2.7
福 建	7.4	15.1	11.8	4.4	3.7
江 西	7.4	12.7	12.5	5.0	3.0
山 东	8.1	14.6	11.2	7.2	2.8
河 南	9.5	11.9	12.9	6.2	3.6
湖 北	7.2	13.1	13.2	6.2	2.6
湖 南	7.5	14.5	13.7	6.4	3.0
广 东	6.6	16.9	12.5	4.0	3.2
广 西	6.9	15.6	13.5	5.4	2.1
海 南	6.7	12.1	13.2	4.9	2.1
重 庆	7.9	11.4	11.0	6.8	2.5
四 川	8.0	13.4	11.6	6.3	2.6
贵 州	8.1	13.7	14.7	4.7	2.1
云 南	7.1	15.1	13.5	7.4	2.1
西 藏	6.4	12.4	5.4	4.5	4.7
陕 西	7.4	14.9	14.3	8.5	2.3
甘 肃	7.0	12.2	12.2	7.8	2.4
青 海	7.0	12.8	11.6	6.7	3.1
宁 夏	7.5	16.5	13.0	7.6	3.1
新 疆	7.0	15.0	11.2	7.7	2.8

(二)2014年城镇居民分地区收支主要数据

2-2-2-1　2014年城镇居民分地区可支配收入

单位：元/人

地　区	可支配收入	一、工资性收入	二、经营净收入	三、财产净收入	四、转移净收入
全　国	**28843.9**	**17936.8**	**3279.0**	**2812.1**	**4815.9**
北　京	48531.8	29652.9	1388.7	7976.7	9513.5
天　津	31506.0	18796.9	2442.2	3230.2	7036.8
河　北	24141.3	15275.9	1806.8	2222.4	4836.3
山　西	24069.4	15623.7	2701.1	1727.1	4017.4
内蒙古	28349.6	17406.2	4538.8	1802.1	4602.6
辽　宁	29081.7	16239.6	3421.9	2147.7	7272.5
吉　林	23217.8	13658.2	2628.5	1238.0	5693.1
黑龙江	22609.0	13741.3	2421.0	1318.2	5128.5
上　海	48841.4	30212.1	1369.0	7179.4	10080.9
江　苏	34346.3	20720.1	4063.5	3373.5	6189.2
浙　江	40392.7	23317.3	6379.4	5358.3	5337.7
安　徽	24838.5	15515.0	3881.7	1787.7	3654.1
福　建	30722.4	19197.2	4246.8	3648.6	3629.8
江　西	24309.2	15623.1	1961.4	2489.7	4235.0
山　东	29221.9	18866.2	4035.7	2271.2	4048.9
河　南	23672.1	14510.8	3264.4	1861.7	4035.2
湖　北	24852.3	14215.3	3515.1	1922.4	5199.4
湖　南	26570.2	14661.7	3566.7	2628.6	5713.1
广　东	32148.1	24315.6	3547.4	3376.8	908.3
广　西	24669.0	13892.7	3431.3	2235.0	5110.0
海　南	24486.5	15654.2	3166.6	2252.2	3413.5
重　庆	25147.2	15020.2	2658.3	2026.0	5442.7
四　川	24234.4	14262.4	2903.8	1891.2	5177.0
贵　州	22548.2	13147.5	3172.5	1746.6	4481.6
云　南	24299.0	13530.9	2911.9	3642.2	4214.1
西　藏	22015.8	17404.6	631.1	1537.8	2442.3
陕　西	24365.8	14925.9	2030.6	2018.8	5390.4
甘　肃	21803.9	13999.9	1670.0	2109.5	4024.5
青　海	22306.6	15283.5	1699.4	1159.6	4164.1
宁　夏	23284.6	15735.6	2685.1	1023.9	3840.0
新　疆	23214.0	15404.3	2491.4	1240.2	4078.1

2-2-2-2　2014年城镇居民分地区可支配收入构成

单位：%

地　区	可支配收入	一、工资性收入	二、经营净收入	三、财产净收入	四、转移净收入
全　国	**100.0**	**62.2**	**11.4**	**9.7**	**16.7**
北　京	100.0	61.1	2.9	16.4	19.6
天　津	100.0	59.7	7.8	10.3	22.3
河　北	100.0	63.3	7.5	9.2	20.0
山　西	100.0	64.9	11.2	7.2	16.7
内蒙古	100.0	61.4	16.0	6.4	16.2
辽　宁	100.0	55.8	11.8	7.4	25.0
吉　林	100.0	58.8	11.3	5.3	24.5
黑龙江	100.0	60.8	10.7	5.8	22.7
上　海	100.0	61.9	2.8	14.7	20.6
江　苏	100.0	60.3	11.8	9.8	18.0
浙　江	100.0	57.7	15.8	13.3	13.2
安　徽	100.0	62.5	15.6	7.2	14.7
福　建	100.0	62.5	13.8	11.9	11.8
江　西	100.0	64.3	8.1	10.2	17.4
山　东	100.0	64.6	13.8	7.8	13.9
河　南	100.0	61.3	13.8	7.9	17.0
湖　北	100.0	57.2	14.1	7.7	20.9
湖　南	100.0	55.2	13.4	9.9	21.5
广　东	100.0	75.6	11.0	10.5	2.8
广　西	100.0	56.3	13.9	9.1	20.7
海　南	100.0	63.9	12.9	9.2	13.9
重　庆	100.0	59.7	10.6	8.1	21.6
四　川	100.0	58.9	12.0	7.8	21.4
贵　州	100.0	58.3	14.1	7.7	19.9
云　南	100.0	55.7	12.0	15.0	17.3
西　藏	100.0	79.1	2.9	7.0	11.1
陕　西	100.0	61.3	8.3	8.3	22.1
甘　肃	100.0	64.2	7.7	9.7	18.5
青　海	100.0	68.5	7.6	5.2	18.7
宁　夏	100.0	67.6	11.5	4.4	16.5
新　疆	100.0	66.4	10.7	5.3	17.6

2-2-2-3　2014年城镇居民分地区现金可支配收入

单位：元/人

地　区	现金可支配收入	一、工资性收入	二、经营净收入	三、财产净收入	四、转移净收入
全　国	**26860.2**	**17821.3**	**3528.0**	**977.8**	**4533.1**
北　京	41405.7	29542.4	1556.8	1162.9	9143.6
天　津	28891.7	18528.4	2726.9	1006.2	6630.2
河　北	22555.7	15248.1	1974.6	668.5	4664.4
山　西	22957.7	15563.9	2833.2	844.8	3715.8
内蒙古	27575.1	17395.8	4995.5	748.4	4435.5
辽　宁	26977.0	15974.7	3690.5	532.7	6779.0
吉　林	22332.1	13576.1	2890.6	319.4	5546.1
黑龙江	21821.6	13716.1	2849.1	316.9	4939.5
上　海	40769.6	29920.2	1430.3	426.3	8992.9
江　苏	31584.8	20598.8	4371.8	989.1	5625.1
浙　江	37345.8	23170.9	7215.7	2053.5	4905.7
安　徽	23457.8	15430.2	4107.1	525.9	3394.7
福　建	28303.1	19068.7	4533.3	1340.0	3361.1
江　西	22826.1	15586.2	2090.1	1037.2	4112.6
山　东	27743.2	18814.8	4244.6	730.1	3953.6
河　南	22544.0	14468.5	3379.2	861.5	3834.8
湖　北	23247.0	14055.3	3766.4	493.5	4931.8
湖　南	25373.6	14580.1	3845.2	1427.7	5520.5
广　东	30197.3	24011.7	3799.4	1645.0	741.2
广　西	23434.6	13839.2	3594.7	1065.3	4935.4
海　南	22660.9	15593.8	3251.0	783.2	3032.9
重　庆	23602.3	14963.5	2791.0	689.7	5158.1
四　川	22854.3	14169.3	3006.5	752.9	4925.6
贵　州	21718.6	13113.6	3540.4	711.2	4353.4
云　南	22926.3	13513.7	3049.6	2323.9	4039.1
西　藏	20853.3	17396.2	650.2	417.8	2389.0
陕　西	23160.6	14836.3	2156.9	1102.2	5065.2
甘　肃	20637.6	13975.4	1901.5	838.4	3922.3
青　海	21284.9	15262.2	2065.7	296.7	3660.2
宁　夏	22181.3	15683.1	2857.5	102.8	3537.9
新　疆	22119.2	15365.8	2678.3	174.7	3900.4

2-2-2-4 2014年城镇居民分地区现金可支配收入构成

单位：%

地区	现金可支配收入	一、工资性收入	二、经营净收入	三、财产净收入	四、转移净收入
全国	**100.0**	**66.3**	**13.1**	**3.6**	**16.9**
北京	100.0	71.3	3.8	2.8	22.1
天津	100.0	64.1	9.4	3.5	22.9
河北	100.0	67.6	8.8	3.0	20.7
山西	100.0	67.8	12.3	3.7	16.2
内蒙古	100.0	63.1	18.1	2.7	16.1
辽宁	100.0	59.2	13.7	2.0	25.1
吉林	100.0	60.8	12.9	1.4	24.8
黑龙江	100.0	62.9	13.1	1.5	22.6
上海	100.0	73.4	3.5	1.0	22.1
江苏	100.0	65.2	13.8	3.1	17.8
浙江	100.0	62.0	19.3	5.5	13.1
安徽	100.0	65.8	17.5	2.2	14.5
福建	100.0	67.4	16.0	4.7	11.9
江西	100.0	68.3	9.2	4.5	18.0
山东	100.0	67.8	15.3	2.6	14.3
河南	100.0	64.2	15.0	3.8	17.0
湖北	100.0	60.5	16.2	2.1	21.2
湖南	100.0	57.5	15.2	5.6	21.8
广东	100.0	79.5	12.6	5.4	2.5
广西	100.0	59.1	15.3	4.5	21.1
海南	100.0	68.8	14.3	3.5	13.4
重庆	100.0	63.4	11.8	2.9	21.9
四川	100.0	62.0	13.2	3.3	21.6
贵州	100.0	60.4	16.3	3.3	20.0
云南	100.0	58.9	13.3	10.1	17.6
西藏	100.0	83.4	3.1	2.0	11.5
陕西	100.0	64.1	9.3	4.8	21.9
甘肃	100.0	67.7	9.2	4.1	19.0
青海	100.0	71.7	9.7	1.4	17.2
宁夏	100.0	70.7	12.9	0.5	15.9
新疆	100.0	69.5	12.1	0.8	17.6

2-2-2-5 2014年城镇居民分地区消费支出

单位：元/人

地　区	消费支出	一、食品烟酒支出	二、衣着支出	三、居住支出
全　国	**19968.1**	**6000.0**	**1627.2**	**4489.6**
北　京	33717.5	8007.4	2587.4	10308.4
天　津	24289.6	8069.5	2050.8	5251.4
河　北	16203.8	4240.8	1424.4	3735.8
山　西	14636.9	3804.0	1616.0	2898.8
内蒙古	20885.2	6003.2	2394.6	3619.3
辽　宁	20519.6	5816.9	1987.2	4428.2
吉　林	17156.1	4478.5	1800.6	3330.8
黑龙江	16466.6	4532.1	1813.4	3503.8
上　海	35182.4	9438.6	1700.4	11621.7
江　苏	23476.3	6695.8	1753.0	5101.5
浙　江	27241.7	7705.0	1997.7	6901.9
安　徽	16107.1	5360.3	1333.7	3542.4
福　建	22204.1	7368.7	1461.0	5434.7
江　西	15141.8	4965.6	1394.7	3377.1
山　东	18322.6	5298.1	1801.3	4015.6
河　南	16184.5	4662.5	1823.4	3136.0
湖　北	16681.4	5390.6	1463.9	3575.1
湖　南	18334.7	5596.0	1442.1	3567.6
广　东	23611.7	7850.2	1344.7	5291.5
广　西	15045.4	5293.7	794.6	3389.7
海　南	17513.8	6655.3	829.9	3697.8
重　庆	18279.5	6308.4	1878.1	3520.8
四　川	17759.9	6203.8	1539.4	3186.1
贵　州	15254.6	4809.6	1245.9	2942.5
云　南	16268.3	4987.4	1066.6	3469.6
西　藏	15669.4	6166.6	1656.2	3397.6
陕　西	17546.0	4800.2	1470.4	3620.4
甘　肃	15942.3	4964.2	1654.2	3537.7
青　海	17492.9	5228.5	1754.2	3446.5
宁　夏	17216.2	4795.3	1729.0	3027.6
新　疆	17684.5	5529.7	1912.4	3262.8

2-2-2-5 续表 单位：元/人

地 区	四、生活用品及服务支出	五、交通通信支出	六、教育文化娱乐支出	七、医疗保健支出	八、其他用品及服务支出
全 国	**1233.2**	**2637.3**	**2142.3**	**1305.6**	**532.9**
北 京	2206.6	3857.2	3610.9	2044.4	1095.2
天 津	1387.1	3114.0	2013.0	1721.3	682.6
河 北	1081.6	2448.4	1591.9	1304.5	376.5
山 西	887.9	1709.8	2026.5	1240.9	452.9
内蒙古	1436.6	3095.3	2177.8	1470.8	687.7
辽 宁	1234.8	2434.3	2275.9	1630.8	711.4
吉 林	971.6	2232.2	1980.8	1838.4	523.2
黑龙江	912.7	2054.2	1723.2	1457.6	469.6
上 海	1629.4	3801.5	3605.0	2327.6	1058.3
江 苏	1335.2	3504.0	2838.8	1616.7	631.3
浙 江	1333.7	4493.9	2642.9	1527.0	639.7
安 徽	922.9	1924.9	1650.9	976.5	395.4
福 建	1302.0	2737.8	2170.0	1059.0	670.9
江 西	991.2	1627.7	1653.8	760.7	370.9
山 东	1430.7	2376.6	1769.8	1188.0	442.4
河 南	1389.3	1735.0	1721.9	1204.1	512.3
湖 北	1024.7	1802.3	1894.8	1187.8	342.1
湖 南	1098.6	2462.1	2537.5	1209.8	421.0
广 东	1365.1	3625.4	2468.4	988.3	678.1
广 西	904.5	1845.9	1688.9	845.9	282.1
海 南	957.7	2156.2	1912.8	960.3	343.8
重 庆	1292.6	2009.7	1713.6	1187.7	368.6
四 川	1210.6	2168.8	1672.4	1283.6	495.2
贵 州	1090.5	1873.1	2071.3	927.4	294.3
云 南	916.5	2608.3	1816.5	1115.2	288.2
西 藏	891.1	1730.1	727.3	552.5	547.9
陕 西	1176.0	2447.1	2147.5	1495.9	388.5
甘 肃	1089.5	1628.7	1644.3	1048.2	375.3
青 海	1008.7	2235.2	2056.4	1213.0	550.4
宁 夏	1094.9	2552.8	1957.5	1616.9	442.3
新 疆	1087.6	2406.7	1741.0	1310.9	433.5

2-2-2-6 2014年城镇居民分地区消费支出构成

单位：%

地 区	消费支出	一、食品烟酒支出	二、衣着支出	三、居住支出
全 国	**100.0**	**30.0**	**8.1**	**22.5**
北 京	100.0	23.7	7.7	30.6
天 津	100.0	33.2	8.4	21.6
河 北	100.0	26.2	8.8	23.1
山 西	100.0	26.0	11.0	19.8
内蒙古	100.0	28.7	11.5	17.3
辽 宁	100.0	28.3	9.7	21.6
吉 林	100.0	26.1	10.5	19.4
黑龙江	100.0	27.5	11.0	21.3
上 海	100.0	26.8	4.8	33.0
江 苏	100.0	28.5	7.5	21.7
浙 江	100.0	28.3	7.3	25.3
安 徽	100.0	33.3	8.3	22.0
福 建	100.0	33.2	6.6	24.5
江 西	100.0	32.8	9.2	22.3
山 东	100.0	28.9	9.8	21.9
河 南	100.0	28.8	11.3	19.4
湖 北	100.0	32.3	8.8	21.4
湖 南	100.0	30.5	7.9	19.5
广 东	100.0	33.2	5.7	22.4
广 西	100.0	35.2	5.3	22.5
海 南	100.0	38.0	4.7	21.1
重 庆	100.0	34.5	10.3	19.3
四 川	100.0	34.9	8.7	17.9
贵 州	100.0	31.5	8.2	19.3
云 南	100.0	30.7	6.6	21.3
西 藏	100.0	39.4	10.6	21.7
陕 西	100.0	27.4	8.4	20.6
甘 肃	100.0	31.1	10.4	22.2
青 海	100.0	29.9	10.0	19.7
宁 夏	100.0	27.9	10.0	17.6
新 疆	100.0	31.3	10.8	18.4

2-2-2-6 续表 单位：%

地区	四、生活用品及服务支出	五、交通通信支出	六、教育文化娱乐支出	七、医疗保健支出	八、其他用品及服务支出
全 国	**6.2**	**13.2**	**10.7**	**6.5**	**2.7**
北 京	6.5	11.4	10.7	6.1	3.2
天 津	5.7	12.8	8.3	7.1	2.8
河 北	6.7	15.1	9.8	8.1	2.3
山 西	6.1	11.7	13.8	8.5	3.1
内蒙古	6.9	14.8	10.4	7.0	3.3
辽 宁	6.0	11.9	11.1	7.9	3.5
吉 林	5.7	13.0	11.5	10.7	3.0
黑龙江	5.5	12.5	10.5	8.9	2.9
上 海	4.6	10.8	10.2	6.6	3.0
江 苏	5.7	14.9	12.1	6.9	2.7
浙 江	4.9	16.5	9.7	5.6	2.3
安 徽	5.7	12.0	10.2	6.1	2.5
福 建	5.9	12.3	9.8	4.8	3.0
江 西	6.5	10.7	10.9	5.0	2.4
山 东	7.8	13.0	9.7	6.5	2.4
河 南	8.6	10.7	10.6	7.4	3.2
湖 北	6.1	10.8	11.4	7.1	2.1
湖 南	6.0	13.4	13.8	6.6	2.3
广 东	5.8	15.4	10.5	4.2	2.9
广 西	6.0	12.3	11.2	5.6	1.9
海 南	5.5	12.3	10.9	5.5	2.0
重 庆	7.1	11.0	9.4	6.5	2.0
四 川	6.8	12.2	9.4	7.2	2.8
贵 州	7.1	12.3	13.6	6.1	1.9
云 南	5.6	16.0	11.2	6.9	1.8
西 藏	5.7	11.0	4.6	3.5	3.5
陕 西	6.7	13.9	12.2	8.5	2.2
甘 肃	6.8	10.2	10.3	6.6	2.4
青 海	5.8	12.8	11.8	6.9	3.1
宁 夏	6.4	14.8	11.4	9.4	2.6
新 疆	6.1	13.6	9.8	7.4	2.5

2-2-2-7 2014年城镇居民分地区现金消费支出

单位：元/人

地 区	现金消费支出	一、食品烟酒支出	二、衣着支出	三、居住支出
全 国	**16690.6**	**5874.9**	**1626.6**	**1625.6**
北 京	25074.5	7919.2	2586.1	2123.4
天 津	20222.1	7868.5	2050.6	1820.2
河 北	13650.7	4207.9	1424.2	1390.8
山 西	12706.8	3718.2	1613.7	1334.9
内蒙古	18837.1	5975.5	2394.3	1766.7
辽 宁	17155.8	5596.5	1986.6	1802.5
吉 林	15282.8	4402.4	1800.5	1689.6
黑龙江	14516.1	4506.1	1811.0	1770.5
上 海	24725.3	9197.1	1699.3	2535.1
江 苏	19080.3	6536.9	1752.4	1435.5
浙 江	21634.8	7556.4	1997.1	1896.2
安 徽	13531.5	5244.5	1333.2	1346.6
福 建	18376.8	7233.0	1460.5	2019.9
江 西	12775.7	4903.9	1394.5	1196.0
山 东	15627.9	5219.5	1799.8	1489.6
河 南	14167.6	4616.6	1823.3	1374.5
湖 北	13988.8	5251.2	1463.4	1294.4
湖 南	16017.4	5488.8	1441.7	1555.4
广 东	20188.1	7612.3	1344.1	2277.8
广 西	12697.6	5144.3	794.2	1367.0
海 南	14782.4	6528.1	829.4	1412.1
重 庆	15531.8	6179.9	1877.6	1196.1
四 川	15362.0	6008.1	1538.7	1237.4
贵 州	13312.0	4730.2	1245.9	1209.0
云 南	13635.8	4884.7	1066.3	1114.6
西 藏	13293.3	6158.2	1656.2	1083.3
陕 西	15439.4	4719.1	1470.2	1922.0
甘 肃	13804.5	4921.2	1654.2	1542.8
青 海	15391.9	5198.4	1754.1	1881.8
宁 夏	15146.3	4746.1	1728.7	1318.1
新 疆	15673.8	5493.2	1912.4	1462.9

2-2-2-7 续表 单位：元/人

地 区	四、生活用品及服务支出	五、交通通信支出	六、教育文化娱乐支出	七、医疗保健支出	八、其他用品及服务支出
全 国	**1225.6**	**2631.5**	**2140.7**	**1038.5**	**527.1**
北 京	2191.9	3853.1	3610.0	1700.1	1090.8
天 津	1385.4	3067.8	2010.9	1354.1	664.6
河 北	1078.7	2442.7	1591.8	1140.8	373.8
山 西	879.3	1708.8	2026.3	978.9	446.7
内蒙古	1435.6	3095.3	2177.2	1309.0	683.7
辽 宁	1222.8	2415.0	2274.8	1164.4	693.3
吉 林	968.1	2223.1	1980.8	1695.3	523.0
黑龙江	912.2	2052.4	1722.9	1274.0	467.0
上 海	1624.0	3779.4	3589.9	1248.0	1052.6
江 苏	1321.6	3497.5	2837.7	1072.1	626.5
浙 江	1308.5	4487.9	2641.7	1117.4	629.6
安 徽	919.5	1922.7	1647.8	725.8	391.4
福 建	1297.5	2733.7	2168.3	801.7	662.2
江 西	990.3	1627.4	1653.6	640.6	369.5
山 东	1425.9	2375.9	1768.9	1111.0	437.3
河 南	1388.6	1733.0	1721.6	997.9	512.0
湖 北	1020.8	1800.3	1893.2	930.1	335.4
湖 南	1094.4	2455.7	2537.5	1025.1	418.9
广 东	1350.5	3617.4	2464.4	854.8	666.8
广 西	899.8	1844.2	1688.4	683.2	276.4
海 南	917.1	2156.1	1912.2	688.2	339.3
重 庆	1289.9	2008.9	1713.5	904.1	361.9
四 川	1204.3	2163.0	1671.4	1047.2	491.9
贵 州	1088.9	1871.4	2071.2	803.4	291.9
云 南	909.7	2606.7	1816.3	953.6	283.9
西 藏	891.0	1730.1	727.3	499.3	547.9
陕 西	1169.1	2443.1	2146.9	1184.6	384.4
甘 肃	1087.0	1627.1	1644.2	954.8	373.3
青 海	959.5	2235.2	2055.8	759.1	548.0
宁 夏	1084.6	2545.1	1957.1	1331.5	435.1
新 疆	1085.3	2406.7	1740.0	1142.4	431.0

2-2-2-8　2014年城镇居民分地区现金消费支出构成

单位：%

地　区	现金消费支出	一、食品烟酒支出	二、衣着支出	三、居住支出
全　国	**100.0**	**35.2**	**9.7**	**9.7**
北　京	100.0	31.6	10.3	8.5
天　津	100.0	38.9	10.1	9.0
河　北	100.0	30.8	10.4	10.2
山　西	100.0	29.3	12.7	10.5
内蒙古	100.0	31.7	12.7	9.4
辽　宁	100.0	32.6	11.6	10.5
吉　林	100.0	28.8	11.8	11.1
黑龙江	100.0	31.0	12.5	12.2
上　海	100.0	37.2	6.9	10.3
江　苏	100.0	34.3	9.2	7.5
浙　江	100.0	34.9	9.2	8.8
安　徽	100.0	38.8	9.9	10.0
福　建	100.0	39.4	7.9	11.0
江　西	100.0	38.4	10.9	9.4
山　东	100.0	33.4	11.5	9.5
河　南	100.0	32.6	12.9	9.7
湖　北	100.0	37.5	10.5	9.3
湖　南	100.0	34.3	9.0	9.7
广　东	100.0	37.7	6.7	11.3
广　西	100.0	40.5	6.3	10.8
海　南	100.0	44.2	5.6	9.6
重　庆	100.0	39.8	12.1	7.7
四　川	100.0	39.1	10.0	8.1
贵　州	100.0	35.5	9.4	9.1
云　南	100.0	35.8	7.8	8.2
西　藏	100.0	46.3	12.5	8.1
陕　西	100.0	30.6	9.5	12.4
甘　肃	100.0	35.6	12.0	11.2
青　海	100.0	33.8	11.4	12.2
宁　夏	100.0	31.3	11.4	8.7
新　疆	100.0	35.0	12.2	9.3

2-2-2-8　续表　　　　　　　　　　　　　　　　　　　　　　　　单位：%

地　区	四、生活用品及服务支出	五、交通通信支出	六、教育文化娱乐支出	七、医疗保健支出	八、其他用品及服务支出
全　国	**7.3**	**15.8**	**12.8**	**6.2**	**3.2**
北　京	8.7	15.4	14.4	6.8	4.4
天　津	6.9	15.2	9.9	6.7	3.3
河　北	7.9	17.9	11.7	8.4	2.7
山　西	6.9	13.4	15.9	7.7	3.5
内蒙古	7.6	16.4	11.6	6.9	3.6
辽　宁	7.1	14.1	13.3	6.8	4.0
吉　林	6.3	14.5	13.0	11.1	3.4
黑龙江	6.3	14.1	11.9	8.8	3.2
上　海	6.6	15.3	14.5	5.0	4.3
江　苏	6.9	18.3	14.9	5.6	3.3
浙　江	6.0	20.7	12.2	5.2	2.9
安　徽	6.8	14.2	12.2	5.4	2.9
福　建	7.1	14.9	11.8	4.4	3.6
江　西	7.8	12.7	12.9	5.0	2.9
山　东	9.1	15.2	11.3	7.1	2.8
河　南	9.8	12.2	12.2	7.0	3.6
湖　北	7.3	12.9	13.5	6.6	2.4
湖　南	6.8	15.3	15.8	6.4	2.6
广　东	6.7	17.9	12.2	4.2	3.3
广　西	7.1	14.5	13.3	5.4	2.2
海　南	6.2	14.6	12.9	4.7	2.3
重　庆	8.3	12.9	11.0	5.8	2.3
四　川	7.8	14.1	10.9	6.8	3.2
贵　州	8.2	14.1	15.6	6.0	2.2
云　南	6.7	19.1	13.3	7.0	2.1
西　藏	6.7	13.0	5.5	3.8	4.1
陕　西	7.6	15.8	13.9	7.7	2.5
甘　肃	7.9	11.8	11.9	6.9	2.7
青　海	6.2	14.5	13.4	4.9	3.6
宁　夏	7.2	16.8	12.9	8.8	2.9
新　疆	6.9	15.4	11.1	7.3	2.7

三、农村居民数据

(一)2013年农村居民分地区收支主要数据

2-3-1-1　2013年农村居民分地区可支配收入

单位：元/人

地　　区	可支配收入	一、工资性收入	二、经营净收入	三、财产净收入	四、转移净收入
全　　国	**9429.6**	**3652.5**	**3934.9**	**194.7**	**1647.5**
北　　京	17101.2	12751.7	1730.7	788.4	1830.5
天　　津	15352.6	8898.0	4403.9	694.2	1356.5
河　　北	9187.7	4453.0	3165.5	166.4	1402.8
山　　西	7949.5	4150.2	2190.0	111.3	1497.9
内 蒙 古	8984.9	1850.7	5402.0	397.4	1334.7
辽　　宁	10161.2	3728.4	5628.6	197.7	606.6
吉　　林	9780.7	1327.4	7091.0	151.6	1210.6
黑 龙 江	9369.0	1790.6	6020.8	377.8	1179.8
上　　海	19208.3	14903.5	1280.7	535.6	2488.5
江　　苏	13521.3	6358.4	4538.4	512.7	2111.8
浙　　江	17493.9	10416.1	4934.9	457.2	1685.7
安　　徽	8850.0	3240.8	3589.3	100.5	1919.5
福　　建	11404.8	5054.2	4684.6	160.0	1506.0
江　　西	9088.8	3399.7	3760.2	126.7	1802.2
山　　东	10686.9	4189.2	4979.4	242.4	1275.8
河　　南	8969.1	2856.2	3927.8	126.4	2058.8
湖　　北	9691.8	2920.7	4668.1	98.3	2004.7
湖　　南	9028.6	3671.6	3255.5	130.7	1970.7
广　　东	11067.8	5671.2	3047.9	392.0	1956.7
广　　西	7793.1	2134.6	3794.3	50.9	1813.2
海　　南	8801.7	3003.8	4465.6	166.7	1165.7
重　　庆	8492.5	2744.1	3173.3	226.8	2348.3
四　　川	8380.7	2784.7	3616.8	148.2	1831.0
贵　　州	5897.8	2090.1	2451.1	41.9	1314.7
云　　南	6723.6	1670.4	3967.3	121.5	964.4
西　　藏	6553.4	1346.1	3940.8	104.1	1162.3
陕　　西	7092.2	2887.2	2529.6	90.3	1585.1
甘　　肃	5588.8	1478.1	2492.2	64.8	1553.7
青　　海	6461.6	1774.2	2788.5	133.1	1765.7
宁　　夏	7598.7	3030.9	3481.0	111.9	974.8
新　　疆	7846.6	1242.8	5200.5	205.3	1197.9

2-3-1-2 2013年农村居民分地区可支配收入构成

单位：%

地　区	可支配收入	一、工资性收入	二、经营净收入	三、财产净收入	四、转移净收入
全　国	**100.0**	**38.7**	**41.7**	**2.1**	**17.5**
北　京	100.0	74.6	10.1	4.6	10.7
天　津	100.0	58.0	28.7	4.5	8.8
河　北	100.0	48.5	34.5	1.8	15.3
山　西	100.0	52.2	27.5	1.4	18.8
内蒙古	100.0	20.6	60.1	4.4	14.9
辽　宁	100.0	36.7	55.4	1.9	6.0
吉　林	100.0	13.6	72.5	1.5	12.4
黑龙江	100.0	19.1	64.3	4.0	12.6
上　海	100.0	77.6	6.7	2.8	13.0
江　苏	100.0	47.0	33.6	3.8	15.6
浙　江	100.0	59.5	28.2	2.6	9.6
安　徽	100.0	36.6	40.6	1.1	21.7
福　建	100.0	44.3	41.1	1.4	13.2
江　西	100.0	37.4	41.4	1.4	19.8
山　东	100.0	39.2	46.6	2.3	11.9
河　南	100.0	31.8	43.8	1.4	23.0
湖　北	100.0	30.1	48.2	1.0	20.7
湖　南	100.0	40.7	36.1	1.4	21.8
广　东	100.0	51.2	27.5	3.5	17.7
广　西	100.0	27.4	48.7	0.7	23.3
海　南	100.0	34.1	50.7	1.9	13.2
重　庆	100.0	32.3	37.4	2.7	27.7
四　川	100.0	33.2	43.2	1.8	21.8
贵　州	100.0	35.4	41.6	0.7	22.3
云　南	100.0	24.8	59.0	1.8	14.3
西　藏	100.0	20.5	60.2	1.6	17.7
陕　西	100.0	40.7	35.7	1.3	22.4
甘　肃	100.0	26.4	44.6	1.2	27.8
青　海	100.0	27.5	43.2	2.1	27.3
宁　夏	100.0	39.9	45.8	1.5	12.8
新　疆	100.0	15.8	66.3	2.6	15.3

2-3-1-3　2013年农村居民分地区现金可支配收入

单位：元/人

地　区	现金可支配收入	一、工资性收入	二、经营净收入	三、财产净收入	四、转移净收入
全　国	**8747.1**	**3639.7**	**3378.0**	**194.2**	**1535.2**
北　京	17440.1	12616.1	2299.2	788.4	1736.4
天　津	15518.0	8884.6	4722.7	697.4	1213.2
河　北	8868.9	4446.3	2968.1	171.3	1283.2
山　西	7545.4	4140.2	2005.7	113.9	1285.6
内蒙古	8161.7	1848.9	4637.4	397.4	1278.0
辽　宁	10343.5	3707.8	5958.1	202.1	475.5
吉　林	8267.1	1326.6	5648.7	151.7	1140.1
黑龙江	8158.0	1789.9	4842.4	387.0	1138.7
上　海	18737.8	14704.1	1487.8	541.1	2004.8
江　苏	12927.6	6313.5	4165.1	524.4	1924.5
浙　江	17533.7	10375.2	5194.5	455.2	1508.8
安　徽	8400.6	3229.2	3239.9	108.9	1822.6
福　建	11035.1	5021.1	4447.2	160.5	1406.3
江　西	8125.0	3397.5	2878.5	127.0	1722.0
山　东	10312.0	4180.5	4693.3	248.4	1189.7
河　南	7766.1	2852.0	2863.6	126.9	1923.7
湖　北	8770.5	2910.8	3869.3	99.3	1891.1
湖　南	8258.8	3655.9	2608.0	132.1	1862.9
广　东	10387.0	5648.1	2508.7	336.7	1893.4
广　西	6959.2	2131.6	3108.1	52.0	1667.6
海　南	8545.2	2985.6	4402.7	167.8	989.1
重　庆	7385.6	2734.9	2121.3	229.5	2299.9
四　川	7182.5	2773.4	2563.9	148.5	1696.7
贵　州	5125.8	2089.1	1739.3	41.1	1256.3
云　南	6054.7	1668.8	3354.3	119.7	911.9
西　藏	5924.7	1344.9	3348.8	104.1	1126.9
陕　西	6749.1	2880.5	2295.1	91.8	1481.7
甘　肃	5224.5	1475.9	2200.8	67.1	1480.7
青　海	6037.7	1774.2	2575.9	140.9	1546.7
宁　夏	7111.6	3026.7	3245.5	114.0	725.5
新　疆	7276.5	1239.5	4790.9	206.4	1039.8

2-3-1-4　2013年农村居民分地区现金可支配收入构成

单位：%

地　区	现金可支配收入	一、工资性收入	二、经营净收入	三、财产净收入	四、转移净收入
全　国	**100.0**	**41.6**	**38.6**	**2.2**	**17.6**
北　京	100.0	72.3	13.2	4.5	10.0
天　津	100.0	57.3	30.4	4.5	7.8
河　北	100.0	50.1	33.5	1.9	14.5
山　西	100.0	54.9	26.6	1.5	17.0
内蒙古	100.0	22.7	56.8	4.9	15.7
辽　宁	100.0	35.8	57.6	2.0	4.6
吉　林	100.0	16.0	68.3	1.8	13.8
黑龙江	100.0	21.9	59.4	4.7	14.0
上　海	100.0	78.5	7.9	2.9	10.7
江　苏	100.0	48.8	32.2	4.1	14.9
浙　江	100.0	59.2	29.6	2.6	8.6
安　徽	100.0	38.4	38.6	1.3	21.7
福　建	100.0	45.5	40.3	1.5	12.7
江　西	100.0	41.8	35.4	1.6	21.2
山　东	100.0	40.5	45.5	2.4	11.5
河　南	100.0	36.7	36.9	1.6	24.8
湖　北	100.0	33.2	44.1	1.1	21.6
湖　南	100.0	44.3	31.6	1.6	22.6
广　东	100.0	54.4	24.2	3.2	18.2
广　西	100.0	30.6	44.7	0.7	24.0
海　南	100.0	34.9	51.5	2.0	11.6
重　庆	100.0	37.0	28.7	3.1	31.1
四　川	100.0	38.6	35.7	2.1	23.6
贵　州	100.0	40.8	33.9	0.8	24.5
云　南	100.0	27.6	55.4	2.0	15.1
西　藏	100.0	22.7	56.5	1.8	19.0
陕　西	100.0	42.7	34.0	1.4	22.0
甘　肃	100.0	28.2	42.1	1.3	28.3
青　海	100.0	29.4	42.7	2.3	25.6
宁　夏	100.0	42.6	45.6	1.6	10.2
新　疆	100.0	17.0	65.8	2.8	14.3

2-3-1-5　2013年农村居民分地区消费支出

单位：元/人

地　区	消费支出	一、食品烟酒支出	二、衣着支出	三、居住支出
全　国	**7485.2**	**2554.4**	**453.8**	**1579.8**
北　京	13563.9	3786.3	879.7	4346.6
天　津	12491.1	3859.0	950.7	2784.3
河　北	7377.1	2205.2	521.6	1628.3
山　西	6457.7	1838.8	497.9	1419.8
内蒙古	9079.6	2803.1	661.7	1647.8
辽　宁	7032.1	2143.3	512.6	1375.9
吉　林	7523.4	2225.9	498.9	1517.0
黑龙江	7191.7	2141.7	525.6	1469.0
上　海	13016.2	4611.6	831.3	2984.6
江　苏	10759.0	3209.0	680.6	2282.3
浙　江	12803.3	4076.1	806.0	2829.1
安　徽	7200.3	2642.0	433.0	1538.0
福　建	9986.2	3884.9	528.0	2331.0
江　西	6807.4	2530.7	339.5	1709.2
山　东	6877.3	2190.3	420.8	1319.4
河　南	6358.7	1942.9	506.4	1414.7
湖　北	7849.5	2566.9	418.4	1854.6
湖　南	7832.6	2708.9	403.1	1764.6
广　东	8937.8	3761.2	280.2	1892.3
广　西	6035.3	2215.0	194.8	1368.8
海　南	6376.2	2831.6	197.7	1139.0
重　庆	6970.7	2657.3	437.1	1242.9
四　川	7364.8	2947.8	498.9	1338.6
贵　州	5291.1	2115.4	281.9	991.1
云　南	5246.6	2050.7	232.1	1002.1
西　藏	4101.6	1953.9	399.4	666.5
陕　西	6487.6	1771.9	418.0	1432.0
甘　肃	5653.9	1949.1	375.4	971.0
青　海	7505.9	2494.2	557.0	1240.9
宁　夏	6739.8	2027.0	496.5	1172.2
新　疆	7103.1	2469.3	597.2	1412.2

2-3-1-5 续表　　　　　　　　　　　　　　　　　　　　　　　　单位：元/人

地 区	四、生活用品及服务支出	五、交通通信支出	六、教育文化娱乐支出	七、医疗保健支出	八、其他用品及服务支出
全 国	**455.1**	**874.9**	**754.6**	**668.2**	**144.2**
北 京	883.9	1460.8	922.7	1103.0	180.9
天 津	767.3	2084.4	833.0	952.8	259.6
河 北	470.5	931.9	648.7	795.3	175.6
山 西	339.6	701.6	842.7	647.0	170.4
内 蒙 古	393.9	1280.7	1162.9	942.2	187.4
辽 宁	298.2	887.0	934.6	739.7	140.9
吉 林	298.8	930.7	951.0	937.2	163.9
黑 龙 江	322.2	861.4	894.0	832.5	145.3
上 海	674.1	1670.3	708.6	1204.5	331.2
江 苏	621.8	1597.6	1264.2	818.0	285.4
浙 江	658.0	1998.2	1221.5	967.6	246.9
安 徽	484.7	711.8	640.6	625.0	125.2
福 建	596.4	917.5	937.3	562.9	228.1
江 西	370.7	676.7	591.0	466.1	123.5
山 东	436.8	1003.8	683.8	710.7	111.6
河 南	460.0	676.6	639.1	620.3	98.7
湖 北	519.0	738.7	864.0	729.5	158.5
湖 南	511.6	747.1	798.8	733.8	164.6
广 东	523.0	907.8	791.9	598.2	183.2
广 西	366.7	641.2	624.2	525.9	98.8
海 南	332.9	689.4	704.3	359.5	121.8
重 庆	530.6	642.9	784.2	564.3	111.2
四 川	534.1	763.7	532.0	641.2	108.4
贵 州	319.6	541.6	599.2	351.7	90.5
云 南	290.6	655.1	538.2	413.5	64.3
西 藏	290.0	483.1	99.2	81.3	128.2
陕 西	405.5	659.9	863.2	803.1	134.0
甘 肃	358.6	696.9	666.1	539.6	97.3
青 海	438.0	1232.2	527.8	888.6	127.2
宁 夏	462.5	847.4	735.0	785.5	213.8
新 疆	340.2	929.4	576.6	678.3	100.0

2-3-1-6　2013年农村居民分地区消费支出构成

单位：%

地　区	消费支出	一、食品烟酒支出	二、衣着支出	三、居住支出
全　国	**100.0**	**34.1**	**6.1**	**21.1**
北　京	100.0	27.9	6.5	32.0
天　津	100.0	30.9	7.6	22.3
河　北	100.0	29.9	7.1	22.1
山　西	100.0	28.5	7.7	22.0
内蒙古	100.0	30.9	7.3	18.1
辽　宁	100.0	30.5	7.3	19.6
吉　林	100.0	29.6	6.6	20.2
黑龙江	100.0	29.8	7.3	20.4
上　海	100.0	35.4	6.4	22.9
江　苏	100.0	29.8	6.3	21.2
浙　江	100.0	31.8	6.3	22.1
安　徽	100.0	36.7	6.0	21.4
福　建	100.0	38.9	5.3	23.3
江　西	100.0	37.2	5.0	25.1
山　东	100.0	31.8	6.1	19.2
河　南	100.0	30.6	8.0	22.2
湖　北	100.0	32.7	5.3	23.6
湖　南	100.0	34.6	5.1	22.5
广　东	100.0	42.1	3.1	21.2
广　西	100.0	36.7	3.2	22.7
海　南	100.0	44.4	3.1	17.9
重　庆	100.0	38.1	6.3	17.8
四　川	100.0	40.0	6.8	18.2
贵　州	100.0	40.0	5.3	18.7
云　南	100.0	39.1	4.4	19.1
西　藏	100.0	47.6	9.7	16.3
陕　西	100.0	27.3	6.4	22.1
甘　肃	100.0	34.5	6.6	17.2
青　海	100.0	33.2	7.4	16.5
宁　夏	100.0	30.1	7.4	17.4
新　疆	100.0	34.8	8.4	19.9

2-3-1-6 续表 单位：%

地　区	四、生活用品及服务支出	五、交通通信支出	六、教育文化娱乐支出	七、医疗保健支出	八、其他用品及服务支出
全　国	**6.1**	**11.7**	**10.1**	**8.9**	**1.9**
北　京	6.5	10.8	6.8	8.1	1.3
天　津	6.1	16.7	6.7	7.6	2.1
河　北	6.4	12.6	8.8	10.8	2.4
山　西	5.3	10.9	13.0	10.0	2.6
内蒙古	4.3	14.1	12.8	10.4	2.1
辽　宁	4.2	12.6	13.3	10.5	2.0
吉　林	4.0	12.4	12.6	12.5	2.2
黑龙江	4.5	12.0	12.4	11.6	2.0
上　海	5.2	12.8	5.4	9.3	2.5
江　苏	5.8	14.8	11.8	7.6	2.7
浙　江	5.1	15.6	9.5	7.6	1.9
安　徽	6.7	9.9	8.9	8.7	1.7
福　建	6.0	9.2	9.4	5.6	2.3
江　西	5.4	9.9	8.7	6.8	1.8
山　东	6.4	14.6	9.9	10.3	1.6
河　南	7.2	10.6	10.1	9.8	1.6
湖　北	6.6	9.4	11.0	9.3	2.0
湖　南	6.5	9.5	10.2	9.4	2.1
广　东	5.9	10.2	8.9	6.7	2.0
广　西	6.1	10.6	10.3	8.7	1.6
海　南	5.2	10.8	11.0	5.6	1.9
重　庆	7.6	9.2	11.3	8.1	1.6
四　川	7.3	10.4	7.2	8.7	1.5
贵　州	6.0	10.2	11.3	6.6	1.7
云　南	5.5	12.5	10.3	7.9	1.2
西　藏	7.1	11.8	2.4	2.0	3.1
陕　西	6.2	10.2	13.3	12.4	2.1
甘　肃	6.3	12.3	11.8	9.5	1.7
青　海	5.8	16.4	7.0	11.8	1.7
宁　夏	6.9	12.6	10.9	11.7	3.2
新　疆	4.8	13.1	8.1	9.5	1.4

2-3-1-7　2013年农村居民分地区现金消费支出

单位：元/人

地　区	现金消费支出	一、食品烟酒支出	二、衣着支出	三、居住支出
全　国	**5978.8**	**2038.8**	**453.1**	**692.4**
北　京	10771.1	3634.9	878.9	1764.7
天　津	10828.2	3769.2	950.4	1347.1
河　北	6345.0	2018.4	520.8	899.6
山　西	5320.6	1529.7	496.3	718.8
内蒙古	7613.6	2163.1	661.5	875.1
辽　宁	5987.3	1866.8	512.5	735.3
吉　林	6255.7	1950.3	498.9	595.1
黑龙江	6196.7	1920.1	525.4	736.6
上　海	10560.6	4278.7	825.1	1359.9
江　苏	8831.1	2802.1	679.5	950.5
浙　江	10637.0	3814.2	805.6	1101.0
安　徽	5783.7	2260.7	429.5	600.2
福　建	7706.7	3288.5	527.9	768.9
江　西	4875.4	1835.0	339.4	551.3
山　东	5904.7	1967.2	420.1	649.3
河　南	5192.3	1692.8	506.0	632.3
湖　北	5939.8	1786.9	415.8	836.1
湖　南	5969.8	1948.0	402.7	770.6
广　东	7259.6	3188.1	280.1	846.8
广　西	4447.6	1571.4	194.8	546.5
海　南	5244.3	2506.7	197.5	380.7
重　庆	5105.0	1724.2	436.6	356.4
四　川	5343.3	1901.5	498.3	499.2
贵　州	3802.4	1208.9	281.7	456.4
云　南	3828.9	1294.2	232.0	387.5
西　藏	2706.3	1086.0	398.0	179.4
陕　西	5312.3	1486.5	417.9	641.1
甘　肃	4577.3	1357.3	375.1	533.2
青　海	5905.4	1570.8	556.8	746.4
宁　夏	5614.1	1524.6	496.5	779.4
新　疆	5905.8	1923.7	594.9	801.8

2-3-1-7 续表　　　　单位：元/人

地　区	四、生活用品及服务支出	五、交通通信支出	六、教育文化娱乐支出	七、医疗保健支出	八、其他用品及服务支出
全　国	**451.0**	**874.7**	**754.4**	**573.2**	**141.2**
北　京	874.6	1460.0	922.3	1063.7	171.9
天　津	766.9	2083.8	833.0	819.4	258.2
河　北	469.3	931.9	648.5	681.7	174.9
山　西	329.9	701.4	842.3	559.6	142.6
内蒙古	393.9	1280.6	1162.6	890.4	186.3
辽　宁	297.7	887.0	934.5	614.0	139.4
吉　林	296.6	930.2	951.0	870.4	163.3
黑龙江	320.3	861.2	893.9	794.3	144.8
上　海	654.4	1665.5	705.6	746.7	324.6
江　苏	618.1	1597.1	1263.3	637.9	282.6
浙　江	651.2	1996.9	1220.9	802.2	244.9
安　徽	482.2	711.7	640.2	534.9	124.2
福　建	564.5	917.4	937.0	476.6	225.9
江　西	370.0	676.7	590.8	389.1	123.1
山　东	434.1	1003.8	683.7	637.7	108.8
河　南	459.8	676.6	639.2	487.1	98.5
湖　北	518.1	738.4	863.9	622.2	158.4
湖　南	511.4	746.5	798.7	629.3	162.6
广　东	520.6	907.7	791.4	544.4	180.5
广　西	358.3	641.2	623.8	420.1	91.6
海　南	310.5	689.3	704.3	334.7	120.6
重　庆	527.1	642.9	785.1	524.7	107.9
四　川	522.4	763.5	531.7	520.2	106.4
贵　州	318.2	541.5	599.2	313.4	83.2
云　南	289.2	655.1	538.2	370.9	61.8
西　藏	285.9	483.1	99.2	46.6	128.2
陕　西	403.9	659.7	862.0	707.3	133.9
甘　肃	355.3	696.9	666.1	499.4	93.9
青　海	437.5	1232.2	527.7	707.0	127.1
宁　夏	450.9	847.0	734.3	630.6	150.9
新　疆	331.5	929.3	576.4	649.0	99.3

2-3-1-8　2013年农村居民分地区现金消费支出构成

单位：%

地　区	现金消费支出	一、食品烟酒支出	二、衣着支出	三、居住支出
全　国	**100.0**	**34.1**	**7.6**	**11.6**
北　京	100.0	33.7	8.2	16.4
天　津	100.0	34.8	8.8	12.4
河　北	100.0	31.8	8.2	14.2
山　西	100.0	28.8	9.3	13.5
内蒙古	100.0	28.4	8.7	11.5
辽　宁	100.0	31.2	8.6	12.3
吉　林	100.0	31.2	8.0	9.5
黑龙江	100.0	31.0	8.5	11.9
上　海	100.0	40.5	7.8	12.9
江　苏	100.0	31.7	7.7	10.8
浙　江	100.0	35.9	7.6	10.4
安　徽	100.0	39.1	7.4	10.4
福　建	100.0	42.7	6.8	10.0
江　西	100.0	37.6	7.0	11.3
山　东	100.0	33.3	7.1	11.0
河　南	100.0	32.6	9.7	12.2
湖　北	100.0	30.1	7.0	14.1
湖　南	100.0	32.6	6.7	12.9
广　东	100.0	43.9	3.9	11.7
广　西	100.0	35.3	4.4	12.3
海　南	100.0	47.8	3.8	7.3
重　庆	100.0	33.8	8.6	7.0
四　川	100.0	35.6	9.3	9.3
贵　州	100.0	31.8	7.4	12.0
云　南	100.0	33.8	6.1	10.1
西　藏	100.0	40.1	14.7	6.6
陕　西	100.0	28.0	7.9	12.1
甘　肃	100.0	29.7	8.2	11.6
青　海	100.0	26.6	9.4	12.6
宁　夏	100.0	27.2	8.8	13.9
新　疆	100.0	32.6	10.1	13.6

2-3-1-8　续表　　　　单位：%

地　区	四、生活用品及服务支出	五、交通通信支出	六、教育文化娱乐支出	七、医疗保健支出	八、其他用品及服务支出
全　国	**7.5**	**14.6**	**12.6**	**9.6**	**2.4**
北　京	8.1	13.6	8.6	9.9	1.6
天　津	7.1	19.2	7.7	7.6	2.4
河　北	7.4	14.7	10.2	10.7	2.8
山　西	6.2	13.2	15.8	10.5	2.7
内蒙古	5.2	16.8	15.3	11.7	2.4
辽　宁	5.0	14.8	15.6	10.3	2.3
吉　林	4.7	14.9	15.2	13.9	2.6
黑龙江	5.2	13.9	14.4	12.8	2.3
上　海	6.2	15.8	6.7	7.1	3.1
江　苏	7.0	18.1	14.3	7.2	3.2
浙　江	6.1	18.8	11.5	7.5	2.3
安　徽	8.3	12.3	11.1	9.2	2.1
福　建	7.3	11.9	12.2	6.2	2.9
江　西	7.6	13.9	12.1	8.0	2.5
山　东	7.4	17.0	11.6	10.8	1.8
河　南	8.9	13.0	12.3	9.4	1.9
湖　北	8.7	12.4	14.5	10.5	2.7
湖　南	8.6	12.5	13.4	10.5	2.7
广　东	7.2	12.5	10.9	7.5	2.5
广　西	8.1	14.4	14.0	9.4	2.1
海　南	5.9	13.1	13.4	6.4	2.3
重　庆	10.3	12.6	15.4	10.3	2.1
四　川	9.8	14.3	10.0	9.7	2.0
贵　州	8.4	14.2	15.8	8.2	2.2
云　南	7.6	17.1	14.1	9.7	1.6
西　藏	10.6	17.9	3.7	1.7	4.7
陕　西	7.6	12.4	16.2	13.3	2.5
甘　肃	7.8	15.2	14.6	10.9	2.1
青　海	7.4	20.9	8.9	12.0	2.2
宁　夏	8.0	15.1	13.1	11.2	2.7
新　疆	5.6	15.7	9.8	11.0	1.7

(二)2014年农村居民分地区收支主要数据

2-3-2-1 2014年农村居民分地区可支配收入

单位：元/人

地　区	可支配收入	一、工资性收入	二、经营净收入	三、财产净收入	四、转移净收入
全　国	**10488.9**	**4152.2**	**4237.4**	**222.1**	**1877.2**
北　京	18867.3	14260.2	1854.3	817.8	1935.0
天　津	17014.2	9941.1	4791.4	799.1	1482.6
河　北	10186.1	5133.3	3435.5	204.0	1413.4
山　西	8809.4	4569.6	2482.3	123.2	1634.4
内蒙古	9976.3	2070.8	5872.4	388.7	1644.4
辽　宁	11191.5	4362.3	5252.4	234.7	1342.1
吉　林	10780.1	1937.6	7445.6	181.8	1215.0
黑龙江	10453.2	2188.5	6596.7	512.2	1155.8
上　海	21191.6	16177.0	1440.6	686.1	2887.9
江　苏	14958.4	7170.3	5030.5	472.0	2285.6
浙　江	19373.3	11772.5	5236.7	542.8	1821.2
安　徽	9916.4	3554.9	3985.9	149.1	2226.6
福　建	12650.2	5655.2	5093.6	201.3	1700.1
江　西	10116.6	3937.4	4106.5	153.3	1919.3
山　东	11882.3	4713.1	5431.0	287.2	1450.9
河　南	9966.1	3260.2	4277.6	146.1	2282.1
湖　北	10849.1	3298.6	5009.3	125.4	2415.7
湖　南	10060.2	4088.1	3638.9	165.6	2167.5
广　东	12245.6	6220.3	3272.4	295.5	2457.3
广　西	8683.2	2335.4	4047.8	75.2	2224.9
海　南	9912.6	3596.0	4753.5	176.7	1386.4
重　庆	9489.8	3196.5	3401.9	252.4	2639.1
四　川	9347.7	3156.5	3877.9	184.7	2128.5
贵　州	6671.2	2521.5	2643.1	71.0	1435.7
云　南	7456.1	1975.8	4242.4	134.7	1103.3
西　藏	7359.2	1571.1	4361.8	129.8	1296.5
陕　西	7932.2	3216.8	2750.7	120.1	1844.5
甘　肃	6276.6	1755.8	2761.6	112.3	1646.9
青　海	7282.7	2041.4	3021.4	287.8	1932.1
宁　夏	8410.0	3391.0	3644.6	148.9	1225.4
新　疆	8723.8	1848.0	5179.4	228.7	1467.7

2-3-2-2　2014年农村居民分地区可支配收入构成

单位：%

地　区	可支配收入	一、工资性收入	二、经营净收入	三、财产净收入	四、转移净收入
全　国	**100.0**	**39.6**	**40.4**	**2.1**	**17.9**
北　京	100.0	75.6	9.8	4.3	10.3
天　津	100.0	58.4	28.2	4.7	8.7
河　北	100.0	50.4	33.7	2.0	13.9
山　西	100.0	51.9	28.2	1.4	18.6
内蒙古	100.0	20.8	58.9	3.9	16.5
辽　宁	100.0	39.0	46.9	2.1	12.0
吉　林	100.0	18.0	69.1	1.7	11.3
黑龙江	100.0	20.9	63.1	4.9	11.1
上　海	100.0	76.3	6.8	3.2	13.6
江　苏	100.0	47.9	33.6	3.2	15.3
浙　江	100.0	60.8	27.0	2.8	9.4
安　徽	100.0	35.8	40.2	1.5	22.5
福　建	100.0	44.7	40.3	1.6	13.4
江　西	100.0	38.9	40.6	1.5	19.0
山　东	100.0	39.7	45.7	2.4	12.2
河　南	100.0	32.7	42.9	1.5	22.9
湖　北	100.0	30.4	46.2	1.2	22.3
湖　南	100.0	40.6	36.2	1.6	21.5
广　东	100.0	50.8	26.7	2.4	20.1
广　西	100.0	26.9	46.6	0.9	25.6
海　南	100.0	36.3	48.0	1.8	14.0
重　庆	100.0	33.7	35.8	2.7	27.8
四　川	100.0	33.8	41.5	2.0	22.8
贵　州	100.0	37.8	39.6	1.1	21.5
云　南	100.0	26.5	56.9	1.8	14.8
西　藏	100.0	21.3	59.3	1.8	17.6
陕　西	100.0	40.6	34.7	1.5	23.3
甘　肃	100.0	28.0	44.0	1.8	26.2
青　海	100.0	28.0	41.5	4.0	26.5
宁　夏	100.0	40.3	43.3	1.8	14.6
新　疆	100.0	21.2	59.4	2.6	16.8

2-3-2-3　2014年农村居民分地区现金可支配收入

单位：元/人

地　区	现金可支配收入	一、工资性收入	二、经营净收入	三、财产净收入	四、转移净收入
全　国	**9698.2**	**4137.5**	**3620.1**	**224.7**	**1715.9**
北　京	18911.2	14117.1	2261.5	824.7	1707.8
天　津	16802.3	9926.9	4750.1	801.8	1323.4
河　北	9855.5	5125.1	3237.9	212.3	1280.3
山　西	8349.2	4557.7	2343.6	130.6	1317.2
内蒙古	9909.8	2069.7	5946.2	389.1	1504.8
辽　宁	11142.2	4333.9	5375.0	239.0	1194.2
吉　林	9585.3	1935.2	6389.5	181.9	1078.8
黑龙江	9861.1	2188.3	6116.2	513.3	1043.2
上　海	20333.6	15903.1	1377.3	714.0	2339.2
江　苏	14373.9	7104.5	4696.0	473.6	2099.9
浙　江	19381.0	11737.7	5509.8	542.9	1590.6
安　徽	9279.0	3543.0	3562.0	156.4	2017.6
福　建	12087.7	5621.7	4688.3	203.4	1574.2
江　西	9125.7	3935.4	3208.6	153.4	1828.3
山　东	11286.2	4707.2	5014.6	287.5	1276.9
河　南	8832.7	3255.4	3278.8	146.8	2151.7
湖　北	9697.7	3282.6	4078.2	126.7	2210.4
湖　南	9036.6	4067.0	2775.5	169.4	2024.8
广　东	11280.3	6201.5	2456.8	294.9	2327.2
广　西	7364.6	2330.6	2930.5	76.2	2027.4
海　南	9584.6	3573.0	4591.9	196.4	1223.3
重　庆	8193.2	3188.7	2209.4	252.6	2542.5
四　川	8065.3	3143.9	2785.8	190.2	1945.4
贵　州	5717.7	2519.8	1789.0	73.9	1335.1
云　南	6657.4	1974.0	3580.0	134.8	968.6
西　藏	6383.1	1571.1	3420.6	134.4	1257.0
陕　西	7286.4	3209.3	2246.2	120.6	1710.3
甘　肃	5495.3	1753.8	2116.5	114.1	1511.0
青　海	6618.0	2037.1	2605.0	301.9	1674.0
宁　夏	7807.6	3387.7	3327.3	148.9	943.6
新　疆	8067.9	1844.0	4728.1	229.2	1266.6

2-3-2-4　2014年农村居民分地区现金可支配收入构成

单位：%

地　区	现金可支配收入	一、工资性收入	二、经营净收入	三、财产净收入	四、转移净收入
全　国	**100.0**	**42.7**	**37.3**	**2.3**	**17.7**
北　京	100.0	74.6	12.0	4.4	9.0
天　津	100.0	59.1	28.3	4.8	7.9
河　北	100.0	52.0	32.9	2.2	13.0
山　西	100.0	54.6	28.1	1.6	15.8
内蒙古	100.0	20.9	60.0	3.9	15.2
辽　宁	100.0	38.9	48.2	2.1	10.7
吉　林	100.0	20.2	66.7	1.9	11.3
黑龙江	100.0	22.2	62.0	5.2	10.6
上　海	100.0	78.2	6.8	3.5	11.5
江　苏	100.0	49.4	32.7	3.3	14.6
浙　江	100.0	60.6	28.4	2.8	8.2
安　徽	100.0	38.2	38.4	1.7	21.7
福　建	100.0	46.5	38.8	1.7	13.0
江　西	100.0	43.1	35.2	1.7	20.0
山　东	100.0	41.7	44.4	2.5	11.3
河　南	100.0	36.9	37.1	1.7	24.4
湖　北	100.0	33.8	42.1	1.3	22.8
湖　南	100.0	45.0	30.7	1.9	22.4
广　东	100.0	55.0	21.8	2.6	20.6
广　西	100.0	31.6	39.8	1.0	27.5
海　南	100.0	37.3	47.9	2.0	12.8
重　庆	100.0	38.9	27.0	3.1	31.0
四　川	100.0	39.0	34.5	2.4	24.1
贵　州	100.0	44.1	31.3	1.3	23.4
云　南	100.0	29.7	53.8	2.0	14.5
西　藏	100.0	24.6	53.6	2.1	19.7
陕　西	100.0	44.0	30.8	1.7	23.5
甘　肃	100.0	31.9	38.5	2.1	27.5
青　海	100.0	30.8	39.4	4.6	25.3
宁　夏	100.0	43.4	42.6	1.9	12.1
新　疆	100.0	22.9	58.6	2.8	15.7

2-3-2-5　2014年农村居民分地区消费支出

单位：元/人

地　区	消费支出	一、食品烟酒支出	二、衣着支出	三、居住支出
全　国	**8382.6**	**2814.0**	**510.4**	**1762.7**
北　京	14535.1	4048.0	917.8	4360.7
天　津	13738.6	4314.4	1013.1	3200.4
河　北	8248.0	2421.2	581.6	1858.5
山　西	6991.7	2054.3	539.7	1480.5
内蒙古	9972.2	3039.0	728.1	1675.7
辽　宁	7800.7	2210.9	531.7	1491.7
吉　林	8139.8	2411.2	552.6	1650.9
黑龙江	7830.0	2210.2	597.4	1602.1
上　海	14820.1	5332.7	860.4	3615.7
江　苏	11820.3	3711.9	758.9	2467.0
浙　江	14497.8	4618.5	881.8	3302.1
安　徽	7980.8	2842.3	474.0	1686.0
福　建	11055.9	4222.5	572.4	2607.8
江　西	7548.3	2755.1	380.6	1877.3
山　东	7962.2	2464.5	489.3	1547.1
河　南	7277.2	2153.8	600.7	1542.6
湖　北	8680.9	2724.1	495.7	1944.6
湖　南	9024.8	3095.2	468.0	1982.4
广　东	10043.2	3968.9	328.2	2238.8
广　西	6675.1	2462.9	208.6	1550.8
海　南	7029.0	3037.2	247.9	1328.5
重　庆	7982.6	3229.0	490.5	1294.2
四　川	8301.1	3299.3	548.1	1486.5
贵　州	5970.3	2223.5	341.6	1202.1
云　南	6030.3	2145.9	267.2	1147.8
西　藏	4822.1	2534.9	458.1	688.4
陕　西	7252.4	2112.2	457.3	1627.0
甘　肃	6147.8	2145.7	411.2	1079.8
青　海	8235.1	2626.0	615.5	1416.3
宁　夏	7676.5	2296.0	602.0	1388.1
新　疆	7365.3	2540.2	650.7	1412.8

2-3-2-5 续表　　　　单位：元/人

地　区	四、生活用品及服务支出	五、交通通信支出	六、教育文化娱乐支出	七、医疗保健支出	八、其他用品及服务支出
全　国	**506.5**	**1012.6**	**859.5**	**753.9**	**163.0**
北　京	994.6	1813.0	1097.3	1088.6	215.1
天　津	891.0	1979.4	1041.4	979.7	319.2
河　北	508.0	1146.5	758.7	788.7	184.7
山　西	343.9	706.5	928.5	770.2	168.2
内蒙古	427.9	1467.5	1318.0	1114.4	201.5
辽　宁	331.7	1049.7	1014.5	1026.4	144.2
吉　林	355.7	931.2	1042.2	1008.0	188.0
黑龙江	348.0	966.2	984.2	992.1	129.7
上　海	689.5	1830.3	782.7	1330.3	378.3
江　苏	719.0	1788.5	1215.5	845.3	314.3
浙　江	746.6	2256.8	1355.3	1068.3	268.4
安　徽	498.7	811.7	735.1	778.8	154.1
福　建	642.7	1097.7	940.7	735.9	236.2
江　西	406.8	759.4	711.9	525.2	132.0
山　东	523.9	1225.8	801.4	776.4	133.8
河　南	505.9	859.6	757.8	731.4	125.4
湖　北	574.3	816.4	1010.2	907.3	208.3
湖　南	541.9	871.9	1112.1	771.4	181.9
广　东	599.7	1068.7	918.2	686.9	233.8
广　西	394.8	709.7	682.5	553.5	112.4
海　南	392.8	661.8	760.3	454.1	146.4
重　庆	569.4	780.4	805.1	677.0	137.1
四　川	629.8	884.9	599.8	723.7	129.1
贵　州	355.1	636.5	746.4	373.0	92.1
云　南	359.6	856.8	664.9	514.0	74.1
西　藏	252.9	517.0	129.1	91.6	149.9
陕　西	444.2	690.5	900.6	883.7	136.8
甘　肃	383.4	730.4	753.4	546.2	97.7
青　海	487.5	1392.3	610.6	944.5	142.5
宁　夏	496.1	961.4	866.6	856.9	209.2
新　疆	340.8	1010.4	600.7	717.2	92.4

2-3-2-6　2014年农村居民分地区消费支出构成

单位：%

地　区	消费支出	一、食品烟酒支出	二、衣着支出	三、居住支出
全　国	**100.0**	**33.6**	**6.1**	**21.0**
北　京	100.0	27.8	6.3	30.0
天　津	100.0	31.4	7.4	23.3
河　北	100.0	29.4	7.1	22.5
山　西	100.0	29.4	7.7	21.2
内蒙古	100.0	30.5	7.3	16.8
辽　宁	100.0	28.3	6.8	19.1
吉　林	100.0	29.6	6.8	20.3
黑龙江	100.0	28.2	7.6	20.5
上　海	100.0	36.0	5.8	24.4
江　苏	100.0	31.4	6.4	20.9
浙　江	100.0	31.9	6.1	22.8
安　徽	100.0	35.6	5.9	21.1
福　建	100.0	38.2	5.2	23.6
江　西	100.0	36.5	5.0	24.9
山　东	100.0	31.0	6.1	19.4
河　南	100.0	29.6	8.3	21.2
湖　北	100.0	31.4	5.7	22.4
湖　南	100.0	34.3	5.2	22.0
广　东	100.0	39.5	3.3	22.3
广　西	100.0	36.9	3.1	23.2
海　南	100.0	43.2	3.5	18.9
重　庆	100.0	40.5	6.1	16.2
四　川	100.0	39.7	6.6	17.9
贵　州	100.0	37.2	5.7	20.1
云　南	100.0	35.6	4.4	19.0
西　藏	100.0	52.6	9.5	14.3
陕　西	100.0	29.1	6.3	22.4
甘　肃	100.0	34.9	6.7	17.6
青　海	100.0	31.9	7.5	17.2
宁　夏	100.0	29.9	7.8	18.1
新　疆	100.0	34.5	8.8	19.2

2-3-2-6 续表　　　　单位：%

地　区	四、生活用品及服务支出	五、交通通信支出	六、教育文化娱乐支出	七、医疗保健支出	八、其他用品及服务支出
全　国	**6.0**	**12.1**	**10.3**	**9.0**	**1.9**
北　京	6.8	12.5	7.5	7.5	1.5
天　津	6.5	14.4	7.6	7.1	2.3
河　北	6.2	13.9	9.2	9.6	2.2
山　西	4.9	10.1	13.3	11.0	2.4
内蒙古	4.3	14.7	13.2	11.2	2.0
辽　宁	4.3	13.5	13.0	13.2	1.8
吉　林	4.4	11.4	12.8	12.4	2.3
黑龙江	4.4	12.3	12.6	12.7	1.7
上　海	4.7	12.4	5.3	9.0	2.6
江　苏	6.1	15.1	10.3	7.2	2.7
浙　江	5.1	15.6	9.3	7.4	1.9
安　徽	6.2	10.2	9.2	9.8	1.9
福　建	5.8	9.9	8.5	6.7	2.1
江　西	5.4	10.1	9.4	7.0	1.7
山　东	6.6	15.4	10.1	9.8	1.7
河　南	7.0	11.8	10.4	10.1	1.7
湖　北	6.6	9.4	11.6	10.5	2.4
湖　南	6.0	9.7	12.3	8.5	2.0
广　东	6.0	10.6	9.1	6.8	2.3
广　西	5.9	10.6	10.2	8.3	1.7
海　南	5.6	9.4	10.8	6.5	2.1
重　庆	7.1	9.8	10.1	8.5	1.7
四　川	7.6	10.7	7.2	8.7	1.6
贵　州	5.9	10.7	12.5	6.2	1.5
云　南	6.0	14.2	11.0	8.5	1.2
西　藏	5.2	10.7	2.7	1.9	3.1
陕　西	6.1	9.5	12.4	12.2	1.9
甘　肃	6.2	11.9	12.3	8.9	1.6
青　海	5.9	16.9	7.4	11.5	1.7
宁　夏	6.5	12.5	11.3	11.2	2.7
新　疆	4.6	13.7	8.2	9.7	1.3

2-3-2-7 2014年农村居民分地区现金消费支出

单位：元/人

地 区	现金消费支出	一、食品烟酒支出	二、衣着支出	三、居住支出
全 国	**6716.7**	**2301.3**	**509.7**	**758.5**
北 京	11721.9	3894.2	917.4	1893.7
天 津	11850.0	4176.8	1012.7	1603.6
河 北	7091.3	2238.1	580.7	1014.7
山 西	5670.7	1748.4	536.0	699.4
内蒙古	8598.0	2476.7	727.1	991.8
辽 宁	6671.1	1942.2	531.7	763.3
吉 林	6750.5	2133.9	552.6	673.7
黑龙江	6719.9	2095.7	595.0	717.1
上 海	11741.7	4897.9	860.0	1531.1
江 苏	9836.4	3285.2	758.3	1081.9
浙 江	11797.8	4309.8	881.4	1135.4
安 徽	6380.7	2481.8	471.7	634.5
福 建	8626.9	3630.5	572.3	892.2
江 西	5547.8	2082.3	380.0	640.9
山 东	6822.2	2265.3	488.4	775.3
河 南	6113.7	1986.0	600.5	675.0
湖 北	6738.2	2036.1	494.0	874.8
湖 南	6943.5	2285.3	467.7	855.7
广 东	7983.1	3262.7	328.0	1008.1
广 西	4715.1	1645.7	208.4	566.0
海 南	5721.1	2687.6	247.7	452.8
重 庆	5974.3	2255.4	490.2	359.3
四 川	6151.3	2294.5	547.7	511.8
贵 州	4231.8	1330.8	341.5	458.7
云 南	4476.5	1435.2	267.2	430.1
西 藏	2908.4	1176.2	457.0	176.5
陕 西	5897.9	1798.5	457.1	713.6
甘 肃	4988.2	1597.1	411.1	570.1
青 海	6636.4	1788.6	615.5	887.0
宁 夏	6531.7	1894.4	602.0	886.6
新 疆	6098.6	1996.7	647.8	856.6

2-3-2-7 续表　　单位：元/人

地　区	四、生活用品及服务支出	五、交通通信支出	六、教育文化娱乐支出	七、医疗保健支出	八、其他用品及服务支出
全　国	**500.1**	**1012.5**	**859.2**	**614.9**	**160.5**
北　京	985.7	1812.7	1096.9	914.6	206.8
天　津	888.8	1979.4	1041.1	831.1	316.6
河　北	504.9	1146.5	758.4	664.2	183.8
山　西	334.2	706.5	927.8	563.6	154.8
内蒙古	427.8	1467.5	1318.0	996.1	192.9
辽　宁	324.2	1049.7	1013.7	903.8	142.5
吉　林	351.6	930.7	1042.0	878.1	187.9
黑龙江	346.9	966.2	984.2	885.1	129.7
上　海	680.6	1825.6	782.7	793.4	370.5
江　苏	706.4	1788.1	1215.2	688.8	312.3
浙　江	735.0	2256.0	1354.2	860.2	265.7
安　徽	496.1	811.7	735.0	597.2	152.8
福　建	633.8	1097.6	939.8	625.5	235.1
江　西	406.7	759.4	711.9	435.0	131.7
山　东	518.5	1225.7	801.3	615.6	132.0
河　南	505.7	859.5	757.8	603.7	125.4
湖　北	571.5	816.4	1009.8	728.2	207.3
湖　南	538.3	871.4	1112.0	634.9	178.2
广　东	593.4	1068.4	917.1	573.7	231.7
广　西	385.4	709.7	682.5	407.6	109.7
海　南	367.1	661.8	759.9	399.2	145.0
重　庆	564.5	780.4	805.0	583.7	135.8
四　川	615.3	884.8	599.5	572.9	124.9
贵　州	327.0	636.4	746.1	301.1	90.1
云　南	352.7	856.8	664.9	397.5	72.3
西　藏	251.2	517.0	129.1	51.5	149.9
陕　西	443.3	690.4	900.5	758.9	135.6
甘　肃	381.0	730.2	753.3	450.5	94.8
青　海	484.2	1392.3	610.6	717.3	141.0
宁　夏	476.5	961.4	866.3	675.2	169.2
新　疆	340.0	1010.4	599.0	556.4	91.6

2-3-2-8 2014年农村居民分地区现金消费支出构成

单位：%

地　区	现金消费支出	一、食品烟酒支出	二、衣着支出	三、居住支出
全　国	**100.0**	**34.3**	**7.6**	**11.3**
北　京	100.0	33.2	7.8	16.2
天　津	100.0	35.2	8.5	13.5
河　北	100.0	31.6	8.2	14.3
山　西	100.0	30.8	9.5	12.3
内蒙古	100.0	28.8	8.5	11.5
辽　宁	100.0	29.1	8.0	11.4
吉　林	100.0	31.6	8.2	10.0
黑龙江	100.0	31.2	8.9	10.7
上　海	100.0	41.7	7.3	13.0
江　苏	100.0	33.4	7.7	11.0
浙　江	100.0	36.5	7.5	9.6
安　徽	100.0	38.9	7.4	9.9
福　建	100.0	42.1	6.6	10.3
江　西	100.0	37.5	6.9	11.6
山　东	100.0	33.2	7.2	11.4
河　南	100.0	32.5	9.8	11.0
湖　北	100.0	30.2	7.3	13.0
湖　南	100.0	32.9	6.7	12.3
广　东	100.0	40.9	4.1	12.6
广　西	100.0	34.9	4.4	12.0
海　南	100.0	47.0	4.3	7.9
重　庆	100.0	37.8	8.2	6.0
四　川	100.0	37.3	8.9	8.3
贵　州	100.0	31.4	8.1	10.8
云　南	100.0	32.1	6.0	9.6
西　藏	100.0	40.4	15.7	6.1
陕　西	100.0	30.5	7.7	12.1
甘　肃	100.0	32.0	8.2	11.4
青　海	100.0	27.0	9.3	13.4
宁　夏	100.0	29.0	9.2	13.6
新　疆	100.0	32.7	10.6	14.0

2-3-2-8 续表 单位：%

地　区	四、生活用品及服务支出	五、交通通信支出	六、教育文化娱乐支出	七、医疗保健支出	八、其他用品及服务支出
全　国	**7.4**	**15.1**	**12.8**	**9.2**	**2.4**
北　京	8.4	15.5	9.4	7.8	1.8
天　津	7.5	16.7	8.8	7.0	2.7
河　北	7.1	16.2	10.7	9.4	2.6
山　西	5.9	12.5	16.4	9.9	2.7
内蒙古	5.0	17.1	15.3	11.6	2.2
辽　宁	4.9	15.7	15.2	13.5	2.1
吉　林	5.2	13.8	15.4	13.0	2.8
黑龙江	5.2	14.4	14.6	13.2	1.9
上　海	5.8	15.5	6.7	6.8	3.2
江　苏	7.2	18.2	12.4	7.0	3.2
浙　江	6.2	19.1	11.5	7.3	2.3
安　徽	7.8	12.7	11.5	9.4	2.4
福　建	7.3	12.7	10.9	7.3	2.7
江　西	7.3	13.7	12.8	7.8	2.4
山　东	7.6	18.0	11.7	9.0	1.9
河　南	8.3	14.1	12.4	9.9	2.1
湖　北	8.5	12.1	15.0	10.8	3.1
湖　南	7.8	12.6	16.0	9.1	2.6
广　东	7.4	13.4	11.5	7.2	2.9
广　西	8.2	15.1	14.5	8.6	2.3
海　南	6.4	11.6	13.3	7.0	2.5
重　庆	9.4	13.1	13.5	9.8	2.3
四　川	10.0	14.4	9.7	9.3	2.0
贵　州	7.7	15.0	17.6	7.1	2.1
云　南	7.9	19.1	14.9	8.9	1.6
西　藏	8.6	17.8	4.4	1.8	5.2
陕　西	7.5	11.7	15.3	12.9	2.3
甘　肃	7.6	14.6	15.1	9.0	1.9
青　海	7.3	21.0	9.2	10.8	2.1
宁　夏	7.3	14.7	13.3	10.3	2.6
新　疆	5.6	16.6	9.8	9.1	1.5

历年城镇和农村住户调查主要数据（老口径）

一、全国城镇居民收支主要数据

3-1-1　城镇居民可支配收入和指数

年　份	可支配收入（元/人）	比上年名义增长（%）	比上年实际增长（%）	指　数 1978年=100	年均增长率（1978为基年）（%）
1978	343.4			100.0	
1979	405.0	17.9	15.7	115.7	15.7
1980	477.6	17.9	9.7	127.0	12.7
1981	500.4	4.8	2.2	129.9	9.1
1982	535.3	7.0	4.9	136.3	8.0
1983	564.6	5.5	3.9	141.5	7.2
1984	652.1	15.5	12.2	158.7	8.0
1985	739.1	13.3	1.1	160.4	7.0
1986	900.9	21.9	13.9	182.7	7.8
1987	1002.1	11.2	2.2	186.8	7.2
1988	1180.2	17.8	-2.4	182.3	6.2
1989	1373.9	16.4	0.1	182.5	5.6
1990	1510.2	9.9	8.5	198.1	5.9
1991	1700.6	12.6	7.1	212.4	6.0
1992	2026.6	19.2	9.7	232.9	6.2
1993	2577.4	27.2	9.5	255.1	6.4
1994	3496.2	35.6	8.5	276.8	6.6
1995	4283.0	22.5	4.9	290.3	6.5
1996	4838.9	13.0	3.8	301.6	6.3
1997	5160.3	6.6	3.4	311.9	6.2
1998	5425.1	5.1	5.8	329.9	6.2
1999	5854.0	7.9	9.3	360.6	6.3
2000	6280.0	7.3	6.4	383.7	6.3
2001	6859.6	9.2	8.5	416.3	6.4
2002	7702.8	12.3	13.4	472.1	6.7
2003	8472.2	10.0	9.0	514.6	6.8
2004	9421.6	11.2	7.7	554.2	6.8
2005	10493.0	11.4	9.6	607.4	6.9
2006	11759.5	12.1	10.4	670.7	7.0
2007	13785.8	17.2	12.2	752.5	7.2
2008	15780.8	14.5	8.4	815.7	7.2
2009	17174.7	8.8	9.8	895.4	7.3
2010	19109.4	11.3	7.8	965.2	7.3
2011	21809.8	14.1	8.4	1046.3	7.4
2012	24564.7	12.6	9.6	1146.7	7.4
2013	26955.1	9.7	7.0	1227.0	7.4
2014	29381.0	9.0	6.8	1310.5	7.4

注：①本表1978-2012年数据来源于城镇住户调查,2013-2014年数据是根据城乡一体化住户收支与生活状况调查数据按照可比口径推算获得。②收入绝对数按当年价格，指数按可比价计算。

3-1-2 城镇居民收入来源及构成

年 份	可支配收 入	总收入				
			工薪收入	经营净收入	财产性收入	转移性收入
收入来源(元/人)						
1985	739.1	821.4				
1990	1510.2	1516.2	1149.7	22.5	15.6	328.4
1995	4283.0	4288.1	3385.3	77.5	90.4	734.8
2000	6280.0	6295.9	4480.5	246.2	128.4	1440.8
2001	6859.6	6868.9	4829.9	274.1	134.6	1630.4
2002	7702.8	8177.4	5740.0	332.2	102.1	2003.2
2003	8472.2	9061.2	6410.2	403.8	135.0	2112.2
2004	9421.6	10128.5	7152.8	493.9	161.2	2320.7
2005	10493.0	11320.8	7797.5	679.6	192.9	2650.7
2006	11759.5	12719.2	8767.0	809.6	244.0	2898.7
2007	13785.8	14908.6	10234.8	940.7	348.5	3384.6
2008	15780.8	17067.8	11299.0	1453.6	387.0	3928.2
2009	17174.7	18858.1	12382.1	1528.7	431.8	4515.5
2010	19109.4	21033.4	13707.7	1713.5	520.3	5091.9
2011	21809.8	23979.2	15411.9	2209.7	649.0	5708.6
2012	24564.7	26959.0	17335.6	2548.3	707.0	6368.1
收入构成(%)						
1985		100.0				
1990		100.0	75.8	1.5	1.0	21.7
1995		100.0	78.9	1.8	2.1	17.1
2000		100.0	71.2	3.9	2.0	22.9
2001		100.0	70.3	4.0	2.0	23.7
2002		100.0	70.2	4.1	1.2	24.5
2003		100.0	70.7	4.5	1.5	23.3
2004		100.0	70.6	4.9	1.6	22.9
2005		100.0	68.9	6.0	1.7	23.4
2006		100.0	68.9	6.4	1.9	22.8
2007		100.0	68.6	6.3	2.3	22.7
2008		100.0	66.2	8.5	2.3	23.0
2009		100.0	65.7	8.1	2.3	23.9
2010		100.0	65.2	8.1	2.5	24.2
2011		100.0	64.3	9.2	2.7	23.8
2012		100.0	64.3	9.5	2.6	23.6

注：表3-1-2至表3-1-9数据来源于2012年及以前的城镇住户调查.

3-1-3 城镇居民现金消费支出及增长率

年 份	现金消费支出(元/人)	比上年名义增长(%)	比上年实际增长(%)	指 数 1978年=100	年均增长率(1978为基年)(%)
1978	311.2			100.0	
1980	412.4			121.0	10.0
1981	456.8	10.8		130.9	9.4
1982	471.0	3.1	1.1	132.3	7.2
1983	505.9	7.4	5.3	139.3	6.9
1984	559.4	10.6	7.7	150.0	7.0
1985	673.2	20.3	7.5	161.2	7.1
1986	799.0	18.7	10.9	178.8	7.5
1987	884.4	10.7	1.7	182.0	6.9
1988	1104.0	24.8	3.4	188.1	6.5
1989	1211.0	9.7	-5.7	177.5	5.4
1990	1278.9	5.6	4.3	185.1	5.3
1991	1453.8	13.7	8.2	200.3	5.5
1992	1671.7	15.0	5.9	212.0	5.5
1993	2110.8	26.3	8.8	230.6	5.7
1994	2851.3	35.1	8.1	249.1	5.9
1995	3537.6	24.1	6.2	264.6	5.9
1996	3919.5	10.8	1.8	269.5	5.7
1997	4185.6	6.8	3.6	279.1	5.6
1998	4331.6	3.5	4.1	290.6	5.5
1999	4615.9	6.6	8.0	313.8	5.6
2000	4998.0	8.3	7.4	337.0	5.7
2001	5309.0	6.2	5.5	355.5	5.7
2002	6029.9	13.6	14.7	407.9	6.0
2003	6510.9	8.0	7.0	436.5	6.1
2004	7182.1	10.3	6.8	466.1	6.1
2005	7942.9	10.6	8.9	507.4	6.2
2006	8696.6	9.5	7.9	547.4	6.3
2007	9997.5	15.0	10.0	602.1	6.4
2008	11242.9	12.5	6.5	641.3	6.4
2009	12264.6	9.1	10.1	706.1	6.5
2010	13471.5	9.8	6.4	751.3	6.5
2011	15160.9	12.5	6.8	802.3	6.5
2012	16674.3	10.0	7.1	859.3	6.5

3-1-4 城镇居民现金消费支出

单位：元/人

年 份	现金消费支 出	食 品	衣 着	居 住	家庭设备及用品	交通通信	文教娱乐	医疗保健	其他
1979	311.2								
1980	412.4								
1985	673.2	358.8	103.0	23.6	74.7	8.8	69.3	5.4	29.6
1990	1278.9	693.8	170.9	60.9	108.5	40.5	112.3	25.7	66.6
1995	3537.6	1772.0	479.2	283.8	263.4	183.2	331.0	110.1	114.9
2000	4998.0	1971.3	500.5	565.3	374.5	427.0	669.6	318.1	171.8
2001	5309.0	2028.0	533.7	610.7	376.2	493.9	736.6	343.3	186.6
2002	6029.9	2271.8	590.9	624.4	388.7	626.0	902.3	430.1	195.8
2003	6510.9	2416.9	637.7	699.4	410.3	721.1	934.4	476.0	215.1
2004	7182.1	2709.6	686.8	733.5	407.4	843.6	1032.8	528.2	240.2
2005	7942.9	2914.4	800.5	808.7	446.5	996.7	1097.5	600.9	277.8
2006	8696.6	3111.9	901.8	904.2	498.5	1147.1	1203.0	620.5	309.5
2007	9997.5	3628.0	1042.0	982.3	601.8	1357.4	1329.2	699.1	357.7
2008	11242.9	4259.8	1165.9	1145.4	691.8	1417.1	1358.3	786.2	418.3
2009	12264.6	4478.5	1284.2	1228.9	786.9	1682.6	1472.8	856.4	474.2
2010	13471.5	4804.7	1444.3	1332.1	908.0	1983.7	1627.6	871.8	499.2
2011	15160.9	5506.3	1674.7	1405.0	1023.2	2149.7	1851.7	969.0	581.3
2012	16674.3	6040.9	1823.4	1484.3	1116.1	2455.5	2033.5	1063.7	657.1

3-1-5 城镇居民现金消费支出构成

单位：%

年 份	现金消费支 出	食 品	衣 着	居 住	家庭设备及用品	交通通信	文教娱乐	医疗保健	其他
1979	100.0								
1980	100.0								
1985	100.0	53.3	15.3	3.5	11.1	1.3	10.3	0.8	4.4
1990	100.0	54.2	13.4	4.8	8.5	3.2	8.8	2.0	5.2
1995	100.0	50.1	13.5	8.0	7.4	5.2	9.4	3.1	3.2
2000	100.0	39.4	10.0	11.3	7.5	8.5	13.4	6.4	3.4
2001	100.0	38.2	10.1	11.5	7.1	9.3	13.9	6.5	3.5
2002	100.0	37.7	9.8	10.4	6.4	10.4	15.0	7.1	3.2
2003	100.0	37.1	9.8	10.7	6.3	11.1	14.4	7.3	3.3
2004	100.0	37.7	9.6	10.2	5.7	11.7	14.4	7.4	3.3
2005	100.0	36.7	10.1	10.2	5.6	12.5	13.8	7.6	3.5
2006	100.0	35.8	10.4	10.4	5.7	13.2	13.8	7.1	3.6
2007	100.0	36.3	10.4	9.8	6.0	13.6	13.3	7.0	3.6
2008	100.0	37.9	10.4	10.2	6.2	12.6	12.1	7.0	3.7
2009	100.0	36.5	10.5	10.0	6.4	13.7	12.0	7.0	3.9
2010	100.0	35.7	10.7	9.9	6.7	14.7	12.1	6.5	3.7
2011	100.0	36.3	11.0	9.3	6.7	14.2	12.2	6.4	3.8
2012	100.0	36.2	10.9	8.9	6.7	14.7	12.2	6.4	3.9

3-1-6 按五等份分组的城镇居民人均可支配收入

单位：元/人

年 份	平均每人可支配收入	低收入户(20%)	中等偏下户(20%)	中等收入户(20%)	中等偏上户(20%)	高收入户(20%)
2000	6280.0	3132.0	4623.5	5897.9	7487.4	11299.0
2001	6859.6	3319.7	4946.6	6366.2	8164.2	12662.6
2002	7702.8	3032.1	4932.0	6656.8	8869.5	15459.5
2003	8472.2	3295.4	5377.3	7278.8	9763.4	17471.8
2004	9421.6	3642.2	6024.1	8166.5	11050.9	20101.6
2005	10493.0	4017.3	6710.6	9190.1	12603.4	22902.3
2006	11759.5	4567.1	7554.2	10269.7	14049.2	25410.8
2007	13785.8	5364.3	8900.5	12042.2	16385.8	29478.9
2008	15780.8	6074.9	10195.6	13984.2	19254.1	34667.8
2009	17174.7	6725.2	11243.6	15399.9	21018.0	37433.9
2010	19109.4	7605.2	12702.1	17224.0	23188.9	41158.0
2011	21809.8	8788.9	14498.3	19544.9	26420.0	47021.0
2012	24564.7	10353.8	16761.4	22419.1	29813.7	51456.4

3-1-7 按五等份分组的城镇居民人均可支配收入增长率

单位：%

年 份	平均每人可支配收入	低收入户(20%)	中等偏下户(20%)	中等收入户(20%)	中等偏上户(20%)	高收入户(20%)
2000						
2001	9.2	6.0	7.0	7.9	9.0	12.1
2002	12.3	-8.7	-0.3	4.6	8.6	22.1
2003	10.0	8.7	9.0	9.3	10.1	13.0
2004	11.2	10.5	12.0	12.2	13.2	15.1
2005	11.4	10.3	11.4	12.5	14.0	13.9
2006	12.1	13.7	12.6	11.7	11.5	11.0
2007	17.2	17.5	17.8	17.3	16.6	16.0
2008	14.5	13.2	14.6	16.1	17.5	17.6
2009	8.8	10.7	10.3	10.1	9.2	8.0
2010	11.3	13.1	13.0	11.8	10.3	9.9
2011	14.1	15.6	14.1	13.5	13.9	14.2
2012	12.6	17.8	15.6	14.7	12.8	9.4

注:本表可支配收入增长率均为名义增长率。

3-1-8 东、中、西部及东北地区城镇居民人均可支配收入

单位：元/人

年 份	全国	东部地区	中部地区	西部地区	东北地区
2005	10493.0	13374.9	8808.5	8783.2	8730.0
2006	11759.5	14967.4	9902.3	9728.5	9830.1
2007	13785.8	16974.2	11634.4	11309.5	11463.3
2008	15780.8	19203.5	13225.9	12971.2	13119.7
2009	17174.7	20953.2	14367.1	14213.5	14324.3
2010	19109.4	23272.8	15962.0	15806.5	15941.0
2011	21809.8	26406.0	18323.2	18159.4	18301.3
2012	24564.7	29621.6	20697.2	20600.2	20759.3

3-1-9 东、中、西部及东北地区城镇居民人均可支配收入增长率

单位：%

年 份	全国	东部地区	中部地区	西部地区	东北地区
2005	11.4				
2006	12.1	11.9	12.4	10.8	12.6
2007	17.2	13.4	17.5	16.3	16.6
2008	14.5	13.1	13.7	14.7	14.4
2009	8.8	9.1	8.6	9.6	9.2
2010	11.3	11.1	11.1	11.2	11.3
2011	14.1	13.5	14.8	14.9	14.8
2012	12.6	12.2	13.0	13.4	13.4

注:本表可支配收入增长率均为名义增长率。

二、全国农村居民收支主要数据

3-2-1 农村居民纯收入和指数

年　份	纯收入 (元/人)	比上年 名义增长 (%)	比上年 实际增长 (%)	指　数 1978年=100	年均增长率 (1978为基年) (%)
1978	133.6			100.0	
1979	160.2	19.9	19.2	119.2	19.2
1980	191.3	19.5	16.6	139.0	17.9
1981	223.4	16.8	15.4	160.4	17.1
1982	270.1	20.9	19.9	192.3	17.8
1983	309.8	14.7	14.2	219.6	17.0
1984	355.3	14.7	13.6	249.5	16.5
1985	397.6	11.9	7.8	268.9	15.2
1986	423.8	6.6	3.2	277.6	13.6
1987	462.6	9.2	5.2	292.0	12.6
1988	544.9	17.8	6.4	310.7	12.0
1989	601.5	10.4	-1.6	305.7	10.7
1990	686.3	14.1	1.8	311.2	9.9
1991	708.6	3.2	2.0	317.4	9.3
1992	784.0	10.6	5.9	336.2	9.0
1993	921.6	17.6	3.2	346.9	8.6
1994	1221.0	32.5	5.0	364.3	8.4
1995	1577.7	29.2	5.3	383.6	8.2
1996	1926.1	22.1	9.0	418.1	8.3
1997	2090.1	8.5	4.6	437.3	8.1
1998	2162.0	3.4	4.3	456.1	7.9
1999	2210.3	2.2	3.8	473.5	7.7
2000	2253.4	1.9	2.1	483.4	7.4
2001	2366.4	5.0	4.2	503.7	7.3
2002	2475.6	4.6	4.8	527.9	7.2
2003	2622.2	5.9	4.3	550.6	7.1
2004	2936.4	12.0	6.8	588.0	7.1
2005	3254.9	10.8	6.2	624.5	7.0
2006	3587.0	10.2	7.4	670.7	7.0
2007	4140.4	15.4	9.5	734.4	7.1
2008	4760.6	15.0	8.0	793.2	7.1
2009	5153.2	8.2	8.5	860.6	7.2
2010	5919.0	14.9	10.9	954.4	7.3
2011	6977.3	17.9	11.4	1063.2	7.4
2012	7916.6	13.5	10.7	1176.9	7.5
2013	8895.9	12.4	9.3	1286.4	7.6
2014	9892.0	11.2	9.2	1404.7	7.6

注：①本表1978-2012年数据来源于农村住户调查,2013-2014年数据是根据城乡一体化住户收支与生活状况调查数据按照可比口径推算获得。②收入绝对数按当年价格，指数按可比价计算。

3-2-2 农村居民纯收入

(按收入来源分)

单位：元/人

年 份	纯收入	一、工资性收入	二、家庭经营纯收入	三、财产性收入	四、转移性收入
1978	133.6	88.3	35.8		9.5
1979	160.2	100.7	44.0		15.5
1980	191.3	106.4	62.6		22.4
1981	223.4	113.8	84.5		25.1
1982	270.1	142.9	102.8		24.5
1983	309.8	57.5	227.7		24.6
1984	355.3	66.5	261.7		27.2
1985	397.6	72.2	296.0		29.5
1986	423.8	81.6	313.3		28.9
1987	462.6	95.5	345.5		21.6
1988	544.9	117.8	403.2		24.0
1989	601.5	136.5	434.6		30.5
1990	686.3	138.8	518.6		29.0
1991	708.6	151.9	523.6		33.0
1992	784.0	184.4	561.6		38.0
1993	921.6	194.5	678.5	7.0	41.6
1994	1221.0	263.0	881.9	28.6	47.6
1995	1577.7	353.7	1125.8	41.0	57.3
1996	1926.1	450.8	1362.5	42.6	70.2
1997	2090.1	514.6	1472.7	23.6	79.3
1998	2162.0	573.6	1466.0	30.4	92.0
1999	2210.3	630.3	1448.4	31.6	100.2
2000	2253.4	702.3	1427.3	45.0	78.8
2001	2366.4	771.9	1459.6	47.0	87.9
2002	2475.6	840.2	1486.5	50.7	98.2
2003	2622.2	918.4	1541.3	65.8	96.8
2004	2936.4	998.5	1745.8	76.6	115.5
2005	3254.9	1174.5	1844.5	88.5	147.4
2006	3587.0	1374.8	1931.0	100.5	180.8
2007	4140.4	1596.2	2193.7	128.2	222.3
2008	4760.6	1853.7	2435.6	148.1	323.2
2009	5153.2	2061.3	2526.8	167.2	397.9
2010	5919.0	2431.1	2832.8	202.2	452.9
2011	6977.3	2963.4	3222.0	228.6	563.3
2012	7916.6	3447.5	3533.4	249.1	686.7

注：①表3-2-2至表5-2-48数据来源于2012年及以前的分农村或城镇住户调查。②本表1992年以前转移性收入为财产性收入和转移性收入合计。

3-2-3 农村居民纯收入构成

（按收入来源分） 单位：%

年 份	纯收入	一、工资性收入	二、家庭经营纯收入	三、财产性收入	四、转移性收入
1978	100.0	66.1	26.8		7.1
1979	100.0	62.9	27.5		9.7
1980	100.0	55.6	32.7		11.7
1981	100.0	50.9	37.8		11.2
1982	100.0	52.9	38.1		9.1
1983	100.0	18.6	73.5		7.9
1984	100.0	18.7	73.6		7.6
1985	100.0	18.1	74.4		7.4
1986	100.0	19.3	73.9		6.8
1987	100.0	20.6	74.7		4.7
1988	100.0	21.6	74.0		4.4
1989	100.0	22.7	72.2		5.1
1990	100.0	20.2	75.6		4.2
1991	100.0	21.4	73.9		4.7
1992	100.0	23.5	71.6		4.9
1993	100.0	21.1	73.6	0.8	4.5
1994	100.0	21.5	72.2	2.3	3.9
1995	100.0	22.4	71.4	2.6	3.6
1996	100.0	23.4	70.7	2.2	3.6
1997	100.0	24.6	70.5	1.1	3.8
1998	100.0	26.5	67.8	1.4	4.3
1999	100.0	28.5	65.5	1.4	4.5
2000	100.0	31.2	63.3	2.0	3.5
2001	100.0	32.6	61.7	2.0	3.7
2002	100.0	33.9	60.0	2.0	4.0
2003	100.0	35.0	58.8	2.5	3.7
2004	100.0	34.0	59.5	2.6	3.9
2005	100.0	36.1	56.7	2.7	4.5
2006	100.0	38.3	53.8	2.8	5.0
2007	100.0	38.6	53.0	3.1	5.4
2008	100.0	38.9	51.2	3.1	6.8
2009	100.0	40.0	49.0	3.2	7.7
2010	100.0	41.1	47.9	3.4	7.7
2011	100.0	42.5	46.2	3.3	8.1
2012	100.0	43.5	44.6	3.1	8.7

3-2-4 农村居民纯收入

（按收入形态分） 单位： 元/人

年 份	纯收入	现金纯收入	实物纯收入
1978	133.6	56.0	77.6
1979	160.2	72.0	88.2
1980	191.3	94.4	97.0
1981	223.4	123.4	100.1
1982	270.1	153.6	116.6
1983	309.8	174.6	135.1
1984	355.3	202.4	153.0
1985	397.6	250.9	146.7
1986	423.8	269.9	153.9
1987	462.6	308.0	154.5
1988	544.9	386.4	158.5
1989	601.5	426.0	175.5
1990	686.3	439.7	246.6
1991	708.6	467.6	241.0
1992	784.0	508.5	275.5
1993	921.6	571.2	350.4
1994	1221.0	791.8	429.2
1995	1577.7	987.0	590.7
1996	1926.1	1218.7	707.4
1997	2090.1	1403.7	686.5
1998	2162.0	1455.7	706.3
1999	2210.3	1538.2	672.1
2000	2253.4	1648.7	604.8
2001	2366.4	1748.0	618.4
2002	2475.6	1899.8	575.9
2003	2622.2	2134.9	487.4
2004	2936.4	2317.4	619.0
2005	3254.9	2738.3	516.6
2006	3587.0	3067.8	519.2
2007	4140.4	3525.6	614.7
2008	4760.6	4029.7	730.9
2009	5153.2	4542.7	610.5
2010	5919.0	5143.7	775.3
2011	6977.3	6092.6	884.7
2012	7916.6	7014.9	901.7

3-2-5 农村居民纯收入构成

(按收入形态分)　　单位： %

年　份	纯收入	现金纯收入	实物纯收入
1978	100.0	41.9	58.1
1979	100.0	45.0	55.0
1980	100.0	49.3	50.7
1981	100.0	55.2	44.8
1982	100.0	56.9	43.1
1983	100.0	56.4	43.6
1984	100.0	56.9	43.1
1985	100.0	63.1	36.9
1986	100.0	63.7	36.3
1987	100.0	66.6	33.4
1988	100.0	70.9	29.1
1989	100.0	70.8	29.2
1990	100.0	64.1	35.9
1991	100.0	66.0	34.0
1992	100.0	64.9	35.1
1993	100.0	62.0	38.0
1994	100.0	64.8	35.2
1995	100.0	62.6	37.4
1996	100.0	63.3	36.7
1997	100.0	67.2	32.8
1998	100.0	67.3	32.7
1999	100.0	69.6	30.4
2000	100.0	73.2	26.8
2001	100.0	73.9	26.1
2002	100.0	76.7	23.3
2003	100.0	81.4	18.6
2004	100.0	78.9	21.1
2005	100.0	84.1	15.9
2006	100.0	85.5	14.5
2007	100.0	85.2	14.8
2008	100.0	84.6	15.4
2009	100.0	88.2	11.8
2010	100.0	86.9	13.1
2011	100.0	87.3	12.7
2012	100.0	88.6	11.4

3-2-6 农村居民消费支出及增长率

年 份	消费支出 (元/人)	比上年名义增长 (%)	比上年实际增长 (%)	指 数 1978年=100	年均增长率 (1978为基年) (%)	恩格尔系数
1978	116.1			100.0		0.6771
1979	134.5	15.9	13.6	113.6	13.6	0.6396
1980	162.2	20.6	15.5	131.2	14.5	0.6177
1981	190.8	17.6	15.2	151.2	14.8	0.5986
1982	220.2	15.4	13.6	171.7	14.5	0.6067
1983	248.3	12.7	11.4	191.3	13.9	0.5941
1984	273.8	10.3	7.1	204.9	12.7	0.5917
1985	317.4	15.9	7.7	220.6	12.0	0.5779
1986	357.0	12.5	6.0	233.9	11.2	0.5636
1987	398.3	11.6	5.1	245.8	10.5	0.5575
1988	476.7	19.7	1.9	250.5	9.6	0.5399
1989	535.4	12.3	-5.9	235.7	8.1	0.5481
1990	584.6	9.2	4.5	246.3	7.8	0.5880
1991	619.8	6.0	3.6	255.2	7.5	0.5761
1992	659.0	6.3	1.6	259.3	7.0	0.5755
1993	769.7	16.8	2.7	266.3	6.7	0.5806
1994	1016.8	32.1	7.1	285.2	6.8	0.5886
1995	1310.4	28.9	9.7	312.8	6.9	0.5862
1996	1572.1	20.0	11.2	347.9	7.2	0.5634
1997	1617.2	2.9	0.4	349.2	6.8	0.5505
1998	1590.3	-1.7	-0.7	346.8	6.4	0.5343
1999	1577.4	-0.8	0.7	349.2	6.1	0.5256
2000	1670.1	5.9	6.0	370.2	6.1	0.4913
2001	1741.1	4.2	3.4	382.8	6.0	0.4771
2002	1834.3	5.4	5.8	405.0	6.0	0.4625
2003	1943.3	5.9	4.3	422.4	5.9	0.4559
2004	2184.7	12.4	7.3	453.2	6.0	0.4723
2005	2555.4	17.0	11.5	505.3	6.2	0.4548
2006	2829.0	10.7	9.1	551.3	6.3	0.4302
2007	3223.9	14.0	8.1	596.0	6.3	0.4308
2008	3660.7	13.6	6.6	635.3	6.4	0.4367
2009	3993.5	9.1	9.4	695.1	6.5	0.4097
2010	4381.8	9.7	5.9	736.2	6.4	0.4109
2011	5221.1	19.2	12.6	828.9	6.6	0.4036
2012	5908.0	13.2	10.4	915.1	6.7	0.3933

3-2-7 农村居民消费支出

单位：元/人

年份	消费支出	一、食品支出	二、衣着支出	三、居住支出	四、家庭设备及用品支出	五、交通通信支出	六、文教娱乐支出	七、医疗保健支出	八、其他支出
1978	116.1	78.6	14.7	12.0					
1979	134.5	86.0	17.6	16.0					
1980	162.2	100.2	20.0	22.5	4.1	0.6	8.3	3.4	3.2
1981	190.8	114.1	23.8	31.6	4.2	0.6	10.1	4.2	2.2
1982	220.2	133.5	25.0	35.6	9.4	0.6	7.5	4.7	4.0
1983	248.3	147.6	28.0	42.0	14.0	3.6	5.7	4.4	3.0
1984	273.8	162.3	28.9	48.4	14.8	3.4	8.2	5.0	2.7
1985	317.4	183.4	30.8	57.9	16.2	5.6	12.4	7.7	3.6
1986	357.0	201.5	33.0	70.3	19.6	6.2	14.4	8.7	3.3
1987	398.3	222.1	34.2	79.8	21.5	8.2	18.5	10.7	3.4
1988	476.7	257.4	41.1	96.3	30.0	8.9	25.7	13.4	3.9
1989	535.4	293.4	44.5	105.2	32.4	8.5	30.6	16.4	4.3
1990	584.6	343.8	45.4	101.4	30.9	8.4	31.4	19.0	4.3
1991	619.8	357.1	51.1	102.3	35.3	10.3	36.4	22.3	5.0
1992	659.0	379.3	52.5	104.9	36.7	12.2	43.8	24.2	5.5
1993	769.7	446.8	55.3	106.8	44.7	17.4	58.4	27.2	13.1
1994	1016.8	598.5	70.3	142.3	55.5	24.0	75.1	32.1	19.0
1995	1310.4	768.2	89.8	182.2	68.5	33.8	102.4	42.5	23.1
1996	1572.1	885.5	113.8	219.1	84.2	47.1	132.5	58.3	31.7
1997	1617.2	890.3	109.4	233.2	85.4	53.9	148.2	62.5	34.3
1998	1590.3	849.6	98.1	239.6	81.9	60.7	159.4	68.1	32.9
1999	1577.4	829.0	92.0	232.7	82.3	68.7	168.3	70.0	34.3
2000	1670.1	820.5	96.0	258.3	75.4	93.1	186.7	87.6	52.5
2001	1741.1	830.7	98.7	279.1	77.0	110.0	192.6	96.6	56.4
2002	1834.3	848.4	105.0	300.2	80.4	128.5	210.3	103.9	57.7
2003	1943.3	886.0	110.3	308.4	81.7	162.5	235.7	115.8	43.0
2004	2184.7	1031.9	120.2	324.3	89.2	192.6	247.6	130.6	48.3
2005	2555.4	1162.2	148.6	370.2	111.4	245.0	295.5	168.1	54.5
2006	2829.0	1217.0	168.0	469.0	126.6	288.8	305.1	191.5	63.1
2007	3223.9	1389.0	193.4	573.8	149.1	328.4	305.7	210.2	74.2
2008	3660.7	1598.7	211.8	678.8	174.0	360.2	314.5	246.0	76.7
2009	3993.5	1636.0	232.5	805.0	204.8	402.9	340.6	287.5	84.1
2010	4381.8	1800.7	264.0	835.2	234.1	461.1	366.7	326.0	94.0
2011	5221.1	2107.3	341.3	961.5	308.9	547.0	396.4	436.8	122.0
2012	5908.0	2323.9	396.4	1086.4	341.7	652.8	445.5	513.8	147.6

注：1979年及以前消费支出中的各细项均为其中项。

3-2-8 农村居民消费支出构成

单位：%

年 份	消费支出	一、食品支出	二、衣着支出	三、居住支出	四、家庭设备及用品支出	五、交通通信支出	六、文教娱乐支出	七、医疗保健支出	八、其他支出
1978	100.0	67.7	12.7	10.3					
1979	100.0	64.0	13.1	11.9					
1980	100.0	61.8	12.3	13.8	2.6	0.4	5.1	2.1	2.0
1981	100.0	59.8	12.5	16.6	2.2	0.3	5.3	2.2	1.2
1982	100.0	60.6	11.4	16.1	4.3	0.3	3.4	2.1	1.8
1983	100.0	59.4	11.3	16.9	5.7	1.4	2.3	1.8	1.2
1984	100.0	59.3	10.6	17.7	5.4	1.2	3.0	1.8	1.0
1985	100.0	57.8	9.7	18.2	5.1	1.8	3.9	2.4	1.1
1986	100.0	56.5	9.2	19.7	5.5	1.7	4.0	2.4	0.9
1987	100.0	55.8	8.6	20.0	5.4	2.1	4.6	2.7	0.9
1988	100.0	54.0	8.6	20.2	6.3	1.9	5.4	2.8	0.8
1989	100.0	54.8	8.3	19.7	6.0	1.6	5.7	3.1	0.8
1990	100.0	58.8	7.8	17.3	5.3	1.4	5.4	3.3	0.7
1991	100.0	57.6	8.2	16.5	5.7	1.7	5.9	3.6	0.8
1992	100.0	57.5	8.0	15.9	5.6	1.9	6.6	3.7	0.8
1993	100.0	58.1	7.2	13.9	5.8	2.3	7.6	3.5	1.7
1994	100.0	58.9	6.9	14.0	5.5	2.4	7.4	3.2	1.9
1995	100.0	58.6	6.9	13.9	5.2	2.6	7.8	3.2	1.8
1996	100.0	56.3	7.2	13.9	5.4	3.0	8.4	3.7	2.0
1997	100.0	55.1	6.8	14.4	5.3	3.3	9.2	3.9	2.1
1998	100.0	53.4	6.2	15.1	5.2	3.8	10.0	4.3	2.1
1999	100.0	52.6	5.8	14.8	5.2	4.4	10.7	4.4	2.2
2000	100.0	49.1	5.7	15.5	4.5	5.6	11.2	5.2	3.1
2001	100.0	47.7	5.7	16.0	4.4	6.3	11.1	5.5	3.2
2002	100.0	46.2	5.7	16.4	4.4	7.0	11.5	5.7	3.1
2003	100.0	45.6	5.7	15.9	4.2	8.4	12.1	6.0	2.2
2004	100.0	47.2	5.5	14.8	4.1	8.8	11.3	6.0	2.2
2005	100.0	45.5	5.8	14.5	4.4	9.6	11.6	6.6	2.1
2006	100.0	43.0	5.9	16.6	4.5	10.2	10.8	6.8	2.2
2007	100.0	43.1	6.0	17.8	4.6	10.2	9.5	6.5	2.3
2008	100.0	43.7	5.8	18.5	4.8	9.8	8.6	6.7	2.1
2009	100.0	41.0	5.8	20.2	5.1	10.1	8.5	7.2	2.1
2010	100.0	41.1	6.0	19.1	5.3	10.5	8.4	7.4	2.1
2011	100.0	40.4	6.5	18.4	5.9	10.5	7.6	8.4	2.3
2012	100.0	39.3	6.7	18.4	5.8	11.0	7.5	8.7	2.5

3-2-9 农村居民现金消费支出

单位：元/人

年 份	现金消费支出	一、食品支出	二、衣着支出	三、居住支出	四、家庭设备及用品支出	五、交通通信支出	六、文教娱乐支出	七、医疗保健支出	八、其他支出
1978	47.6								
1979	61.8								
1980	83.8	31.4	19.8	14.5	3.2	0.6	8.0	3.3	3.1
1981	108.9	42.0	23.5	20.8	4.1	0.6	9.9	4.1	3.9
1982	126.4	53.9	24.6	25.1	4.9	0.6	7.4	5.0	5.0
1983	148.3	59.8	27.8	30.9	14.0	3.3	5.7	4.0	2.8
1984	163.2	64.7	28.0	36.1	14.6	4.1	7.1	5.7	3.0
1985	194.7	76.6	30.1	42.8	16.1	5.6	12.3	7.7	3.5
1986	228.2	88.9	32.4	54.9	19.4	6.2	14.4	8.7	3.3
1987	263.8	104.3	33.5	64.0	21.4	8.2	18.4	10.7	3.4
1988	330.9	129.6	40.3	79.5	29.8	8.9	25.6	13.4	3.9
1989	378.5	155.4	43.5	87.7	32.2	8.5	30.6	16.4	4.2
1990	374.7	155.9	44.0	81.2	30.7	8.4	31.3	19.0	4.3
1991	404.7	164.4	49.7	81.8	34.8	10.3	36.3	22.3	5.1
1992	431.4	175.7	51.2	82.8	36.2	12.2	43.7	24.1	5.5
1993	490.1	198.0	54.8	78.2	44.4	17.4	58.3	26.1	13.1
1994	648.2	264.0	69.7	109.2	55.1	24.0	75.1	32.1	19.0
1995	859.4	353.2	88.7	147.9	68.1	33.7	102.4	42.5	23.1
1996	1076.2	423.8	112.7	186.2	84.0	47.1	132.5	58.3	31.7
1997	1126.3	435.7	108.3	198.3	85.2	53.9	148.2	62.5	34.3
1998	1128.2	428.9	97.0	199.4	81.8	60.7	159.4	68.1	32.9
1999	1144.6	426.0	91.5	203.6	82.1	68.7	168.3	70.0	34.3
2000	1284.7	464.3	95.2	231.1	74.4	93.1	186.7	87.6	52.5
2001	1364.1	484.5	98.0	249.8	76.2	110.0	192.6	96.6	56.4
2002	1467.6	511.0	104.5	271.5	80.2	128.5	210.3	103.9	57.7
2003	1576.6	551.2	109.5	278.1	81.3	162.5	235.7	115.8	42.6
2004	1754.5	629.9	119.6	297.2	89.0	192.6	247.6	130.6	48.1
2005	2134.6	770.7	147.9	342.3	110.9	245.0	295.5	168.1	54.1
2006	2415.5	835.5	167.3	438.3	126.1	288.8	305.1	191.5	62.9
2007	2767.1	967.6	192.6	540.1	148.7	328.4	305.7	210.2	73.9
2008	3159.4	1135.2	211.1	642.3	173.6	360.2	314.5	246.0	76.7
2009	3504.8	1180.7	231.9	772.6	204.5	402.9	340.6	287.5	84.1
2010	3859.3	1313.2	263.4	801.4	233.5	461.1	366.7	326.0	94.0
2011	4733.4	1651.3	341.1	930.2	308.6	547.0	396.4	436.8	122.0
2012	5414.5	1863.1	396.1	1054.2	341.4	652.8	445.5	513.8	147.5

3-2-10 农村居民现金消费支出构成

单位：%

年 份	现金消费支出	一、食品支出	二、衣着支出	三、居住支出	四、家庭设备及用品支出	五、交通通信支出	六、文教娱乐支出	七、医疗保健支出	八、其他支出
1978	100.0								
1979	100.0								
1980	100.0	37.4	23.7	17.3	3.8	0.7	9.6	3.9	3.7
1981	100.0	38.5	21.6	19.1	3.7	0.5	9.1	3.8	3.6
1982	100.0	42.6	19.5	19.9	3.8	0.5	5.8	3.9	4.0
1983	100.0	40.3	18.8	20.8	9.5	2.2	3.8	2.7	1.9
1984	100.0	39.6	17.1	22.1	8.9	2.5	4.4	3.5	1.8
1985	100.0	39.3	15.5	22.0	8.2	2.9	6.3	3.9	1.8
1986	100.0	39.0	14.2	24.1	8.5	2.7	6.3	3.8	1.4
1987	100.0	39.5	12.7	24.2	8.1	3.1	7.0	4.0	1.3
1988	100.0	39.2	12.2	24.0	9.0	2.7	7.7	4.0	1.2
1989	100.0	41.0	11.5	23.2	8.5	2.3	8.1	4.3	1.1
1990	100.0	41.6	11.7	21.7	8.2	2.2	8.4	5.1	1.1
1991	100.0	40.6	12.3	20.2	8.6	2.5	9.0	5.5	1.3
1992	100.0	40.7	11.9	19.2	8.4	2.8	10.1	5.6	1.3
1993	100.0	40.4	11.2	16.0	9.0	3.6	11.9	5.3	2.7
1994	100.0	40.7	10.7	16.9	8.5	3.7	11.6	4.9	2.9
1995	100.0	41.1	10.3	17.2	7.9	3.9	11.9	4.9	2.7
1996	100.0	39.4	10.5	17.3	7.8	4.4	12.3	5.4	2.9
1997	100.0	38.7	9.6	17.6	7.6	4.8	13.2	5.5	3.0
1998	100.0	38.0	8.6	17.7	7.2	5.4	14.1	6.0	2.9
1999	100.0	37.2	8.0	17.8	7.2	6.0	14.7	6.1	3.0
2000	100.0	36.1	7.4	18.0	5.8	7.2	14.5	6.8	4.1
2001	100.0	35.5	7.2	18.3	5.6	8.1	14.1	7.1	4.1
2002	100.0	34.8	7.1	18.5	5.5	8.8	14.3	7.1	3.9
2003	100.0	35.0	6.9	17.6	5.2	10.3	14.9	7.3	2.7
2004	100.0	35.9	6.8	16.9	5.1	11.0	14.1	7.4	2.7
2005	100.0	36.1	6.9	16.0	5.2	11.5	13.8	7.9	2.5
2006	100.0	34.6	6.9	18.1	5.2	12.0	12.6	7.9	2.6
2007	100.0	35.0	7.0	19.5	5.4	11.9	11.0	7.6	2.7
2008	100.0	35.9	6.7	20.3	5.5	11.4	10.0	7.8	2.4
2009	100.0	33.7	6.6	22.0	5.8	11.5	9.7	8.2	2.4
2010	100.0	34.0	6.8	20.8	6.1	11.9	9.5	8.4	2.4
2011	100.0	34.9	7.2	19.7	6.5	11.6	8.4	9.2	2.6
2012	100.0	34.4	7.3	19.5	6.3	12.1	8.2	9.5	2.7

3-2-11 按五等份分组的农村居民人均纯收入

单位：元/人

年 份	平均每人纯收入	低收入户(20%)	中等偏下户(20%)	中等收入户(20%)	中等偏上户(20%)	高收入户(20%)
2000	2253.4	802.0	1440.0	2004.0	2767.0	5190.0
2001	2366.4	818.0	1491.0	2081.0	2891.0	5534.0
2002	2475.6	857.0	1548.0	2164.0	3031.0	5903.0
2003	2622.2	865.9	1606.5	2273.1	3206.8	6346.9
2004	2936.4	1007.0	1842.2	2578.6	3608.0	6931.0
2005	3254.9	1067.2	2018.3	2851.0	4003.3	7747.4
2006	3587.0	1182.5	2222.0	3148.5	4446.6	8474.8
2007	4140.4	1346.9	2581.8	3658.8	5129.8	9790.7
2008	4760.6	1499.8	2935.0	4203.1	5928.6	11290.2
2009	5153.2	1549.3	3110.1	4502.1	6467.6	12319.1
2010	5919.0	1869.8	3621.2	5221.7	7440.6	14049.7
2011	6977.3	2000.5	4255.7	6207.7	8893.6	16783.1
2012	7916.6	2316.2	4807.5	7041.0	10142.1	19008.9

3-2-12 按五等份分组的农村居民人均纯收入增长率

单位：%

年 份	平均每人纯收入	低收入户(20%)	中等偏下户(20%)	中等收入户(20%)	中等偏上户(20%)	高收入户(20%)
2000						
2001	5.0	2.0	3.5	3.8	4.5	6.6
2002	4.6	4.8	3.8	4.0	4.8	6.7
2003	5.9	1.0	3.8	5.0	5.8	7.5
2004	12.0	16.3	14.7	13.4	12.5	9.2
2005	10.8	6.0	9.6	10.6	11.0	11.8
2006	10.2	10.8	10.1	10.4	11.1	9.4
2007	15.4	13.9	16.2	16.2	15.4	15.5
2008	15.0	11.4	13.7	14.9	15.6	15.3
2009	8.2	3.3	6.0	7.1	9.1	9.1
2010	14.9	20.7	16.4	16.0	15.0	14.0
2011	17.9	7.0	17.5	18.9	19.5	19.5
2012	13.5	15.8	13.0	13.4	14.0	13.3

注：本表纯收入增长率均为名义增长率。

3-2-13 东、中、西部及东北地区农村居民人均纯收入

单位：元/人

年 份	全国	东部地区	中部地区	西部地区	东北地区
2000	2253.4	3271.3	2077.6	1661.0	2177.0
2001	2366.4	3450.5	2169.5	1721.2	2339.0
2002	2475.6	3629.2	2278.5	1820.9	2483.5
2003	2622.2	3864.2	2368.7	1935.9	2648.2
2004	2936.4	4253.8	2692.3	2157.9	3097.9
2005	3254.9	4720.3	2956.6	2378.9	3379.0
2006	3587.0	5188.2	3283.2	2588.4	3744.9
2007	4140.4	5855.0	3844.4	3028.4	4348.3
2008	4760.6	6598.2	4453.4	3517.7	5101.2
2009	5153.2	7155.5	4792.8	3816.5	5456.6
2010	5919.0	8142.8	5509.6	4417.9	6434.5
2011	6977.3	9585.0	6529.9	5246.7	7790.6
2012	7916.6	10817.5	7435.2	6026.6	8846.5

3-2-14 东、中、西部及东北地区农村居民人均纯收入增长率

单位：%

年 份	全国	东部地区	中部地区	西部地区	东北地区
2000					
2001	5.0	5.5	4.4	3.6	7.4
2002	4.6	5.2	5.0	5.8	6.2
2003	5.9	6.5	4.0	6.3	6.6
2004	12.0	10.1	13.7	11.5	17.0
2005	10.8	11.0	9.8	10.2	9.1
2006	10.2	9.9	11.0	8.8	10.8
2007	15.4	12.9	17.1	17.0	16.1
2008	15.0	12.7	15.8	16.2	17.3
2009	8.2	8.4	7.6	8.5	7.0
2010	14.9	13.8	15.0	15.8	17.9
2011	17.9	17.7	18.5	18.8	21.1
2012	13.5	12.9	13.9	14.9	13.6

注：本表纯收入增长率均为名义增长率。

三、分城乡食品消费、耐用消费品拥有量及农村居民家庭经营收支数据

3-3-1 城镇居民全年主要食品购买量

单位：公斤/人

年 份	粮食（加工粮）	鲜菜	食用植物油	猪肉	牛羊肉	禽类
1981	145.4	152.3	4.8	16.9	1.7	1.9
1982	144.6	159.1	5.8	16.9	1.8	2.3
1983	144.5	165.0	6.5	18.0	1.9	2.6
1984	142.1	149.0	7.1	17.1	2.8	2.9
1985	131.2	147.7	6.4	17.2	3.0	3.8
1986	137.9	148.3	6.2	19.0	2.6	3.7
1987	133.9	142.6	6.4	18.9	3.1	3.4
1988	137.2	147.0	7.0	16.9	2.8	4.0
1989	133.9	144.6	6.2	17.5	2.7	3.7
1990	130.7	138.7	6.4	18.5	3.3	3.4
1991	127.9	132.2	6.9	18.9	3.3	4.4
1992	111.5	124.9	6.7	17.7	3.7	5.1
1993	97.8	120.6	7.1	17.4	3.4	5.2
1994	101.7	120.7	7.5	17.1	3.1	4.1
1995	97.0	116.5	7.1	17.2	2.4	5.8
1996	94.7	118.5	7.1	17.1	3.3	5.4
1997	88.6	113.3	7.2	15.3	3.7	6.5
1998	86.7	113.8	7.6	15.9	3.3	6.3
1999	84.9	114.9	7.8	16.9	3.1	6.7
2000	82.3	114.7	8.2	16.7	3.3	7.4
2001	79.7	115.9	8.1	16.0	3.2	7.3
2002	78.5	116.5	8.5	20.3	3.0	9.2
2003	79.5	118.3	9.2	20.4	3.3	9.2
2004	78.2	122.3	9.3	19.2	3.7	6.4
2005	77.0	118.6	9.3	20.2	3.7	9.0
2006	75.9	117.6	9.4	20.0	3.8	8.3
2007	78.7	117.8	9.6	18.2	3.9	9.7
2008	63.6	123.2	10.3	19.3	3.4	8.5
2009	81.3	120.5	9.7	20.5	3.7	10.5
2010	81.5	116.1	8.8	20.7	3.8	10.2
2011	80.7	114.6	9.3	20.6	2.8	10.6
2012	78.8	112.3	9.1	21.2	3.7	10.8

注：1994年禽类的购买量只包括鸡和鸭的购买量，不包括其他禽类及制品的购买量。

3-3-1 续表 单位：公斤/人

年 份	鲜蛋	水产品	鲜奶	水果(瓜果)	酒
1981	5.2	7.3	4.1	21.2	4.4
1982	5.9	7.7	4.5	27.7	4.5
1983	6.9	8.1	4.6	27.1	5.3
1984	7.6	7.8	5.2	32.1	6.8
1985	8.8	7.8	6.4	36.5	8.0
1986	7.1	8.2	4.7	40.2	9.4
1987	6.6	7.9			9.9
1988	6.9	7.1			9.5
1989	7.1	7.6	4.2	38.8	9.0
1990	7.3	7.7	4.6	41.1	9.3
1991	8.3	8.0	4.7	41.7	9.5
1992	9.5	8.2	5.5	47.4	9.9
1993	8.9	8.0	5.4	38.9	9.7
1994	9.7	8.5	5.3	40.0	10.0
1995	9.7	9.2	4.6	45.0	9.9
1996	9.6		4.8	46.2	9.7
1997	11.1		5.1	52.1	9.6
1998	10.2		6.2	54.8	9.7
1999	10.9	10.3	7.9	54.2	9.6
2000	11.2	11.7	9.9	57.5	10.0
2001	10.4		11.9	59.9	9.7
2002	10.6	13.2	15.7	56.5	9.1
2003	11.2	13.4	18.6	57.8	9.4
2004	10.4	12.5	18.8	56.5	8.9
2005	10.4	12.6	17.9	56.7	8.9
2006	10.4	13.0	18.3	60.2	9.1
2007	10.3	14.2	17.8	59.5	9.1
2008	10.7	11.9	15.2	54.5	7.7
2009	10.6	12.2	14.9	56.6	8.0
2010	10.0	15.2	14.0	54.2	7.0
2011	10.1	14.6	13.7	52.0	6.8
2012	10.5	15.2	14.0	56.1	6.9

注：2008、2009年水产品的购买量只包括鱼和虾的购买量，不包括其他水产品及制品的购买量。

3-3-2 城镇居民年末主要耐用消费品拥有量

单位：平均每百户

年 份	摩托车（辆）	洗衣机（台）	电冰箱（台）	彩色电视机（台）	组合音响（套）	照相机（架）	空调（台）
1985	1.0	52.8	9.6	18.4		12.1	0.1
1990	1.9	78.4	42.3	59.0		19.2	0.3
1991	2.3	80.6	48.7	68.4		21.3	0.7
1992	2.8	83.4	52.6	74.9	4.0	24.3	1.2
1993	3.5	86.4	56.7	79.5	5.7	26.5	2.3
1994	5.3	87.3	62.1	86.2	8.7	29.8	5.0
1995	6.3	89.0	66.2	89.8	10.5	30.6	8.1
1999	15.1	91.4	77.7	111.6	19.7	38.1	24.5
2000	18.8	90.5	80.1	116.6	22.2	38.4	30.8
2001	20.2	92.2	81.9	120.5	23.8	39.8	35.8
2002	22.2	92.9	87.4	126.4	25.2	44.1	51.1
2003	24.0	94.4	88.7	130.5	26.9	45.4	61.8
2004	24.8	95.9	90.2	133.4	28.3	47.0	69.8
2005	25.0	95.5	90.7	134.8	28.8	46.9	80.7
2006	25.3	96.8	91.8	137.4	29.1	48.0	87.8
2007	24.8	96.8	95.0	137.8	30.2	45.1	95.1
2008	21.4	94.7	93.6	132.9	27.4	39.1	100.3
2009	22.4	96.0	95.4	135.7	28.2	41.7	106.8
2010	22.5	96.9	96.6	137.4	28.1	43.7	112.1
2011	20.1	97.1	97.2	135.2	24.0	44.5	122.0
2012	20.3	98.0	98.5	136.1	23.6	46.4	126.8

3-3-2 续表

单位：平均每百户

年 份	淋浴热水器（台）	计算机（台）	摄像机（架）	微波炉（台）	健身器材（套）	移动电话（部）	家用汽车（辆）
1985							
1990							
1991							
1992	13.0						
1993	17.7						
1994	25.2						
1995	30.1						
1999	45.5	5.9	1.1	12.2	3.8	7.1	0.3
2000	49.1	9.7	1.3	17.6	3.5	19.5	0.5
2001	52.0	13.3	1.6	22.3	4.0	34.0	0.6
2002	62.4	20.6	1.9	30.9	3.7	62.9	0.9
2003	66.6	27.8	2.5	37.0	4.1	90.1	1.4
2004	69.4	33.1	3.2	41.7	4.2	111.4	2.2
2005	72.7	41.5	4.3	47.6	4.7	137.0	3.4
2006	75.1	47.2	5.1	50.6	5.0	152.9	4.3
2007	79.5	53.8	6.2	53.4	4.4	165.2	6.1
2008	80.7	59.3	7.1	54.6	4.0	172.0	8.8
2009	83.4	65.7	7.8	57.2	4.1	181.0	10.9
2010	84.8	71.2	8.2	59.0	4.2	188.9	13.1
2011	89.1	81.9	9.4	60.7	4.1	205.3	18.6
2012	91.0	87.0	10.0	62.2	4.3	212.6	21.5

3-3-3 农村居民全年主要食品消费量

单位：公斤/人

年 份	粮食（原粮）	1. 细粮	2. 粗粮	食用油	1. 植物油	2. 动物油	蔬菜	食糖
1978	247.8	122.5	125.3	2.0	1.3	0.7	141.5	0.7
1979	256.7	139.4	117.3	2.4	1.5	0.9	131.2	0.8
1980	257.2	162.9	94.2	2.5	1.4	1.1	127.2	1.1
1981	256.1	172.4	83.7	3.1	1.9	1.2	124.0	1.1
1982	260.0	191.8	68.1	3.4	2.1	1.4	132.0	1.2
1983	259.9	196.3	63.6	3.5	2.2	1.3	131.0	1.3
1984	266.5	209.1	57.5	4.0	2.5	1.5	140.0	1.3
1985	257.5	208.8	48.6	4.0	2.6	1.4	131.1	1.5
1986	259.3	212.2	47.1	4.2	2.6	1.6	133.7	1.6
1987	259.4	211.4	48.0	4.7	3.1	1.6	130.4	1.7
1988	259.5	210.7	48.8	4.8	3.3	1.5	130.1	1.4
1989	262.3	213.5	48.8	4.8	3.3	1.5	133.4	1.5
1990	262.1	215.0	47.1	5.2	3.5	1.6	134.0	1.5
1991	255.6	213.8	41.8	5.7	3.9	1.8	127.0	1.4
1992	250.5	210.6	39.9	5.9	4.1	1.8	129.1	1.5
1993	251.8	221.0	30.8	5.7	4.1	1.6	107.4	1.4
1994	257.6	212.0	45.6	5.7	4.1	1.6	107.9	1.3
1995	256.1	210.7	45.3	5.8	4.3	1.6	104.6	1.3
1996	256.2	206.5	49.7	6.1	4.5	1.6	106.3	1.4
1997	250.7	208.9	41.8	6.2	4.7	1.4	107.2	1.4
1998	248.9	209.0	39.9	6.1	4.6	1.5	109.0	1.4
1999	247.5	206.2	41.3	6.2	4.6	1.6	108.9	1.5
2000	250.2	207.1	43.1	7.1	5.5	1.6	106.7	1.3
2001	238.6	199.7	38.9	7.0	5.5	1.5	109.3	1.4
2002	236.5	199.4	37.1	7.5	5.8	1.8	110.6	1.6
2003	222.4	192.5	29.9	6.3	5.3	1.0	107.4	1.2
2004	218.3	189.8	28.5	5.3	4.3	1.0	106.6	1.1
2005	208.9	181.8	27.1	6.0	4.9	1.1	102.3	1.1
2006	205.6	178.0	27.6	5.8	4.7	1.1	100.5	1.1
2007	199.5	173.8	25.7	6.0	5.1	0.9	99.0	1.1
2008	199.1	173.7	25.4	6.2	5.4	0.9	99.7	1.1
2009	189.3	165.2	24.0	6.3	5.4	0.8	98.4	1.1
2010	181.4	159.4	22.0	6.3	5.5	0.8	93.3	1.0
2011	170.7	151.8	18.9	7.5	6.6	0.9	89.4	1.0
2012	164.3	144.9	19.4	7.8	6.9	0.9	84.7	1.2

3-3-3 续表 单位：公斤/人

年 份	猪牛羊肉	1. 猪肉	2. 牛羊肉	禽类	禽蛋及制品	水产品	奶及制品	酒
1978	5.8	5.2	0.6	0.3	0.8	0.8		1.2
1979	6.5	6.1	0.4	0.3	0.9	0.7		1.4
1980	7.7	7.3	0.5	0.7	1.2	1.1		1.9
1981	8.7	8.2	0.5	0.7	1.3	1.3		2.3
1982	9.1	8.4	0.7	0.8	1.4	1.3	0.7	2.7
1983	10.0	9.3	0.7	0.8	1.6	1.6	0.8	3.2
1984	10.6	9.9	0.7	0.9	1.8	1.7	0.8	3.5
1985	11.0	10.3	0.7	1.0	2.1	1.6	0.8	4.4
1986	11.8	11.1	0.7	1.1	2.1	1.9	1.4	5.0
1987	11.7	11.0	0.7	1.2	2.3	2.0	1.1	5.5
1988	10.7	10.1	0.7	1.3	2.3	1.9	1.1	5.9
1989	11.0	10.3	0.7	1.3	2.4	2.1	1.0	6.0
1990	11.3	10.5	0.8	1.3	2.4	2.1	1.1	6.1
1991	12.2	11.2	1.0	1.3	2.7	2.2	1.3	6.4
1992	11.8	10.9	1.0	1.5	2.9	2.3	1.5	6.6
1993	11.7	10.9	0.8	1.6	2.9	2.8	0.9	6.5
1994	11.0	10.2	0.8	1.6	3.0	3.0	0.7	6.0
1995	11.3	10.6	0.7	1.8	3.2	3.4	0.6	6.5
1996	12.9	11.9	1.1	1.9	3.4	3.7	0.8	7.1
1997	12.7	11.5	1.3	2.4	4.1	3.8	1.0	7.1
1998	13.2	11.9	1.3	2.3	4.1	3.7	0.9	7.0
1999	13.9	12.7	1.2	2.5	4.3	3.8	1.0	7.0
2000	14.4	13.3	1.1	2.8	4.8	3.9	1.1	7.0
2001	14.5	13.4	1.2	2.9	4.7	4.1	1.2	7.1
2002	14.9	13.7	1.2	2.9	4.7	4.4	1.2	7.5
2003	15.0	13.8	1.3	3.2	4.8	4.7	1.7	7.7
2004	14.8	13.5	1.3	3.1	4.6	4.5	2.0	7.8
2005	17.1	15.6	1.5	3.7	4.7	4.9	2.9	9.6
2006	17.0	15.5	1.6	3.5	5.0	5.0	3.1	10.0
2007	14.9	13.4	1.5	3.9	4.7	5.4	3.5	10.2
2008	13.9	12.6	1.3	4.4	5.4	5.2	3.4	9.7
2009	15.3	14.0	1.4	4.2	5.3	5.3	3.6	10.1
2010	15.8	14.4	1.4	4.2	5.1	5.2	3.6	9.7
2011	16.3	14.4	1.9	4.5	5.4	5.4	5.2	10.2
2012	16.4	14.4	2.0	4.5	5.9	5.4	5.3	10.0

3-3-4 农村居民年末主要耐用消费品拥有量

单位：平均每百户

年 份	自行车（辆）	摩托车（辆）	洗衣机（台）	电冰箱（台）	空调（台）	抽油烟机（台）	热水器（台）
1978	30.8						
1979	36.2						
1980	36.9						
1981	44.4						
1982	51.5						
1983	63.4		0.4				
1984	74.5		1.0				
1985	80.6		1.9	0.1			
1986	90.3	0.6	3.2	0.2			
1987	98.5	0.6	4.8	0.3			
1988	107.5	0.9	6.8	0.6			
1989	113.4	1.0	8.2	0.9			
1990	118.3	0.9	9.1	1.2			
1991	121.6	1.1	11.0	1.6			
1992	125.7	1.4	12.2	2.2			
1993	133.4	2.1	13.8	3.1	0.1	0.3	
1994	136.5	3.2	15.3	4.0	0.1	0.4	
1995	147.0	4.9	16.9	5.2	0.2	0.6	
1996	139.1	8.4	20.5	7.3	0.3	0.9	
1997	142.0	10.9	21.9	8.5	0.4	2.3	
1998	137.2	13.5	22.8	9.3	0.6	1.7	
1999	136.9	16.5	24.3	10.6	0.7	2.3	
2000	120.5	21.9	28.6	12.3	1.3	2.8	5.1
2001	120.8	24.7	29.9	13.6	1.7	3.2	5.8
2002	121.3	28.1	31.8	14.8	2.3	3.6	6.7
2003	118.5	31.8	34.3	15.9	3.5	4.1	8.0
2004	118.2	36.2	37.3	17.8	4.7	4.8	9.4
2005	98.4	40.7	40.2	20.1	6.4	6.0	12.4
2006	98.7	44.6	43.0	22.5	7.3	7.0	14.7
2007	97.7	48.5	45.9	26.1	8.5	8.1	17.9
2008	97.6	52.5	49.1	30.2	9.8	8.5	19.8
2009	96.5	56.6	53.1	37.1	12.2	9.8	23.7
2010	96.0	59.0	57.3	45.2	16.0	11.1	28.3
2011	77.1	60.9	62.6	61.5	22.6	13.2	36.7
2012	79.0	62.2	67.2	67.3	25.4	14.7	40.8

3-3-4 续表　　　　　　　　　　　　　　　　单位：平均每百户

年　份	黑白电视机（台）	彩色电视机（台）	照相机（台）	计算机（台）	固定电话机（部）	移动电话（部）	汽车(生活用)（辆）
1978							
1979							
1980	0.4						
1981	0.9						
1982	1.7						
1983	4.0						
1984	7.2						
1985	10.9	0.8	0.2				
1986	15.8	1.5	0.3				
1987	22.0	2.3	0.5				
1988	28.6	2.8	0.6				
1989	33.9	3.6	0.8				
1990	39.7	4.7	0.7				
1991	47.5	6.4	0.9				
1992	52.4	8.1	1.0				
1993	58.3	10.9	1.0				
1994	61.8	13.5	1.2				
1995	63.8	16.9	1.4				
1996	65.1	22.9	1.9				
1997	65.1	27.3	2.1				
1998	63.6	32.6	2.2				
1999	62.4	38.2	2.7				
2000	53.0	48.7	3.1	0.5	26.4	4.3	0.3
2001	50.7	54.4	3.2	0.7	34.1	8.1	0.4
2002	48.1	60.5	3.3	1.1	40.8	13.7	0.4
2003	42.8	67.8	3.4	1.4	49.1	23.7	0.5
2004	37.9	75.1	3.7	1.9	54.5	34.7	0.6
2005	21.8	84.1	4.1	2.1	58.4	50.2	0.8
2006	17.5	89.4	4.2	2.7	64.1	62.1	1.1
2007	12.1	94.4	4.3	3.7	68.4	77.8	1.2
2008	9.9	99.2	4.4	5.4	67.0	96.1	1.3
2009	7.7	108.9	4.8	7.5	62.7	115.2	2.1
2010	6.4	111.8	5.2	10.4	60.8	136.5	2.8
2011	1.7	115.5	4.5	18.0	43.1	179.7	5.5
2012	1.4	116.9	5.2	21.4	42.2	197.8	6.6

3-3-5 农村居民家庭经营总收入

单位：元/人

年份	家庭经营总收入	一、第一产业收入	1.农业收入	2.林业收入	3.牧业收入	4.渔业收入	二、第二产业收入	三、第三产业收入
1978	54.0	50.8	20.4		30.4			3.2
1979	63.7	58.5	20.6		37.8			5.2
1980	87.4	78.9	30.5		48.4			8.6
1981	115.1	99.7	41.1		58.6			15.4
1982	139.0	114.5	46.5		67.5	0.5		24.5
1983	330.0	311.7	234.4	4.1	71.6	1.6	4.2	14.1
1984	382.0	357.6	269.7	5.5	80.2	2.2	4.8	19.7
1985	445.3	400.6	283.4	7.4	104.0	5.7	12.3	32.4
1986	476.7	427.8	305.6	6.7	108.6	6.9	14.8	34.2
1987	530.9	472.7	334.6	7.4	122.6	8.1	19.4	38.8
1988	637.5	562.1	371.8	8.6	170.3	11.4	25.7	49.7
1989	704.7	622.1	418.8	9.0	183.6	10.8	27.8	54.8
1990	815.8	735.6	531.1	8.5	185.7	10.2	25.9	54.3
1991	854.7	771.2	545.4	9.8	204.5	11.5	25.7	57.9
1992	925.7	828.3	577.3	11.3	226.2	13.5	30.3	67.1
1993	1083.6	933.8	651.0	15.1	251.3	16.3	37.2	112.7
1994	1442.7	1264.7	891.6	15.8	336.4	21.0	47.8	130.1
1995	1877.4	1652.3	1188.1	16.5	420.8	26.9	65.4	159.7
1996	2233.7	1945.6	1419.6	19.1	475.2	31.7	87.3	200.8
1997	2346.7	2019.8	1407.9	21.9	555.4	34.5	101.3	225.7
1998	2286.8	1934.1	1362.3	21.1	512.0	38.7	102.9	249.8
1999	2211.6	1832.1	1305.2	24.6	460.0	42.4	110.3	269.1
2000	2251.3	1810.7	1231.7	27.9	502.8	48.3	133.7	306.9
2001	2325.2	1889.7	1269.1	27.4	541.4	51.9	134.2	301.3
2002	2380.5	1924.8	1279.8	31.4	553.4	60.1	144.6	311.2
2003	2455.0	1993.4	1328.3	36.2	571.7	57.2	150.5	311.1
2004	2804.5	2333.6	1570.0	39.9	662.7	61.0	153.2	317.7
2005	3164.4	2621.3	1704.1	53.2	786.0	78.0	167.1	376.1
2006	3310.0	2711.0	1827.1	65.0	738.1	80.7	186.2	412.8
2007	3776.7	3122.0	2053.8	69.6	903.6	95.0	210.4	444.3
2008	4302.1	3592.8	2305.8	76.6	1104.8	105.6	225.1	484.2
2009	4404.0	3622.9	2372.3	80.5	1059.5	110.7	248.9	532.2
2010	4937.5	4046.1	2728.4	100.0	1098.6	119.1	279.6	611.8
2011	5939.8	4766.5	3171.6	125.5	1348.0	121.5	343.5	829.8
2012	6461.0	5137.5	3497.7	130.3	1371.6	137.9	381.3	942.2

注：1982年以前的第三产业收入为第二产业收入和第三产业收入合计,以下各表同。

3-3-6 农村居民家庭经营纯收入

单位：元/人

年 份	家庭经营纯收入	一、第一产业收入	1.农业收入	2.林业收入	3.牧业收入	4.渔业收入	二、第二产业收入	三、第三产业收入
1978	35.8	33.8	17.9		15.9			2.0
1979	44.0	40.0	18.0		21.9			4.1
1980	62.6	56.3	26.3		30.1			6.2
1981	84.5	71.8	34.1		37.7			12.8
1982	102.8	80.1	38.5		41.1	0.4	10.0	12.8
1983	227.7	212.7	173.9	3.7	33.9	1.2	4.2	10.8
1984	261.7	241.9	198.4	4.6	37.4	1.5	4.8	15.0
1985	296.0	263.8	202.1	6.2	52.0	3.6	9.6	22.6
1986	313.3	277.6	216.2	5.9	50.8	4.7	12.0	23.8
1987	345.5	300.8	220.2	6.6	68.5	5.6	15.7	29.1
1988	403.2	345.6	236.0	7.8	94.1	7.8	20.3	37.2
1989	434.6	371.7	253.9	8.1	102.2	7.4	22.2	40.7
1990	518.6	456.0	344.6	7.5	96.8	7.1	21.3	41.2
1991	523.6	460.6	338.7	8.5	105.2	8.2	20.5	42.6
1992	561.6	486.9	354.5	9.6	113.9	8.9	24.2	50.6
1993	678.5	567.0	448.4	12.6	96.8	9.2	26.3	85.2
1994	881.9	746.7	610.5	12.9	112.3	11.0	36.0	99.2
1995	1125.8	956.5	799.4	13.5	127.8	15.7	48.2	121.2
1996	1362.5	1147.3	955.1	16.1	158.6	17.5	64.6	150.6
1997	1472.7	1220.0	976.2	19.4	203.5	21.0	78.0	174.8
1998	1466.0	1192.4	962.8	18.7	188.5	22.4	80.1	193.5
1999	1448.4	1139.0	918.3	21.6	174.3	24.8	91.1	218.3
2000	1427.3	1090.7	833.9	22.4	207.4	27.0	99.4	237.2
2001	1459.6	1126.6	863.6	22.1	212.0	28.9	100.0	233.1
2002	1486.5	1135.0	866.7	25.5	210.6	32.2	108.6	243.0
2003	1541.3	1195.6	885.7	29.3	245.7	34.9	108.6	237.1
2004	1745.8	1398.0	1056.5	34.1	271.1	36.3	108.2	239.5
2005	1844.5	1469.6	1097.7	45.8	283.6	42.5	108.3	266.7
2006	1931.0	1521.3	1159.6	55.0	265.6	41.2	121.7	288.0
2007	2193.7	1745.1	1303.8	59.2	335.1	47.1	137.6	311.0
2008	2435.6	1945.9	1427.0	66.2	397.5	55.2	149.0	340.7
2009	2526.8	1988.2	1497.9	69.6	360.4	60.3	164.5	374.1
2010	2832.8	2231.0	1723.5	87.7	355.6	64.3	182.1	419.7
2011	3222.0	2519.9	1896.7	99.5	462.5	61.2	192.6	509.4
2012	3533.4	2722.2	2106.8	103.7	441.0	70.7	213.7	597.4

注：1982年以前的第三产业收入为第二产业收入和第三产业收入合计。

3-3-7 农村居民家庭经营费用支出

单位：元/人

年份	家庭经营费用支出	一、第一产业支出	1.农业支出	2.林业支出	3.牧业支出	4.渔业支出	二、第二产业支出	三、第三产业支出
1978	16.8	14.6	1.6		13.1			2.2
1979	19.4	18.0	3.0		15.0			1.4
1980	25.3	23.6	5.9		17.6			1.8
1981	30.1	27.8	8.2		19.6			2.3
1982	35.6	33.3	7.8		25.4	0.1		2.3
1983	80.3	77.7	47.5	0.3	29.6	0.4		2.6
1984	95.7	92.0	56.7	0.7	34.1	0.5		3.7
1985	121.4	110.7	59.5	1.0	48.4	1.9	2.0	8.7
1986	132.7	121.3	67.8	0.8	50.6	2.2	2.4	9.0
1987	150.6	137.1	79.7	0.8	54.1	2.5	3.7	9.7
1988	194.6	176.8	96.1	0.9	76.2	3.7	5.4	12.5
1989	221.9	202.6	117.0	0.8	81.4	3.4	5.6	13.7
1990	241.1	223.4	130.4	1.0	88.9	3.1	4.6	13.2
1991	267.3	246.8	142.9	1.3	99.4	3.3	5.2	15.3
1992	292.3	269.6	151.0	1.7	112.4	4.6	6.2	16.5
1993	330.0	299.3	165.3	2.0	126.1	5.8	9.0	21.8
1994	458.6	423.6	229.9	2.3	183.2	8.2	9.7	25.3
1995	621.7	575.6	321.5	2.5	242.4	9.2	14.3	31.8
1996	709.4	650.0	378.2	2.4	257.8	11.6	18.5	40.9
1997	706.3	646.3	348.9	2.1	284.4	11.0	18.8	41.1
1998	652.5	589.6	317.6	1.9	257.1	12.9	18.1	44.7
1999	599.7	544.7	304.1	2.4	224.5	13.8	15.1	40.0
2000	654.3	571.7	315.8	4.3	234.6	16.9	27.2	55.3
2001	696.0	612.7	325.5	4.2	264.5	18.5	27.9	55.4
2002	731.0	643.5	336.6	4.8	279.3	22.8	30.3	57.3
2003	755.4	667.6	347.6	6.2	293.3	20.5	34.5	53.2
2004	923.9	829.2	435.0	5.4	365.7	23.1	36.8	57.9
2005	1189.7	1058.3	540.9	7.2	476.9	33.3	47.8	83.6
2006	1242.3	1093.5	598.9	9.8	447.6	37.2	52.6	96.2
2007	1432.7	1270.5	674.6	10.1	540.3	45.5	59.6	102.6
2008	1704.5	1531.5	798.3	10.0	675.4	47.9	62.6	110.4
2009	1700.1	1511.9	788.6	10.5	664.7	48.1	68.5	119.8
2010	1915.6	1685.4	914.4	12.0	706.8	52.2	79.3	150.9
2011	2431.1	2057.4	1149.5	25.3	824.6	58.1	125.4	248.2
2012	2626.0	2214.1	1255.4	25.7	868.2	64.8	140.3	271.6

3-3-8　农村居民家庭经营费用现金支出

单位：元/人

年 份	家庭经营费用现金支出	一、第一产业支出	1.农业支出	2.林业支出	3.牧业支出	4.渔业支出	二、第二产业支出	三、第三产业支出
1978	7.4							
1979	9.1							
1980	14.1							
1981	22.4							
1982	20.9							
1983	50.6	48.4	33.9	0.2	13.9	0.3		2.2
1984	61.1	57.7	39.7	0.6	16.9	0.5		3.5
1985	80.0	69.9	43.1	0.9	24.2	1.7	2.0	8.1
1986	86.9	76.1	49.4	0.7	24.0	2.0	2.3	8.6
1987	101.0	88.1	59.1	0.7	25.9	2.4	3.6	9.3
1988	137.8	121.2	72.8	0.7	44.2	3.5	4.8	11.7
1989	160.4	142.2	92.2	0.7	46.1	3.3	5.3	13.0
1990	162.9	146.4	99.5	0.8	43.2	3.0	4.2	12.3
1991	188.4	169.1	112.8	1.1	52.1	3.1	5.1	14.2
1992	206.5	185.0	118.8	1.0	61.0	4.2	5.9	15.6
1993	241.2	211.3	133.1	1.8	70.7	5.7	8.8	21.1
1994	327.8	294.4	182.8	2.0	101.8	7.9	9.5	24.0
1995	454.7	410.7	261.4	2.1	138.3	8.8	13.8	30.3
1996	524.0	468.4	313.7	2.1	141.6	11.1	17.8	37.7
1997	539.9	483.1	298.4	1.9	172.3	10.4	18.6	38.3
1998	511.7	451.6	277.4	1.8	159.8	12.5	17.5	42.6
1999	470.7	417.6	269.1	2.3	132.8	13.5	15.0	38.1
2000	544.5	462.9	286.5	4.2	155.7	16.5	27.0	54.6
2001	584.8	502.4	296.6	4.0	183.7	18.1	27.7	54.7
2002	617.4	530.7	309.7	4.6	194.2	22.2	30.2	56.5
2003	638.4	551.1	318.1	6.1	206.8	20.2	34.4	52.9
2004	788.6	694.3	402.2	5.2	264.0	22.9	36.6	57.6
2005	1052.5	921.5	510.5	6.5	371.8	32.6	47.6	83.4
2006	1104.1	955.6	569.5	9.0	340.2	36.8	52.6	95.9
2007	1287.2	1125.3	642.5	9.8	428.2	44.8	59.5	102.4
2008	1551.0	1378.2	765.6	9.6	555.9	47.1	62.6	110.2
2009	1554.6	1366.8	759.5	10.1	549.8	47.5	68.2	119.6
2010	1757.6	1527.6	880.3	11.4	584.3	51.6	79.3	150.7
2011	2269.2	1896.8	1116.1	24.9	698.1	57.7	124.9	247.5
2012	2483.0	2071.6	1228.4	25.4	753.2	64.5	140.2	271.2

2005-2012 年城镇和农村住户调查主要分组数据（老口径）

一、按收入等级分组

(一)城镇住户调查分组综合数据

4-1-1-1　2005年城镇居民家庭基本情况

指　　标		全　国	最低收入户(10%)	#困难户(5%)	较低收入户(10%)	中等偏下户(20%)	中等收入户(20%)	中等偏上户(20%)	较高收入户(10%)	最高收入户(10%)
调查户数	(户)	54496	5376	2666	5454	10943	10966	10920	5440	5398
调查户比重	(%)	100.0	9.9	4.9	10.0	20.1	20.1	20.0	10.0	9.9
平均每户家庭人口	(人)	2.96	3.34	3.38	3.22	3.10	2.95	2.79	2.68	2.64
平均每户就业人口	(人)	1.51	1.26	1.13	1.45	1.55	1.56	1.54	1.54	1.59
平均每户就业面	(%)	51.0	37.7	33.4	45.0	50.0	52.9	55.2	57.5	60.2
平均每一就业者负担人数										
(包括就业者本人)	(人)	2.0	2.7	3.0	2.2	2.0	1.9	1.8	1.7	1.7
平均每人全部年收入	(元)	11320.8	3377.7	2733.3	5202.1	7177.1	9887.0	13596.7	18687.7	31237.5
平均每人可支配收入	(元)	10493.0	3134.9	2495.8	4885.3	6710.6	9190.1	12603.4	17202.9	28773.1
平均每人总支出	(元)	10579.5	3696.5	3118.3	5158.8	6922.4	9350.4	12529.2	16847.9	28300.8
平均每人现金消费支出	(元)	7942.9	3111.5	2656.4	4295.4	5574.3	7308.1	9410.8	12102.5	19153.7
食品		2914.4	1475.7	1290.1	1926.0	2336.3	2838.8	3425.9	4151.1	5367.3
#粮食		242.2	219.2	213.5	226.8	232.8	241.9	254.4	264.8	267.1
肉禽及其制品		564.9	343.4	296.3	433.5	514.3	584.5	655.8	716.1	756.4
蛋类		71.5	51.7	46.1	63.8	68.9	74.2	78.2	84.4	79.9
水产品		188.8	70.3	57.8	101.1	133.2	176.0	234.2	314.6	403.7
奶及奶制品		138.6	50.8	39.4	82.7	110.8	140.4	173.2	206.8	248.3
衣着		800.5	243.7	189.8	408.6	565.1	784.6	1010.6	1256.0	1757.6
#服装		577.0	162.2	125.2	279.5	397.2	559.0	732.0	929.8	1312.7
居住		808.7	384.1	338.7	472.2	580.0	745.5	921.7	1195.5	1897.9
#住房		249.3	58.3	44.0	77.8	112.9	200.9	284.8	451.3	903.4
家庭设备及用品		446.5	109.2	90.4	171.6	268.8	397.2	546.1	754.9	1287.5
#耐用消费品		213.2	31.2	25.6	60.7	117.2	188.1	270.4	377.9	663.6
交通通信		996.7	228.4	180.9	375.9	536.2	764.7	1074.9	1590.3	3769.6
文教娱乐		1097.5	363.6	293.2	518.8	720.4	985.7	1336.8	1700.2	2908.0
#文化娱乐用品		280.2	43.3	33.5	84.4	152.5	236.6	364.9	493.0	874.9
医疗保健		600.9	232.5	206.5	308.1	408.1	561.8	764.9	997.6	1287.7
其他		277.8	74.4	66.9	114.1	159.3	229.8	329.9	457.0	878.2
现金消费支出构成	(%)	100.0	100.0	100.0	100.0	100.0	100.0	100.0	100.0	100.0
食品		36.7	47.4	48.6	44.8	41.9	38.8	36.4	34.3	28.0
衣着		10.1	7.8	7.1	9.5	10.1	10.7	10.7	10.4	9.2
居住		10.2	12.3	12.8	11.0	10.4	10.2	9.8	9.9	9.9
家庭设备及用品		5.6	3.5	3.4	4.0	4.8	5.4	5.8	6.2	6.7
交通通信		12.5	7.3	6.8	8.8	9.6	10.5	11.4	13.1	19.7
文教娱乐		13.8	11.7	11.0	12.1	12.9	13.5	14.2	14.0	15.2
医疗保健		7.6	7.5	7.8	7.2	7.3	7.7	8.1	8.2	6.7
其他		3.5	2.4	2.5	2.7	2.9	3.1	3.5	3.8	4.6

注:收入水平为所有城镇调查户按人均可支配收入由低到高排队,按10%,10%,20%,20%,20%,10%,10%的比例分为七组。

4-1-1-2 2006年城镇居民家庭基本情况

指标		全国	最低收入户(10%)	#困难户(5%)	较低收入户(10%)	中等偏下户(20%)	中等收入户(20%)	中等偏上户(20%)	较高收入户(10%)	最高收入户(10%)
调查户数	(户)	56094	5594	2801	5607	11251	11236	11225	5610	5571
调查户比重	(%)	100.0	10.0	5.0	10.0	20.1	20.0	20.0	10.0	9.9
平均每户家庭人口	(人)	2.95	3.31	3.33	3.20	3.09	2.92	2.79	2.69	2.62
平均每户就业人口	(人)	1.53	1.30	1.17	1.52	1.56	1.56	1.55	1.56	1.62
平均每户就业面	(%)	51.9	39.3	35.1	47.5	50.5	53.4	55.6	58.0	61.8
平均每一就业者负担人数										
(包括就业者本人)	(人)	1.9	2.5	2.8	2.1	2.0	1.9	1.8	1.7	1.6
平均每人全部年收入	(元)	12719.2	3871.4	3129.3	5946.1	8103.7	11052.1	15199.7	20699.6	34834.4
平均每人可支配收入	(元)	11759.5	3568.7	2838.9	5540.7	7554.2	10269.7	14049.2	19069.0	31967.3
平均每人总支出	(元)	11881.8	4121.2	3576.6	5885.1	7612.0	10230.6	13852.1	19029.9	32636.9
平均每人现金消费支出	(元)	8696.6	3423.0	2953.3	4765.6	6108.3	7905.4	10218.3	13169.8	21061.7
食品		3111.9	1586.0	1387.7	2073.5	2484.3	3019.4	3647.9	4392.4	5746.7
#粮食		246.5	219.1	213.4	229.8	239.4	246.4	257.7	270.0	272.6
肉禽及其制品		545.6	346.3	301.3	439.2	496.8	556.6	623.6	685.7	725.8
蛋类		67.6	49.5	44.6	57.9	65.6	70.6	74.2	78.7	76.1
水产品		202.9	79.0	64.2	111.2	143.8	188.4	257.6	327.1	417.6
奶及奶制品		150.2	60.9	46.5	95.1	121.6	153.2	183.7	217.9	260.3
衣着		901.8	286.1	225.0	470.0	665.7	884.7	1120.4	1350.8	1956.6
#服装		646.7	191.5	148.2	319.8	466.8	628.6	810.9	981.2	1454.7
居住		904.2	427.2	391.5	530.1	655.6	799.3	1009.6	1341.9	2196.6
#住房		285.1	59.2	53.9	83.7	135.8	197.1	310.9	506.4	1134.2
家庭设备及用品		498.5	140.0	121.2	212.0	301.4	444.6	583.9	842.3	1415.4
#耐用消费品		233.9	42.7	34.6	75.8	125.4	213.2	280.7	414.6	719.8
交通通信		1147.1	257.7	205.6	431.1	610.0	859.9	1264.5	1801.0	4316.8
文教娱乐		1203.0	406.1	332.6	572.4	782.0	1047.5	1469.1	1901.7	3176.1
#文化娱乐用品		310.3	59.3	43.9	99.4	168.3	256.9	397.7	558.6	944.0
医疗保健		620.5	234.5	213.4	350.0	425.5	590.5	762.4	1020.2	1311.4
其他		309.5	85.4	76.2	126.5	183.8	259.6	360.4	519.6	942.1
现金消费支出构成	(%)	100.0	100.0	100.0	100.0	100.0	100.0	100.0	100.0	100.0
食品		35.8	46.3	47.0	43.5	40.7	38.2	35.7	33.4	27.3
衣着		10.4	8.4	7.6	9.9	10.9	11.2	11.0	10.3	9.3
居住		10.4	12.5	13.3	11.1	10.7	10.1	9.9	10.2	10.4
家庭设备及用品		5.7	4.1	4.1	4.4	4.9	5.6	5.7	6.4	6.7
交通通信		13.2	7.5	7.0	9.0	10.0	10.9	12.4	13.7	20.5
文教娱乐		13.8	11.9	11.3	12.0	12.8	13.3	14.4	14.4	15.1
医疗保健		7.1	6.9	7.2	7.3	7.0	7.5	7.5	7.7	6.2
其他		3.6	2.5	2.6	2.7	3.0	3.3	3.5	3.9	4.5

4-1-1-3　2007年城镇居民家庭基本情况

指　　标		全　国	最低收入户 (10%)	#困难户 (5%)	较低收入户 (10%)	中等偏下户 (20%)	中等收入户 (20%)	中等偏上户 (20%)	较高收入户 (10%)	最高收入户 (10%)
调查户数	(户)	59305	5940	2967	5936	11881	11869	11865	5919	5894
调查户比重	(%)	100.0	10.0	5.0	10.0	20.0	20.0	20.0	10.0	9.9
平均每户家庭人口	(人)	2.91	3.30	3.30	3.20	3.05	2.88	2.74	2.63	2.58
平均每户就业人口	(人)	1.54	1.34	1.23	1.55	1.57	1.57	1.54	1.54	1.60
平均每户就业面	(%)	52.9	40.6	37.3	48.4	51.5	54.5	56.2	58.6	62.0
平均每一就业者负担人数										
(包括就业者本人)	(人)	1.9	2.5	2.7	2.1	1.9	1.8	1.8	1.7	1.6
平均每人全部年收入	(元)	14908.6	4604.1	3744.9	6992.6	9568.0	12978.6	17684.6	24106.6	40019.2
平均每人可支配收入	(元)	13785.8	4210.1	3357.9	6504.6	8900.5	12042.3	16385.8	22233.6	36784.5
平均每人总支出	(元)	13513.9	4904.0	4233.3	6939.2	8955.3	11862.5	15629.1	21147.6	35242.6
平均每人现金消费支出	(元)	9997.5	4036.3	3447.7	5634.2	7123.7	9097.4	11570.4	15297.7	23337.3
食品		3628.0	1904.1	1672.4	2451.2	2942.8	3538.3	4229.8	5062.1	6439.5
#粮食		278.3	223.7	214.7	246.9	263.1	280.5	302.8	319.4	325.9
肉禽及其制品		703.3	437.7	387.2	552.7	637.5	717.3	806.8	883.0	958.3
蛋类		83.8	58.5	53.2	70.2	78.7	88.2	94.8	97.8	98.9
水产品		243.8	97.7	81.2	137.6	180.0	229.6	302.7	376.5	491.0
奶及奶制品		160.7	76.0	62.3	108.9	130.7	165.2	192.2	225.8	264.0
衣着		1042.0	360.9	288.5	565.2	776.9	1017.7	1278.2	1579.1	2162.6
#服装		747.9	243.1	191.6	389.1	544.9	725.6	917.9	1150.9	1616.6
居住		982.3	469.1	415.7	605.0	718.3	873.9	1095.4	1436.7	2290.1
#住房		302.2	64.4	49.5	115.0	135.6	215.1	315.5	532.1	1174.8
家庭设备及用品		601.8	163.9	130.6	282.5	385.0	545.2	716.9	967.7	1597.4
#耐用消费品		285.5	49.4	34.1	113.0	166.8	262.5	339.4	484.3	826.6
交通通信		1357.4	314.2	243.2	548.8	710.1	993.4	1420.3	2467.7	4815.6
文教娱乐		1329.2	445.7	366.5	647.0	877.4	1172.4	1544.2	2092.0	3526.2
#文化娱乐用品		343.2	63.2	49.6	124.3	192.6	304.1	408.0	614.9	1013.8
医疗保健		699.1	281.1	250.3	378.7	501.7	646.5	861.4	1108.6	1472.5
其他		357.7	97.3	80.6	155.8	211.7	310.0	424.2	583.9	1033.2
现金消费支出构成	(%)	100.0	100.0	100.0	100.0	100.0	100.0	100.0	100.0	100.0
食品		36.3	47.2	48.5	43.5	41.3	38.9	36.6	33.1	27.6
衣着		10.4	8.9	8.4	10.0	10.9	11.2	11.0	10.3	9.3
居住		9.8	11.6	12.1	10.7	10.1	9.6	9.5	9.4	9.8
家庭设备及用品		6.0	4.1	3.8	5.0	5.4	6.0	6.2	6.3	6.8
交通通信		13.6	7.8	7.1	9.7	10.0	10.9	12.3	16.1	20.6
文教娱乐		13.3	11.0	10.6	11.5	12.3	12.9	13.3	13.7	15.1
医疗保健		7.0	7.0	7.3	6.7	7.0	7.1	7.4	7.2	6.3
其他		3.6	2.4	2.3	2.8	3.0	3.4	3.7	3.8	4.4

4-1-1-4　2008年城镇居民家庭基本情况

指　　标		全　国	最　低 收入户 (10%)	#困难户 (5%)	较　低 收入户 (10%)	中　等 偏下户 (20%)	中　等 收入户 (20%)	中　等 偏上户 (20%)	较　高 收入户 (10%)	最　高 收入户 (10%)
调查户数	(户)	64675	6353	3137	6485	12983	12993	12998	6445	6418
调查户比重	(%)	100.0	9.8	4.8	10.0	20.1	20.1	20.1	10.0	9.9
平均每户家庭人口	(人)	2.91	3.33	3.34	3.22	3.06	2.89	2.74	2.62	2.51
平均每户就业人口	(人)	1.48	1.27	1.16	1.44	1.52	1.50	1.49	1.51	1.57
平均每户就业面	(%)	50.9	38.1	34.7	44.7	49.7	51.9	54.4	57.6	62.5
平均每一就业者负担人数		2.0	2.6	2.9	2.2	2.0	1.9	1.8	1.7	1.6
(包括就业者本人)	(人)									
平均每人全部年收入	(元)	17067.8	5203.8	4187.2	7916.5	10974.6	15054.7	20784.2	28518.9	47422.4
平均每人可支配收入	(元)	15780.8	4753.6	3734.4	7363.3	10195.6	13984.2	19254.1	26250.1	43613.8
平均每人总支出	(元)	14747.9	5495.6	4659.3	7556.7	9914.5	13173.4	17615.2	24074.4	38380.2
平均每人现金消费支出	(元)	11242.9	4532.9	3862.7	6195.3	7993.7	10344.7	13316.6	17888.2	26982.1
食品		4259.8	2182.3	1889.9	2846.3	3428.9	4181.3	5043.6	6087.3	7874.1
#粮食		328.3	260.0	244.4	286.6	305.4	335.6	355.9	384.7	403.3
肉禽及其制品		896.9	534.6	451.7	699.0	806.5	930.1	1039.7	1160.6	1237.9
蛋类		91.7	64.6	58.4	78.0	86.0	95.9	102.5	108.4	111.2
水产品		280.3	115.2	93.4	164.8	211.7	271.0	349.2	444.5	551.4
奶及奶制品		189.8	86.7	74.2	120.8	155.2	191.2	234.0	278.2	327.4
衣着		1165.9	398.0	310.0	598.7	843.2	1136.5	1432.9	1857.5	2643.0
#服装		839.1	268.7	205.8	409.9	588.7	808.1	1031.2	1364.0	2001.1
居住		1145.4	556.2	489.3	688.4	841.3	1060.6	1265.9	1795.5	2681.9
#住房		345.1	74.7	63.3	107.9	164.7	269.5	350.8	687.7	1355.8
家庭设备及用品		691.8	190.8	146.6	309.6	437.2	616.3	837.6	1210.0	1925.6
#耐用消费品		309.3	57.1	35.7	110.2	174.8	268.6	379.1	564.7	977.7
交通通信		1417.1	345.3	265.4	532.5	764.1	1078.8	1633.6	2632.9	4985.7
文教娱乐		1358.3	424.2	378.3	594.7	851.8	1171.4	1630.1	2297.2	3959.3
#文化娱乐用品		354.8	69.4	50.6	122.2	198.2	301.8	438.3	669.9	1112.9
医疗保健		786.2	323.9	293.1	457.2	587.6	748.7	977.9	1257.6	1589.7
其他		418.3	112.2	90.1	168.0	239.6	351.1	494.9	750.3	1322.7
现金消费支出构成	(%)	100.0	100.0	100.0	100.0	100.0	100.0	100.0	100.0	100.0
食品		37.9	48.1	48.9	45.9	42.9	40.4	37.9	34.0	29.2
衣着		10.4	8.8	8.0	9.7	10.5	11.0	10.8	10.4	9.8
居住		10.2	12.3	12.7	11.1	10.5	10.3	9.5	10.0	9.9
家庭设备及用品		6.2	4.2	3.8	5.0	5.5	6.0	6.3	6.8	7.1
交通通信		12.6	7.6	6.9	8.6	9.6	10.4	12.3	14.7	18.5
文教娱乐		12.1	9.4	9.8	9.6	10.7	11.3	12.2	12.8	14.7
医疗保健		7.0	7.1	7.6	7.4	7.4	7.2	7.3	7.0	5.9
其他		3.7	2.5	2.3	2.7	3.0	3.4	3.7	4.2	4.9

4-1-1-5 2009年城镇居民家庭基本情况

指标		全国	最低收入户(10%)	#困难户(5%)	较低收入户(10%)	中等偏下户(20%)	中等收入户(20%)	中等偏上户(20%)	较高收入户(10%)	最高收入户(10%)
调查户数	(户)	65506	6518	3248	6563	13132	13137	13122	6526	6508
调查户比重	(%)	100.0	10.0	5.0	10.0	20.0	20.1	20.0	10.0	9.9
平均每户家庭人口	(人)	2.89	3.29	3.30	3.23	3.04	2.84	2.71	2.61	2.51
平均每户就业人口	(人)	1.49	1.32	1.22	1.46	1.53	1.49	1.49	1.51	1.55
平均每户就业面	(%)	51.6	40.1	37.0	45.2	50.3	52.5	55.0	57.9	61.8
平均每一就业者负担人数										
(包括就业者本人)	(人)	1.9	2.5	2.7	2.2	2.0	1.9	1.8	1.7	1.6
平均每人全部年收入	(元)	18858.1	5950.7	4935.8	8956.8	12345.2	16858.4	23050.8	31171.7	51349.6
平均每人可支配收入	(元)	17174.7	5253.2	4197.6	8162.1	11243.6	15399.9	21018.0	28386.5	46826.1
平均每人总支出	(元)	17248.3	6185.6	5519.8	8475.2	11353.5	15197.5	20764.8	28179.5	46936.9
平均每人现金消费支出	(元)	12264.6	4900.6	4256.8	6743.1	8738.8	11309.7	14964.4	19263.9	29004.4
食品		4478.5	2293.8	2041.6	3009.5	3640.2	4410.5	5367.0	6360.3	8135.0
#粮食		334.3	265.3	254.4	292.2	316.3	339.8	366.0	380.9	407.4
肉禽及其制品		867.5	520.9	458.4	691.2	787.0	904.4	1010.8	1095.8	1178.2
蛋类		92.8	66.1	61.1	79.2	86.3	97.1	103.9	110.0	114.1
水产品		301.4	121.9	99.1	182.4	231.6	293.7	383.0	472.1	571.4
奶及奶制品		196.1	89.1	77.6	128.1	158.5	201.0	241.7	283.4	341.6
衣着		1284.2	458.5	376.6	684.2	962.5	1263.8	1601.2	1986.2	2782.3
#服装		924.0	306.9	250.0	466.3	675.0	900.3	1156.3	1465.4	2092.7
居住		1228.9	578.9	515.7	735.2	880.8	1131.0	1493.3	1775.1	2863.3
#住房		397.0	84.7	60.8	123.9	178.5	301.4	526.4	659.6	1482.1
家庭设备及用品		786.9	226.0	173.8	366.4	521.5	701.1	977.1	1325.5	2114.2
#耐用消费品		359.0	70.1	42.6	138.7	218.0	308.0	453.9	633.0	1086.0
交通通信		1682.6	394.8	310.3	582.3	861.4	1285.0	2047.8	3181.9	5858.7
文教娱乐		1472.8	457.2	390.6	666.0	953.8	1290.1	1807.7	2461.1	4116.4
#文化娱乐用品		381.3	83.0	68.3	151.8	225.5	335.8	483.4	682.5	1117.0
医疗保健		856.4	362.6	344.0	504.1	632.0	834.5	1072.0	1322.4	1745.9
其他		474.2	128.7	104.4	195.4	286.7	393.7	598.2	851.4	1388.6
现金消费支出构成	(%)	100.0	100.0	100.0	100.0	100.0	100.0	100.0	100.0	100.0
食品		36.5	46.8	48.0	44.6	41.7	39.0	35.9	33.0	28.0
衣着		10.5	9.4	8.8	10.1	11.0	11.2	10.7	10.3	9.6
居住		10.0	11.8	12.1	10.9	10.1	10.0	10.0	9.2	9.9
家庭设备及用品		6.4	4.6	4.1	5.4	6.0	6.2	6.5	6.9	7.3
交通通信		13.7	8.1	7.3	8.6	9.9	11.4	13.7	16.5	20.2
文教娱乐		12.0	9.3	9.2	9.9	10.9	11.4	12.1	12.8	14.2
医疗保健		7.0	7.4	8.1	7.5	7.2	7.4	7.2	6.9	6.0
其他		3.9	2.6	2.5	2.9	3.3	3.5	4.0	4.4	4.8

4-1-1-6 2010年城镇居民家庭基本情况

指标		全国	最低收入户(10%)	#困难户(5%)	较低收入户(10%)	中等偏下户(20%)	中等收入户(20%)	中等偏上户(20%)	较高收入户(10%)	最高收入户(10%)
调查户数	(户)	65607	6569	3279	6570	13144	13103	13121	6553	6548
调查户比重	(%)	100.0	10.0	5.0	10.0	20.0	20.0	20.0	10.0	10.0
平均每户家庭人口	(人)	2.88	3.29	3.32	3.20	3.02	2.82	2.70	2.61	2.51
平均每户就业人口	(人)	1.49	1.32	1.22	1.52	1.52	1.48	1.49	1.51	1.54
平均每户就业面	(%)	51.7	40.1	36.7	47.5	50.3	52.5	55.2	57.9	61.4
平均每一就业者负担人数										
(包括就业者本人)	(人)	1.9	2.5	2.7	2.1	2.0	1.9	1.8	1.7	1.6
平均每人全部年收入	(元)	21033.4	6703.7	5483.1	10247.0	13971.0	18920.7	25497.8	34254.6	56435.2
平均每人可支配收入	(元)	19109.4	5948.1	4739.2	9285.3	12702.1	17224.0	23188.9	31044.0	51431.6
平均每人总支出	(元)	18258.4	6871.0	6039.5	9288.7	12388.4	16693.5	21667.5	29012.0	47401.1
平均每人现金消费支出	(元)	13471.5	5471.8	4715.3	7360.2	9649.2	12609.4	16140.4	21000.4	31761.6
食品		4804.7	2525.3	2231.5	3246.7	3946.0	4773.8	5710.1	6756.0	8535.2
#粮食		385.5	295.6	282.3	326.4	357.7	393.1	425.5	453.9	492.4
肉禽及其制品		914.2	563.9	493.0	728.8	835.9	955.2	1051.4	1142.4	1242.2
蛋类		98.0	68.0	62.3	80.5	91.2	102.4	111.9	117.7	121.8
水产品		326.9	137.5	113.6	192.2	253.1	313.8	416.3	497.3	635.5
奶及奶制品		198.5	91.6	76.9	127.6	158.9	199.0	245.9	296.7	346.4
衣着		1444.3	513.6	417.3	804.7	1076.0	1408.1	1786.6	2226.7	3148.9
#服装		1057.1	351.8	284.7	568.2	768.5	1020.3	1311.9	1657.1	2404.1
居住		1332.1	656.3	591.9	775.1	1010.0	1260.3	1504.2	2000.0	3014.7
#住房		421.2	115.2	99.0	114.2	227.0	348.7	457.4	772.9	1520.4
家庭设备及用品		908.0	288.6	223.4	427.2	600.9	833.6	1111.0	1500.2	2380.6
#耐用消费品		394.6	90.8	60.7	153.5	239.7	365.9	496.6	683.5	1112.9
交通通信		1983.7	448.3	359.2	669.1	1051.8	1620.6	2358.0	3630.6	6770.3
文教娱乐		1627.6	502.6	424.1	746.7	1038.0	1421.3	2001.5	2739.7	4515.2
#文化娱乐用品		407.0	97.1	81.1	166.4	238.4	351.2	521.7	728.8	1171.4
医疗保健		871.8	405.3	360.0	478.3	637.8	864.7	1060.1	1313.6	1842.8
其他		499.2	132.0	108.1	212.5	288.8	427.1	608.9	833.5	1553.9
现金消费支出构成	(%)									
食品		35.7	46.2	47.3	44.1	40.9	37.9	35.4	32.2	26.9
衣着		10.7	9.4	8.8	10.9	11.2	11.2	11.1	10.6	9.9
居住		9.9	12.0	12.6	10.5	10.5	10.0	9.3	9.5	9.5
家庭设备及用品		6.7	5.3	4.7	5.8	6.2	6.6	6.9	7.1	7.5
交通通信		14.7	8.2	7.6	9.1	10.9	12.9	14.6	17.3	21.3
文教娱乐		12.1	9.2	9.0	10.1	10.8	11.3	12.4	13.0	14.2
医疗保健		6.5	7.4	7.6	6.5	6.6	6.9	6.6	6.3	5.8
其他		3.7	2.4	2.3	2.9	3.0	3.4	3.8	4.0	4.9

4-1-1-7 2011年城镇居民家庭基本情况

指 标		全 国	最低收入户（10%）	#困难户（5%）	较低收入户（10%）	中等偏下户（20%）	中等收入户（20%）	中等偏上户（20%）	较高收入户（10%）	最高收入户（10%）
调查户数	（户）	65655	6505	3232	6566	13170	13178	13177	6572	6488
调查户比重	（%）	100.0	9.9	4.9	10.0	20.1	20.1	20.1	10.0	9.9
平均每户家庭人口	（人）	2.87	3.30	3.32	3.20	3.01	2.82	2.67	2.57	2.53
平均每户就业人口	（人）	1.48	1.29	1.16	1.51	1.52	1.49	1.48	1.48	1.58
平均每户就业面	（%）	51.6	39.1	34.9	47.2	50.5	52.8	55.4	57.6	62.5
平均每一就业者负担人数										
（包括就业者本人）	（人）	1.9	2.6	2.9	2.1	2.0	1.9	1.8	1.7	1.6
平均每人全部年收入	（元）	23979.2	7819.4	6445.5	11751.3	15880.7	21439.7	29058.9	39215.5	64460.7
平均每人可支配收入	（元）	21809.8	6876.1	5398.2	10672.0	14498.3	19544.9	26420.0	35579.2	58841.9
平均每人总支出	（元）	20365.7	8147.6	7290.9	10749.2	13926.1	18386.9	24276.2	32969.2	51203.5
平均每人现金消费支出	（元）	15160.9	6431.9	5575.6	8509.3	10872.8	14028.2	18160.9	23906.2	35183.6
食品		5506.3	2948.9	2618.9	3715.9	4535.8	5467.1	6515.0	7789.9	9681.7
#粮食		437.6	351.6	340.8	370.3	410.1	444.1	477.8	515.5	540.4
肉禽及其制品		1105.9	704.3	630.1	879.1	1023.0	1154.5	1269.5	1376.0	1448.3
蛋类		116.7	81.0	75.7	94.2	110.2	121.2	133.5	139.5	143.2
水产品		354.0	148.5	126.5	204.0	269.9	345.3	452.7	548.2	677.8
奶及奶制品		234.0	115.7	95.1	150.9	195.4	235.8	284.6	340.3	392.7
衣着		1674.7	608.0	489.5	913.4	1250.9	1628.6	2045.8	2598.3	3699.1
#服装		1237.0	426.7	336.2	649.0	903.6	1188.1	1513.4	1954.1	2849.0
居住		1405.0	749.0	675.7	874.8	1023.0	1232.7	1627.6	2116.8	3272.7
#住房		451.3	161.0	122.4	185.8	212.9	280.5	518.2	852.4	1715.3
家庭设备及用品		1023.2	335.3	261.5	489.7	666.5	923.4	1277.1	1736.4	2625.9
#耐用消费品		423.8	98.5	65.9	170.4	255.9	375.3	559.7	759.0	1151.6
交通通信		2149.7	501.1	397.6	841.4	1150.2	1762.3	2647.9	3963.0	6912.7
文教娱乐		1851.7	642.7	541.5	876.7	1163.1	1637.1	2238.1	3155.7	5060.6
#文化娱乐用品		449.6	123.8	99.0	180.8	273.2	401.6	558.3	779.1	1286.9
医疗保健		969.0	483.6	449.9	579.2	759.8	911.0	1136.9	1512.4	1959.8
其他		581.3	163.2	141.1	218.3	323.6	466.1	672.4	1033.8	1971.2
现金消费支出构成	（%）	100.0	100.0	100.0	100.0	100.0	100.0	100.0	100.0	100.0
食品		36.3	45.8	47.0	43.7	41.7	39.0	35.9	32.6	27.5
衣着		11.0	9.5	8.8	10.7	11.5	11.6	11.3	10.9	10.5
居住		9.3	11.6	12.1	10.3	9.4	8.8	9.0	8.9	9.3
家庭设备及用品		6.7	5.2	4.7	5.8	6.1	6.6	7.0	7.3	7.5
交通通信		14.2	7.8	7.1	9.9	10.6	12.6	14.6	16.6	19.6
文教娱乐		12.2	10.0	9.7	10.3	10.7	11.7	12.3	13.2	14.4
医疗保健		6.4	7.5	8.1	6.8	7.0	6.5	6.3	6.3	5.6
其他		3.8	2.5	2.5	2.6	3.0	3.3	3.7	4.3	5.6

4-1-1-8 2012年城镇居民家庭基本情况

指标		全国	最低收入户(10%)	#困难户(5%)	较低收入户(10%)	中等偏下户(20%)	中等收入户(20%)	中等偏上户(20%)	较高收入户(10%)	最高收入户(10%)
调查户数	(户)	65981	6590	3287	6601	13214	13220	13201	6593	6562
调查户比重	(%)	100.0	10.0	5.0	10.0	20.0	20.0	20.0	10.0	9.9
平均每户家庭人口	(人)	2.86	3.30	3.33	3.21	2.99	2.80	2.67	2.58	2.52
平均每户就业人口	(人)	1.49	1.31	1.21	1.53	1.53	1.48	1.47	1.50	1.58
平均每户就业面	(%)	52.1	39.7	36.3	47.7	51.2	52.9	55.1	58.1	62.7
平均每一就业者负担人数										
(包括就业者本人)	(人)	1.9	2.5	2.8	2.1	2.0	1.9	1.8	1.7	1.6
平均每人全部年收入	(元)	26959.0	9209.5	7520.9	13724.7	18374.8	24531.4	32758.8	43471.0	69877.3
平均每人可支配收入	(元)	24564.7	8215.1	6520.0	12488.6	16761.4	22419.1	29813.7	39605.2	63824.2
平均每人总支出	(元)	22341.4	9164.9	7976.5	12134.8	15806.6	20447.7	26670.7	35705.6	54192.7
平均每人现金消费支出	(元)	16674.3	7301.4	6366.8	9610.4	12280.8	15719.9	19830.2	25796.9	37661.7
食品		6040.9	3310.4	2979.3	4147.4	5028.6	6061.4	7102.4	8561.0	10323.1
#粮食		458.5	365.0	358.7	385.8	426.0	473.2	501.7	542.7	564.5
肉禽及其制品		1183.6	767.5	699.3	946.7	1088.3	1249.4	1341.1	1480.4	1555.7
蛋类		119.0	84.3	77.0	96.6	112.0	125.7	133.3	142.4	147.1
水产品		408.9	173.4	145.1	235.6	308.8	412.7	522.7	630.6	768.2
奶及奶制品		253.6	125.8	110.1	169.0	208.3	260.1	308.8	365.4	423.3
衣着		1823.4	706.8	589.8	1045.5	1408.2	1765.9	2213.8	2767.5	3928.5
#服装		1344.9	494.8	408.1	746.4	1018.9	1288.1	1637.7	2067.9	3019.3
居住		1484.3	832.6	759.6	924.5	1160.4	1384.3	1708.7	2154.3	3123.3
#住房		463.6	177.5	140.8	168.8	279.3	354.8	543.5	798.5	1520.4
家庭设备及用品		1116.1	405.4	333.1	569.3	760.0	1033.6	1346.2	1827.9	2807.3
#耐用消费品		431.5	119.4	91.7	185.9	272.9	395.2	532.2	738.2	1195.8
交通通信		2455.5	602.8	495.3	954.4	1393.0	2063.3	2960.6	4304.1	7971.1
文教娱乐		2033.5	723.0	613.9	1034.9	1326.6	1785.5	2449.1	3432.8	5431.6
#文化娱乐用品		451.9	144.7	118.0	209.6	284.9	404.8	565.4	793.4	1187.2
医疗保健		1063.7	548.3	466.5	669.6	832.9	1096.0	1248.9	1580.0	1951.1
其他		657.1	172.1	129.2	265.0	371.1	529.9	800.4	1169.4	2125.7
现金消费支出构成	(%)	100.0	100.0	100.0	100.0	100.0	100.0	100.0	100.0	100.0
食品		36.2	45.3	46.8	43.2	40.9	38.6	35.8	33.2	27.4
衣着		10.9	9.7	9.3	10.9	11.5	11.2	11.2	10.7	10.4
居住		8.9	11.4	11.9	9.6	9.4	8.8	8.6	8.4	8.3
家庭设备及用品		6.7	5.6	5.2	5.9	6.2	6.6	6.8	7.1	7.5
交通通信		14.7	8.3	7.8	9.9	11.3	13.1	14.9	16.7	21.2
文教娱乐		12.2	9.9	9.6	10.8	10.8	11.4	12.4	13.3	14.4
医疗保健		6.4	7.5	7.3	7.0	6.8	7.0	6.3	6.1	5.2
其他		3.9	2.4	2.0	2.8	3.0	3.4	4.0	4.5	5.6

（二）农村住户调查分组综合数据

4-1-2-1　2005年农村居民家庭基本情况

指　　标	单　位	低收入户(20%)	中等偏下户(20%)	中等收入户(20%)	中等偏上户(20%)	高收入户(20%)
一、常住人口	人/户	4.6	4.3	4.1	3.9	3.5
二、劳动力人数	人/户	2.9	2.9	2.8	2.8	2.6
劳动力负担人口	人/劳动力	1.6	1.5	1.4	1.4	1.3
三、劳动力文化程度						
1.文盲或半文盲	%	11.2	7.8	6.1	4.9	3.9
2.小学程度	%	32.4	28.9	27.2	24.5	22.5
3.初中程度	%	47.9	52.3	54.0	55.1	52.0
4.高中程度	%	7.0	8.6	9.8	11.7	14.7
5.中专程度	%	1.1	1.7	2.1	2.8	4.2
6.大专及以上	%	0.4	0.7	0.8	1.0	2.6
四、年末生产性						
固定资产原值	元/户	7039.1	5851.0	6116.5	6769.4	10001.7
五、年内新建房屋面积	平方米/人	0.6	0.7	0.8	0.9	1.1
# 砖木结构面积	平方米/人	0.3	0.3	0.3	0.3	0.3
六、年内新建房屋价值	元/平方米	316.3	311.0	322.2	351.4	530.6
七、年末居住住房面积	平方米/人	22.3	25.6	28.9	32.6	42.1
# 砖木结构面积	平方米/人	10.5	12.3	14.7	16.1	18.3
八、年末居住住房价值	元/平方米	195.9	209.4	228.3	269.3	392.8
九、经营耕地面积	亩/人	1.9	1.9	2.1	2.3	2.3
十、经营山地面积	亩/人	0.3	0.3	0.3	0.3	0.3
十一、主要食品消费量						
粮食	公斤/人	197.8	205.2	212.0	216.2	216.1
蔬菜及制品	公斤/人	81.8	97.8	106.1	112.9	118.5
食用油	公斤/人	4.0	4.4	4.9	5.3	6.4
食糖	公斤/人	0.9	1.1	1.1	1.2	1.4
卷烟	盒/人	18.1	21.7	24.3	28.3	35.3
水果	公斤/人	8.3	10.1	11.6	13.9	17.8
猪肉	公斤/人	13.0	14.6	17.2	16.2	17.9
牛羊肉	公斤/人	1.4	1.2	1.3	1.4	2.2
奶及奶制品	公斤/人	2.2	2.2	2.5	2.9	5.1
禽类	公斤/人	2.1	2.9	3.6	4.3	6.2
蛋及蛋制品	公斤/人	2.7	3.8	4.7	5.5	7.5
水产品	公斤/人	2.1	3.1	4.3	6.0	10.6

注:收入等级为按农村居民户的人均纯收入五等份分组。

4-1-2-1 续表 1 单位：元/人

指 标	低收入户(20%)	中等偏下户(20%)	中等收入户(20%)	中等偏上户(20%)	高收入户(20%)
一、收入					
1. 总收入	2090.0	3024.4	4022.7	5453.6	10210.6
(1)工资性收入	321.7	672.2	1043.1	1538.8	3097.0
(2)家庭经营收入	1655.1	2194.4	2769.7	3616.8	6326.9
(3)财产性收入	21.9	32.3	46.4	80.9	304.0
(4)转移性收入	91.3	125.5	163.4	217.1	482.7
2. 纯收入	1067.2	2018.3	2851.0	4003.3	7747.4
(1)工资性收入	321.7	672.2	1043.1	1538.8	3097.0
(2)家庭经营收入	662.6	1230.7	1651.9	2231.0	3965.8
(3)财产性收入	21.9	32.3	46.4	80.9	304.0
(4)转移性收入	61.0	83.1	109.5	152.6	380.5
3. 现金收入	1538.8	2312.4	3266.3	4659.4	9408.7
(1)工资性收入	321.4	671.6	1042.3	1537.4	3092.2
(2)家庭经营收入	1115.6	1498.0	2033.3	2849.7	5574.5
(3)财产性收入	13.4	21.4	31.3	59.2	273.2
(4)转移性收入	88.3	121.3	159.3	213.1	468.8
二、支出					
1. 总支出	2647.0	3036.3	3652.6	4561.2	7515.0
(1)家庭经营费用支出	882.2	865.9	1007.6	1251.9	2144.7
(2)购置生产性固定资产支出	92.7	102.8	108.0	147.1	226.8
(3)税费支出	7.8	8.0	10.9	16.9	24.7
(4)消费支出	1548.3	1913.1	2327.7	2879.1	4593.0
(5)财产性支出	10.2	10.2	15.8	22.8	58.6
(6)转移性支出	105.8	136.3	182.6	243.6	467.1
2. 现金支出	2110.6	2466.2	3057.9	3986.3	6996.6
(1)家庭经营费用支出	731.8	722.9	870.6	1118.6	2027.6
(2)购置生产性固定资产支出	92.7	102.8	108.0	147.1	226.8
(3)税费支出	7.4	7.9	10.8	16.8	24.6
(4)消费支出	1163.2	1486.9	1871.0	2438.8	4195.9
(5)财产性支出	10.2	10.2	15.8	22.8	58.6
(6)转移性支出	105.3	135.5	181.6	242.3	463.1

4-1-2-1　续表 2　　　　单位：元/人

指　　标	低收入户 (20%)	中等偏下户 (20%)	中等收入户 (20%)	中等偏上户 (20%)	高收入户 (20%)
三、消费支出					
1. 消费支出	1548.3	1913.1	2327.7	2879.1	4593.0
食品	796.3	950.1	1120.9	1297.3	1807.6
衣着	88.0	108.7	132.4	167.5	276.2
居住	205.9	249.8	313.2	411.5	758.2
家庭设备及用品	59.6	76.2	95.8	127.6	224.1
交通通信	111.2	153.7	207.0	281.5	539.4
文教娱乐	155.5	209.4	262.2	345.2	571.5
医疗保健	106.4	128.5	148.1	183.5	305.1
其他	25.4	36.6	48.2	65.0	111.1
2. 现金消费支出	1163.2	1486.9	1871.0	2438.8	4195.9
食品	435.0	553.8	697.0	888.1	1440.1
衣着	87.2	108.0	131.9	166.9	275.7
居住	183.7	221.4	282.2	381.6	729.5
家庭设备及用品	59.0	75.7	94.8	127.4	224.0
交通通信	111.2	153.7	207.0	281.5	539.4
文教娱乐	155.5	209.4	262.2	345.2	571.5
医疗保健	106.4	128.5	148.1	183.5	305.1
其他	25.2	36.2	47.9	64.5	110.6
3. 现金消费支出占					
消费支出比重(%)	75.1	77.7	80.4	84.7	91.4
食品	54.6	58.3	62.2	68.5	79.7
衣着	99.1	99.4	99.6	99.6	99.8
居住	89.2	88.6	90.1	92.8	96.2
家庭设备及用品	98.9	99.3	98.9	99.9	100.0
交通通信	100.0	100.0	100.0	100.0	100.0
文教娱乐	100.0	100.0	100.0	100.0	100.0
医疗保健	100.0	100.0	100.0	100.0	100.0
其他	98.9	99.1	99.4	99.2	99.6

4-1-2-2　2006年农村居民家庭基本情况

指　　标	单 位	低收入户 (20%)	中等偏下户 (20%)	中等收入户 (20%)	中等偏上户 (20%)	高收入户 (20%)
一、常住人口	人/户	4.6	4.3	4.1	3.8	3.5
二、劳动力人数	人/户	3.0	2.9	2.9	2.8	2.6
劳动力负担人口	人/劳动力	1.5	1.5	1.4	1.4	1.3
三、劳动力文化程度						
1.文盲或半文盲	%	10.4	7.7	6.1	4.7	3.7
2.小学程度	%	31.9	28.0	25.7	23.5	22.0
3.初中程度	%	48.5	53.2	54.6	55.7	52.3
4.高中程度	%	7.3	8.8	10.5	11.9	14.7
5.中专程度	%	1.3	1.6	2.1	2.8	4.3
6.大专及以上	%	0.5	0.6	1.0	1.4	3.0
四、年末生产性						
固定资产原值	元/户	7431.4	6047.9	6368.4	7476.3	10864.9
五、年内新建(购)住房面积	平方米/人	0.6	0.6	0.8	1.0	1.4
#砖木结构面积	平方米/人	0.2	0.2	0.2	0.3	0.4
六、年内新建住房价值	元/平方米	330.4	329.3	355.9	381.0	496.4
七、年末居住住房面积	平方米/人	22.8	26.5	29.9	33.7	43.9
# 砖木结构面积	平方米/人	10.6	13.1	15.2	16.5	18.8
八、年末居住住房价值	元/平方米	200.6	218.6	243.6	280.5	441.7
九、经营耕地面积	亩/人	2.0	1.9	2.1	2.4	2.2
十、经营山地面积	亩/人	0.3	0.3	0.3	0.3	0.3
十一、主要食品消费量						
粮食	公斤/人	191.3	202.7	208.9	215.0	214.0
蔬菜及制品	公斤/人	82.0	96.5	103.4	111.2	115.0
食用油	公斤/人	4.7	5.3	5.9	6.5	7.3
食糖	公斤/人	0.9	1.0	1.1	1.1	1.3
卷烟	盒/人	17.2	21.2	24.5	27.6	35.7
水果	公斤/人	7.9	9.8	11.5	13.7	18.1
猪肉	公斤/人	13.3	14.6	15.2	16.4	18.6
牛羊肉	公斤/人	1.4	1.2	1.3	1.7	2.3
奶及奶制品	公斤/人	2.1	2.2	2.7	3.3	6.0
禽类	公斤/人	2.0	2.7	3.4	4.2	5.9
蛋及蛋制品	公斤/人	3.0	4.0	5.1	5.9	7.9
水产品	公斤/人	2.1	3.1	4.3	6.1	11.0

4-1-2-2 续表 1

单位：元/人

指 标	低收入户 (20%)	中等偏下户 (20%)	中等收入户 (20%)	中等偏上户 (20%)	高收入户 (20%)
一、收入					
1. 总收入	2244.7	3248.6	4346.8	6002.9	11066.2
(1)工资性收入	386.0	814.1	1230.5	1807.0	3495.2
(2)家庭经营收入	1726.8	2252.0	2877.5	3846.8	6647.5
(3)财产性收入	19.9	32.6	51.8	91.1	359.4
(4)转移性收入	111.9	149.8	186.9	258.1	564.1
2. 纯收入	1182.5	2222.0	3148.5	4446.6	8474.8
(1)工资性收入	386.0	814.1	1230.5	1807.0	3495.2
(2)家庭经营收入	698.9	1265.7	1731.3	2356.5	4172.0
(3)财产性收入	19.9	32.6	51.8	91.1	359.4
(4)转移性收入	77.7	109.5	134.8	192.1	448.2
3. 现金收入	1658.7	2544.9	3588.9	5190.2	10275.3
(1)工资性收入	385.8	813.9	1229.8	1806.1	3491.6
(2)家庭经营收入	1150.2	1563.7	2139.4	3062.1	5903.0
(3)财产性收入	13.5	19.9	36.3	68.6	329.1
(4)转移性收入	109.1	147.4	183.4	253.4	551.6
二、支出					
1. 总支出	2771.3	3172.6	3941.7	5068.1	8368.6
(1)家庭经营费用支出	913.8	886.2	1032.8	1347.7	2243.1
(2)购置生产性固定资产支出	110.8	85.1	111.0	168.7	231.0
(3)税费支出	6.0	6.8	9.4	12.5	22.8
(4)消费支出	1624.7	2039.1	2567.9	3230.4	5276.7
(5)财产性支出	10.5	12.9	13.0	28.7	44.2
(6)转移性支出	105.5	142.6	207.6	280.3	550.7
2. 现金支出	2224.4	2603.4	3373.6	4498.3	7860.3
(1)家庭经营费用支出	753.6	738.5	895.6	1220.1	2132.8
(2)购置生产性固定资产支出	110.8	85.1	111.0	168.7	231.0
(3)税费支出	5.9	6.7	9.4	12.5	22.7
(4)消费支出	1239.0	1618.8	2138.3	2790.1	4883.4
(5)财产性支出	10.5	12.9	13.0	28.7	44.2
(6)转移性支出	104.6	141.4	206.4	278.4	546.2

4-1-2-2 续表 2 单位：元/人

指　　标	低收入户 (20%)	中等偏下户 (20%)	中等收入户 (20%)	中等偏上户 (20%)	高收入户 (20%)
三、消费支出					
1. 消费支出	1624.7	2039.1	2567.9	3230.4	5276.7
食品	805.3	979.8	1154.8	1367.8	1965.7
衣着	94.4	118.2	150.0	193.7	320.7
居住	237.2	296.4	406.6	517.9	1011.6
家庭设备及用品	63.9	85.8	110.1	147.5	256.8
交通通信	129.1	178.4	243.3	348.0	626.5
文教娱乐	146.4	202.1	272.9	371.6	608.6
医疗保健	117.5	137.2	173.2	209.5	359.0
其他	30.8	41.2	57.1	74.3	127.8
2. 现金消费支出	1239.0	1618.8	2138.3	2790.1	4883.4
食品	445.8	590.7	758.5	965.3	1605.2
衣着	93.7	117.5	149.4	193.0	320.0
居住	212.4	266.5	374.6	481.6	980.0
家庭设备及用品	63.4	85.4	109.5	147.0	256.3
交通通信	129.1	178.4	243.3	348.0	626.5
文教娱乐	146.4	202.1	272.9	371.6	608.6
医疗保健	117.5	137.2	173.2	209.5	359.0
其他	30.6	41.0	56.9	74.1	127.6
3. 现金消费支出占					
消费支出比重(%)	76.3	79.4	83.3	86.4	92.5
食品	55.4	60.3	65.7	70.6	81.7
衣着	99.2	99.4	99.6	99.6	99.8
居住	89.6	89.9	92.1	93.0	96.9
家庭设备及用品	99.2	99.5	99.5	99.7	99.8
交通通信	100.0	100.0	100.0	100.0	100.0
文教娱乐	100.0	100.0	100.0	100.0	100.0
医疗保健	100.0	100.0	100.0	100.0	100.0
其他	99.3	99.6	99.7	99.7	99.8

4-1-2-3　2007年农村居民家庭基本情况

指　　标	单　位	低收入户 (20%)	中等偏下户 (20%)	中等收入户 (20%)	中等偏上户 (20%)	高收入户 (20%)
一、常住人口	人/户	4.6	4.3	4.0	3.8	3.4
二、劳动力人数	人/户	3.0	3.0	2.9	2.8	2.6
劳动力负担人口	人/劳动力	1.5	1.5	1.4	1.4	1.3
三、劳动力文化程度						
1.文盲或半文盲	%	9.8	7.4	5.9	4.6	3.5
2.小学程度	%	30.9	27.6	24.8	23.4	21.2
3.初中程度	%	49.5	53.2	55.0	54.9	52.0
4.高中程度	%	7.9	9.2	10.9	12.5	15.2
5.中专程度	%	1.4	1.7	2.3	3.0	4.6
6.大专及以上	%	0.6	0.8	1.1	1.5	3.6
四、年末生产性						
固定资产原值	元/户	7949.5	6996.0	7213.4	8061.5	11725.5
五、年内新建(购)住房面积	平方米/人	0.6	0.8	1.0	1.1	1.6
#砖木结构面积	平方米/人	0.2	0.2	0.3	0.3	0.4
六、年内新建住房价值	元/平方米	393.3	406.0	414.6	461.5	655.4
七、年末居住住房面积	平方米/人	23.6	27.2	30.9	34.8	45.3
# 砖木结构面积	平方米/人	11.0	13.4	15.2	16.5	19.3
八、年末居住住房价值	元/平方米	221.8	237.0	261.6	305.7	485.2
九、经营耕地面积	亩/人	2.0	2.0	2.1	2.3	2.4
十、经营山地面积	亩/人	0.3	0.3	0.3	0.3	0.3
十一、主要食品消费量						
粮食	公斤/人	185.3	196.4	204.0	208.5	207.0
蔬菜及制品	公斤/人	78.2	93.2	102.2	110.7	117.4
食用油	公斤/人	4.7	5.3	6.1	6.6	7.6
食糖	公斤/人	0.9	1.0	1.0	1.1	1.3
卷烟	盒/人	17.3	21.2	23.6	27.9	35.2
水果	公斤/人	8.9	10.8	12.7	14.7	20.1
猪肉	公斤/人	11.5	12.7	13.1	14.4	16.0
牛羊肉	公斤/人	1.3	1.2	1.3	1.6	2.3
奶及奶制品	公斤/人	2.4	2.6	3.1	3.8	6.4
禽类	公斤/人	2.3	3.0	3.8	4.7	6.3
蛋及蛋制品	公斤/人	2.7	3.8	4.7	5.6	7.5
水产品	公斤/人	2.3	3.5	4.8	6.4	11.3

4-1-2-3 续表 1 单位：元/人

指 标	低收入户 (20%)	中等偏下户 (20%)	中等收入户 (20%)	中等偏上户 (20%)	高收入户 (20%)
一、收入					
1. 总收入	2554.6	3718.4	5042.3	6797.5	12926.9
(1)工资性收入	447.3	969.8	1450.1	2142.0	3930.4
(2)家庭经营收入	1941.6	2521.6	3299.0	4220.9	7865.0
(3)财产性收入	29.9	47.7	65.9	115.9	451.5
(4)转移性收入	135.8	179.3	227.3	318.8	680.0
2. 纯收入	1346.9	2581.7	3658.8	5129.8	9790.7
(1)工资性收入	447.3	969.8	1450.1	2142.0	3930.4
(2)家庭经营收入	768.4	1428.4	1978.0	2635.7	4857.1
(3)财产性收入	29.9	47.7	65.9	115.9	451.5
(4)转移性收入	101.3	135.9	164.9	236.3	551.7
3. 现金收入	1891.0	2913.8	4163.7	5865.6	11993.4
(1)工资性收入	446.9	969.5	1449.7	2141.1	3927.1
(2)家庭经营收入	1293.5	1742.7	2453.2	3330.2	6996.9
(3)财产性收入	18.4	25.6	38.0	81.4	404.4
(4)转移性收入	132.2	175.9	222.8	312.9	665.1
二、支出					
1. 总支出	3170.1	3625.1	4526.0	5636.7	9811.7
(1)家庭经营费用支出	1051.2	977.6	1191.9	1431.6	2751.5
(2)购置生产性固定资产支出	106.5	90.4	117.0	144.8	312.2
(3)税费支出	6.1	7.4	10.4	12.5	26.6
(4)消费支出	1850.6	2357.9	2938.5	3682.7	5994.4
(5)财产性支出	12.2	14.3	19.6	31.8	65.1
(6)转移性支出	143.5	177.4	248.7	333.2	661.9
2. 现金支出	2573.0	3010.5	3906.5	5018.4	9243.2
(1)家庭经营费用支出	879.5	826.8	1050.8	1301.7	2625.4
(2)购置生产性固定资产支出	106.5	90.4	117.0	144.8	312.2
(3)税费支出	5.8	7.3	10.1	12.3	26.2
(4)消费支出	1426.3	1895.2	2461.6	3196.3	5558.8
(5)财产性支出	12.2	14.3	19.6	31.8	65.1
(6)转移性支出	142.6	176.4	247.5	331.5	655.5

4-1-2-3 续表 2

单位：元/人

指　　标	低收入户(20%)	中等偏下户(20%)	中等收入户(20%)	中等偏上户(20%)	高收入户(20%)
三、消费支出					
1. 消费支出	1850.6	2357.9	2938.5	3682.7	5994.4
食品	932.2	1128.5	1326.6	1572.0	2203.0
衣着	111.0	139.2	176.8	221.6	361.3
居住	285.6	374.1	495.6	645.3	1227.7
家庭设备及用品	74.5	99.3	133.8	176.8	299.9
交通通信	143.7	207.5	285.0	385.3	717.9
文教娱乐	144.9	197.2	263.3	355.0	654.6
医疗保健	124.8	162.7	192.8	238.8	374.2
其他	34.0	49.5	64.5	87.9	155.8
2. 现金消费支出	1426.3	1895.2	2461.6	3196.3	5558.8
食品	535.9	699.1	888.4	1126.9	1804.3
衣着	110.4	138.2	175.7	220.8	360.5
居住	259.1	342.5	458.7	605.4	1192.2
家庭设备及用品	73.8	98.8	133.5	176.6	299.5
交通通信	143.7	207.5	285.0	385.3	717.9
文教娱乐	144.9	197.2	263.3	355.0	654.6
医疗保健	124.8	162.7	192.8	238.8	374.2
其他	33.7	49.2	64.2	87.6	155.5
3. 现金消费支出占					
消费支出比重(%)	77.1	80.4	83.8	86.8	92.7
食品	57.5	62.0	67.0	71.7	81.9
衣着	99.5	99.3	99.3	99.6	99.8
居住	90.7	91.5	92.5	93.8	97.1
家庭设备及用品	99.1	99.6	99.8	99.8	99.9
交通通信	100.0	100.0	100.0	100.0	100.0
文教娱乐	100.0	100.0	100.0	100.0	100.0
医疗保健	100.0	100.0	100.0	100.0	100.0
其他	99.1	99.5	99.6	99.6	99.8

4-1-2-4　2008年农村居民家庭基本情况

指　　标	单　位	低收入户(20%)	中等偏下户(20%)	中等收入户(20%)	中等偏上户(20%)	高收入户(20%)
一、常住人口	人/户	4.5	4.3	4.1	3.8	3.4
二、劳动力人数	人/户	3.0	3.0	2.9	2.8	2.6
劳动力负担人口	人/劳动力	1.5	1.4	1.4	1.4	1.3
三、劳动力文化程度						
1.文盲或半文盲	%	9.3	7.2	5.7	4.5	3.6
2.小学程度	%	29.7	27.5	24.6	22.9	21.0
3.初中程度	%	50.4	52.7	54.9	54.9	51.2
4.高中程度	%	8.4	9.9	11.1	12.8	15.5
5.中专程度	%	1.5	1.8	2.4	3.2	4.7
6.大专及以上	%	0.6	0.9	1.3	1.8	4.1
四、年末生产性						
固定资产原值	元/户	8811.1	7294.4	7626.7	8911.0	12631.4
五、年内新建(购)住房面积	平方米/人	0.7	0.8	1.0	1.1	1.6
#砖木结构面积	平方米/人	0.2	0.3	0.3	0.3	0.4
六、年内新建住房价值	元/平方米	486.8	458.0	466.9	511.8	676.8
七、年末居住住房面积	平方米/人	24.4	27.7	31.5	35.6	46.7
# 砖木结构面积	平方米/人	11.3	13.4	14.9	16.9	19.4
八、年末居住住房价值	元/平方米	238.6	254.7	283.6	325.9	504.8
九、经营耕地面积	亩/人	1.9	2.0	2.2	2.5	2.4
十、经营山地面积	亩/人	0.3	0.3	0.3	0.3	0.3
十一、主要食品消费量						
粮食	公斤/人	184.4	206.6	199.5	202.7	204.7
蔬菜及制品	公斤/人	86.1	96.9	98.6	107.8	113.9
食用油	公斤/人	4.9	5.6	6.3	7.1	7.9
食糖	公斤/人	0.9	1.0	1.1	1.2	1.4
卷烟	盒/人	17.4	20.6	23.4	27.8	34.5
水果	公斤/人	9.2	10.8	12.5	14.6	19.1
猪肉	公斤/人	10.9	11.5	12.3	13.7	15.8
牛羊肉	公斤/人	1.1	1.1	1.1	1.4	2.0
奶及奶制品	公斤/人	2.4	2.9	3.1	3.6	5.6
禽类	公斤/人	2.7	3.4	4.3	5.2	7.0
蛋及蛋制品	公斤/人	3.3	4.5	5.5	6.4	8.4
水产品	公斤/人	2.3	3.3	4.8	6.6	10.8

4-1-2-4　续表 1　　　　　　　　　　　　单位：元/人

指　　标	低收入户 (20%)	中等偏下户 (20%)	中等收入户 (20%)	中等偏上户 (20%)	高收入户 (20%)
一、收入					
1. 总收入	3072.3	4264.1	5764.9	7930.9	14895.4
(1)工资性收入	528.7	1095.2	1686.7	2494.8	4525.1
(2)家庭经营收入	2310.0	2858.4	3661.9	4861.6	8983.6
(3)财产性收入	30.7	45.9	81.5	132.9	534.3
(4)转移性收入	202.9	264.6	334.8	441.5	852.3
2. 纯收入	1499.8	2935.0	4203.1	5928.6	11290.2
(1)工资性收入	528.7	1095.2	1686.7	2494.8	4525.1
(2)家庭经营收入	781.2	1580.1	2169.3	2945.4	5512.6
(3)财产性收入	30.7	45.9	81.5	132.9	534.3
(4)转移性收入	159.3	213.7	265.6	355.4	718.2
3. 现金收入	2278.9	3329.7	4753.7	6857.0	13845.0
(1)工资性收入	527.9	1093.6	1684.7	2491.4	4515.7
(2)家庭经营收入	1530.0	1945.8	2680.3	3825.8	8000.1
(3)财产性收入	23.6	30.9	59.5	105.6	494.5
(4)转移性收入	197.4	259.5	329.1	434.3	834.7
二、支出					
1. 总支出	3839.1	4167.3	5099.3	6563.4	11215.5
(1)家庭经营费用支出	1393.1	1157.8	1358.5	1746.2	3195.7
(2)购置生产性固定资产支出	120.9	119.6	130.7	168.7	299.5
(3)税费支出	6.4	7.8	9.2	12.3	25.6
(4)消费支出	2144.8	2652.8	3286.4	4191.2	6853.7
(5)财产性支出	15.1	20.6	25.4	38.8	69.4
(6)转移性支出	158.7	208.5	289.2	406.3	771.7
2. 现金支出	3187.4	3509.0	4434.5	5888.9	10577.6
(1)家庭经营费用支出	1214.0	1002.5	1218.0	1600.9	3054.1
(2)购置生产性固定资产支出	120.9	119.6	130.7	168.7	299.5
(3)税费支出	6.4	7.8	9.2	12.2	25.6
(4)消费支出	1674.0	2151.9	2763.8	3665.0	6364.4
(5)财产性支出	15.1	20.6	25.4	38.8	69.4
(6)转移性支出	157.0	206.6	287.4	403.3	764.6

4-1-2-4 续表 2　　　　单位：元/人

指　　标	低收入户 (20%)	中等偏下户 (20%)	中等收入户 (20%)	中等偏上户 (20%)	高收入户 (20%)
三、消费支出					
1. 消费支出	2144.8	2652.8	3286.4	4191.2	6853.7
食品	1088.4	1293.7	1527.0	1815.7	2521.5
衣着	121.6	149.3	192.2	247.6	397.0
居住	348.2	428.3	538.8	764.2	1518.7
家庭设备及用品	88.2	122.6	155.3	205.3	343.0
交通通信	168.3	224.3	302.4	410.7	806.1
文教娱乐	147.0	194.6	277.1	383.5	662.2
医疗保健	145.9	187.3	224.2	273.5	451.5
其他	37.0	52.7	69.6	90.7	153.7
2. 现金消费支出	1674.0	2151.9	2763.8	3665.0	6364.4
食品	645.1	826.1	1043.2	1332.3	2082.3
衣着	121.2	148.2	191.6	246.8	396.1
居住	321.5	396.5	500.8	722.7	1470.2
家庭设备及用品	87.9	122.2	155.0	204.8	342.4
交通通信	168.3	224.3	302.4	410.7	806.1
文教娱乐	147.0	194.6	277.1	383.5	662.2
医疗保健	145.9	187.3	224.2	273.5	451.5
其他	37.0	52.7	69.6	90.7	153.7
3. 现金消费支出占					
消费支出比重(%)	78.0	81.1	84.1	87.4	92.9
食品	59.3	63.9	68.3	73.4	82.6
衣着	99.7	99.3	99.7	99.7	99.7
居住	92.3	92.6	93.0	94.6	96.8
家庭设备及用品	99.6	99.7	99.8	99.8	99.8
交通通信	100.0	100.0	100.0	100.0	100.0
文教娱乐	100.0	100.0	100.0	100.0	100.0
医疗保健	100.0	100.0	100.0	100.0	100.0
其他	100.0	100.0	100.0	100.0	100.0

4-1-2-5 2009年农村居民家庭基本情况

指标	单位	低收入户 (20%)	中等偏下户 (20%)	中等收入户 (20%)	中等偏上户 (20%)	高收入户 (20%)
一、常住人口	人/户	4.5	4.3	4.0	3.7	3.4
二、劳动力人数	人/户	3.0	3.0	2.9	2.8	2.6
劳动力负担人口	人/劳动力	1.5	1.4	1.4	1.3	1.3
三、劳动力文化程度						
1.文盲或半文盲	%	9.1	6.8	5.5	4.5	3.4
2.小学程度	%	29.4	26.3	24.6	22.4	19.8
3.初中程度	%	50.3	53.8	54.1	54.5	50.7
4.高中程度	%	8.6	10.0	11.7	12.9	16.1
5.中专程度	%	1.7	2.0	2.7	3.4	5.0
6.大专及以上	%	0.9	1.1	1.5	2.3	5.1
四、年末生产性						
固定资产原值	元/户	9630.1	8014.2	8377.9	9490.9	14339.8
五、年内新建(购)住房面积	平方米/人	0.9	1.0	1.2	1.3	1.8
#砖木结构面积	平方米/人	0.3	0.3	0.3	0.3	0.3
六、年内新建住房价值	元/平方米	548.1	546.4	544.7	620.2	780.0
七、年末居住住房面积	平方米/人	25.3	29.0	32.3	37.3	47.9
# 砖木结构面积	平方米/人	11.7	13.6	15.1	17.0	19.4
八、年末居住住房价值	元/平方米	255.6	278.7	306.7	351.2	544.8
九、经营耕地面积	亩/人	2.0	2.0	2.2	2.5	2.7
十、经营山地面积	亩/人	0.3	0.4	0.4	0.3	0.3
十一、主要食品消费量						
粮食	公斤/人	179.8	186.7	191.3	195.1	196.1
蔬菜及制品	公斤/人	76.9	87.9	97.2	105.2	134.7
食用油	公斤/人	5.0	5.6	6.3	6.9	8.0
食糖	公斤/人	0.9	1.0	1.1	1.1	1.3
卷烟	盒/人	17.6	20.6	23.5	28.0	34.9
水果	公斤/人	9.9	11.5	13.1	15.2	19.6
猪肉	公斤/人	11.8	12.9	13.6	15.0	17.4
牛羊肉	公斤/人	1.2	1.1	1.2	1.4	2.1
奶及奶制品	公斤/人	2.4	3.4	3.0	3.9	5.7
禽类	公斤/人	2.6	3.4	4.2	5.1	6.7
蛋及蛋制品	公斤/人	3.4	4.4	5.2	6.4	8.0
水产品	公斤/人	2.2	3.4	4.6	6.4	11.1

4-1-2-5 续表 1 单位：元/人

指　　标	低收入户(20%)	中等偏下户(20%)	中等收入户(20%)	中等偏上户(20%)	高收入户(20%)
一、收入					
1. 总收入	3151.6	4431.4	6057.3	8488.0	16006.5
(1)工资性收入	561.8	1201.1	1865.6	2805.4	4993.7
(2)家庭经营收入	2322.1	2867.5	3714.5	4997.2	9314.7
(3)财产性收入	25.8	49.6	86.3	144.1	629.7
(4)转移性收入	241.9	313.2	391.0	541.2	1068.4
2. 纯收入	1549.3	3110.1	4502.1	6467.6	12319.1
(1)工资性收入	561.8	1201.1	1865.6	2805.4	4993.7
(2)家庭经营收入	767.3	1608.0	2238.3	3081.1	5778.6
(3)财产性收入	25.8	49.6	86.3	144.1	629.7
(4)转移性收入	194.3	251.5	312.0	436.9	917.1
3. 现金收入	2508.7	3607.6	5165.7	7559.2	15012.0
(1)工资性收入	561.3	1199.5	1863.9	2801.2	4982.5
(2)家庭经营收入	1688.2	2063.6	2852.3	4106.3	8396.1
(3)财产性收入	22.4	37.0	67.0	120.3	588.8
(4)转移性收入	236.9	307.5	382.6	531.4	1044.6
二、支出					
1. 总支出	4136.5	4395.8	5391.9	7038.2	12091.2
(1)家庭经营费用支出	1404.5	1128.6	1330.3	1735.5	3230.5
(2)购置生产性固定资产支出	158.5	126.6	158.6	197.5	408.0
(3)税费支出	7.1	5.8	8.0	11.8	20.4
(4)消费支出	2354.9	2870.9	3546.0	4591.8	7485.7
(5)财产性支出	20.7	22.0	30.1	44.9	88.7
(6)转移性支出	190.9	241.8	318.9	456.7	857.9
2. 现金支出	3504.3	3746.8	4740.6	6388.1	11482.6
(1)家庭经营费用支出	1231.3	976.5	1190.8	1603.0	3108.8
(2)购置生产性固定资产支出	158.5	126.6	158.6	197.5	408.0
(3)税费支出	7.0	5.7	7.9	11.8	20.3
(4)消费支出	1898.5	2376.9	3038.1	4081.2	7008.9
(5)财产性支出	20.7	22.0	30.1	44.9	88.7
(6)转移性支出	188.3	239.1	315.0	449.8	848.0

4-1-2-5　续表 2　　单位：元/人

指　　标	低收入户 (20%)	中等偏下户 (20%)	中等收入户 (20%)	中等偏上户 (20%)	高收入户 (20%)
三、消费支出					
1. 消费支出	2354.9	2870.9	3546.0	4591.8	7485.7
食品	1106.8	1317.2	1549.7	1861.7	2601.8
衣着	135.4	164.3	209.5	268.7	436.5
居住	430.5	534.4	655.4	894.6	1731.1
家庭设备及用品	118.0	141.9	178.5	248.0	384.7
交通通信	190.3	240.4	327.7	469.4	910.7
文教娱乐	156.0	210.5	296.1	416.0	722.3
医疗保健	176.5	209.9	256.3	333.7	521.1
其他	41.4	52.4	73.0	99.7	177.5
2. 现金消费支出	1898.5	2376.9	3038.1	4081.2	7008.9
食品	673.7	850.9	1075.7	1389.6	2171.9
衣着	134.7	163.7	208.9	268.2	435.9
居住	408.2	507.5	622.4	856.8	1685.1
家庭设备及用品	117.7	141.6	178.1	247.7	384.3
交通通信	190.3	240.4	327.7	469.4	910.7
文教娱乐	156.0	210.5	296.1	416.0	722.3
医疗保健	176.5	209.9	256.3	333.7	521.1
其他	41.4	52.4	73.0	99.7	177.5
3. 现金消费支出占					
消费支出比重(%)	80.6	82.8	85.7	88.9	93.6
食品	60.9	64.6	69.4	74.6	83.5
衣着	99.5	99.7	99.7	99.8	99.9
居住	94.8	95.0	95.0	95.8	97.3
家庭设备及用品	99.7	99.8	99.8	99.9	99.9
交通通信	100.0	100.0	100.0	100.0	100.0
文教娱乐	100.0	100.0	100.0	100.0	100.0
医疗保健	100.0	100.0	100.0	100.0	100.0
其他	100.0	100.0	100.0	100.0	100.0

4-1-2-6　2010年农村居民家庭基本情况

指　　标	单　位	低收入户(20%)	中等偏下户(20%)	中等收入户(20%)	中等偏上户(20%)	高收入户(20%)
一、常住人口	人/户	4.5	4.2	4.0	3.7	3.3
二、劳动力人数	人/户	3.1	3.0	2.9	2.8	2.6
劳动力负担人口	人/劳动力	1.5	1.4	1.4	1.3	1.3
三、劳动力文化程度						
1.文盲或半文盲	%	8.3	6.6	5.6	4.4	3.3
2.小学程度	%	28.8	26.4	24.0	22.3	19.8
3.初中程度	%	50.8	53.1	54.0	54.0	50.2
4.高中程度	%	9.1	10.4	11.9	13.3	16.3
5.中专程度	%	1.9	2.2	2.7	3.5	4.8
6.大专及以上	%	1.2	1.4	1.8	2.6	5.6
四、年末生产性						
固定资产原值	元/户	10104.7	8537.1	9219.3	10647.9	15022.9
五、年内新建(购)住房面积	平方米/人	0.5	0.6	0.8	0.9	1.3
#砖木结构面积	平方米/人	0.2	0.2	0.2	0.2	0.3
六、年内新建住房价值	元/平方米	576.5	566.8	632.0	654.6	843.7
七、年末居住住房面积	平方米/人	25.8	29.5	33.2	38.0	47.9
# 砖木结构面积	平方米/人	11.9	13.7	15.6	17.0	19.3
八、年末居住住房价值	元/平方米	280.0	303.7	338.4	377.7	601.3
九、经营耕地面积	亩/人	1.9	2.1	2.2	2.6	2.8
十、经营山地面积	亩/人	0.4	0.4	0.3	0.4	0.3
十一、主要食品消费量						
粮食	公斤/人	172.2	179.7	182.4	188.8	186.8
蔬菜及制品	公斤/人	76.9	88.2	95.1	103.0	109.2
食用油	公斤/人	5.0	5.7	6.4	7.1	7.9
食糖	公斤/人	0.9	1.0	1.0	1.0	1.4
卷烟	盒/人	17.0	20.4	23.6	27.1	34.9
水果	公斤/人	8.9	10.8	12.1	14.2	18.3
猪肉	公斤/人	12.2	13.2	14.2	15.6	17.7
牛羊肉	公斤/人	1.3	1.1	1.3	1.4	2.1
奶及奶制品	公斤/人	2.7	2.9	3.3	3.8	5.5
禽类	公斤/人	2.7	3.4	4.1	5.0	6.4
蛋及蛋制品	公斤/人	3.2	4.2	5.1	6.0	7.9
水产品	公斤/人	2.3	3.4	4.6	6.3	10.7

4-1-2-6 续表 1

单位：元/人

指 标	低收入户 (20%)	中等偏下户 (20%)	中等收入户 (20%)	中等偏上户 (20%)	高收入户 (20%)
一、收入					
1. 总收入	3566.2	5101.7	6986.4	9702.1	18327.4
(1)工资性收入	675.4	1431.6	2239.5	3289.8	5880.8
(2)家庭经营收入	2576.0	3241.8	4174.9	5618.2	10514.2
(3)财产性收入	44.1	73.3	120.8	185.8	702.1
(4)转移性收入	270.7	355.0	451.3	608.3	1230.3
2. 纯收入	1869.8	3621.2	5221.7	7440.6	14049.7
(1)工资性收入	675.4	1431.6	2239.5	3289.8	5880.8
(2)家庭经营收入	939.4	1828.3	2496.6	3462.2	6419.4
(3)财产性收入	44.1	73.3	120.8	185.8	702.1
(4)转移性收入	210.9	288.0	364.8	502.8	1047.4
3. 现金收入	2721.7	4085.3	5918.8	8553.0	17200.7
(1)工资性收入	674.6	1429.8	2237.7	3286.4	5871.3
(2)家庭经营收入	1747.9	2258.8	3152.0	4533.7	9486.9
(3)财产性收入	35.0	48.7	86.0	137.2	639.8
(4)转移性收入	264.2	348.0	443.1	595.8	1202.8
二、支出					
1. 总支出	4393.8	4933.2	6045.5	7761.1	13482.9
(1)家庭经营费用支出	1482.8	1274.4	1518.6	1953.7	3772.4
(2)购置生产性固定资产支出	135.6	131.1	142.2	210.0	395.3
(3)税费支出	4.7	5.0	6.2	10.8	18.8
(4)消费支出	2535.4	3219.5	3963.8	5025.6	8190.4
(5)财产性支出	22.5	21.1	30.5	55.7	137.5
(6)转移性支出	212.7	282.0	384.2	505.4	968.6
2. 现金支出	3694.4	4227.5	5354.0	7069.6	12863.2
(1)家庭经营费用支出	1298.0	1105.1	1367.4	1809.7	3641.6
(2)购置生产性固定资产支出	135.6	131.1	142.2	210.0	395.3
(3)税费支出	4.7	5.0	6.2	10.7	18.8
(4)消费支出	2022.5	2685.8	3426.3	4482.9	7710.0
(5)财产性支出	22.5	21.1	30.5	55.7	137.5
(6)转移性支出	211.0	279.4	381.4	500.6	960.1

4-1-2-6 续表 2 单位：元/人

指　　标	低收入户(20%)	中等偏下户(20%)	中等收入户(20%)	中等偏上户(20%)	高收入户(20%)
三、消费支出					
1. 消费支出	2535.4	3219.5	3963.8	5025.6	8190.4
食品	1236.7	1464.6	1718.0	2047.6	2828.4
衣着	151.2	190.6	239.1	305.2	496.9
居住	417.7	562.2	718.4	934.9	1787.9
家庭设备及用品	120.4	174.0	220.7	276.8	435.1
交通通信	208.6	281.1	372.3	525.5	1073.8
文教娱乐	165.0	235.1	318.0	446.1	782.2
医疗保健	190.3	246.7	295.1	381.0	589.9
其他	45.4	65.0	82.1	108.5	196.1
2. 现金消费支出	2022.5	2685.8	3426.3	4482.9	7710.0
食品	756.4	963.3	1216.3	1543.7	2384.4
衣着	150.8	189.8	238.5	304.3	496.3
居住	385.9	531.4	683.8	897.4	1752.6
家庭设备及用品	120.0	173.3	220.1	276.3	434.8
交通通信	208.6	281.1	372.3	525.5	1073.8
文教娱乐	165.0	235.1	318.0	446.1	782.2
医疗保健	190.3	246.7	295.1	381.0	589.9
其他	45.4	65.0	82.1	108.5	196.0
3. 现金消费支出占					
消费支出比重(%)	79.8	83.4	86.4	89.2	94.1
食品	61.2	65.8	70.8	75.4	84.3
衣着	99.7	99.6	99.8	99.7	99.9
居住	92.4	94.5	95.2	96.0	98.0
家庭设备及用品	99.7	99.6	99.7	99.8	99.9
交通通信	100.0	100.0	100.0	100.0	100.0
文教娱乐	100.0	100.0	100.0	100.0	100.0
医疗保健	100.0	100.0	100.0	100.0	100.0
其他	100.0	100.0	100.0	100.0	100.0

4-1-2-7 2011年农村居民家庭基本情况

指　　标	单　位	低收入户 (20%)	中等偏下户 (20%)	中等收入户 (20%)	中等偏上户 (20%)	高收入户 (20%)
一、常住人口	人/户	4.5	4.2	3.9	3.6	3.2
二、劳动力人数	人/户	3.0	2.9	2.8	2.7	2.5
劳动力负担人口	人/劳动力	1.5	1.5	1.4	1.3	1.3
三、劳动力文化程度						
1.文盲或半文盲	%	8.2	6.3	4.9	4.3	3.2
2.小学程度	%	31.4	28.6	26.7	24.1	20.6
3.初中程度	%	50.3	53.1	54.4	54.6	52.6
4.高中程度	%	7.1	8.1	9.5	11.3	14.0
5.中专程度	%	1.6	2.1	2.4	2.9	4.0
6.大专及以上	%	1.4	1.7	2.1	2.8	5.7
四、年末生产性						
固定资产原值	元/户	17907.7	13289.3	13684.5	13906.1	21574.0
五、年内新建(购)住房面积	平方米/人	1.0	1.2	1.2	1.5	1.7
#砖木结构面积	平方米/人	0.3	0.3	0.3	0.4	0.4
六、年内新建住房价值	元/平方米	769.3	711.7	736.1	756.6	1024.6
七、年末居住住房面积	平方米/人	27.7	31.8	35.7	40.5	49.9
# 砖木结构面积	平方米/人	12.2	14.3	16.0	18.0	20.8
八、年末居住住房价值	元/平方米	505.1	529.0	567.5	659.8	1006.5
九、经营耕地面积	亩/人	2.0	1.9	2.2	2.5	3.1
十、经营山地面积	亩/人	0.6	0.5	0.5	0.4	0.4
十一、主要食品消费量						
粮食	公斤/人	165.7	167.2	172.6	176.0	174.1
蔬菜及制品	公斤/人	72.1	83.9	91.5	100.6	105.4
食用油	公斤/人	6.2	6.8	7.5	8.3	9.3
食糖	公斤/人	0.9	0.9	1.0	1.2	1.2
卷烟	盒/人	19.2	22.0	25.9	30.2	38.1
水果	公斤/人	9.8	11.5	13.2	15.9	20.0
猪肉	公斤/人	11.6	13.1	14.4	16.0	18.3
牛羊肉	公斤/人	2.1	1.7	1.6	1.7	2.5
奶及奶制品	公斤/人	4.3	4.8	5.0	5.6	6.5
禽类	公斤/人	3.0	3.7	4.5	5.3	6.9
蛋及蛋制品	公斤/人	3.7	4.6	5.6	6.3	7.4
水产品	公斤/人	2.5	3.6	4.9	6.6	10.8

4-1-2-7 续表 1　　单位：元/人

指　　标	低收入户(20%)	中等偏下户(20%)	中等收入户(20%)	中等偏上户(20%)	高收入户(20%)
一、收入					
1. 总收入	4420.5	6168.2	8462.4	11685.5	22278.2
(1)工资性收入	861.0	1792.2	2739.8	4083.7	6943.6
(2)家庭经营收入	3147.6	3812.3	4980.5	6578.5	13076.7
(3)财产性收入	49.6	84.3	142.4	212.1	791.7
(4)转移性收入	362.4	479.5	599.7	811.3	1466.1
2. 纯收入	2000.5	4255.7	6207.7	8893.6	16783.1
(1)工资性收入	861.0	1792.2	2739.8	4083.7	6943.6
(2)家庭经营收入	824.9	2018.6	2856.7	3947.6	7784.4
(3)财产性收入	49.6	84.3	142.4	212.1	791.7
(4)转移性收入	265.0	360.7	468.7	650.2	1263.3
3. 现金收入	3498.0	5079.5	7227.3	10341.5	20782.5
(1)工资性收入	860.3	1790.6	2737.6	4078.8	6932.6
(2)家庭经营收入	2253.6	2768.4	3806.9	5315.4	11710.9
(3)财产性收入	32.9	53.9	99.8	157.3	709.2
(4)转移性收入	351.1	466.6	583.0	790.0	1429.9
二、支出					
1. 总支出	5988.4	6224.8	7563.0	9486.3	15871.1
(1)家庭经营费用支出	2049.3	1575.5	1882.2	2363.0	4823.6
(2)购置生产性固定资产支出	233.6	182.8	228.0	256.2	476.4
(3)税费支出	7.6	8.7	9.3	12.2	21.9
(4)消费支出	3312.6	3962.3	4817.9	6002.9	9149.6
(5)财产性支出	7.3	9.7	6.8	9.8	32.0
(6)转移性支出	378.0	485.8	618.8	842.1	1367.7
2. 现金支出	5323.7	5557.7	6898.0	8826.0	15253.4
(1)家庭经营费用支出	1870.3	1411.5	1730.3	2212.6	4663.2
(2)购置生产性固定资产支出	233.6	182.8	228.0	256.2	476.4
(3)税费支出	7.6	8.6	9.3	12.2	21.9
(4)消费支出	2829.5	3462.6	4309.4	5501.9	8711.0
(5)财产性支出	7.3	9.7	6.8	9.8	32.0
(6)转移性支出	375.4	482.4	614.2	833.3	1348.9

4-1-2-7 续表 2 单位：元/人

指　　标	低收入户(20%)	中等偏下户(20%)	中等收入户(20%)	中等偏上户(20%)	高收入户(20%)
三、消费支出					
1. 消费支出	3312.6	3962.3	4817.9	6002.9	9149.6
食品	1485.4	1729.9	2010.7	2395.5	3264.4
衣着	208.5	250.4	309.3	400.7	618.4
居住	572.3	677.5	857.0	1086.9	1863.7
家庭设备及用品	172.6	225.3	289.3	373.3	560.2
交通通信	292.0	354.7	476.1	634.1	1144.1
文教娱乐	202.3	267.2	344.3	471.5	815.7
医疗保健	312.6	372.7	421.6	496.6	645.2
其他	66.8	84.7	109.7	144.3	237.9
2. 现金消费支出	2829.5	3462.6	4309.4	5501.9	8711.0
食品	1030.7	1260.0	1534.6	1929.2	2860.5
衣着	208.3	250.1	309.0	400.5	618.1
居住	544.4	648.3	825.1	1052.6	1829.6
家庭设备及用品	172.4	224.9	289.0	373.1	560.0
交通通信	292.0	354.7	476.1	634.1	1144.1
文教娱乐	202.3	267.2	344.3	471.5	815.7
医疗保健	312.6	372.7	421.6	496.6	645.2
其他	66.8	84.7	109.7	144.2	237.9
3. 现金消费支出占					
消费支出比重(%)	85.4	87.4	89.4	91.7	95.2
食品	69.4	72.8	76.3	80.5	87.6
衣着	99.9	99.9	99.9	100.0	99.9
居住	95.1	95.7	96.3	96.8	98.2
家庭设备及用品	99.9	99.8	99.9	100.0	100.0
交通通信	100.0	100.0	100.0	100.0	100.0
文教娱乐	100.0	100.0	100.0	100.0	100.0
医疗保健	100.0	100.0	100.0	100.0	100.0
其他	100.0	100.0	100.0	100.0	100.0

4-1-2-8　2012年农村居民家庭基本情况

指　　标	单　位	低收入户(20%)	中等偏下户(20%)	中等收入户(20%)	中等偏上户(20%)	高收入户(20%)
一、常住人口	人/户	4.4	4.2	4.0	3.6	3.2
二、劳动力人数	人/户	2.9	2.9	2.8	2.7	2.5
劳动力负担人口	人/劳动力	1.5	1.5	1.4	1.3	1.3
三、劳动力文化程度						
1.文盲或半文盲	%	8.0	6.3	4.8	3.9	3.0
2.小学程度	%	30.7	28.5	26.2	23.7	20.3
3.初中程度	%	50.7	52.9	54.0	55.1	52.7
4.高中程度	%	7.3	8.5	9.9	11.1	13.9
5.中专程度	%	1.8	2.0	2.6	3.1	4.0
6.大专及以上	%	1.6	1.8	2.5	3.0	6.2
四、年末生产性						
固定资产原值	元/户	18622.5	13828.5	14340.6	15665.3	22338.3
五、年内新建(购)住房面积	平方米/人	0.7	0.8	0.9	1.3	1.3
#砖木结构面积	平方米/人	0.2	0.3	0.2	0.3	0.2
六、年内新建住房价值	元/平方米	766.7	737.7	774.1	833.8	999.2
七、年末居住住房面积	平方米/人	28.5	32.4	36.4	41.6	51.0
# 砖木结构面积	平方米/人	13.1	14.6	16.3	18.2	21.1
八、年末居住住房价值	元/平方米	521.4	543.6	583.4	685.4	1007.3
九、经营耕地面积	亩/人	2.0	2.0	2.3	2.6	3.1
十、经营山地面积	亩/人	0.5	0.5	0.4	0.5	0.5
十一、主要食品消费量						
粮食	公斤/人	159.8	161.4	163.9	169.2	169.2
蔬菜及制品	公斤/人	67.9	78.0	86.3	95.3	103.1
食用油	公斤/人	6.5	7.0	7.7	8.7	9.9
食糖	公斤/人	0.9	1.0	1.8	1.1	1.3
卷烟	盒/人	19.2	22.3	25.2	30.6	37.9
水果	公斤/人	11.3	13.0	15.0	18.0	22.6
猪肉	公斤/人	11.2	13.1	14.4	16.1	18.6
牛肉	公斤/人	1.0	0.9	0.9	1.0	1.4
羊肉	公斤/人	1.0	0.9	0.8	0.8	1.2
奶及奶制品	公斤/人	4.1	4.9	5.2	5.5	7.3
禽类	公斤/人	2.9	3.8	4.4	5.2	6.9
蛋及蛋制品	公斤/人	4.2	5.1	5.9	7.0	8.0
水产品	公斤/人	2.5	3.5	4.8	6.6	11.0

4-1-2-8　续表 1　　　　单位：元/人

指　　标	低收入户 (20%)	中等偏下户 (20%)	中等收入户 (20%)	中等偏上户 (20%)	高收入户 (20%)
一、收入					
1. 总收入	4878.3	6823.0	9468.6	13171.0	25037.2
(1)工资性收入	993.4	2053.7	3196.4	4789.2	8109.6
(2)家庭经营收入	3400.5	4106.3	5410.2	7185.9	14313.5
(3)财产性收入	52.7	84.8	143.2	236.7	885.3
(4)转移性收入	431.7	578.2	718.8	959.2	1728.8
2. 纯收入	2316.2	4807.5	7041.0	10142.1	19008.9
(1)工资性收入	993.4	2053.7	3196.4	4789.2	8109.6
(2)家庭经营收入	937.7	2216.2	3124.7	4330.4	8500.1
(3)财产性收入	52.7	84.8	143.2	236.7	885.3
(4)转移性收入	332.4	452.7	576.7	785.8	1513.9
3. 现金收入	3948.6	5679.7	8207.6	11851.5	23575.4
(1)工资性收入	992.7	2052.6	3194.3	4784.0	8096.6
(2)家庭经营收入	2497.9	2999.6	4198.5	5935.9	12964.4
(3)财产性收入	40.0	65.0	114.7	199.0	825.8
(4)转移性收入	418.0	562.4	700.1	932.6	1688.5
二、支出					
1. 总支出	6573.3	6859.8	8402.9	10685.4	17718.0
(1)家庭经营费用支出	2176.3	1664.8	2035.0	2558.0	5325.6
(2)购置生产性固定资产支出	215.6	172.7	234.8	269.9	534.3
(3)税费支出	7.0	6.5	8.6	8.6	20.4
(4)消费支出	3742.3	4464.3	5430.3	6924.2	10275.3
(5)财产性支出	3.8	6.4	7.6	7.9	27.9
(6)转移性支出	428.3	545.2	686.7	916.9	1534.5
2. 现金支出	5933.3	6188.5	7738.1	10042.9	17130.6
(1)家庭经营费用支出	2020.4	1515.8	1893.0	2426.2	5194.5
(2)购置生产性固定资产支出	215.6	172.7	234.8	269.9	534.3
(3)税费支出	6.7	6.4	8.6	8.6	20.4
(4)消费支出	3262.1	3946.1	4912.6	6421.3	9836.2
(5)财产性支出	3.8	6.4	7.6	7.9	27.9
(6)转移性支出	424.6	541.1	681.5	909.1	1517.3

4-1-2-8 续表 2 单位：元/人

指 标	低收入户(20%)	中等偏下户(20%)	中等收入户(20%)	中等偏上户(20%)	高收入户(20%)
三、消费支出					
1. 消费支出	3742.3	4464.3	5430.3	6924.2	10275.3
食品	1620.3	1902.7	2197.4	2672.6	3622.7
衣着	246.1	287.6	358.4	466.1	717.8
居住	637.7	775.2	990.7	1341.2	1952.8
家庭设备及用品	197.4	250.1	319.1	406.7	618.4
交通通信	360.3	412.7	546.9	732.5	1418.8
文教娱乐	230.2	294.2	386.8	533.1	918.9
医疗保健	370.9	439.1	499.1	595.7	737.1
其他	79.4	102.7	131.9	176.4	288.7
2. 现金消费支出	3262.1	3946.1	4912.6	6421.3	9836.2
食品	1173.2	1416.0	1712.2	2203.1	3217.4
衣着	245.9	287.3	358.1	465.8	717.6
居住	605.2	744.2	958.9	1308.4	1919.6
家庭设备及用品	197.1	249.8	318.7	406.4	618.0
交通通信	360.3	412.7	546.9	732.5	1418.8
文教娱乐	230.2	294.2	386.8	533.1	918.9
医疗保健	370.9	439.1	499.1	595.7	737.1
其他	79.4	102.7	131.9	176.3	288.6
3. 现金消费支出占					
消费支出比重(%)	87.2	88.4	90.5	92.7	95.7
食品	72.4	74.4	77.9	82.4	88.8
衣着	99.9	99.9	99.9	99.9	100.0
居住	94.9	96.0	96.8	97.6	98.3
家庭设备及用品	99.9	99.9	99.9	99.9	99.9
交通通信	100.0	100.0	100.0	100.0	100.0
文教娱乐	100.0	100.0	100.0	100.0	100.0
医疗保健	100.0	100.0	100.0	100.0	100.0
其他	99.9	100.0	100.0	100.0	100.0

二、按四大经济区域分组

(一)城镇住户调查分组综合数据

4-2-1-1 2005年东、中、西部及东北地区城镇居民家庭基本情况

指　　标		东部地区	中部地区	西部地区	东北地区
调查户数	(户)	22727	10698	13821	7250
平均每户家庭人口	(人)	3.00	2.95	2.96	2.86
平均每户就业人口	(人)	1.58	1.51	1.47	1.40
平均每户就业面	(%)	52.67	51.19	49.66	48.95
平均每一就业者负担人数					
(包括就业者本人)	(人)	1.90	1.95	2.01	2.04
平均每人全部年收入	(元)	14584.6	9393.2	9418.4	9295.6
#可支配收入		13374.9	8808.5	8783.2	8730.0
平均每人现金消费支出	(元)	9922.4	6540.9	6963.5	6835.5
食　品		3521.3	2491.9	2655.3	2477.7
衣　着		860.4	791.4	717.5	806.9
居　住		990.4	672.9	692.6	772.8
家庭设备及用品		579.2	372.5	401.3	291.5
交通通信		1472.1	662.1	778.6	692.5
文教娱乐		1438.9	865.5	960.9	822.1
医疗保健		710.6	474.6	521.5	687.2
其他		349.5	209.9	235.9	284.8
平均每人现金消费支出构成	(%)				
(人均现金消费支出=100)					
食　品		35.5	38.1	38.1	36.2
衣　着		8.7	12.1	10.3	11.8
居　住		10.0	10.3	9.9	11.3
家庭设备及用品		5.8	5.7	5.8	4.3
交通通信		14.8	10.1	11.2	10.1
文教娱乐		14.5	13.2	13.8	12.0
医疗保健		7.2	7.3	7.5	10.1
其他		3.5	3.2	3.4	4.2

4-2-1-2 2006年东、中、西部及东北地区城镇居民家庭基本情况

指标		东部地区	中部地区	西部地区	东北地区
调查户数	(户)	22876	10949	15019	7250
平均每户家庭人口	(人)	2.98	2.92	2.97	2.84
平均每户就业人口	(人)	1.60	1.51	1.52	1.40
平均每户就业面	(%)	53.69	51.71	51.18	49.30
平均每一就业者负担人数					
(包括就业者本人)	(人)	1.86	1.93	1.95	2.03
平均每人全部年收入	(元)	16380.4	10572.9	10443.0	10489.8
#可支配收入		14967.4	9902.3	9728.5	9830.1
平均每人现金消费支出	(元)	10870.5	7260.4	7504.4	7389.8
食　品		3761.9	2703.1	2770.2	2651.2
衣　着		970.1	880.0	818.1	903.1
居　住		1103.8	763.6	756.4	875.9
家庭设备及用品		629.0	420.6	460.9	337.4
交通通信		1678.5	787.8	900.7	757.4
文教娱乐		1597.1	962.6	1021.4	859.3
医疗保健		737.5	509.9	513.9	699.8
其他		392.6	232.8	262.7	305.8
平均每人现金消费支出构成	(%)				
(人均现金消费支出=100)					
食　品		34.6	37.2	36.9	35.9
衣　着		8.9	12.1	10.9	12.2
居　住		10.2	10.5	10.1	11.9
家庭设备及用品		5.8	5.8	6.1	4.6
交通通信		15.4	10.9	12.0	10.2
文教娱乐		14.7	13.3	13.6	11.6
医疗保健		6.8	7.0	6.8	9.5
其他		3.6	3.2	3.5	4.1

4-2-1-3 2007年东、中、西部及东北地区城镇居民家庭基本情况

指　　标		东部地区	中部地区	西部地区	东北地区
调查户数	(户)	24266	10999	16690	7350
平均每户家庭人口	(人)	2.94	2.90	2.91	2.78
平均每户就业人口	(人)	1.58	1.53	1.53	1.42
平均每户就业面	(%)	53.74	52.76	52.58	51.08
平均每一就业者负担人数					
(包括就业者本人)	(人)	1.86	1.90	1.90	1.96
平均每人全部年收入	(元)	18545.0	12392.2	12130.7	12306.2
#可支配收入		16974.2	11634.4	11309.5	11463.3
平均每人现金消费支出	(元)	12126.6	8339.3	8477.5	8669.4
食　品		4249.5	3099.0	3295.5	3120.0
衣　着		1094.7	1010.6	975.4	1045.2
居　住		1176.4	838.8	777.5	975.1
家庭设备及用品		733.1	546.5	512.8	407.5
交通通信		1939.1	896.1	993.2	912.1
文教娱乐		1711.3	1084.8	1039.8	1006.6
医疗保健		796.4	576.8	584.4	830.1
其他		426.2	286.9	298.9	373.0
平均每人现金消费支出构成	(%)				
(人均现金消费支出=100)					
食　品		35.0	37.2	38.9	36.0
衣　着		9.0	12.1	11.5	12.1
居　住		9.7	10.1	9.2	11.2
家庭设备及用品		6.0	6.6	6.0	4.7
交通通信		16.0	10.7	11.7	10.5
文教娱乐		14.1	13.0	12.3	11.6
医疗保健		6.6	6.9	6.9	9.6
其他		3.5	3.4	3.5	4.3

4-2-1-4 2008年东、中、西部及东北地区城镇居民家庭基本情况

指　　标		东部地区	中部地区	西部地区	东北地区
调查户数	(户)	28418	10989	17268	8000
平均每户家庭人口	(人)	2.95	2.90	2.92	2.77
平均每户就业人口	(人)	1.53	1.45	1.47	1.37
平均每户就业面	(%)	51.86	50.00	50.34	49.46
平均每一就业者负担人数					
(包括就业者本人)	(人)	1.93	2.00	1.99	2.02
平均每人全部年收入	(元)	20965.5	14061.7	13917.0	14162.0
＃可支配收入		19203.5	13225.9	12971.2	13119.7
平均每人现金消费支出	(元)	13434.7	9249.0	9604.0	10038.2
食　品		4928.0	3596.9	3914.0	3724.7
衣　着		1237.3	1083.6	1087.2	1213.8
居　住		1354.4	976.5	891.8	1167.6
家庭设备及用品		834.9	607.3	588.4	503.9
交通通信		1945.5	917.9	1089.9	1039.6
文教娱乐		1761.3	1048.3	1035.1	1050.9
医疗保健		860.7	706.3	664.5	897.8
其他		512.6	312.2	333.3	439.8
平均每人现金消费支出构成	(%)				
(人均现金消费支出=100)					
食　品		36.7	38.9	40.8	37.1
衣　着		9.2	11.7	11.3	12.1
居　住		10.1	10.6	9.3	11.6
家庭设备及用品		6.2	6.6	6.1	5.0
交通通信		14.5	9.9	11.3	10.4
文教娱乐		13.1	11.3	10.8	10.5
医疗保健		6.4	7.6	6.9	8.9
其他		3.8	3.4	3.5	4.4

4-2-1-5　2009年东、中、西部及东北地区城镇居民家庭基本情况

指　　标		东部地区	中部地区	西部地区	东北地区
调查户数	(户)	28418	10989	18099	8000
平均每户家庭人口	(人)	2.93	2.88	2.91	2.75
平均每户就业人口	(人)	1.54	1.45	1.48	1.37
平均每户就业面	(%)	52.56	50.35	50.86	49.82
平均每一就业者负担人数					
(包括就业者本人)	(人)	1.90	1.99	1.97	2.01
平均每人全部年收入	(元)	23153.2	15539.4	15523.0	15842.6
#可支配收入		20953.2	14367.1	14213.5	14324.3
平均每人现金消费支出	(元)	14619.8	10031.1	10642.0	11128.9
食　品		5173.2	3773.7	4111.0	4024.9
衣　着		1349.1	1170.1	1235.8	1378.4
居　住		1433.6	1078.0	989.0	1231.0
家庭设备及用品		939.3	698.6	688.7	573.5
交通通信		2315.2	1068.9	1318.0	1265.9
文教娱乐		1903.4	1140.4	1163.6	1119.0
医疗保健		929.8	753.1	739.6	1029.4
其他		576.0	348.4	396.3	506.9
平均每人现金消费支出构成	(%)				
(人均现金消费支出=100)					
食　品		35.4	37.6	38.6	36.2
衣　着		9.2	11.7	11.6	12.4
居　住		9.8	10.7	9.3	11.1
家庭设备及用品		6.4	7.0	6.5	5.2
交通通信		15.8	10.7	12.4	11.4
文教娱乐		13.0	11.4	10.9	10.1
医疗保健		6.4	7.5	7.0	9.2
其他		3.9	3.5	3.7	4.6

4-2-1-6 2010年东、中、西部及东北地区城镇居民家庭基本情况

指　　标		东部地区	中部地区	西部地区	东北地区
调查户数	(户)	28419	11090	18100	8000
平均每户家庭人口	(人)	2.91	2.87	2.90	2.72
平均每户就业人口	(人)	1.55	1.44	1.48	1.36
平均每户就业面	(%)	53.26	50.17	51.03	50.00
平均每一就业者负担人数					
(包括就业者本人)	(人)	1.88	1.99	1.96	2.00
平均每人全部年收入	(元)	25773.3	17303.0	17309.0	17688.2
#可支配收入		23272.8	15962.0	15806.5	15941.0
平均每人现金消费支出	(元)	15972.6	11100.9	11780.0	12075.2
食　品		5581.7	4012.7	4444.9	4170.7
衣　着		1515.6	1314.2	1373.9	1590.0
居　住		1557.9	1164.6	1097.9	1262.0
家庭设备及用品		1061.6	813.4	800.3	714.6
交通通信		2666.0	1352.6	1560.9	1491.4
文教娱乐		2077.2	1281.6	1281.4	1279.0
医疗保健		929.0	769.9	776.4	1059.1
其他		583.7	391.9	444.3	508.6
平均每人现金消费支出构成	(%)				
(人均现金消费支出=100)					
食　品		34.9	36.1	37.7	34.5
衣　着		9.5	11.8	11.7	13.2
居　住		9.8	10.5	9.3	10.5
家庭设备及用品		6.6	7.3	6.8	5.9
交通通信		16.7	12.2	13.3	12.4
文教娱乐		13.0	11.5	10.9	10.6
医疗保健		5.8	6.9	6.6	8.8
其他		3.7	3.5	3.8	4.2

4-2-1-7 2011年东、中、西部及东北地区城镇居民家庭基本情况

指　　标		东部地区	中部地区	西部地区	东北地区
调查户数	(户)	28717	10989	17950	7999
平均每户家庭人口	(人)	2.91	2.86	2.91	2.65
平均每户就业人口	(人)	1.55	1.43	1.49	1.32
平均每户就业面	(%)	53.26	50.00	51.20	49.81
平均每一就业者负担人数					
(包括就业者本人)	(人)	1.88	2.00	1.95	2.01
平均每人全部年收入	(元)	29226.0	19868.2	19868.0	20163.2
#可支配收入		26406.0	18323.2	18159.4	18301.3
平均每人现金消费支出	(元)	17870.0	12647.0	13335.9	13491.2
食　品		6329.2	4710.7	5121.5	4730.3
衣　着		1755.0	1535.8	1618.2	1778.9
居　住		1635.2	1235.3	1162.2	1339.5
家庭设备及用品		1205.2	870.7	916.0	841.7
交通通信		2838.3	1534.3	1699.6	1642.8
文教娱乐		2360.2	1475.5	1447.3	1443.0
医疗保健		1033.1	856.0	880.5	1144.6
其他		713.9	428.6	490.7	570.5
平均每人现金消费支出构成	(%)				
(人均现金消费支出=100)					
食　品		35.4	37.2	38.4	35.1
衣　着		9.8	12.1	12.1	13.2
居　住		9.2	9.8	8.7	9.9
家庭设备及用品		6.7	6.9	6.9	6.2
交通通信		15.9	12.1	12.7	12.2
文教娱乐		13.2	11.7	10.9	10.7
医疗保健		5.8	6.8	6.6	8.5
其他		4.0	3.4	3.7	4.2

4-2-1-8　2012年东、中、西部及东北地区城镇居民家庭基本情况

指　　标		东部地区	中部地区	西部地区	东北地区
调查户数	(户)	28819	10988	18175	7998
平均每户家庭人口	(人)	2.89	2.84	2.91	2.68
平均每户就业人口	(人)	1.55	1.45	1.49	1.34
平均每户就业面	(%)	53.63	51.06	51.20	50.00
平均每一就业者负担人数					
(包括就业者本人)	(人)	1.86	1.96	1.95	2.00
平均每人全部年收入	(元)	32713.5	22451.1	22475.1	22816.2
#可支配收入		29621.6	20697.2	20600.2	20759.3
平均每人现金消费支出	(元)	19510.2	13968.8	14845.3	14968.5
食　品		6919.4	5157.6	5692.6	5176.5
衣　着		1885.2	1680.4	1788.9	1966.5
居　住		1713.5	1303.1	1248.0	1438.7
家庭设备及用品		1286.4	985.9	1017.1	918.0
交通通信		3233.5	1723.7	1975.5	1919.7
文教娱乐		2576.9	1646.4	1590.4	1594.2
医疗保健		1097.2	988.9	963.3	1299.3
其他		798.2	482.8	569.6	655.6
平均每人现金消费支出构成	(%)				
(人均现金消费支出=100)					
食　品		35.5	36.9	38.3	34.6
衣　着		9.7	12.0	12.1	13.1
居　住		8.8	9.3	8.4	9.6
家庭设备及用品		6.6	7.1	6.9	6.1
交通通信		16.6	12.3	13.3	12.8
文教娱乐		13.2	11.8	10.7	10.7
医疗保健		5.6	7.1	6.5	8.7
其他		4.1	3.5	3.8	4.4

(二)农村住户调查分组综合数据

4-2-2-1　2005年东、中、西部及东北地区农村居民家庭基本情况

指　　标	单　位	东部地区	中部地区	西部地区	东北地区
一、调查户数	户	21550	18850	22060	5730
二、常住人口	人/户	3.9	4.1	4.3	3.6
三、劳动力人数	人/户	2.8	2.9	2.9	2.7
劳动力负担人口	人/劳动力	1.4	1.4	1.5	1.3
四 、劳动力文化程度					
1.不识字或识字很少	%	4.9	6.2	10.4	2.3
2.小学程度	%	22.6	25.2	33.4	26.6
3.初中程度	%	54.0	55.5	45.9	59.8
4.高中程度	%	13.6	10.1	7.8	7.8
5.中专程度	%	3.2	2.2	1.8	2.1
6.大专及以上	%	1.7	0.8	0.6	1.4
五、年末生产性					
固定资产原值	元/户	8164.3	4955.3	7391.9	9689.9
六、年内新建住房面积	平方米/人	0.8	1.1	0.7	0.5
#砖木结构面积	平方米/人	0.3	0.3	0.3	0.4
七、年内新建住房造价	元/平方米	522.2	307.3	278.1	491.7
八、年末居住住房面积	平方米/人	34.5	31.4	25.7	21.8
#砖木结构面积	平方米/人	16.9	16.0	9.6	16.6
九、年末居住住房价值	元/平方米	388.5	202.4	179.2	319.7
十、经营耕地面积	亩/人	1.1	1.6	2.3	7.0
十一、经营山地面积	亩/人	0.3	0.4	0.4	0.1
十二、主要食品消费量					
粮食	公斤/人	196.6	222.1	214.2	184.6
蔬菜及制品	公斤/人	86.0	116.1	97.7	138.8
食用油	公斤/人	6.7	5.9	5.0	7.9
食糖	公斤/人	1.2	1.1	1.2	0.8
卷烟	盒/人	27.1	27.0	22.3	21.1
水果	公斤/人	12.4	11.2	10.6	20.6
猪肉	公斤/人	13.2	12.9	20.7	12.5
牛羊肉	公斤/人	0.9	0.6	2.8	1.0
奶及奶制品	公斤/人	3.6	1.0	4.0	1.9
禽类	公斤/人	5.0	3.1	3.1	3.2
蛋及蛋制品	公斤/人	6.0	5.2	2.6	7.4
水产品	公斤/人	9.4	4.5	1.4	4.5

4-2-2-1 续表 1

单位: 元/人

指 标	东部地区	中部地区	西部地区	东北地区
一、收入				
1. 总收入	6226.6	4051.8	3646.0	5783.7
(1)工资性收入	2198.1	1052.6	674.5	709.7
(2)家庭经营收入	3574.1	2809.2	2770.9	4639.8
(3)财产性收入	159.7	36.8	49.3	170.6
(4)转移性收入	294.7	153.2	151.3	263.6
2. 纯收入	4720.3	2956.6	2378.9	3379.0
(1)工资性收入	2198.1	1052.6	674.5	709.7
(2)家庭经营收入	2140.6	1774.9	1537.8	2310.8
(3)财产性收入	159.7	36.8	49.3	170.6
(4)转移性收入	221.9	92.2	117.3	187.9
3. 现金收入	5679.7	3288.4	2806.9	5124.7
(1)工资性收入	2195.0	1051.8	673.8	709.6
(2)家庭经营收入	3049.9	2055.6	1947.0	4098.8
(3)财产性收入	149.6	31.1	39.5	54.0
(4)转移性收入	285.2	149.9	146.6	262.4
二、支出				
1. 总支出	5095.3	3518.3	3447.8	5578.2
(1)家庭经营费用支出	1274.1	940.5	1111.9	2140.3
(2)购置生产性固定资产支出	103.4	99.4	136.2	341.6
(3)税费支出	20.8	13.1	7.2	8.4
(4)消费支出	3409.0	2276.9	2022.9	2557.3
(5)财产性支出	22.0	7.2	14.8	110.5
(6)转移性支出	266.0	181.2	154.9	420.0
2. 现金支出	4707.2	2964.0	2709.7	5120.8
(1)家庭经营费用支出	1210.6	852.4	876.4	1971.7
(2)购置生产性固定资产支出	103.4	99.4	136.2	341.6
(3)税费支出	20.7	12.9	7.0	8.3
(4)消费支出	3087.4	1811.6	1521.5	2268.7
(5)财产性支出	22.0	7.2	14.8	110.5
(6)转移性支出	263.0	180.4	153.9	420.0

4-2-2-1 续表 2

单位：元/人

指　　标	东部地区	中部地区	西部地区	东北地区
三、消费支出				
1. 消费支出	3409.0	2276.9	2022.9	2557.3
食品	1435.9	1094.1	1007.2	1009.6
衣着	191.5	134.5	112.8	191.0
居住	537.5	307.2	265.5	403.4
家庭设备及用品	163.2	97.6	82.5	84.4
交通通信	367.5	197.5	167.5	278.4
文教娱乐	414.7	260.2	216.5	303.4
医疗保健	218.5	137.6	134.6	230.1
其他	80.2	48.3	36.2	57.0
2. 现金消费支出	3087.4	1811.6	1521.5	2268.7
食品	1137.0	661.9	533.0	773.8
衣着	191.1	133.8	111.9	190.7
居住	515.9	275.5	240.6	350.9
家庭设备及用品	163.0	97.0	81.7	84.4
交通通信	367.5	197.5	167.5	278.4
文教娱乐	414.7	260.2	216.5	303.4
医疗保健	218.5	137.6	134.6	230.1
其他	79.7	48.2	35.7	57.0
3. 现金消费支出占				
消费支出比重(%)	90.6	79.6	75.2	88.7
食品	79.2	60.5	52.9	76.6
衣着	99.8	99.5	99.2	99.8
居住	96.0	89.7	90.6	87.0
家庭设备及用品	99.9	99.4	99.0	100.0
交通通信	100.0	100.0	100.0	100.0
文教娱乐	100.0	100.0	100.0	100.0
医疗保健	100.0	100.0	100.0	100.0
其他	99.4	99.8	98.5	100.0

4-2-2-2　2006年东、中、西部及东北地区农村居民家庭基本情况

指　　标	单　位	东部地区	中部地区	西部地区	东北地区
一、调查户数	户	21550	18850	22060	5730
二、常住人口	人/户	3.9	4.1	4.3	3.6
三、劳动力人数	人/户	2.8	2.9	2.9	2.6
劳动力负担人口	人/劳动力	1.4	1.4	1.5	1.3
四 、劳动力文化程度					
1.不识字或识字很少	%	4.8	6.1	9.9	2.2
2.小学程度	%	21.9	24.1	32.9	25.1
3.初中程度	%	54.3	55.9	46.8	61.2
4.高中程度	%	13.8	10.7	7.9	7.8
5.中专程度	%	3.3	2.2	1.8	2.2
6.大专及以上	%	2.0	1.0	0.7	1.5
五、年末生产性					
固定资产原值	元/户	8800.4	5331.0	7707.0	10698.2
六、年内新建(购)住房面积	平方米/人	0.9	1.1	0.7	0.5
#砖木结构面积	平方米/人	0.3	0.2	0.2	0.4
七、年内新建(购)住房价值	元/平方米	509.7	323.4	322.2	568.3
八、年末居住住房面积	平方米/人	35.9	32.5	26.3	22.2
#砖木结构面积	平方米/人	17.4	15.9	10.4	17.3
九、年末居住住房价值	元/平方米	422.1	213.0	191.0	339.7
十、经营耕地面积	亩/人	1.1	1.6	2.3	7.0
十一、经营山地面积	亩/人	0.3	0.4	0.4	0.1
十二、主要食品消费量					
粮食	公斤/人	195.4	219.4	208.0	184.7
蔬菜及制品	公斤/人	86.7	112.0	95.1	139.9
食用油	公斤/人	6.5	5.7	5.0	7.5
食糖	公斤/人	1.2	1.0	1.1	0.8
卷烟	盒/人	26.8	26.6	21.9	20.9
水果	公斤/人	13.5	10.4	10.4	17.5
猪肉	公斤/人	14.0	13.1	19.3	12.8
牛羊肉	公斤/人	1.0	0.6	3.0	0.8
奶及奶制品	公斤/人	4.2	1.3	3.9	2.2
禽类	公斤/人	4.9	2.9	2.9	2.8
蛋及蛋制品	公斤/人	6.4	5.6	2.8	7.6
水产品	公斤/人	9.5	4.6	1.4	4.5

4-2-2-2 续表 1 单位：元/人

指标	东部地区	中部地区	西部地区	东北地区
一、收入				
1. 总收入	6753.7	4440.8	3926.7	6181.3
(1)工资性收入	2484.5	1256.5	795.9	902.6
(2)家庭经营收入	3743.4	2960.9	2890.3	4797.2
(3)财产性收入	188.4	43.3	56.9	156.6
(4)转移性收入	337.4	180.1	183.5	324.8
2. 纯收入	5188.2	3283.2	2588.4	3744.9
(1)工资性收入	2484.5	1256.5	795.9	902.6
(2)家庭经营收入	2251.8	1869.5	1588.8	2435.2
(3)财产性收入	188.4	43.3	56.9	156.6
(4)转移性收入	263.6	113.8	146.8	250.4
3. 现金收入	6189.8	3678.6	3108.1	5392.9
(1)工资性收入	2482.4	1255.8	795.4	902.4
(2)家庭经营收入	3200.0	2211.0	2087.9	4109.6
(3)财产性收入	177.9	36.4	44.5	57.3
(4)转移性收入	329.6	175.4	180.4	323.6
二、支出				
1. 总支出	5602.3	3886.1	3702.9	5788.3
(1)家庭经营费用支出	1325.3	992.7	1175.9	2152.5
(2)购置生产性固定资产支出	132.5	110.9	141.8	267.5
(3)税费支出	16.1	11.5	6.4	8.7
(4)消费支出	3806.2	2559.9	2192.1	2781.1
(5)财产性支出	13.3	6.4	15.5	129.4
(6)转移性支出	308.8	204.7	171.2	449.1
2. 现金支出	5211.2	3335.7	2983.7	5323.0
(1)家庭经营费用支出	1266.0	903.0	936.4	1977.6
(2)购置生产性固定资产支出	132.5	110.9	141.8	267.5
(3)税费支出	15.9	11.5	6.4	8.5
(4)消费支出	3477.7	2101.1	1713.3	2491.4
(5)财产性支出	13.3	6.4	15.5	129.4
(6)转移性支出	305.7	202.8	170.3	448.7

4-2-2-2　续表 2　　　　单位：元/人

指　　标	东部地区	中部地区	西部地区	东北地区
三、消费支出				
1. 消费支出	3806.2	2559.9	2192.1	2781.1
食品	1542.1	1151.4	1019.4	1043.4
衣着	218.8	153.3	125.9	210.4
居住	673.0	392.4	347.5	482.2
家庭设备及用品	178.3	116.3	95.4	96.9
交通通信	428.9	237.8	204.2	297.1
文教娱乐	430.9	284.7	206.7	322.2
医疗保健	245.3	163.4	152.2	258.9
其他	88.9	60.6	40.7	69.9
2. 现金消费支出	3477.7	2101.1	1713.3	2491.4
食品	1243.8	721.2	573.1	804.8
衣着	218.4	152.7	124.8	210.0
居住	643.7	364.8	317.4	431.5
家庭设备及用品	178.2	115.9	94.4	96.9
交通通信	428.9	237.8	204.2	297.1
文教娱乐	430.9	284.7	206.7	322.2
医疗保健	245.3	163.4	152.2	258.9
其他	88.5	60.6	40.5	69.9
3. 现金消费支出占				
消费支出比重(%)	91.4	82.1	78.2	89.6
食品	80.7	62.6	56.2	77.1
衣着	99.8	99.6	99.1	99.8
居住	95.7	93.0	91.3	89.5
家庭设备及用品	99.9	99.7	98.9	100.0
交通通信	100.0	100.0	100.0	100.0
文教娱乐	100.0	100.0	100.0	100.0
医疗保健	100.0	100.0	100.0	100.0
其他	99.5	100.0	99.5	100.0

4-2-2-3 2007年东、中、西部及东北地区农村居民家庭基本情况

指 标	单 位	东部地区	中部地区	西部地区	东北地区
一、调查户数	户	21550	18850	22060	5730
二、常住人口	人/户	3.9	4.1	4.3	3.5
三、劳动力人数	人/户	2.8	2.9	2.9	2.6
劳动力负担人口	人/劳动力	1.4	1.4	1.5	1.3
四 、劳动力文化程度					
1.不识字或识字很少	%	4.2	5.7	9.9	2.0
2.小学程度	%	21.1	23.6	32.2	24.7
3.初中程度	%	54.4	55.9	46.8	62.0
4.高中程度	%	14.5	11.2	8.3	7.7
5.中专程度	%	3.5	2.4	2.0	2.0
6.大专及以上	%	2.4	1.1	0.8	1.6
五、年末生产性					
固定资产原值	元/户	9342.1	5973.1	8527.7	12228.1
六、年内新建(购)住房面积	平方米/人	1.0	1.2	0.9	0.5
#砖木结构面积	平方米/人	0.3	0.3	0.3	0.4
七、年内新建(购)住房价值	元/平方米	654.4	398.4	392.3	609.7
八、年末居住住房面积	平方米/人	37.0	33.6	27.1	22.7
#砖木结构面积	平方米/人	17.5	16.1	10.6	18.2
九、年末居住住房价值	元/平方米	460.8	233.0	204.5	378.0
十、经营耕地面积	亩/人	1.2	1.6	2.4	7.5
十一、经营山地面积	亩/人	0.3	0.4	0.4	0.1
十二、主要食品消费量					
粮食	公斤/人	190.6	211.5	202.4	177.3
蔬菜及制品	公斤/人	87.1	112.4	91.5	132.7
食用油	公斤/人	6.5	6.0	4.9	8.6
食糖	公斤/人	1.2	1.0	1.1	0.7
卷烟	盒/人	26.6	26.0	21.9	21.5
水果	公斤/人	14.8	11.7	11.3	19.5
猪肉	公斤/人	11.7	11.1	17.3	10.1
牛羊肉	公斤/人	1.1	0.6	2.8	0.9
奶及奶制品	公斤/人	4.6	1.7	4.1	3.0
禽类	公斤/人	5.2	3.3	3.2	3.3
蛋及蛋制品	公斤/人	6.0	5.3	2.6	7.2
水产品	公斤/人	9.9	5.2	1.6	4.7

4-2-2-3　续表 1　　单位: 元/人

指　　标	东部地区	中部地区	西部地区	东北地区
一、收入				
1. 总收入	7626.9	5161.2	4544.9	7392.7
(1)工资性收入	2795.7	1492.2	944.3	1049.4
(2)家庭经营收入	4205.4	3378.5	3305.1	5724.0
(3)财产性收入	231.6	65.3	69.6	216.1
(4)转移性收入	394.2	225.2	225.9	403.2
2. 纯收入	5855.0	3844.4	3028.4	4348.3
(1)工资性收入	2795.7	1492.2	944.3	1049.4
(2)家庭经营收入	2518.3	2133.7	1831.7	2764.0
(3)财产性收入	231.6	65.3	69.6	216.1
(4)转移性收入	309.4	153.2	182.7	318.8
3. 现金收入	6996.0	4278.7	3606.4	6400.9
(1)工资性收入	2793.7	1491.8	943.7	1049.4
(2)家庭经营收入	3607.4	2519.3	2387.3	4881.9
(3)财产性收入	210.7	47.3	54.0	68.0
(4)转移性收入	384.2	220.3	221.3	401.6
二、支出				
1. 总支出	6301.5	4423.0	4282.6	7026.5
(1)家庭经营费用支出	1510.1	1134.7	1332.6	2717.2
(2)购置生产性固定资产支出	109.2	95.1	178.1	358.9
(3)税费支出	16.8	12.0	7.9	10.0
(4)消费支出	4281.0	2937.5	2526.9	3180.3
(5)财产性支出	20.7	7.0	23.1	144.9
(6)转移性支出	363.7	236.7	214.0	615.3
2. 现金支出	5892.0	3838.7	3469.9	6509.5
(1)家庭经营费用支出	1458.4	1050.4	1064.9	2521.5
(2)购置生产性固定资产支出	109.2	95.1	178.1	358.9
(3)税费支出	16.8	12.0	7.8	6.9
(4)消费支出	3927.8	2438.6	1983.0	2862.1
(5)财产性支出	20.7	7.0	23.1	144.9
(6)转移性支出	359.2	235.6	213.0	615.3

4-2-2-3 续表 2

单位：元/人

指 标	东部地区	中部地区	西部地区	东北地区
三、消费支出				
1. 消费支出	4281.0	2937.5	2526.9	3180.3
食品	1736.4	1317.3	1178.0	1204.2
衣着	243.2	178.9	148.0	254.9
居住	812.6	498.1	427.9	551.7
家庭设备及用品	204.6	142.2	111.5	121.1
交通通信	482.0	272.4	234.1	344.1
文教娱乐	439.7	274.6	205.3	335.9
医疗保健	259.1	182.6	174.1	281.4
其他	103.3	71.4	47.9	87.0
2. 现金消费支出	3927.8	2438.6	1983.0	2862.1
食品	1421.7	849.7	664.5	946.6
衣着	242.7	178.2	146.6	253.9
居住	775.1	467.9	400.1	492.3
家庭设备及用品	204.5	141.9	110.6	120.9
交通通信	482.0	272.4	234.1	344.1
文教娱乐	439.7	274.6	205.3	335.9
医疗保健	259.1	182.6	174.1	281.4
其他	102.8	71.2	47.6	87.0
3. 现金消费支出占				
消费支出比重(%)	91.7	83.0	78.5	90.0
食品	81.9	64.5	56.4	78.6
衣着	99.8	99.6	99.1	99.6
居住	95.4	93.9	93.5	89.2
家庭设备及用品	100.0	99.8	99.2	99.9
交通通信	100.0	100.0	100.0	100.0
文教娱乐	100.0	100.0	100.0	100.0
医疗保健	100.0	100.0	100.0	100.0
其他	99.6	99.7	99.3	100.0

4-2-2-4　2008年东、中、西部及东北地区农村居民家庭基本情况

指　　标	单　位	东部地区	中部地区	西部地区	东北地区
一、调查户数	户	21550	18850	22060	5730
二、常住人口	人/户	3.9	4.0	4.3	3.5
三、劳动力人数	人/户	2.8	2.9	2.9	2.6
劳动力负担人口	人/劳动力	1.4	1.4	1.5	1.3
四、劳动力文化程度					
1.不识字或识字很少	%	4.0	5.6	9.7	1.7
2.小学程度	%	20.8	23.1	31.7	24.1
3.初中程度	%	54.0	55.8	46.9	62.3
4.高中程度	%	14.8	11.7	8.7	7.9
5.中专程度	%	3.6	2.5	2.0	2.1
6.大专及以上	%	2.7	1.3	1.0	1.8
五、年末生产性					
固定资产原值	元/户	9887.1	6322.9	9300.5	13967.4
六、年内新建(购)住房面积	平方米/人	0.9	1.3	0.9	0.5
#砖木结构面积	平方米/人	0.3	0.3	0.3	0.4
七、年内新建(购)住房价值	元/平方米	710.1	438.6	459.9	719.5
八、年末居住住房面积	平方米/人	38.0	34.6	27.7	23.2
#砖木结构面积	平方米/人	17.8	16.2	10.6	18.1
九、年末居住住房价值	元/平方米	484.8	247.5	222.0	402.1
十、经营耕地面积	亩/人	1.2	1.6	2.4	7.6
十一、经营山地面积	亩/人	0.3	0.4	0.4	0.1
十二、主要食品消费量					
粮食	公斤/人	185.5	216.7	201.0	179.1
蔬菜及制品	公斤/人	85.6	122.5	89.2	121.5
食用油	公斤/人	7.1	6.2	4.9	9.3
食糖	公斤/人	1.2	1.0	1.1	0.8
卷烟	盒/人	26.0	25.5	21.8	22.1
水果	公斤/人	14.4	11.8	10.8	20.1
猪肉	公斤/人	11.1	10.5	16.3	10.3
牛羊肉	公斤/人	0.8	0.5	2.5	0.8
奶及奶制品	公斤/人	4.4	1.9	4.0	2.7
禽类	公斤/人	5.9	3.7	3.8	3.4
蛋及蛋制品	公斤/人	6.9	6.0	2.9	8.8
水产品	公斤/人	9.9	4.9	1.6	4.6

4-2-2-4 续表 1 单位：元/人

指　　标	东部地区	中部地区	西部地区	东北地区
一、收入				
1. 总收入	8604.0	5988.1	5285.8	9133.7
(1)工资性收入	3189.5	1744.5	1098.6	1233.1
(2)家庭经营收入	4648.9	3862.2	3768.0	7060.5
(3)财产性收入	275.8	75.3	80.1	213.2
(4)转移性收入	489.8	306.1	339.2	626.9
2. 纯收入	6598.2	4453.4	3517.7	5101.2
(1)工资性收入	3189.5	1744.5	1098.6	1233.1
(2)家庭经营收入	2731.4	2408.3	2045.7	3143.4
(3)财产性收入	275.8	75.3	80.1	213.2
(4)转移性收入	401.5	225.3	293.5	511.4
3. 现金收入	7874.2	4955.3	4176.8	8141.6
(1)工资性收入	3183.8	1743.1	1096.0	1230.9
(2)家庭经营收入	3951.4	2850.5	2680.0	6193.7
(3)财产性收入	260.7	62.2	68.2	92.2
(4)转移性收入	478.2	299.5	332.6	624.9
二、支出				
1. 总支出	7123.1	5134.7	4890.6	8695.1
(1)家庭经营费用支出	1728.8	1338.5	1570.1	3642.3
(2)购置生产性固定资产支出	120.8	129.9	180.0	367.0
(3)税费支出	18.4	11.3	6.8	6.6
(4)消费支出	4802.1	3375.6	2867.1	3720.3
(5)财产性支出	24.2	8.6	20.3	208.9
(6)转移性支出	428.6	270.8	246.2	750.1
2. 现金支出	6683.3	4512.9	4000.1	8085.6
(1)家庭经营费用支出	1674.8	1255.4	1289.5	3402.2
(2)购置生产性固定资产支出	120.8	129.9	180.0	367.0
(3)税费支出	18.4	11.3	6.8	6.6
(4)消费支出	4421.7	2838.7	2259.6	3351.2
(5)财产性支出	24.2	8.6	20.3	208.9
(6)转移性支出	423.5	269.0	243.9	749.7

4-2-2-4 续表 2 单位：元/人

指　　标	东部地区	中部地区	西部地区	东北地区
三、消费支出				
1. 消费支出	4802.1	3375.6	2867.1	3720.3
食品	1978.9	1524.8	1367.5	1382.0
衣着	267.5	193.2	161.0	289.9
居住	924.9	630.5	497.3	690.3
家庭设备及用品	232.4	175.1	129.0	137.5
交通通信	529.0	293.8	257.3	393.5
文教娱乐	458.7	270.0	205.8	394.7
医疗保健	304.6	215.4	199.2	338.6
其他	106.1	72.8	50.1	93.8
2. 现金消费支出	4421.7	2838.7	2259.6	3351.2
食品	1641.5	1014.0	788.1	1118.1
衣着	266.9	192.6	159.8	289.9
居住	882.5	605.6	471.0	585.3
家庭设备及用品	232.3	174.6	128.3	137.3
交通通信	529.0	293.8	257.3	393.5
文教娱乐	458.7	270.0	205.8	394.7
医疗保健	304.6	215.4	199.2	338.6
其他	106.1	72.8	50.1	93.8
3. 现金消费支出占				
消费支出比重（%）	92.1	84.1	78.8	90.1
食品	83.0	66.5	57.6	80.9
衣着	99.8	99.6	99.3	100.0
居住	95.4	96.1	94.7	84.8
家庭设备及用品	100.0	99.7	99.5	99.8
交通通信	100.0	100.0	100.0	100.0
文教娱乐	100.0	100.0	100.0	100.0
医疗保健	100.0	100.0	100.0	100.0
其他	100.0	100.0	100.0	100.0

4-2-2-5　2009年东、中、西部及东北地区农村居民家庭基本情况

指　　标	单　位	东部地区	中部地区	西部地区	东北地区
一、调查户数	户	21550	18850	22060	5730
二、常住人口	人/户	3.8	4.0	4.2	3.4
三、劳动力人数	人/户	2.8	2.9	2.9	2.6
劳动力负担人口	人/劳动力	1.4	1.4	1.4	1.3
四、劳动力文化程度					
1.不识字或识字很少	%	3.9	5.2	9.4	1.6
2.小学程度	%	19.9	22.7	31.0	23.2
3.初中程度	%	54.1	55.5	46.6	63.2
4.高中程度	%	15.0	12.1	9.4	7.8
5.中专程度	%	3.8	2.7	2.3	2.1
6.大专及以上	%	3.4	1.7	1.3	2.1
五、年末生产性					
固定资产原值	元/户	10977.9	7040.5	10164.6	15074.4
六、年内新建(购)住房面积	平方米/人	1.0	1.5	1.3	0.5
#砖木结构面积	平方米/人	0.2	0.3	0.4	0.4
七、年内新建(购)住房价值	元/平方米	826.4	502.4	583.7	796.1
八、年末居住住房面积	平方米/人	39.0	36.0	28.8	24.0
#砖木结构面积	平方米/人	18.0	15.9	11.0	19.1
九、年末居住住房价值	元/平方米	517.2	271.1	246.5	434.7
十、经营耕地面积	亩/人	1.2	1.7	2.5	8.0
十一、经营山地面积	亩/人	0.3	0.4	0.4	0.1
十二、主要食品消费量					
粮食	公斤/人	180.0	198.7	195.4	162.5
蔬菜及制品	公斤/人	88.4	110.5	94.3	114.2
食用油	公斤/人	7.4	6.0	5.0	8.8
食糖	公斤/人	1.2	1.0	1.1	0.8
卷烟	盒/人	26.1	25.7	22.0	22.6
水果	公斤/人	14.5	12.1	12.3	21.1
猪肉	公斤/人	12.4	11.6	17.6	12.3
牛羊肉	公斤/人	1.0	0.5	2.6	0.7
奶及奶制品	公斤/人	4.4	2.5	3.9	2.9
禽类	公斤/人	5.7	3.6	3.7	3.1
蛋及蛋制品	公斤/人	6.7	6.1	2.9	8.1
水产品	公斤/人	10.1	4.7	1.6	4.5

4-2-2-5 续表 1 单位：元/人

指　　标	东部地区	中部地区	西部地区	东北地区
一、收入				
1. 总收入	9233.2	6350.6	5604.1	9336.4
(1)工资性收入	3543.1	1902.4	1233.7	1354.7
(2)家庭经营收入	4789.5	3981.2	3855.7	7031.8
(3)财产性收入	305.9	90.6	90.4	244.3
(4)转移性收入	594.7	376.4	424.3	705.6
2. 纯收入	7155.5	4792.8	3816.5	5456.6
(1)工资性收入	3543.1	1902.4	1233.7	1354.7
(2)家庭经营收入	2817.2	2519.5	2121.1	3262.3
(3)财产性收入	305.9	90.6	90.4	244.3
(4)转移性收入	489.4	280.2	371.3	595.3
3. 现金收入	8603.4	5439.6	4579.9	8686.5
(1)工资性收入	3535.4	1901.6	1231.7	1351.8
(2)家庭经营收入	4200.6	3088.0	2846.8	6513.3
(3)财产性收入	290.9	81.6	82.8	117.9
(4)转移性收入	576.5	368.4	418.5	703.6
二、支出				
1. 总支出	7550.2	5429.0	5380.3	9250.6
(1)家庭经营费用支出	1766.8	1334.5	1568.3	3466.7
(2)购置生产性固定资产支出	144.7	147.3	232.4	498.5
(3)税费支出	14.8	10.6	6.0	8.1
(4)消费支出	5148.6	3622.0	3238.7	4148.3
(5)财产性支出	20.7	8.9	26.5	291.9
(6)转移性支出	454.5	305.7	308.4	837.2
2. 现金支出	7119.1	4814.1	4517.4	8705.6
(1)家庭经营费用支出	1720.7	1247.2	1298.9	3265.9
(2)购置生产性固定资产支出	144.7	147.3	232.4	498.5
(3)税费支出	14.7	10.6	5.9	8.1
(4)消费支出	4771.5	3098.2	2647.5	3813.9
(5)财产性支出	20.7	8.9	26.5	291.9
(6)转移性支出	446.8	301.9	306.2	827.4

4-2-2-5 续表 2 单位：元/人

指　　标	东部地区	中部地区	西部地区	东北地区
三、消费支出				
1. 消费支出	5148.6	3622.0	3238.7	4148.3
食品	2047.7	1539.5	1395.9	1414.5
衣着	289.4	206.0	184.1	325.8
居住	992.8	748.4	677.4	839.3
家庭设备及用品	260.3	204.4	163.1	170.7
交通通信	604.6	313.8	296.4	403.5
文教娱乐	498.1	288.4	221.5	444.0
医疗保健	339.6	240.4	245.9	448.8
其他	116.1	81.2	54.4	101.6
2. 现金消费支出	4771.5	3098.2	2647.5	3813.9
食品	1709.3	1042.3	829.7	1155.7
衣着	289.1	205.5	183.0	325.6
居住	954.6	722.6	653.8	764.0
家庭设备及用品	260.1	204.0	162.6	170.7
交通通信	604.6	313.8	296.4	403.5
文教娱乐	498.1	288.4	221.5	444.0
医疗保健	339.6	240.4	245.9	448.8
其他	116.1	81.2	54.4	101.6
3. 现金消费支出占				
消费支出比重(%)	92.7	85.5	81.7	91.9
食品	83.5	67.7	59.4	81.7
衣着	99.9	99.8	99.4	99.9
居住	96.2	96.6	96.5	91.0
家庭设备及用品	99.9	99.8	99.7	100.0
交通通信	100.0	100.0	100.0	100.0
文教娱乐	100.0	100.0	100.0	100.0
医疗保健	100.0	100.0	100.0	100.0
其他	100.0	100.0	100.0	100.0

4-2-2-6 2010年东、中、西部及东北地区农村居民家庭基本情况

指　　标	单　位	东部地区	中部地区	西部地区	东北地区
一、调查户数	户	21550	18850	22060	5730
二、常住人口	人/户	3.8	4.0	4.2	3.4
三、劳动力人数	人/户	2.7	3.0	2.9	2.5
劳动力负担人口	人/劳动力	1.4	1.4	1.4	1.3
四、劳动力文化程度					
1.不识字或识字很少	%	3.7	5.1	9.1	1.4
2.小学程度	%	19.7	22.5	30.7	23.0
3.初中程度	%	53.8	55.1	46.5	63.3
4.高中程度	%	15.1	12.4	9.9	7.9
5.中专程度	%	3.9	2.8	2.3	2.1
6.大专及以上	%	3.8	2.0	1.5	2.2
五、年末生产性					
固定资产原值	元/户	11522.4	7455.1	11179.8	16510.5
六、年内新建(购)住房面积	平方米/人	0.7	1.0	0.8	0.4
#砖木结构面积	平方米/人	0.2	0.2	0.2	0.3
七、年内新建(购)住房价值	元/平方米	848.4	549.5	616.5	1042.4
八、年末居住住房面积	平方米/人	39.3	36.7	29.4	24.2
#砖木结构面积	平方米/人	17.9	16.0	11.3	19.8
九、年末居住住房价值	元/平方米	564.3	296.2	272.1	464.9
十、经营耕地面积	亩/人	1.2	1.7	2.5	8.0
十一、经营山地面积	亩/人	0.3	0.4	0.4	0.1
十二、主要食品消费量					
粮食	公斤/人	175.0	188.6	186.6	156.0
蔬菜及制品	公斤/人	82.6	108.6	86.8	110.1
食用油	公斤/人	7.2	6.3	5.0	8.6
食糖	公斤/人	1.1	0.9	1.1	0.8
卷烟	盒/人	26.1	24.9	21.6	22.5
水果	公斤/人	14.0	11.0	11.1	18.9
猪肉	公斤/人	13.0	12.2	18.0	11.8
牛羊肉	公斤/人	1.0	0.5	2.7	0.8
奶及奶制品	公斤/人	4.4	2.4	3.9	2.8
禽类	公斤/人	5.7	3.4	3.7	2.6
蛋及蛋制品	公斤/人	6.6	5.6	2.9	7.3
水产品	公斤/人	9.9	4.6	1.6	4.2

4-2-2-6 续表 1

单位：元/人

指　　标	东部地区	中部地区	西部地区	东北地区
一、收入				
1. 总收入	10473.6	7262.3	6390.0	10921.8
(1)工资性收入	4116.5	2244.6	1499.3	1629.8
(2)家庭经营收入	5303.2	4463.3	4310.9	8237.3
(3)财产性收入	358.5	111.4	113.6	319.5
(4)转移性收入	695.5	443.0	466.2	735.2
2. 纯收入	8142.8	5509.6	4417.9	6434.5
(1)工资性收入	4116.5	2244.6	1499.3	1629.8
(2)家庭经营收入	3095.4	2816.6	2403.1	3841.6
(3)财产性收入	358.5	111.4	113.6	319.5
(4)转移性收入	572.4	337.0	401.9	643.5
3. 现金收入	9713.4	6197.5	5191.0	9685.0
(1)工资性收入	4109.0	2242.7	1498.7	1627.9
(2)家庭经营收入	4604.7	3428.9	3132.5	7198.6
(3)财产性收入	326.5	92.3	98.9	127.6
(4)转移性收入	673.2	433.6	460.8	730.9
二、支出				
1. 总支出	8435.9	5992.7	5891.9	10041.3
(1)家庭经营费用支出	1990.5	1515.9	1725.7	4065.1
(2)购置生产性固定资产支出	134.8	145.4	216.9	513.7
(3)税费支出	15.4	6.7	4.8	5.3
(4)消费支出	5735.4	3957.4	3537.5	4352.1
(5)财产性支出	32.1	15.2	34.8	323.8
(6)转移性支出	527.8	352.0	372.2	781.4
2. 现金支出	7980.7	5343.8	4946.1	9500.8
(1)家庭经营费用支出	1944.6	1416.8	1433.1	3847.7
(2)购置生产性固定资产支出	134.8	145.4	216.9	513.7
(3)税费支出	15.3	6.7	4.8	5.3
(4)消费支出	5333.4	3410.5	2886.6	4029.3
(5)财产性支出	32.1	15.2	34.8	323.8
(6)转移性支出	520.5	349.2	369.9	781.1

4-2-2-6 续表 2 单位：元/人

指　　标	东部地区	中部地区	西部地区	东北地区
三、消费支出				
1. 消费支出	5735.4	3957.4	3537.5	4352.1
食品	2243.0	1680.4	1556.6	1566.6
衣着	327.8	232.9	213.1	359.5
居住	1106.4	768.7	663.9	767.0
家庭设备及用品	297.2	234.5	190.6	173.1
交通通信	703.0	353.6	341.6	428.8
文教娱乐	534.5	311.1	233.5	511.5
医疗保健	394.4	284.6	275.6	439.6
其他	129.1	91.5	62.6	106.0
2. 现金消费支出	5333.4	3410.5	2886.6	4029.3
食品	1877.1	1168.7	934.5	1303.2
衣着	327.5	232.2	212.0	359.5
居住	1070.8	735.1	636.9	707.5
家庭设备及用品	297.1	233.7	189.9	173.1
交通通信	703.0	353.6	341.6	428.8
文教娱乐	534.5	311.1	233.5	511.5
医疗保健	394.4	284.6	275.6	439.6
其他	129.0	91.5	62.6	106.0
3. 现金消费支出占				
消费支出比重(%)	93.0	86.2	81.6	92.6
食品	83.7	69.5	60.0	83.2
衣着	99.9	99.7	99.5	100.0
居住	96.8	95.6	95.9	92.2
家庭设备及用品	100.0	99.6	99.6	100.0
交通通信	100.0	100.0	100.0	100.0
文教娱乐	100.0	100.0	100.0	100.0
医疗保健	100.0	100.0	100.0	100.0
其他	100.0	100.0	100.0	100.0

4-2-2-7 2011年东、中、西部及东北地区农村居民家庭基本情况

指　　标	单　位	东部地区	中部地区	西部地区	东北地区
一、调查户数	户	25520	18850	23260	6000
二、常住人口	人/户	3.7	4.0	4.2	3.3
三、劳动力人数	人/户	2.7	2.9	2.7	2.5
劳动力负担人口	人/劳动力	1.4	1.4	1.5	1.3
四、劳动力文化程度					
1.不识字或识字很少	%	3.9	4.8	8.2	2.2
2.小学程度	%	22.2	23.6	32.6	28.4
3.初中程度	%	54.6	55.1	47.7	60.9
4.高中程度	%	12.3	11.1	7.6	5.6
5.中专程度	%	3.2	2.8	2.0	1.3
6.大专及以上	%	3.7	2.6	1.9	1.7
五、年末生产性					
固定资产原值	元/户	14930.4	10974.5	18845.0	26162.3
六、年内新建(购)住房面积	平方米/人	1.2	1.7	1.2	0.5
#砖木结构面积	平方米/人	0.3	0.3	0.4	0.4
七、年内新建(购)住房价值	元/平方米	999.4	689.2	746.5	1043.5
八、年末居住住房面积	平方米/人	40.9	40.2	31.4	26.0
#砖木结构面积	平方米/人	18.7	16.3	12.3	21.5
九、年末居住住房价值	元/平方米	932.7	501.7	492.0	751.6
十、经营耕地面积	亩/人	1.1	1.6	2.5	8.7
十一、经营山地面积	亩/人	0.4	0.6	0.6	0.1
十二、主要食品消费量					
粮食	公斤/人	157.2	172.9	181.7	163.4
蔬菜及制品	公斤/人	85.2	99.3	82.5	102.3
食用油	公斤/人	7.9	7.8	6.3	10.1
食糖	公斤/人	1.1	0.9	1.1	0.7
卷烟	盒/人	29.3	28.1	22.1	28.1
水果	公斤/人	16.6	12.2	11.0	20.5
猪肉	公斤/人	14.4	12.2	16.7	11.8
牛肉	公斤/人	0.7	0.4	1.7	0.7
羊肉	公斤/人	0.4	0.2	2.0	0.3
奶及奶制品	公斤/人	5.6	2.9	6.8	3.9
禽类	公斤/人	6.1	4.0	4.0	3.2
蛋及蛋制品	公斤/人	7.1	6.0	3.1	7.6
水产品	公斤/人	10.3	5.1	1.6	4.7

4-2-2-7 续表 1　　　　单位：元/人

指　　标	东部地区	中部地区	西部地区	东北地区
一、收入				
1. 总收入	12495.3	8790.9	7854.7	13996.2
(1)工资性收入	5014.8	2809.5	1811.4	2020.9
(2)家庭经营收入	6200.9	5271.2	5291.8	10737.1
(3)财产性收入	407.2	111.0	137.3	407.1
(4)转移性收入	872.4	599.1	614.2	831.1
2. 纯收入	9585.0	6529.9	5246.7	7790.6
(1)工资性收入	5014.8	2809.5	1811.4	2020.9
(2)家庭经营收入	3444.6	3184.4	2780.8	4669.7
(3)财产性收入	407.2	111.0	137.3	407.1
(4)转移性收入	718.4	425.0	517.2	692.9
3. 现金收入	11687.8	7599.1	6535.9	11810.4
(1)工资性收入	5006.9	2807.3	1809.5	2020.0
(2)家庭经营收入	5465.8	4125.0	4006.2	8825.5
(3)财产性收入	375.1	89.6	113.0	143.3
(4)转移性收入	840.1	577.2	607.3	821.7
二、支出				
1. 总支出	10338.4	7558.3	7279.3	12707.1
(1)家庭经营费用支出	2466.1	1894.3	2202.5	5536.4
(2)购置生产性固定资产支出	196.4	173.0	300.6	740.1
(3)税费支出	19.9	8.2	8.2	8.7
(4)消费支出	6856.3	4786.0	4187.9	5348.6
(5)财产性支出	14.1	11.0	13.0	5.8
(6)转移性支出	785.6	685.9	567.0	1067.5
2. 现金支出	9955.1	6945.9	6355.8	12088.5
(1)家庭经营费用支出	2416.7	1803.6	1914.7	5264.8
(2)购置生产性固定资产支出	196.4	173.0	300.6	740.1
(3)税费支出	19.9	8.1	8.2	8.7
(4)消费支出	6539.9	4267.4	3554.6	5004.3
(5)财产性支出	14.1	11.0	13.0	5.8
(6)转移性支出	768.1	682.8	564.6	1064.7

4-2-2-7　续表 2　　　　　　　　　　　　　　　　　　　　　　　　　　　　单位：元/人

指　　标	东部地区	中部地区	西部地区	东北地区
三、消费支出				
1. 消费支出	6856.3	4786.0	4187.9	5348.6
食品	2667.1	1955.4	1780.3	2028.6
衣着	440.3	302.1	270.2	443.1
居住	1250.3	922.9	771.3	872.6
家庭设备及用品	403.1	315.0	244.1	221.2
交通通信	802.3	430.1	422.4	573.3
文教娱乐	580.5	341.1	269.3	489.4
医疗保健	544.6	400.1	349.3	573.7
其他	168.1	119.4	81.1	146.8
2. 现金消费支出	6539.9	4267.4	3554.6	5004.3
食品	2377.7	1464.0	1177.8	1758.1
衣着	440.1	301.8	269.8	443.1
居住	1223.8	896.3	741.2	799.0
家庭设备及用品	402.9	314.7	243.7	221.1
交通通信	802.3	430.1	422.4	573.3
文教娱乐	580.5	341.1	269.3	489.4
医疗保健	544.6	400.1	349.3	573.7
其他	168.1	119.4	81.1	146.8
3. 现金消费支出占				
消费支出比重(%)	95.4	89.2	84.9	93.6
食品	89.1	74.9	66.2	86.7
衣着	99.9	99.9	99.9	100.0
居住	97.9	97.1	96.1	91.6
家庭设备及用品	100.0	99.9	99.9	100.0
交通通信	100.0	100.0	100.0	100.0
文教娱乐	100.0	100.0	100.0	100.0
医疗保健	100.0	100.0	100.0	100.0
其他	100.0	100.0	100.0	100.0

4-2-2-8　2012年东、中、西部及东北地区农村居民家庭基本情况

指　　标	单　位	东部地区	中部地区	西部地区	东北地区
一、调查户数	户	26630	18850	22270	6000
二、常住人口	人/户	3.6	4.0	4.2	3.3
三、劳动力人数	人/户	2.6	2.9	2.9	2.5
劳动力负担人口	人/劳动力	1.4	1.4	1.5	1.3
四、劳动力文化程度					
1.不识字或识字很少	%	3.8	4.7	8.0	2.1
2.小学程度	%	21.9	23.1	32.0	28.0
3.初中程度	%	54.9	54.9	47.9	61.0
4.高中程度	%	12.2	11.4	7.8	5.6
5.中专程度	%	3.3	2.8	2.2	1.3
6.大专及以上	%	3.9	3.1	2.1	1.9
五、年末生产性					
固定资产原值	元/户	15809.8	11414.4	19969.4	27526.1
六、年内新建(购)住房面积	平方米/人	0.9	1.3	0.9	0.3
#砖木结构面积	平方米/人	0.2	0.2	0.3	0.2
七、年内新建(购)住房价值	元/平方米	1078.5	689.8	775.7	1150.4
八、年末居住住房面积	平方米/人	42.1	41.0	32.2	26.2
#砖木结构面积	平方米/人	19.2	16.1	13.1	21.9
九、年末居住住房价值	元/平方米	985.7	517.0	507.9	764.9
十、经营耕地面积	亩/人	1.1	1.7	2.5	9.0
十一、经营山地面积	亩/人	0.4	0.7	0.5	0.2
十二、主要食品消费量					
粮食	公斤/人	149.1	162.7	179.7	154.6
蔬菜及制品	公斤/人	80.3	93.7	79.1	96.1
食用油	公斤/人	8.1	8.3	6.7	10.3
食糖	公斤/人	1.1	1.4	1.1	0.8
卷烟	盒/人	29.6	27.0	22.5	28.8
水果	公斤/人	18.9	13.8	12.6	23.2
猪肉	公斤/人	14.8	12.3	16.0	12.5
牛肉	公斤/人	0.6	0.4	2.0	0.5
羊肉	公斤/人	0.4	0.1	2.1	0.3
奶及奶制品	公斤/人	6.1	3.0	6.6	3.8
禽类	公斤/人	6.1	3.8	4.0	3.1
蛋及蛋制品	公斤/人	7.9	6.4	3.5	7.5
水产品	公斤/人	10.6	5.0	1.6	4.4

4-2-2-8 续表 1　　单位：元/人

指　　标	东部地区	中部地区	西部地区	东北地区
一、收入				
1. 总收入	13919.2	9829.4	8857.1	15711.0
(1)工资性收入	5791.0	3328.1	2124.4	2377.7
(2)家庭经营收入	6647.0	5703.1	5807.9	11985.5
(3)财产性收入	451.9	113.5	154.9	421.5
(4)转移性收入	1029.4	684.8	770.0	926.4
2. 纯收入	10817.5	7435.2	6026.6	8846.5
(1)工资性收入	5791.0	3328.1	2124.4	2377.7
(2)家庭经营收入	3710.8	3483.1	3083.9	5283.2
(3)财产性收入	451.9	113.5	154.9	421.5
(4)转移性收入	863.8	510.6	663.4	764.2
3. 现金收入	13194.1	8580.7	7511.7	13430.9
(1)工资性收入	5781.5	3326.1	2123.4	2374.0
(2)家庭经营收入	5983.0	4495.3	4489.3	9942.6
(3)财产性收入	438.8	100.2	136.9	198.3
(4)转移性收入	990.9	659.0	762.1	916.1
二、支出				
1. 总支出	11397.4	8462.3	8164.0	14017.6
(1)家庭经营费用支出	2630.0	2021.8	2396.9	6144.0
(2)购置生产性固定资产支出	171.9	206.6	305.9	777.8
(3)税费支出	17.2	6.0	8.2	5.7
(4)消费支出	7683.0	5469.0	4798.4	5941.2
(5)财产性支出	12.8	7.3	9.7	8.9
(6)转移性支出	882.5	751.6	645.0	1139.9
2. 现金支出	11037.8	7865.0	7242.2	13433.0
(1)家庭经营费用支出	2590.7	1947.8	2134.4	5909.4
(2)购置生产性固定资产支出	171.9	206.6	305.9	777.8
(3)税费支出	17.2	6.0	8.0	5.7
(4)消费支出	7379.0	4950.5	4141.1	5594.4
(5)财产性支出	12.8	7.3	9.7	8.9
(6)转移性支出	866.1	746.9	643.0	1136.8

4-2-2-8 续表 2 单位：元/人

指 标	东部地区	中部地区	西部地区	东北地区
三、消费支出				
1. 消费支出	7683.0	5469.0	4798.4	5941.2
食品	2947.5	2119.2	1992.2	2237.3
衣着	498.0	355.0	322.0	517.2
居住	1379.9	1108.1	877.8	848.9
家庭设备及用品	443.5	350.2	272.0	242.6
交通通信	965.8	515.7	503.9	654.7
文教娱乐	647.1	385.6	306.3	555.6
医疗保健	604.7	492.5	419.0	704.0
其他	196.5	142.8	105.0	180.9
2. 现金消费支出	7379.0	4950.5	4141.1	5594.4
食品	2671.1	1629.0	1366.4	1969.7
衣着	497.8	354.7	321.7	517.0
居住	1352.9	1080.3	847.2	770.3
家庭设备及用品	443.2	350.0	271.6	242.2
交通通信	965.8	515.7	503.9	654.7
文教娱乐	647.1	385.6	306.3	555.6
医疗保健	604.7	492.5	419.0	704.0
其他	196.4	142.8	105.0	180.9
3. 现金消费支出占				
消费支出比重(%)	96.0	90.5	86.3	94.2
食品	90.6	76.9	68.6	88.0
衣着	100.0	99.9	99.9	100.0
居住	98.0	97.5	96.5	90.7
家庭设备及用品	99.9	100.0	99.9	99.8
交通通信	100.0	100.0	100.0	100.0
文教娱乐	100.0	100.0	100.0	100.0
医疗保健	100.0	100.0	100.0	100.0
其他	100.0	100.0	99.9	100.0

5

2005-2012 年分地区城镇和农村住户调查收支数据（老口径）

一、分地区城镇居民主要收支数据

5-1-1　2005年分地区城镇居民收入来源

单位：元/人

地　区	可支配收　入	总收入	工薪收入	经营净收入	财产性收入	转移性收入
全　国	**10493.0**	**11320.8**	**7797.5**	**679.6**	**192.9**	**2650.7**
北　京	17653.0	19533.3	13666.3	213.7	190.4	5462.9
天　津	12638.6	13563.3	8174.6	665.5	148.2	4575.0
河　北	9107.1	9616.8	6346.5	643.8	117.5	2509.0
山　西	8913.9	9538.6	7103.5	351.0	136.4	1947.8
内 蒙 古	9136.8	9565.1	6669.5	857.6	161.3	1876.8
辽　宁	9107.6	9837.2	6103.4	486.0	95.6	3152.2
吉　林	8690.6	9123.0	5905.9	712.9	80.7	2423.6
黑 龙 江	8272.5	8722.5	5478.0	858.7	73.0	2312.8
上　海	18645.0	20602.9	14280.7	798.1	292.2	5232.0
江　苏	12318.6	13330.0	8397.2	1028.7	240.4	3663.7
浙　江	16293.8	17877.4	11941.1	1921.8	552.9	3461.6
安　徽	8470.7	9184.6	6425.5	620.7	124.6	2013.7
福　建	12321.3	13407.6	8791.6	839.4	448.0	3328.7
江　西	8619.7	9042.5	6222.6	532.6	81.2	2206.2
山　东	10744.8	11607.8	9026.6	492.1	151.9	1937.3
河　南	8668.0	9146.0	6095.5	660.9	95.8	2293.8
湖　北	8785.9	9395.1	6576.9	419.7	112.3	2286.1
湖　南	9524.0	10106.1	6805.3	872.3	195.6	2232.9
广　东	14769.9	16249.9	12265.0	1043.5	417.3	2524.1
广　西	9286.7	10022.4	6975.4	519.9	176.1	2351.0
海　南	8123.9	8670.2	6071.2	661.6	198.2	1739.2
重　庆	10243.5	11079.2	7848.5	492.4	188.2	2550.0
四　川	8386.0	9003.6	5838.3	515.5	211.4	2438.4
贵　州	8151.1	8385.1	5516.2	790.8	90.3	1987.8
云　南	9265.9	9994.7	6170.9	595.5	428.1	2800.2
西　藏※	9431.2	10659.3	10401.7	43.2	10.4	204.0
陕　西	8272.0	8902.3	6347.8	179.3	135.2	2240.0
甘　肃	8086.8	8738.1	6486.8	373.8	39.6	1837.8
青　海	8057.9	8766.7	5613.8	513.4	62.1	2577.4
宁　夏	8093.6	8744.9	5771.6	956.7	64.4	1952.2
新　疆	7990.2	8693.7	6553.5	522.1	54.5	1563.5

注:2005年及以前城镇住户调查西藏仅调查了拉萨市,2006年开始调查范围扩大到七市县。

5-1-2　2005年分地区城镇居民现金消费支出

单位：元/人

地　区	现金消费支出	一、食品支出	二、衣着支出	三、居住支出
全　国	**7942.9**	**2914.4**	**800.5**	**808.7**
北　京	13244.2	4215.6	1184.1	1039.8
天　津	9653.3	3542.9	698.9	1291.6
河　北	6699.7	2315.8	787.3	762.1
山　西	6342.6	2056.8	933.0	727.9
内蒙古	6928.6	2177.6	1047.9	722.6
辽　宁	7369.3	2861.0	740.8	792.8
吉　林	6794.7	2356.0	826.2	845.5
黑龙江	6178.0	2071.6	878.0	695.2
上　海	13773.4	4940.1	940.5	1412.1
江　苏	8621.8	3205.8	804.2	794.9
浙　江	12253.7	4140.3	1264.1	1059.4
安　徽	6367.7	2781.5	763.5	590.3
福　建	8794.4	3595.2	708.8	1071.9
江　西	6109.4	2495.1	647.8	646.2
山　东	7457.3	2512.7	925.9	751.7
河　南	6038.0	2067.5	806.4	652.0
湖　北	6736.6	2625.4	806.7	683.9
湖　南	7505.0	2689.4	790.7	771.5
广　东	11809.9	4265.2	673.9	1181.4
广　西	7032.8	2906.7	520.0	769.8
海　南	5928.8	2820.0	309.5	585.4
重　庆	8623.3	3135.7	849.5	882.4
四　川	6891.3	2709.7	640.9	705.4
贵　州	6159.3	2458.3	702.9	583.5
云　南	6996.9	2997.1	643.9	543.1
西　藏	8617.1	3830.5	1051.8	517.5
陕　西	6656.5	2401.5	673.1	653.4
甘　肃	6529.2	2352.8	806.3	680.8
青　海	6245.3	2267.4	690.8	666.4
宁　夏	6404.3	2228.6	776.5	711.2
新　疆	6207.5	2257.4	826.0	571.7

5-1-2 续表 单位：元/人

地区	四、家庭设备及用品支出	五、交通通信支出	六、文教娱乐支出	七、医疗保健支出	八、其他支出
全　国	**446.5**	**996.7**	**1097.5**	**600.9**	**277.8**
北　京	852.2	1943.5	2186.6	1295.8	526.8
天　津	524.2	998.0	1283.7	996.4	317.6
河　北	414.5	772.3	795.4	642.7	209.5
山　西	359.4	604.4	932.5	538.7	189.9
内蒙古	394.4	755.5	968.8	533.4	328.4
辽　宁	304.8	744.0	849.5	751.2	325.2
吉　林	279.6	733.5	800.2	675.8	278.0
黑龙江	282.8	597.0	802.5	613.2	237.8
上　海	800.3	1983.7	2272.8	796.8	627.2
江　苏	586.8	1050.9	1287.9	579.3	311.9
浙　江	609.2	2097.4	1849.7	831.8	401.9
安　徽	290.9	676.9	666.4	400.3	197.9
福　建	455.4	1048.7	1107.0	478.4	329.1
江　西	427.0	567.5	805.4	326.5	194.0
山　东	503.4	902.3	1040.0	579.0	242.3
河　南	376.3	636.6	805.1	472.3	221.9
湖　北	371.0	649.9	904.8	499.3	195.6
湖　南	451.0	801.3	1138.7	601.3	261.2
广　东	605.1	2333.1	1669.1	704.9	377.2
广　西	420.7	703.4	998.9	466.0	247.4
海　南	304.1	728.3	652.0	351.1	178.6
重　庆	583.5	929.9	1391.1	629.3	221.9
四　川	422.7	827.7	909.0	442.8	233.0
贵　州	335.7	625.4	811.7	403.4	238.4
云　南	291.2	930.6	775.6	663.0	152.4
西　藏	476.3	1310.0	678.3	338.6	414.3
陕　西	371.8	630.2	1081.9	605.3	239.3
甘　肃	366.2	638.6	942.8	492.2	249.5
青　海	356.5	691.3	803.1	554.1	215.8
宁　夏	417.4	705.7	770.0	535.9	259.0
新　疆	310.0	757.1	741.4	499.2	244.8

5-1-3　2005年分地区城镇居民现金消费支出构成

单位: %

地　区	现金消费支出	一、食品支出	二、衣着支出	三、居住支出
全　国	**100.0**	**36.7**	**10.1**	**10.2**
北　京	100.0	31.8	8.9	7.9
天　津	100.0	36.7	7.2	13.4
河　北	100.0	34.6	11.8	11.4
山　西	100.0	32.4	14.7	11.5
内蒙古	100.0	31.4	15.1	10.4
辽　宁	100.0	38.8	10.1	10.8
吉　林	100.0	34.7	12.2	12.4
黑龙江	100.0	33.5	14.2	11.3
上　海	100.0	35.9	6.8	10.3
江　苏	100.0	37.2	9.3	9.2
浙　江	100.0	33.8	10.3	8.6
安　徽	100.0	43.7	12.0	9.3
福　建	100.0	40.9	8.1	12.2
江　西	100.0	40.8	10.6	10.6
山　东	100.0	33.7	12.4	10.1
河　南	100.0	34.2	13.4	10.8
湖　北	100.0	39.0	12.0	10.2
湖　南	100.0	35.8	10.5	10.3
广　东	100.0	36.1	5.7	10.0
广　西	100.0	41.3	7.4	10.9
海　南	100.0	47.6	5.2	9.9
重　庆	100.0	36.4	9.9	10.2
四　川	100.0	39.3	9.3	10.2
贵　州	100.0	39.9	11.4	9.5
云　南	100.0	42.8	9.2	7.8
西　藏	100.0	44.5	12.2	6.0
陕　西	100.0	36.1	10.1	9.8
甘　肃	100.0	36.0	12.3	10.4
青　海	100.0	36.3	11.1	10.7
宁　夏	100.0	34.8	12.1	11.1
新　疆	100.0	36.4	13.3	9.2

5-1-3　续表　　　　单位：%

地　区	四、家庭设备及用品支出	五、交通通信支出	六、文教娱乐支出	七、医疗保健支出	八、其他支出
全　国	**5.6**	**12.5**	**13.8**	**7.6**	**3.5**
北　京	6.4	14.7	16.5	9.8	4.0
天　津	5.4	10.3	13.3	10.3	3.3
河　北	6.2	11.5	11.9	9.6	3.1
山　西	5.7	9.5	14.7	8.5	3.0
内蒙古	5.7	10.9	14.0	7.7	4.7
辽　宁	4.1	10.1	11.5	10.2	4.4
吉　林	4.1	10.8	11.8	9.9	4.1
黑龙江	4.6	9.7	13.0	9.9	3.8
上　海	5.8	14.4	16.5	5.8	4.6
江　苏	6.8	12.2	14.9	6.7	3.6
浙　江	5.0	17.1	15.1	6.8	3.3
安　徽	4.6	10.6	10.5	6.3	3.1
福　建	5.2	11.9	12.6	5.4	3.7
江　西	7.0	9.3	13.2	5.3	3.2
山　东	6.7	12.1	13.9	7.8	3.2
河　南	6.2	10.5	13.3	7.8	3.7
湖　北	5.5	9.6	13.4	7.4	2.9
湖　南	6.0	10.7	15.2	8.0	3.5
广　东	5.1	19.8	14.1	6.0	3.2
广　西	6.0	10.0	14.2	6.6	3.5
海　南	5.1	12.3	11.0	5.9	3.0
重　庆	6.8	10.8	16.1	7.3	2.6
四　川	6.1	12.0	13.2	6.4	3.4
贵　州	5.4	10.2	13.2	6.5	3.9
云　南	4.2	13.3	11.1	9.5	2.2
西　藏	5.5	15.2	7.9	3.9	4.8
陕　西	5.6	9.5	16.3	9.1	3.6
甘　肃	5.6	9.8	14.4	7.5	3.8
青　海	5.7	11.1	12.9	8.9	3.5
宁　夏	6.5	11.0	12.0	8.4	4.0
新　疆	5.0	12.2	11.9	8.0	3.9

5-1-4　2006年分地区城镇居民收入来源

单位：元/人

地　　区	可支配收　入	总收入	工薪收入	经营净收入	财产性收入	转移性收入
全　　国	**11759.5**	**12719.2**	**8767.0**	**809.6**	**244.0**	**2898.7**
北　　京	19977.5	22417.2	16284.2	236.4	270.5	5626.1
天　　津	14283.1	15476.0	9259.7	743.0	165.1	5308.3
河　　北	10304.6	10887.2	7065.3	779.3	113.5	2929.1
山　　西	10027.7	10793.9	7877.3	377.0	159.4	2380.1
内 蒙 古	10358.0	10811.9	7552.7	955.6	209.8	2093.8
辽　　宁	10369.6	11230.0	6611.4	688.2	146.5	3783.9
吉　　林	9775.1	10245.3	6576.5	786.2	117.3	2765.3
黑 龙 江	9182.3	9721.9	6028.1	1032.1	99.3	2562.4
上　　海	20667.9	22808.6	16016.4	958.5	300.3	5533.4
江　　苏	14084.3	15248.7	9501.4	1259.8	259.6	4227.9
浙　　江	18265.1	19954.0	13015.8	2172.1	888.8	3877.4
安　　徽	9771.1	10574.5	7430.9	680.3	148.3	2315.1
福　　建	13753.3	15102.4	10164.5	956.5	508.7	3472.7
江　　西	9551.1	10014.6	6897.9	653.4	107.0	2356.3
山　　东	12192.2	13222.9	10442.1	558.2	220.7	2002.0
河　　南	9810.3	10339.2	6861.5	770.4	129.7	2577.6
湖　　北	9802.7	10533.3	7573.6	486.9	122.8	2350.1
湖　　南	10504.7	11146.1	7401.7	929.8	287.2	2527.3
广　　东	16015.6	17725.6	13031.3	1339.4	565.5	2789.4
广　　西	9898.8	10624.3	7419.4	890.8	189.8	2124.3
海　　南	9395.1	10081.7	6954.5	727.1	231.2	2168.9
重　　庆	11569.7	12548.9	9266.4	525.2	192.9	2564.4
四　　川	9350.1	10117.0	6676.0	644.0	260.2	2536.8
贵　　州	9116.6	9439.3	6507.1	886.3	120.9	1925.0
云　　南	10069.9	10848.1	6881.4	536.7	467.3	2962.7
西　　藏	8941.1	9540.9	7512.3	389.9	218.0	1420.8
陕　　西	9267.7	9938.2	6958.2	309.0	175.4	2495.5
甘　　肃	8920.6	9586.5	7008.4	403.6	32.1	2142.4
青　　海	9000.4	9803.1	6316.6	564.1	62.9	2859.5
宁　　夏	9177.3	10002.0	6450.8	979.0	89.2	2483.1
新　　疆	8871.3	9689.1	7490.7	594.8	58.4	1545.2

5-1-5　2006年分地区城镇居民现金消费支出

单位：元/人

地　区	现金消费支出	一、食品支出	二、衣着支出	三、居住支出
全　国	**8696.6**	**3111.9**	**901.8**	**904.2**
北　京	14825.4	4560.5	1442.4	1212.9
天　津	10548.1	3680.2	864.9	1368.2
河　北	7343.5	2492.3	849.6	864.9
山　西	7170.9	2252.5	1016.7	830.4
内蒙古	7666.6	2323.6	1168.9	802.3
辽　宁	7987.5	3102.1	846.9	909.4
吉　林	7352.6	2457.2	907.6	985.0
黑龙江	6655.4	2215.7	971.4	755.3
上　海	14761.8	5249.0	1026.9	1435.7
江　苏	9628.6	3462.7	886.8	997.5
浙　江	13348.5	4393.4	1383.6	1229.3
安　徽	7294.7	3091.3	869.6	694.2
福　建	9807.7	3854.3	784.7	1233.5
江　西	6645.5	2636.9	725.7	742.9
山　东	8468.4	2711.7	1091.2	838.2
河　南	6685.2	2215.3	919.3	737.0
湖　北	7397.3	2868.4	877.0	752.6
湖　南	8169.3	2850.9	868.2	871.7
广　东	12432.2	4503.9	719.3	1254.7
广　西	6792.0	2857.4	477.7	826.9
海　南	7126.8	3097.7	375.4	743.6
重　庆	9398.7	3415.9	1039.0	954.6
四　川	7524.8	2838.2	754.9	728.4
贵　州	6848.4	2649.0	832.7	627.2
云　南	7379.8	3102.5	745.1	585.4
西　藏	6192.6	3107.9	734.8	612.7
陕　西	7553.3	2588.9	768.5	746.6
甘　肃	6974.2	2408.4	854.0	716.4
青　海	6530.1	2366.4	725.0	653.0
宁　夏	7205.6	2445.0	874.4	891.0
新　疆	6730.0	2387.0	953.0	698.7

5-1-5 续表 单位：元/人

地区	四、家庭设备及用品支出	五、交通通信支出	六、文教娱乐支出	七、医疗保健支出	八、其他支出
全　国	**498.5**	**1147.1**	**1203.0**	**620.5**	**309.5**
北　京	977.5	2173.3	2514.8	1322.4	621.7
天　津	634.4	1092.9	1452.2	1049.3	406.0
河　北	460.3	875.4	827.7	737.4	235.9
山　西	441.8	825.2	1007.9	590.0	206.5
内蒙古	464.6	928.5	1052.7	555.0	371.2
辽　宁	362.1	797.6	853.9	767.1	348.2
吉　林	318.7	815.0	890.2	671.4	307.6
黑龙江	319.4	665.0	843.9	634.3	250.4
上　海	877.6	2332.8	2431.7	762.9	645.1
江　苏	647.5	1203.5	1467.4	600.7	362.6
浙　江	615.5	2492.0	1946.2	852.3	436.4
安　徽	337.0	788.3	869.2	441.4	203.8
福　建	525.7	1232.7	1321.3	513.6	342.0
江　西	451.3	600.2	894.6	357.0	236.9
山　东	526.3	1175.6	1202.0	624.1	299.5
河　南	431.0	762.1	847.1	520.6	252.8
湖　北	401.2	763.1	997.7	517.2	220.1
湖　南	513.6	965.1	1182.2	632.5	285.0
广　东	633.0	2394.7	1813.9	707.9	405.0
广　西	360.6	785.0	850.9	401.1	232.4
海　南	405.8	1154.9	791.2	369.3	188.8
重　庆	615.7	976.0	1449.5	705.7	242.3
四　川	505.8	1009.4	976.3	449.9	261.9
贵　州	446.5	775.1	938.4	329.8	249.7
云　南	335.1	1076.9	754.7	600.1	180.1
西　藏	211.1	694.2	359.3	221.7	250.8
陕　西	478.6	824.5	1280.1	612.3	253.8
甘　肃	403.8	703.1	1034.4	562.7	291.5
青　海	420.3	753.1	793.7	542.9	275.7
宁　夏	480.7	774.6	846.7	578.8	314.5
新　疆	364.1	765.7	819.7	472.4	269.5

5-1-6 2006年分地区城镇居民现金消费支出构成

单位：%

地　区	现金消费支出	一、食品支出	二、衣着支出	三、居住支出
全　国	**100.0**	**35.8**	**10.4**	**10.4**
北　京	100.0	30.8	9.7	8.2
天　津	100.0	34.9	8.2	13.0
河　北	100.0	33.9	11.6	11.8
山　西	100.0	31.4	14.2	11.6
内蒙古	100.0	30.3	15.2	10.5
辽　宁	100.0	38.8	10.6	11.4
吉　林	100.0	33.4	12.3	13.4
黑龙江	100.0	33.3	14.6	11.3
上　海	100.0	35.6	7.0	9.7
江　苏	100.0	36.0	9.2	10.4
浙　江	100.0	32.9	10.4	9.2
安　徽	100.0	42.4	11.9	9.5
福　建	100.0	39.3	8.0	12.6
江　西	100.0	39.7	10.9	11.2
山　东	100.0	32.0	12.9	9.9
河　南	100.0	33.1	13.8	11.0
湖　北	100.0	38.8	11.9	10.2
湖　南	100.0	34.9	10.6	10.7
广　东	100.0	36.2	5.8	10.1
广　西	100.0	42.1	7.0	12.2
海　南	100.0	43.5	5.3	10.4
重　庆	100.0	36.3	11.1	10.2
四　川	100.0	37.7	10.0	9.7
贵　州	100.0	38.7	12.2	9.2
云　南	100.0	42.0	10.1	7.9
西　藏	100.0	50.2	11.9	9.9
陕　西	100.0	34.3	10.2	9.9
甘　肃	100.0	34.5	12.2	10.3
青　海	100.0	36.2	11.1	10.0
宁　夏	100.0	33.9	12.1	12.4
新　疆	100.0	35.5	14.2	10.4

5-1-6 续表 单位：%

地　　区	四、家庭设备及用品支出	五、交通通信支出	六、文教娱乐支出	七、医疗保健支出	八、其他支出
全　　国	**5.7**	**13.2**	**13.8**	**7.1**	**3.6**
北　　京	6.6	14.7	17.0	8.9	4.2
天　　津	6.0	10.4	13.8	9.9	3.8
河　　北	6.3	11.9	11.3	10.0	3.2
山　　西	6.2	11.5	14.1	8.2	2.9
内 蒙 古	6.1	12.1	13.7	7.2	4.8
辽　　宁	4.5	10.0	10.7	9.6	4.4
吉　　林	4.3	11.1	12.1	9.1	4.2
黑 龙 江	4.8	10.0	12.7	9.5	3.8
上　　海	5.9	15.8	16.5	5.2	4.4
江　　苏	6.7	12.5	15.2	6.2	3.8
浙　　江	4.6	18.7	14.6	6.4	3.3
安　　徽	4.6	10.8	11.9	6.1	2.8
福　　建	5.4	12.6	13.5	5.2	3.5
江　　西	6.8	9.0	13.5	5.4	3.6
山　　东	6.2	13.9	14.2	7.4	3.5
河　　南	6.4	11.4	12.7	7.8	3.8
湖　　北	5.4	10.3	13.5	7.0	3.0
湖　　南	6.3	11.8	14.5	7.7	3.5
广　　东	5.1	19.3	14.6	5.7	3.3
广　　西	5.3	11.6	12.5	5.9	3.4
海　　南	5.7	16.2	11.1	5.2	2.6
重　　庆	6.6	10.4	15.4	7.5	2.6
四　　川	6.7	13.4	13.0	6.0	3.5
贵　　州	6.5	11.3	13.7	4.8	3.6
云　　南	4.5	14.6	10.2	8.1	2.4
西　　藏	3.4	11.2	5.8	3.6	4.1
陕　　西	6.3	10.9	16.9	8.1	3.4
甘　　肃	5.8	10.1	14.8	8.1	4.2
青　　海	6.4	11.5	12.2	8.3	4.2
宁　　夏	6.7	10.7	11.8	8.0	4.4
新　　疆	5.4	11.4	12.2	7.0	4.0

5-1-7 2007年分地区城镇居民收入来源

单位：元/人

地 区	可支配收 入	总收入	工薪收入	经营净收入	财产性收入	转移性收入
全 国	**13785.8**	**14908.6**	**10234.8**	**940.7**	**348.5**	**3384.6**
北 京	21988.7	24575.6	17318.7	298.5	530.8	6427.5
天 津	16357.4	17828.2	10882.2	800.8	233.0	5912.1
河 北	11690.5	12336.0	8325.7	649.8	163.8	3196.7
山 西	11565.0	12468.4	9057.8	431.1	187.5	2792.1
内蒙古	12377.8	12977.1	9300.6	1037.0	303.9	2335.6
辽 宁	12300.4	13438.4	8213.1	765.3	263.7	4196.3
吉 林	11285.5	11798.6	7641.2	741.5	131.8	3284.1
黑龙江	10245.3	10882.2	6946.0	919.7	98.3	2918.3
上 海	23622.7	26101.5	18996.6	1157.6	368.8	5578.6
江 苏	16378.0	17686.5	10791.2	1502.1	402.9	4990.4
浙 江	20573.8	22583.8	14509.7	2611.9	1080.3	4382.0
安 徽	11473.6	12499.3	8684.0	688.3	249.8	2877.3
福 建	15506.1	16983.3	11175.3	1208.8	739.9	3859.3
江 西	11451.7	11984.0	8411.7	655.3	155.5	2761.4
山 东	14264.7	15366.3	11814.2	730.2	304.7	2517.2
河 南	11477.1	12083.0	8058.8	819.3	159.6	3045.2
湖 北	11485.8	12382.9	8809.8	602.2	217.9	2753.1
湖 南	12293.5	12997.9	8612.5	975.1	388.2	3022.1
广 东	17699.3	19618.9	14659.4	1331.5	649.4	2978.5
广 西	12200.4	13182.6	9075.2	890.8	449.4	2767.2
海 南	10996.9	11792.1	8113.0	695.8	283.0	2700.2
重 庆	12590.8	13441.2	9717.5	654.8	230.4	2838.5
四 川	11098.3	12009.8	8147.3	755.2	297.5	2809.8
贵 州	10678.4	11066.4	7750.2	764.6	161.3	2390.3
云 南	11496.1	12296.4	8019.7	686.2	476.8	3113.8
西 藏	11130.9	11951.7	10370.4	280.7	254.4	1046.1
陕 西	10763.3	11482.1	8292.4	280.1	121.0	2788.7
甘 肃	10012.3	10859.7	8140.7	494.1	71.4	2153.6
青 海	10276.1	11428.3	7849.4	542.9	66.6	2969.3
宁 夏	10859.3	11793.1	7667.8	1182.9	147.4	2795.0
新 疆	10313.4	11303.0	9012.2	606.3	68.0	1616.5

5-1-8 2007年分地区城镇居民现金消费支出

单位: 元/人

地　区	现金消费支出	一、食品支出	二、衣着支出	三、居住支出
全　国	**9997.5**	**3628.0**	**1042.0**	**982.3**
北　京	15330.4	4934.1	1512.9	1246.2
天　津	12028.9	4249.3	1024.2	1417.5
河　北	8235.0	2789.9	975.9	917.2
山　西	8101.8	2600.4	1064.6	991.8
内蒙古	9281.5	2824.9	1396.9	941.8
辽　宁	9429.7	3560.2	1017.7	1047.0
吉　林	8560.3	2842.7	1127.1	1062.5
黑龙江	7519.3	2633.2	1021.5	784.5
上　海	17255.4	6125.5	1330.1	1412.1
江　苏	10715.2	3928.7	990.0	1020.1
浙　江	14091.2	4892.6	1406.2	1168.1
安　徽	8531.9	3384.4	906.5	850.2
福　建	11055.1	4296.2	940.7	1261.2
江　西	7810.7	3192.6	915.1	728.8
山　东	9666.6	3180.6	1238.3	1027.6
河　南	7826.7	2707.4	1053.1	795.4
湖　北	8701.2	3456.0	1046.6	857.0
湖　南	8990.7	3243.9	1017.6	869.6
广　东	14336.9	5056.7	814.6	1444.9
广　西	8151.3	3398.1	656.7	803.0
海　南	8292.9	3546.7	452.9	819.0
重　庆	9890.3	3674.3	1171.2	968.5
四　川	8692.0	3580.1	949.7	690.3
贵　州	7758.7	3122.5	910.3	718.7
云　南	7921.8	3562.3	859.7	673.1
西　藏	7532.1	3836.5	880.1	628.4
陕　西	8427.1	3063.7	910.3	831.3
甘　肃	7875.8	2824.4	939.9	768.3
青　海	7512.4	2803.5	898.5	641.9
宁　夏	7817.3	2760.7	994.5	910.7
新　疆	7874.3	2760.7	1183.7	737.0

5-1-8 续表

单位：元/人

地区	四、家庭设备及用品支出	五、交通通信支出	六、文教娱乐支出	七、医疗保健支出	八、其他支出
全国	**601.8**	**1357.4**	**1329.2**	**699.1**	**357.7**
北京	981.1	2328.5	2384.0	1294.1	649.7
天津	760.6	1309.9	1639.8	1164.0	463.6
河北	546.8	1010.5	895.1	833.5	266.2
山西	477.7	1028.0	1054.1	640.2	245.1
内蒙古	561.7	1123.8	1245.1	719.1	468.2
辽宁	439.3	1033.4	1052.9	879.1	400.2
吉林	407.4	873.9	997.8	854.8	394.3
黑龙江	355.7	746.0	938.2	729.6	310.7
上海	959.5	3153.7	2653.7	857.1	763.8
江苏	707.3	1303.0	1699.3	689.4	377.4
浙江	666.0	2473.4	2158.3	859.1	467.5
安徽	465.7	891.4	1170.0	554.4	309.3
福建	645.4	1606.9	1426.3	502.4	376.0
江西	587.4	733.0	973.4	385.9	294.6
山东	661.0	1333.6	1191.2	708.6	325.6
河南	549.1	858.3	936.6	626.6	300.2
湖北	550.2	903.0	1120.3	525.3	242.8
湖南	603.2	986.9	1285.2	668.5	315.8
广东	853.2	2966.1	1994.9	752.5	454.1
广西	491.0	932.9	1050.0	542.1	277.4
海南	520.0	1401.9	837.8	503.8	210.9
重庆	706.8	1118.8	1237.4	749.5	264.0
四川	562.0	1074.9	1031.8	511.8	291.3
贵州	463.6	895.0	1036.0	354.5	258.2
云南	280.6	1034.7	705.5	631.7	174.2
西藏	271.3	866.3	441.0	272.8	335.7
陕西	513.1	866.8	1230.7	678.4	332.8
甘肃	505.2	861.5	1058.7	564.3	353.7
青海	484.7	785.3	953.9	613.2	331.4
宁夏	480.8	859.0	863.4	646.0	302.2
新疆	475.2	890.3	896.8	598.8	331.8

5-1-9 2007年分地区城镇居民现金消费支出构成

单位: %

地 区	现金消费支出	一、食品支出	二、衣着支出	三、居住支出
全 国	**100.0**	**36.3**	**10.4**	**9.8**
北 京	100.0	32.2	9.9	8.1
天 津	100.0	35.3	8.5	11.8
河 北	100.0	33.9	11.9	11.1
山 西	100.0	32.1	13.1	12.2
内 蒙 古	100.0	30.4	15.1	10.1
辽 宁	100.0	37.8	10.8	11.1
吉 林	100.0	33.2	13.2	12.4
黑 龙 江	100.0	35.0	13.6	10.4
上 海	100.0	35.5	7.7	8.2
江 苏	100.0	36.7	9.2	9.5
浙 江	100.0	34.7	10.0	8.3
安 徽	100.0	39.7	10.6	10.0
福 建	100.0	38.9	8.5	11.4
江 西	100.0	40.9	11.7	9.3
山 东	100.0	32.9	12.8	10.6
河 南	100.0	34.6	13.5	10.2
湖 北	100.0	39.7	12.0	9.8
湖 南	100.0	36.1	11.3	9.7
广 东	100.0	35.3	5.7	10.1
广 西	100.0	41.7	8.1	9.9
海 南	100.0	42.8	5.5	9.9
重 庆	100.0	37.2	11.8	9.8
四 川	100.0	41.2	10.9	7.9
贵 州	100.0	40.2	11.7	9.3
云 南	100.0	45.0	10.9	8.5
西 藏	100.0	50.9	11.7	8.3
陕 西	100.0	36.4	10.8	9.9
甘 肃	100.0	35.9	11.9	9.8
青 海	100.0	37.3	12.0	8.5
宁 夏	100.0	35.3	12.7	11.6
新 疆	100.0	35.1	15.0	9.4

5-1-9 续表

单位：%

地 区	四、家庭设备及用品支出	五、交通通信支出	六、文教娱乐支出	七、医疗保健支出	八、其他支出
全 国	**6.0**	**13.6**	**13.3**	**7.0**	**3.6**
北 京	6.4	15.2	15.6	8.4	4.2
天 津	6.3	10.9	13.6	9.7	3.9
河 北	6.6	12.3	10.9	10.1	3.2
山 西	5.9	12.7	13.0	7.9	3.0
内蒙古	6.1	12.1	13.4	7.7	5.0
辽 宁	4.7	11.0	11.2	9.3	4.2
吉 林	4.8	10.2	11.7	10.0	4.6
黑龙江	4.7	9.9	12.5	9.7	4.1
上 海	5.6	18.3	15.4	5.0	4.4
江 苏	6.6	12.2	15.9	6.4	3.5
浙 江	4.7	17.6	15.3	6.1	3.3
安 徽	5.5	10.4	13.7	6.5	3.6
福 建	5.8	14.5	12.9	4.5	3.4
江 西	7.5	9.4	12.5	4.9	3.8
山 东	6.8	13.8	12.3	7.3	3.4
河 南	7.0	11.0	12.0	8.0	3.8
湖 北	6.3	10.4	12.9	6.0	2.8
湖 南	6.7	11.0	14.3	7.4	3.5
广 东	6.0	20.7	13.9	5.2	3.2
广 西	6.0	11.4	12.9	6.7	3.4
海 南	6.3	16.9	10.1	6.1	2.5
重 庆	7.1	11.3	12.5	7.6	2.7
四 川	6.5	12.4	11.9	5.9	3.4
贵 州	6.0	11.5	13.4	4.6	3.3
云 南	3.5	13.1	8.9	8.0	2.2
西 藏	3.6	11.5	5.9	3.6	4.5
陕 西	6.1	10.3	14.6	8.1	3.9
甘 肃	6.4	10.9	13.4	7.2	4.5
青 海	6.5	10.5	12.7	8.2	4.4
宁 夏	6.2	11.0	11.0	8.3	3.9
新 疆	6.0	11.3	11.4	7.6	4.2

5-1-10 2008年分地区城镇居民收入来源

单位：元/人

地 区	可支配收入	总收入	工薪收入	经营净收入	财产性收入	转移性收入
全 国	**15780.8**	**17067.8**	**11299.0**	**1453.6**	**387.0**	**3928.2**
北 京	24724.9	27677.9	18739.0	778.4	452.8	7707.9
天 津	19422.5	21174.0	12849.7	863.5	256.9	7203.9
河 北	13441.1	14141.4	8891.5	1078.7	224.9	3946.4
山 西	13119.1	13859.0	9019.4	983.2	202.3	3654.1
内蒙古	14432.6	15195.4	10284.4	1555.3	324.6	3031.1
辽 宁	14392.7	15836.3	9494.6	1483.3	248.0	4610.3
吉 林	12829.5	13606.0	8677.3	1154.1	97.7	3676.9
黑龙江	11581.3	12264.1	7393.4	1241.4	122.8	3506.5
上 海	26674.9	29759.1	21791.1	1399.1	369.1	6199.8
江 苏	18679.5	20175.6	12319.9	1999.6	307.3	5548.8
浙 江	22726.7	24980.8	15538.8	3161.9	1324.9	4955.1
安 徽	12990.4	14159.5	9302.4	959.4	293.9	3603.7
福 建	17961.5	19686.2	12668.8	2185.1	952.9	3879.3
江 西	12866.4	13463.6	9106.0	1106.3	265.4	2986.0
山 东	16305.4	17549.0	12940.6	1194.4	346.9	3067.1
河 南	13231.1	13907.8	9043.5	1162.0	156.5	3545.9
湖 北	13152.9	14174.3	9474.8	1114.7	244.1	3340.7
湖 南	13821.2	14577.3	9071.0	1575.1	316.5	3614.7
广 东	19732.9	21678.5	15188.4	2405.9	701.3	3383.0
广 西	14146.0	15393.2	10321.2	1314.4	441.2	3316.4
海 南	12607.8	13598.6	8999.8	1311.4	396.9	2890.6
重 庆	14367.6	15217.7	10957.6	788.3	205.9	3265.9
四 川	12633.4	13685.1	9117.0	1040.1	262.9	3265.1
贵 州	11758.8	12185.6	7811.2	770.9	110.9	3492.7
云 南	13250.2	14118.0	8596.9	1166.0	849.5	3505.7
西 藏	12481.5	13647.5	12314.7	303.3	138.1	891.4
陕 西	12857.9	13847.1	9794.8	544.0	151.5	3356.9
甘 肃	10969.4	11669.3	8354.6	638.8	65.3	2610.6
青 海	11640.4	12867.3	8595.5	763.1	50.2	3458.6
宁 夏	12931.5	14118.6	8793.5	1856.9	182.7	3285.5
新 疆	11432.1	12478.6	9422.2	938.2	141.8	1976.5

5-1-11 2008年分地区城镇居民现金消费支出

单位：元/人

地 区	现金消费支出	一、食品支出	二、衣着支出	三、居住支出
全 国	**11242.9**	**4259.8**	**1165.9**	**1145.4**
北 京	16460.3	5561.5	1571.7	1286.3
天 津	13422.5	5005.1	1153.7	1528.3
河 北	9086.7	3155.4	1137.2	1097.4
山 西	8806.6	2974.8	1137.7	1250.9
内蒙古	10828.6	3553.5	1616.6	1028.2
辽 宁	11231.5	4378.1	1187.4	1271.0
吉 林	9729.1	3307.1	1259.6	1285.3
黑龙江	8623.0	3128.1	1217.0	941.3
上 海	19397.9	7108.6	1520.6	1646.2
江 苏	11977.6	4544.6	1166.9	1042.1
浙 江	15158.3	5522.6	1546.5	1333.7
安 徽	9524.0	3905.1	1010.6	988.1
福 建	12501.1	5078.9	1105.3	1300.1
江 西	8717.4	3633.1	969.6	851.2
山 东	11006.6	3699.4	1394.1	1247.0
河 南	8837.5	3079.8	1141.8	963.6
湖 北	9477.5	3996.3	1099.2	914.3
湖 南	9945.5	3970.4	1090.7	960.8
广 东	15528.0	5866.9	975.1	1748.2
广 西	9627.4	4083.0	772.3	891.3
海 南	9408.5	4226.9	491.8	1106.4
重 庆	11146.8	4418.3	1294.3	1096.8
四 川	9679.1	4255.5	1042.5	819.3
贵 州	8349.2	3597.9	851.5	836.5
云 南	9076.6	4272.3	1026.5	739.2
西 藏	8323.5	4262.8	1011.8	634.9
陕 西	9772.1	3586.1	1047.6	1007.7
甘 肃	8308.6	3183.8	1022.6	846.3
青 海	8192.6	3315.9	945.1	802.7
宁 夏	9558.3	3352.8	1178.9	1069.2
新 疆	8669.4	3235.8	1245.0	781.9

5-1-11 续表 单位：元/人

地　区	四、家庭设备及用品支出	五、交通通信支出	六、文教娱乐支出	七、医疗保健支出	八、其他支出
全　国	**691.8**	**1417.1**	**1358.3**	**786.2**	**418.3**
北　京	1096.6	2293.2	2383.5	1563.1	704.2
天　津	817.2	1567.9	1609.0	1220.9	520.5
河　北	574.8	1062.3	946.4	808.9	304.3
山　西	471.7	931.3	1041.9	769.8	228.5
内蒙古	672.6	1191.7	1383.5	869.7	512.8
辽　宁	507.4	1295.7	1145.5	913.1	533.3
吉　林	510.5	955.0	1071.8	914.5	425.3
黑龙江	494.5	749.1	906.2	864.9	322.0
上　海	1182.2	3373.2	2874.5	755.3	937.2
江　苏	813.5	1358.0	1799.8	794.6	458.1
浙　江	713.3	2392.6	2195.6	933.1	521.0
安　徽	579.6	920.8	1160.1	633.9	325.8
福　建	722.2	1777.1	1453.2	540.6	523.8
江　西	623.2	872.6	946.0	484.0	337.9
山　东	806.4	1410.5	1277.4	799.8	372.0
河　南	633.3	915.1	989.0	790.9	324.0
湖　北	604.4	890.1	1037.2	675.3	260.7
湖　南	674.8	971.1	1110.1	791.0	376.6
广　东	947.5	2623.1	1936.4	836.4	594.5
广　西	603.8	1376.0	1081.5	529.4	290.0
海　南	565.5	1303.5	930.9	536.4	247.1
重　庆	842.1	1044.4	1267.0	878.3	305.6
四　川	590.5	1121.5	947.0	564.9	338.0
贵　州	525.7	871.2	934.7	471.4	260.3
云　南	331.9	1216.5	733.0	606.9	150.4
西　藏	310.2	966.7	419.6	317.1	400.4
陕　西	618.2	967.5	1281.6	862.7	400.7
甘　肃	546.2	817.2	936.3	654.8	301.4
青　海	538.5	787.6	880.9	610.0	311.7
宁　夏	596.8	1096.3	1043.7	816.9	403.7
新　疆	535.3	1003.9	812.4	643.5	411.6

5-1-12　2008年分地区城镇居民现金消费支出构成

单位: %

地　区	现金消费支出	一、食品支出	二、衣着支出	三、居住支出
全　国	**100.0**	**37.9**	**10.4**	**10.2**
北　京	100.0	33.8	9.5	7.8
天　津	100.0	37.3	8.6	11.4
河　北	100.0	34.7	12.5	12.1
山　西	100.0	33.8	12.9	14.2
内 蒙 古	100.0	32.8	14.9	9.5
辽　宁	100.0	39.0	10.6	11.3
吉　林	100.0	34.0	12.9	13.2
黑 龙 江	100.0	36.3	14.1	10.9
上　海	100.0	36.6	7.8	8.5
江　苏	100.0	37.9	9.7	8.7
浙　江	100.0	36.4	10.2	8.8
安　徽	100.0	41.0	10.6	10.4
福　建	100.0	40.6	8.8	10.4
江　西	100.0	41.7	11.1	9.8
山　东	100.0	33.6	12.7	11.3
河　南	100.0	34.8	12.9	10.9
湖　北	100.0	42.2	11.6	9.6
湖　南	100.0	39.9	11.0	9.7
广　东	100.0	37.8	6.3	11.3
广　西	100.0	42.4	8.0	9.3
海　南	100.0	44.9	5.2	11.8
重　庆	100.0	39.6	11.6	9.8
四　川	100.0	44.0	10.8	8.5
贵　州	100.0	43.1	10.2	10.0
云　南	100.0	47.1	11.3	8.1
西　藏	100.0	51.2	12.2	7.6
陕　西	100.0	36.7	10.7	10.3
甘　肃	100.0	38.3	12.3	10.2
青　海	100.0	40.5	11.5	9.8
宁　夏	100.0	35.1	12.3	11.2
新　疆	100.0	37.3	14.4	9.0

5-1-12 续表　　　　　　　　　　　　　　　　　　　　　　　　　　　单位：%

地　区	四、家庭设备及用品支出	五、交通通信支出	六、文教娱乐支出	七、医疗保健支出	八、其他支出
全　国	**6.2**	**12.6**	**12.1**	**7.0**	**3.7**
北　京	6.7	13.9	14.5	9.5	4.3
天　津	6.1	11.7	12.0	9.1	3.9
河　北	6.3	11.7	10.4	8.9	3.3
山　西	5.4	10.6	11.8	8.7	2.6
内蒙古	6.2	11.0	12.8	8.0	4.7
辽　宁	4.5	11.5	10.2	8.1	4.7
吉　林	5.2	9.8	11.0	9.4	4.4
黑龙江	5.7	8.7	10.5	10.0	3.7
上　海	6.1	17.4	14.8	3.9	4.8
江　苏	6.8	11.3	15.0	6.6	3.8
浙　江	4.7	15.8	14.5	6.2	3.4
安　徽	6.1	9.7	12.2	6.7	3.4
福　建	5.8	14.2	11.6	4.3	4.2
江　西	7.1	10.0	10.9	5.6	3.9
山　东	7.3	12.8	11.6	7.3	3.4
河　南	7.2	10.4	11.2	8.9	3.7
湖　北	6.4	9.4	10.9	7.1	2.8
湖　南	6.8	9.8	11.2	8.0	3.8
广　东	6.1	16.9	12.5	5.4	3.8
广　西	6.3	14.3	11.2	5.5	3.0
海　南	6.0	13.9	9.9	5.7	2.6
重　庆	7.6	9.4	11.4	7.9	2.7
四　川	6.1	11.6	9.8	5.8	3.5
贵　州	6.3	10.4	11.2	5.6	3.1
云　南	3.7	13.4	8.1	6.7	1.7
西　藏	3.7	11.6	5.0	3.8	4.8
陕　西	6.3	9.9	13.1	8.8	4.1
甘　肃	6.6	9.8	11.3	7.9	3.6
青　海	6.6	9.6	10.8	7.4	3.8
宁　夏	6.2	11.5	10.9	8.5	4.2
新　疆	6.2	11.6	9.4	7.4	4.7

5-1-13 2009年分地区城镇居民收入来源

单位：元/人

地　区	可支配收入	总收入	工薪收入	经营净收入	财产性收入	转移性收入
全　国	**17174.7**	**18858.1**	**12382.1**	**1528.7**	**431.8**	**4515.5**
北　京	26738.5	30673.7	21105.6	1095.5	586.7	7885.9
天　津	21402.0	23565.7	14389.1	847.2	305.3	8024.0
河　北	14718.3	15675.8	9830.6	977.2	193.7	4674.2
山　西	13996.6	14983.2	9741.4	944.4	252.4	4045.0
内蒙古	15849.2	16951.4	11267.4	1737.0	363.8	3583.1
辽　宁	15761.4	17757.7	10420.6	1553.2	239.8	5544.1
吉　林	14006.3	15155.2	9482.1	1307.3	145.7	4220.0
黑龙江	12566.0	13689.9	8356.7	1224.3	88.9	4020.0
上　海	28837.8	32403.0	23172.4	1434.9	473.4	7322.3
江　苏	20551.7	22494.9	13480.7	2139.8	381.7	6492.7
浙　江	24610.8	27119.3	16701.0	3294.5	1414.5	5709.3
安　徽	14085.7	15691.9	10362.4	1023.5	272.9	4033.2
福　建	19576.8	21692.4	14211.5	2055.0	1172.8	4253.2
江　西	14021.5	15047.2	9789.8	1153.5	239.8	3864.1
山　东	17811.0	19336.9	13985.8	1379.0	412.8	3559.3
河　南	14371.6	15408.0	9910.5	1202.7	164.9	4130.1
湖　北	14367.5	15698.1	10331.5	1232.3	296.6	3837.7
湖　南	15084.3	16078.1	9854.1	1744.4	419.2	4060.5
广　东	21574.7	24116.5	16898.9	2459.8	736.6	4021.2
广　西	15451.5	17032.9	11193.6	1385.9	493.4	3960.1
海　南	13750.9	14909.3	9678.7	1531.7	424.5	3274.5
重　庆	15748.7	16990.3	11824.0	1018.8	254.0	3893.6
四　川	13839.4	15323.8	10132.4	1132.1	305.4	3753.8
贵　州	12862.5	13793.4	9005.6	1135.1	134.3	3518.4
云　南	14423.9	15680.3	9641.7	1092.3	1043.9	3902.4
西　藏	13544.4	14979.0	13326.4	378.1	218.3	1056.2
陕　西	14128.8	15311.3	10775.4	544.3	152.3	3839.3
甘　肃	11929.8	12918.0	9182.2	690.4	59.5	2985.9
青　海	12691.9	14150.3	9341.3	835.5	45.7	3927.8
宁　夏	14024.7	15550.8	9597.1	2036.1	281.2	3636.4
新　疆	12257.5	13602.2	10232.9	974.6	115.8	2278.9

5-1-14 2009年分地区城镇居民现金消费支出

单位: 元/人

地　区	现金消费支出	一、食品支出	二、衣着支出	三、居住支出
全　国	**12264.6**	**4478.5**	**1284.2**	**1228.9**
北　京	17893.3	5936.1	1795.7	1290.2
天　津	14801.4	5404.5	1362.6	1505.7
河　北	9678.8	3250.8	1190.2	1142.8
山　西	9355.1	3071.9	1162.0	1319.5
内蒙古	12369.9	3772.6	1857.2	1246.2
辽　宁	12324.6	4680.9	1338.8	1293.0
吉　林	10914.4	3637.3	1419.1	1394.9
黑龙江	9629.6	3397.4	1403.7	1026.8
上　海	20992.4	7344.8	1593.1	1913.2
江　苏	13153.0	4773.7	1298.0	1148.9
浙　江	16683.5	5604.7	1614.7	1485.9
安　徽	10234.0	4051.4	1080.1	1219.8
福　建	13450.6	5336.4	1171.9	1394.9
江　西	9740.0	3881.6	1053.0	935.4
山　东	12012.7	3954.3	1548.8	1280.0
河　南	9567.0	3272.8	1270.7	1004.4
湖　北	10294.1	4160.5	1210.3	999.5
湖　南	10828.2	4174.6	1146.3	1074.7
广　东	16857.5	6225.2	1064.3	1814.0
广　西	10352.4	4129.6	855.6	1021.1
海　南	10086.7	4507.8	581.7	1000.3
重　庆	12144.1	4576.2	1503.5	1120.6
四　川	10860.2	4391.7	1178.4	973.0
贵　州	9048.3	3755.6	1012.1	747.6
云　南	10201.8	4460.6	1102.1	943.7
西　藏	9034.3	4581.6	1086.4	689.8
陕　西	10705.7	3988.6	1210.0	1018.2
甘　肃	8890.8	3359.3	1169.7	801.2
青　海	8786.5	3548.9	1043.4	790.5
宁　夏	10280.0	3432.2	1260.6	1128.1
新　疆	9327.6	3386.3	1357.1	856.8

5-1-14 续表 单位：元/人

地 区	四、家庭设备及用品支出	五、交通通信支出	六、文教娱乐支出	七、医疗保健支出	八、其他支出
全 国	**786.9**	**1682.6**	**1472.8**	**856.4**	**474.2**
北 京	1225.7	2767.9	2655.0	1389.5	833.3
天 津	911.9	1968.4	1740.9	1273.4	634.1
河 北	628.5	1151.2	982.2	971.3	361.8
山 西	563.8	1095.8	1070.6	789.9	281.6
内蒙古	797.8	1557.0	1504.4	992.7	642.0
辽 宁	607.5	1493.2	1283.7	1018.4	609.1
吉 林	543.7	1305.5	1028.1	1120.4	465.4
黑龙江	547.9	922.8	956.9	978.8	395.4
上 海	1365.4	3498.7	3139.0	1002.1	1136.1
江 苏	923.3	1721.9	1968.0	808.4	510.9
浙 江	829.0	3290.6	2295.3	984.6	578.7
安 徽	589.7	1013.4	1225.4	716.9	337.4
福 建	859.1	1993.8	1505.0	591.5	598.1
江 西	761.9	1145.2	1066.9	550.3	345.8
山 东	885.0	1719.7	1333.0	885.2	406.8
河 南	684.8	1034.0	1048.1	875.5	376.7
湖 北	759.2	953.7	1208.5	694.6	307.8
湖 南	798.4	1233.8	1207.7	784.7	408.1
广 东	1052.6	2979.9	2168.9	925.6	627.0
广 西	754.8	1598.7	1111.1	538.2	343.3
海 南	585.7	1548.8	962.0	604.2	296.3
重 庆	1043.1	1189.0	1351.9	982.7	377.0
四 川	679.2	1416.5	1150.7	648.3	422.4
贵 州	589.4	983.1	1146.4	535.4	278.7
云 南	393.2	1587.2	798.7	708.8	207.5
西 藏	356.9	1062.8	465.8	352.3	438.7
陕 西	683.5	1071.5	1430.2	863.4	440.4
甘 肃	559.1	894.4	1025.5	746.8	335.0
青 海	505.3	975.9	889.3	701.4	331.9
宁 夏	636.9	1363.6	1075.9	921.9	460.8
新 疆	552.5	1198.7	855.5	684.0	436.7

5-1-15　2009年分地区城镇居民现金消费支出构成

单位：%

地　区	现金消费支出	一、食品支出	二、衣着支出	三、居住支出
全　国	**100.0**	**36.5**	**10.5**	**10.0**
北　京	100.0	33.2	10.0	7.2
天　津	100.0	36.5	9.2	10.2
河　北	100.0	33.6	12.3	11.8
山　西	100.0	32.8	12.4	14.1
内蒙古	100.0	30.5	15.0	10.1
辽　宁	100.0	38.0	10.9	10.5
吉　林	100.0	33.3	13.0	12.8
黑龙江	100.0	35.3	14.6	10.7
上　海	100.0	35.0	7.6	9.1
江　苏	100.0	36.3	9.9	8.7
浙　江	100.0	33.6	9.7	8.9
安　徽	100.0	39.6	10.6	11.9
福　建	100.0	39.7	8.7	10.4
江　西	100.0	39.9	10.8	9.6
山　东	100.0	32.9	12.9	10.7
河　南	100.0	34.2	13.3	10.5
湖　北	100.0	40.4	11.8	9.7
湖　南	100.0	38.6	10.6	9.9
广　东	100.0	36.9	6.3	10.8
广　西	100.0	39.9	8.3	9.9
海　南	100.0	44.7	5.8	9.9
重　庆	100.0	37.7	12.4	9.2
四　川	100.0	40.4	10.9	9.0
贵　州	100.0	41.5	11.2	8.3
云　南	100.0	43.7	10.8	9.3
西　藏	100.0	50.7	12.0	7.6
陕　西	100.0	37.3	11.3	9.5
甘　肃	100.0	37.8	13.2	9.0
青　海	100.0	40.4	11.9	9.0
宁　夏	100.0	33.4	12.3	11.0
新　疆	100.0	36.3	14.5	9.2

5-1-15　续表　　　　单位：%

地　区	四、家庭设备及用品支出	五、交通通信支出	六、文教娱乐支出	七、医疗保健支出	八、其他支出
全　国	**6.4**	**13.7**	**12.0**	**7.0**	**3.9**
北　京	6.8	15.5	14.8	7.8	4.7
天　津	6.2	13.3	11.8	8.6	4.3
河　北	6.5	11.9	10.1	10.0	3.7
山　西	6.0	11.7	11.4	8.4	3.0
内蒙古	6.4	12.6	12.2	8.0	5.2
辽　宁	4.9	12.1	10.4	8.3	4.9
吉　林	5.0	12.0	9.4	10.3	4.3
黑龙江	5.7	9.6	9.9	10.2	4.1
上　海	6.5	16.7	15.0	4.8	5.4
江　苏	7.0	13.1	15.0	6.1	3.9
浙　江	5.0	19.7	13.8	5.9	3.5
安　徽	5.8	9.9	12.0	7.0	3.3
福　建	6.4	14.8	11.2	4.4	4.4
江　西	7.8	11.8	11.0	5.6	3.6
山　东	7.4	14.3	11.1	7.4	3.4
河　南	7.2	10.8	11.0	9.2	3.9
湖　北	7.4	9.3	11.7	6.7	3.0
湖　南	7.4	11.4	11.2	7.2	3.8
广　东	6.2	17.7	12.9	5.5	3.7
广　西	7.3	15.4	10.7	5.2	3.3
海　南	5.8	15.4	9.5	6.0	2.9
重　庆	8.6	9.8	11.1	8.1	3.1
四　川	6.3	13.0	10.6	6.0	3.9
贵　州	6.5	10.9	12.7	5.9	3.1
云　南	3.9	15.6	7.8	6.9	2.0
西　藏	4.0	11.8	5.2	3.9	4.9
陕　西	6.4	10.0	13.4	8.1	4.1
甘　肃	6.3	10.1	11.5	8.4	3.8
青　海	5.8	11.1	10.1	8.0	3.8
宁　夏	6.2	13.3	10.5	9.0	4.5
新　疆	5.9	12.9	9.2	7.3	4.7

5-1-16 2010年分地区城镇居民收入来源

单位：元/人

地 区	可支配收入	总收入				
			工薪收入	经营净收入	财产性收入	转移性收入
全 国	**19109.4**	**21033.4**	**13707.7**	**1713.5**	**520.3**	**5091.9**
北 京	29072.9	33360.4	23099.1	1170.7	655.9	8434.8
天 津	24292.6	26942.0	16780.4	931.8	333.2	8896.6
河 北	16263.4	17334.4	10566.3	1043.7	324.0	5400.4
山 西	15647.7	16893.0	10784.7	1044.9	198.6	4864.8
内蒙古	17698.2	19014.2	12614.5	2013.8	432.8	3953.2
辽 宁	17712.6	20014.6	11712.7	1797.8	249.6	6254.5
吉 林	15411.5	16794.5	10621.4	1363.7	163.8	4645.5
黑龙江	13856.5	15095.6	9087.6	1266.7	102.1	4639.2
上 海	31838.1	35738.5	25440.0	1628.2	512.1	8158.2
江 苏	22944.3	25115.4	14816.9	2519.1	471.0	7308.6
浙 江	27359.0	30134.8	18313.6	3640.9	1470.1	6710.2
安 徽	15788.2	17626.7	11442.4	1172.4	427.0	4584.9
福 建	21781.3	24149.6	15682.5	2135.9	1420.8	4910.4
江 西	15481.1	16558.0	10613.8	1266.2	344.8	4333.2
山 东	19945.8	21736.9	15731.2	1703.7	490.2	3811.8
河 南	15930.3	17141.8	10804.9	1478.1	222.1	4636.8
湖 北	16058.4	17572.8	11460.5	1391.8	378.3	4342.2
湖 南	16565.7	17657.1	10782.0	1880.9	541.1	4453.0
广 东	23897.8	26896.9	18902.4	2666.5	956.6	4371.3
广 西	17063.9	18742.2	12061.8	1474.9	576.9	4628.6
海 南	15581.1	16929.6	10957.9	1716.7	559.8	3695.2
重 庆	17532.4	18990.5	12738.2	1263.2	312.6	4676.5
四 川	15461.2	17128.9	11310.7	1198.7	378.1	4241.4
贵 州	14142.7	15138.8	9628.0	1174.0	213.8	4123.0
云 南	16064.5	17478.9	10845.2	1122.9	1162.1	4348.7
西 藏	14980.5	16539.0	14707.1	395.7	233.0	1203.1
陕 西	15695.2	17064.7	12078.4	573.2	187.4	4225.8
甘 肃	13188.6	14307.3	9882.5	688.0	72.2	3664.6
青 海	13855.0	15480.8	10061.6	944.0	73.9	4401.4
宁 夏	15344.5	17536.8	10821.2	2238.1	189.5	4287.9
新 疆	13643.8	15421.6	11327.9	1131.8	151.9	2810.0

5-1-17 2010年分地区城镇居民现金消费支出

单位：元/人

地 区	现金消费支出	一、食品支出	二、衣着支出	三、居住支出
全 国	**13471.5**	**4804.7**	**1444.3**	**1332.1**
北 京	19934.5	6392.9	2087.9	1577.4
天 津	16561.8	5940.4	1567.6	1615.6
河 北	10318.3	3335.2	1225.9	1344.5
山 西	9792.7	3052.6	1205.9	1245.0
内蒙古	13994.6	4211.5	2203.6	1384.5
辽 宁	13280.0	4658.0	1586.8	1314.8
吉 林	11679.0	3767.9	1570.7	1344.4
黑龙江	10683.9	3784.7	1608.4	1128.1
上 海	23200.4	7777.0	1794.1	2166.2
江 苏	14357.5	5243.1	1465.5	1234.1
浙 江	17858.2	6118.5	1802.3	1418.0
安 徽	11512.6	4369.6	1225.6	1229.6
福 建	14750.0	5790.7	1281.3	1606.3
江 西	10618.7	4195.4	1138.8	1109.8
山 东	13118.2	4205.9	1745.2	1408.6
河 南	10838.5	3575.8	1444.6	1080.1
湖 北	11451.0	4429.3	1415.7	1187.5
湖 南	11825.3	4322.1	1277.5	1182.3
广 东	18489.5	6746.6	1230.7	1925.2
广 西	11490.1	4372.8	926.4	1166.9
海 南	10926.7	4896.0	636.1	1103.8
重 庆	13335.0	5012.6	1697.6	1276.0
四 川	12105.1	4779.6	1259.5	1126.7
贵 州	10058.3	4013.7	1102.4	890.8
云 南	11074.1	4593.5	1158.8	835.5
西 藏	9685.5	4847.6	1158.6	726.6
陕 西	11821.9	4381.4	1428.2	1126.9
甘 肃	9895.4	3702.2	1255.7	910.3
青 海	9613.8	3784.8	1185.6	923.5
宁 夏	11334.4	3768.1	1417.5	1181.7
新 疆	10197.1	3694.8	1513.4	898.4

5-1-17 续表 单位：元/人

地　　区	四、家庭设备及用品支出	五、交通通信支出	六、文教娱乐支出	七、医疗保健支出	八、其他支出
全　　国	**908.0**	**1983.7**	**1627.6**	**871.8**	**499.2**
北　　京	1377.8	3420.9	2901.9	1327.2	848.5
天　　津	1119.9	2454.4	1899.5	1275.6	688.7
河　　北	693.6	1398.4	1001.0	923.8	395.9
山　　西	612.6	1340.9	1229.7	774.9	331.1
内 蒙 古	948.9	1768.7	1641.2	1126.0	710.4
辽　　宁	785.7	1773.3	1495.9	1079.8	585.8
吉　　林	710.3	1363.9	1244.6	1171.3	506.1
黑 龙 江	618.8	1191.3	1001.5	948.4	402.7
上　　海	1800.2	4076.5	3363.3	1005.5	1217.7
江　　苏	1026.3	1935.1	2133.3	805.7	514.4
浙　　江	916.2	3437.2	2586.1	1033.7	546.4
安　　徽	678.8	1356.6	1479.8	737.1	435.6
福　　建	972.2	2196.9	1786.0	617.4	499.3
江　　西	854.6	1270.3	1179.9	524.2	345.7
山　　东	915.0	2140.4	1401.8	885.8	415.6
河　　南	866.7	1374.8	1137.2	941.3	418.0
湖　　北	867.3	1205.5	1263.2	709.6	372.9
湖　　南	903.8	1541.4	1418.9	776.9	402.5
广　　东	1208.0	3419.7	2376.0	929.5	653.8
广　　西	853.6	1973.0	1243.7	625.5	328.3
海　　南	616.3	1805.1	1004.6	579.9	284.9
重　　庆	1072.4	1384.3	1408.0	1021.5	462.8
四　　川	876.3	1674.1	1224.7	661.0	503.1
贵　　州	673.3	1270.5	1254.6	546.8	306.2
云　　南	509.4	2039.7	1014.4	637.9	285.0
西　　藏	376.4	1230.9	478.0	385.6	481.8
陕　　西	723.7	1194.8	1595.8	935.4	435.7
甘　　肃	597.7	1076.6	1136.7	828.6	387.5
青　　海	644.0	1116.6	908.1	718.8	332.5
宁　　夏	716.2	1574.6	1286.2	890.1	500.1
新　　疆	669.9	1255.9	1012.4	708.2	444.2

5-1-18 2010年分地区城镇居民现金消费支出构成

单位：%

地　区	现金消费支出	一、食品支出	二、衣着支出	三、居住支出
全　国	**100.0**	**35.7**	**10.7**	**9.9**
北　京	100.0	32.1	10.5	7.9
天　津	100.0	35.9	9.5	9.8
河　北	100.0	32.3	11.9	13.0
山　西	100.0	31.2	12.3	12.7
内蒙古	100.0	30.1	15.7	9.9
辽　宁	100.0	35.1	11.9	9.9
吉　林	100.0	32.3	13.4	11.5
黑龙江	100.0	35.4	15.1	10.6
上　海	100.0	33.5	7.7	9.3
江　苏	100.0	36.5	10.2	8.6
浙　江	100.0	34.3	10.1	7.9
安　徽	100.0	38.0	10.6	10.7
福　建	100.0	39.3	8.7	10.9
江　西	100.0	39.5	10.7	10.5
山　东	100.0	32.1	13.3	10.7
河　南	100.0	33.0	13.3	10.0
湖　北	100.0	38.7	12.4	10.4
湖　南	100.0	36.5	10.8	10.0
广　东	100.0	36.5	6.7	10.4
广　西	100.0	38.1	8.1	10.2
海　南	100.0	44.8	5.8	10.1
重　庆	100.0	37.6	12.7	9.6
四　川	100.0	39.5	10.4	9.3
贵　州	100.0	39.9	11.0	8.9
云　南	100.0	41.5	10.5	7.5
西　藏	100.0	50.0	12.0	7.5
陕　西	100.0	37.1	12.1	9.5
甘　肃	100.0	37.4	12.7	9.2
青　海	100.0	39.4	12.3	9.6
宁　夏	100.0	33.2	12.5	10.4
新　疆	100.0	36.2	14.8	8.8

5-1-18 续表　　　　单位：%

地　区	四、家庭设备及用品支出	五、交通通信支出	六、文教娱乐支出	七、医疗保健支出	八、其他支出
全　国	**6.7**	**14.7**	**12.1**	**6.5**	**3.7**
北　京	6.9	17.2	14.6	6.7	4.3
天　津	6.8	14.8	11.5	7.7	4.2
河　北	6.7	13.6	9.7	9.0	3.8
山　西	6.3	13.7	12.6	7.9	3.4
内蒙古	6.8	12.6	11.7	8.0	5.1
辽　宁	5.9	13.4	11.3	8.1	4.4
吉　林	6.1	11.7	10.7	10.0	4.3
黑龙江	5.8	11.2	9.4	8.9	3.8
上　海	7.8	17.6	14.5	4.3	5.2
江　苏	7.1	13.5	14.9	5.6	3.6
浙　江	5.1	19.2	14.5	5.8	3.1
安　徽	5.9	11.8	12.9	6.4	3.8
福　建	6.6	14.9	12.1	4.2	3.4
江　西	8.0	12.0	11.1	4.9	3.3
山　东	7.0	16.3	10.7	6.8	3.2
河　南	8.0	12.7	10.5	8.7	3.9
湖　北	7.6	10.5	11.0	6.2	3.3
湖　南	7.6	13.0	12.0	6.6	3.4
广　东	6.5	18.5	12.9	5.0	3.5
广　西	7.4	17.2	10.8	5.4	2.9
海　南	5.6	16.5	9.2	5.3	2.6
重　庆	8.0	10.4	10.6	7.7	3.5
四　川	7.2	13.8	10.1	5.5	4.2
贵　州	6.7	12.6	12.5	5.4	3.0
云　南	4.6	18.4	9.2	5.8	2.6
西　藏	3.9	12.7	4.9	4.0	5.0
陕　西	6.1	10.1	13.5	7.9	3.7
甘　肃	6.0	10.9	11.5	8.4	3.9
青　海	6.7	11.6	9.4	7.5	3.5
宁　夏	6.3	13.9	11.3	7.9	4.4
新　疆	6.6	12.3	9.9	6.9	4.4

5-1-19 2011年分地区城镇居民收入来源

单位：元/人

地　区	可支配收　入	总收入				
			工薪收入	经营净收入	财产性收入	转移性收入
全　国	**21809.8**	**23979.2**	**15411.9**	**2209.7**	**649.0**	**5708.6**
北　京	32903.0	37124.4	25161.2	1191.3	696.6	10075.2
天　津	26920.9	29916.0	18794.1	1059.3	462.3	9600.4
河　北	18292.2	19591.9	11686.6	1836.5	318.4	5750.4
山　西	18123.9	19666.1	13146.5	875.2	274.1	5370.3
内蒙古	20407.6	21890.2	14779.1	2320.4	513.4	4277.4
辽　宁	20466.8	22879.8	13093.9	2285.4	333.6	7167.0
吉　林	17796.6	19211.7	12217.1	1860.3	235.3	4899.0
黑龙江	15696.2	17118.5	10235.0	1529.1	141.3	5213.1
上　海	36230.5	40532.3	28550.8	1994.1	633.1	9354.3
江　苏	26340.7	28972.0	17761.6	3026.6	667.1	7516.8
浙　江	30970.7	34264.4	20334.3	4383.9	1572.3	7973.9
安　徽	18606.1	20751.1	12916.0	1874.5	570.0	5390.7
福　建	24907.4	27378.1	17438.8	2991.7	1752.8	5194.8
江　西	17494.9	18656.5	11654.4	1721.8	471.7	4808.6
山　东	22791.8	24889.8	17629.4	2294.9	615.7	4349.9
河　南	18194.8	19526.9	12039.2	2264.4	286.0	4937.3
湖　北	18373.9	20193.3	12622.4	1906.7	357.2	5307.0
湖　南	18844.1	20083.9	11550.1	2674.2	770.7	5089.0
广　东	26897.5	30218.8	21092.1	3035.3	1243.0	4848.4
广　西	18854.1	20846.1	13550.2	1699.8	844.9	4751.2
海　南	18369.0	20094.2	12876.9	2158.6	715.4	4343.2
重　庆	20249.7	21794.3	13827.7	1779.4	433.7	5753.4
四　川	17899.1	19688.1	12687.3	1670.5	523.2	4807.1
贵　州	16495.0	17598.9	10754.5	1614.7	356.4	4873.3
云　南	18575.6	20255.1	12416.2	1785.6	1274.0	4779.4
西　藏	16195.6	18115.8	15855.0	486.9	358.1	1415.8
陕　西	18245.2	20069.9	14051.3	771.8	214.2	5032.7
甘　肃	14988.7	16267.4	11195.3	914.3	161.7	3996.2
青　海	15603.3	17795.0	11404.0	1054.6	78.6	5257.8
宁　夏	17578.9	19654.6	12396.7	2367.5	198.5	4691.9
新　疆	15513.6	17631.2	12653.4	1412.3	149.1	3416.4

5-1-20 2011年分地区城镇居民现金消费支出

单位：元/人

地 区	现金消费支出	一、食品支出	二、衣着支出	三、居住支出
全 国	**15160.9**	**5506.3**	**1674.7**	**1405.0**
北 京	21984.4	6905.5	2265.9	1923.7
天 津	18424.1	6663.3	1755.0	1763.4
河 北	11609.3	3927.3	1426.0	1372.3
山 西	11354.3	3558.0	1461.9	1327.8
内蒙古	15878.1	4962.4	2514.1	1418.6
辽 宁	14789.6	5255.0	1854.6	1385.6
吉 林	13010.6	4252.9	1769.5	1468.3
黑龙江	12054.2	4348.5	1681.9	1186.0
上 海	25102.1	8906.0	2053.8	2225.7
江 苏	16781.7	6060.9	1772.1	1187.7
浙 江	20437.5	7066.2	2139.0	1518.1
安 徽	13181.5	5246.8	1371.0	1501.4
福 建	16661.1	6534.9	1495.0	1661.8
江 西	11747.2	4675.2	1272.9	1114.5
山 东	14560.7	4827.6	2008.8	1510.8
河 南	12336.5	4212.8	1706.9	1087.1
湖 北	13163.8	5363.7	1677.9	1172.1
湖 南	13402.9	4943.9	1499.0	1292.6
广 东	20251.8	7471.9	1404.6	2005.2
广 西	12848.4	5074.5	1019.3	1237.9
海 南	12642.8	5673.7	780.1	1342.3
重 庆	14974.5	5847.9	2056.8	1205.7
四 川	13696.3	5571.7	1483.5	1226.1
贵 州	11352.9	4565.9	1209.9	1103.0
云 南	12248.0	4802.3	1587.2	827.8
西 藏	10398.9	5184.2	1261.3	781.1
陕 西	13782.8	5040.5	1673.2	1193.8
甘 肃	11188.6	4182.5	1470.3	1139.9
青 海	10955.5	4260.3	1394.3	1055.2
宁 夏	12896.0	4483.4	1701.7	1247.1
新 疆	11839.4	4537.5	1715.9	888.2

5-1-20 续表　　　　　　　　　　　　　　　　　　　　　　单位：元/人

地　区	四、家庭设备及用品支出	五、交通通信支出	六、文教娱乐支出	七、医疗保健支出	八、其他支出
全　国	**1023.2**	**2149.7**	**1851.7**	**969.0**	**581.3**
北　京	1562.6	3521.2	3306.8	1523.3	975.4
天　津	1174.6	2699.5	2116.0	1415.4	836.8
河　北	809.9	1526.6	1204.0	956.0	387.4
山　西	832.7	1487.7	1419.4	851.3	415.4
内蒙古	1162.9	2003.5	1812.1	1239.4	765.1
辽　宁	929.4	1899.1	1614.5	1208.3	643.2
吉　林	839.3	1541.4	1468.3	1108.5	562.5
黑龙江	723.6	1363.6	1190.9	1083.0	476.9
上　海	1826.2	3808.4	3746.4	1140.8	1394.9
江　苏	1193.8	2262.2	2695.5	962.5	647.1
浙　江	1109.4	3728.2	2816.1	1248.9	811.5
安　徽	690.7	1365.0	1631.3	907.6	467.8
福　建	1179.8	2470.2	1879.0	773.3	667.0
江　西	914.9	1310.2	1429.3	641.2	389.1
山　东	1013.8	2204.0	1538.4	938.9	518.3
河　南	977.5	1573.6	1373.9	919.8	484.8
湖　北	814.8	1382.2	1489.7	915.7	347.7
湖　南	940.8	1975.5	1526.1	790.8	434.3
广　东	1370.3	3630.6	2647.9	948.2	773.2
广　西	884.9	2000.6	1502.7	779.1	349.5
海　南	729.9	1830.8	1141.8	783.3	360.9
重　庆	1079.3	1718.7	1474.9	1050.6	540.6
四　川	1020.2	1757.5	1369.5	735.3	532.5
贵　州	857.6	1395.3	1331.4	578.3	311.6
云　南	570.5	1905.9	1350.7	822.4	381.4
西　藏	428.0	1278.0	514.4	424.1	527.7
陕　西	914.3	1502.4	1857.6	1100.5	500.4
甘　肃	660.5	1289.8	1158.3	874.1	413.4
青　海	723.2	1293.5	967.9	854.3	406.9
宁　夏	885.4	1637.6	1441.2	978.1	521.5
新　疆	791.4	1377.7	1122.2	913.0	493.6

5-1-21　2011年分地区城镇居民现金消费支出构成

单位：%

地　区	现金消费支出	一、食品支出	二、衣着支出	三、居住支出
全　国	**100.0**	**36.3**	**11.0**	**9.3**
北　京	100.0	31.4	10.3	8.8
天　津	100.0	36.2	9.5	9.6
河　北	100.0	33.8	12.3	11.8
山　西	100.0	31.3	12.9	11.7
内蒙古	100.0	31.3	15.8	8.9
辽　宁	100.0	35.5	12.5	9.4
吉　林	100.0	32.7	13.6	11.3
黑龙江	100.0	36.1	14.0	9.8
上　海	100.0	35.5	8.2	8.9
江　苏	100.0	36.1	10.6	7.1
浙　江	100.0	34.6	10.5	7.4
安　徽	100.0	39.8	10.4	11.4
福　建	100.0	39.2	9.0	10.0
江　西	100.0	39.8	10.8	9.5
山　东	100.0	33.2	13.8	10.4
河　南	100.0	34.1	13.8	8.8
湖　北	100.0	40.7	12.7	8.9
湖　南	100.0	36.9	11.2	9.6
广　东	100.0	36.9	6.9	9.9
广　西	100.0	39.5	7.9	9.6
海　南	100.0	44.9	6.2	10.6
重　庆	100.0	39.1	13.7	8.1
四　川	100.0	40.7	10.8	9.0
贵　州	100.0	40.2	10.7	9.7
云　南	100.0	39.2	13.0	6.8
西　藏	100.0	49.9	12.1	7.5
陕　西	100.0	36.6	12.1	8.7
甘　肃	100.0	37.4	13.1	10.2
青　海	100.0	38.9	12.7	9.6
宁　夏	100.0	34.8	13.2	9.7
新　疆	100.0	38.3	14.5	7.5

5-1-21　续表　　　　单位：%

地　区	四、家庭设备及用品支出	五、交通通信支出	六、文教娱乐支出	七、医疗保健支出	八、其他支出
全　国	**6.7**	**14.2**	**12.2**	**6.4**	**3.8**
北　京	7.1	16.0	15.0	6.9	4.4
天　津	6.4	14.7	11.5	7.7	4.5
河　北	7.0	13.1	10.4	8.2	3.3
山　西	7.3	13.1	12.5	7.5	3.7
内蒙古	7.3	12.6	11.4	7.8	4.8
辽　宁	6.3	12.8	10.9	8.2	4.3
吉　林	6.5	11.8	11.3	8.5	4.3
黑龙江	6.0	11.3	9.9	9.0	4.0
上　海	7.3	15.2	14.9	4.5	5.6
江　苏	7.1	13.5	16.1	5.7	3.9
浙　江	5.4	18.2	13.8	6.1	4.0
安　徽	5.2	10.4	12.4	6.9	3.5
福　建	7.1	14.8	11.3	4.6	4.0
江　西	7.8	11.2	12.2	5.5	3.3
山　东	7.0	15.1	10.6	6.4	3.6
河　南	7.9	12.8	11.1	7.5	3.9
湖　北	6.2	10.5	11.3	7.0	2.6
湖　南	7.0	14.7	11.4	5.9	3.2
广　东	6.8	17.9	13.1	4.7	3.8
广　西	6.9	15.6	11.7	6.1	2.7
海　南	5.8	14.5	9.0	6.2	2.9
重　庆	7.2	11.5	9.8	7.0	3.6
四　川	7.4	12.8	10.0	5.4	3.9
贵　州	7.6	12.3	11.7	5.1	2.7
云　南	4.7	15.6	11.0	6.7	3.1
西　藏	4.1	12.3	4.9	4.1	5.1
陕　西	6.6	10.9	13.5	8.0	3.6
甘　肃	5.9	11.5	10.4	7.8	3.7
青　海	6.6	11.8	8.8	7.8	3.7
宁　夏	6.9	12.7	11.2	7.6	4.0
新　疆	6.7	11.6	9.5	7.7	4.2

5-1-22　2012年分地区城镇居民收入来源

单位：元/人

地　区	可支配收　入	总收入	工薪收入	经营净收入	财产性收入	转移性收入
全　国	**24564.7**	**26959.0**	**17335.6**	**2548.3**	**707.0**	**6368.1**
北　京	36468.8	41103.1	27961.8	1430.2	717.6	10993.5
天　津	29626.4	32944.0	21523.8	1200.1	515.5	9704.6
河　北	20543.4	21899.4	13154.5	2257.5	338.5	6149.0
山　西	20411.7	22100.3	14973.6	1041.4	301.8	5783.4
内蒙古	23150.3	24790.8	16872.6	2698.7	564.0	4655.5
辽　宁	23222.7	25915.7	14846.1	2710.3	493.0	7866.4
吉　林	20208.0	21659.6	13535.3	2168.8	324.0	5631.5
黑龙江	17759.8	19367.8	11700.5	1729.3	186.1	5752.0
上　海	40188.3	44754.5	31109.3	2267.2	575.8	10802.2
江　苏	29677.0	32519.1	20102.1	3421.9	690.0	8305.2
浙　江	34550.3	37994.8	22385.1	4694.4	1465.3	9450.0
安　徽	21024.2	23524.6	14812.5	2155.3	549.6	6007.1
福　建	28055.2	30877.9	19976.0	3337.0	1795.2	5769.7
江　西	19860.4	21150.2	13348.1	1946.8	527.6	5327.7
山　东	25755.2	28005.6	19856.1	2621.4	704.9	4823.2
河　南	20442.6	21897.2	13666.5	2545.1	333.8	5351.8
湖　北	20839.6	22903.9	14191.0	2158.3	476.2	6078.3
湖　南	21318.8	22804.6	13237.1	3008.3	867.8	5691.4
广　东	30226.7	34044.4	23632.2	3603.9	1468.7	5339.6
广　西	21242.8	23209.4	14693.5	2131.8	883.7	5500.4
海　南	20917.7	22809.9	14672.3	2397.4	717.6	5022.5
重　庆	22968.1	24811.0	15415.4	2183.5	538.4	6673.6
四　川	20307.0	22328.3	14249.3	2017.8	633.8	5427.3
贵　州	18700.5	20042.9	12309.2	1982.5	355.7	5395.6
云　南	21074.5	23000.4	14408.3	2425.0	1000.0	5167.1
西　藏	18028.3	20224.2	17672.1	570.9	417.9	1563.3
陕　西	20733.9	22606.0	15547.3	882.0	269.6	5907.1
甘　肃	17156.9	18498.5	12514.9	1125.7	259.6	4598.2
青　海	17566.3	19746.6	12614.4	1191.4	93.0	5847.8
宁　夏	19831.4	21902.2	13965.6	2522.8	160.9	5252.9
新　疆	17920.7	20194.6	14432.1	1633.2	145.5	3983.7

5-1-23　2012年分地区城镇居民现金消费支出

单位：元/人

地　区	现金消费支出	一、食品支出	二、衣着支出	三、居住支出
全　国	**16674.3**	**6040.9**	**1823.4**	**1484.3**
北　京	24045.9	7535.3	2638.9	1970.9
天　津	20024.2	7343.6	1881.4	1854.2
河　北	12531.1	4211.2	1542.0	1502.4
山　西	12211.5	3855.6	1529.5	1438.9
内 蒙 古	17717.1	5463.2	2730.2	1583.6
辽　宁	16593.6	5809.4	2042.4	1433.3
吉　林	14613.5	4635.3	2044.8	1594.1
黑 龙 江	12983.6	4687.2	1806.9	1336.9
上　海	26253.5	9655.6	2111.2	1790.5
江　苏	18825.3	6658.4	1916.0	1437.1
浙　江	21545.2	7552.0	2109.6	1551.7
安　徽	15011.7	5814.9	1540.7	1397.0
福　建	18593.2	7317.4	1634.2	1753.9
江　西	12775.7	5071.6	1476.6	1173.9
山　东	15778.2	5201.3	2197.0	1572.4
河　南	13733.0	4607.5	1886.0	1190.8
湖　北	14496.0	5837.9	1783.4	1371.2
湖　南	14609.0	5441.6	1624.6	1301.6
广　东	22396.4	8258.4	1520.6	2099.8
广　西	14244.0	5552.6	1146.5	1377.3
海　南	14456.6	6556.1	865.0	1521.0
重　庆	16573.1	6870.2	2228.8	1177.0
四　川	15049.5	6073.9	1651.1	1284.1
贵　州	12585.7	4992.9	1399.0	1013.5
云　南	13883.9	5468.2	1759.9	973.8
西　藏	11184.3	5517.7	1361.6	845.2
陕　西	15332.8	5550.7	1789.1	1322.2
甘　肃	12847.1	4602.3	1631.4	1287.9
青　海	12346.3	4667.3	1512.2	1232.4
宁　夏	14067.2	4768.9	1875.7	1193.4
新　疆	13891.7	5238.9	2031.1	1166.6

5-1-23 续表　　　　单位：元/人

地　区	四、家庭设备及用品支出	五、交通通信支出	六、文教娱乐支出	七、医疗保健支出	八、其他支出
全　国	**1116.1**	**2455.5**	**2033.5**	**1063.7**	**657.1**
北　京	1610.7	3781.5	3696.0	1658.4	1154.2
天　津	1151.2	3083.4	2254.2	1556.4	899.9
河　北	876.1	1723.8	1203.8	1047.3	424.6
山　西	832.5	1672.3	1506.2	905.9	470.7
内蒙古	1242.6	2572.9	1971.8	1354.1	798.7
辽　宁	1069.7	2323.3	1843.9	1309.6	762.1
吉　林	871.5	1780.7	1642.7	1447.5	597.0
黑龙江	742.2	1462.6	1216.6	1180.7	550.5
上　海	1906.5	4563.8	3723.7	1016.7	1485.5
江　苏	1288.4	2689.5	3077.8	1058.1	700.1
浙　江	1161.4	4133.5	2996.6	1228.0	812.4
安　徽	811.2	1809.7	1932.7	1143.0	562.4
福　建	1254.7	2961.8	2104.8	773.2	793.2
江　西	966.2	1501.3	1487.3	670.7	427.9
山　东	1126.0	2370.2	1655.9	1005.3	650.2
河　南	1145.4	1730.4	1525.3	1085.5	562.1
湖　北	978.3	1477.0	1651.9	1029.6	366.8
湖　南	1034.3	2084.2	1737.6	918.4	466.7
广　东	1467.2	4176.7	2954.1	1048.3	871.3
广　西	1125.4	2088.6	1626.1	883.6	444.1
海　南	777.2	2004.3	1319.5	993.2	420.1
重　庆	1196.0	1903.2	1470.6	1101.6	625.7
四　川	1097.9	1946.7	1587.4	772.8	635.6
贵　州	849.9	1891.0	1396.0	654.5	388.8
云　南	634.1	2264.2	1434.3	939.1	410.4
西　藏	474.7	1387.5	550.5	467.2	580.1
陕　西	986.8	1788.4	2078.5	1212.4	604.7
甘　肃	833.2	1575.7	1388.2	1049.7	478.7
青　海	923.7	1549.8	1097.2	906.1	457.5
宁　夏	929.0	2110.4	1515.9	1063.1	610.7
新　疆	950.2	1660.3	1280.8	1027.6	536.2

5-1-24 2012年分地区城镇居民现金消费支出构成

单位：%

地 区	现金消费支出	一、食品支出	二、衣着支出	三、居住支出
全 国	**100.0**	**36.2**	**10.9**	**8.9**
北 京	100.0	31.3	11.0	8.2
天 津	100.0	36.7	9.4	9.3
河 北	100.0	33.6	12.3	12.0
山 西	100.0	31.6	12.5	11.8
内蒙古	100.0	30.8	15.4	8.9
辽 宁	100.0	35.0	12.3	8.6
吉 林	100.0	31.7	14.0	10.9
黑龙江	100.0	36.1	13.9	10.3
上 海	100.0	36.8	8.0	6.8
江 苏	100.0	35.4	10.2	7.6
浙 江	100.0	35.1	9.8	7.2
安 徽	100.0	38.7	10.3	9.3
福 建	100.0	39.4	8.8	9.4
江 西	100.0	39.7	11.6	9.2
山 东	100.0	33.0	13.9	10.0
河 南	100.0	33.6	13.7	8.7
湖 北	100.0	40.3	12.3	9.5
湖 南	100.0	37.2	11.1	8.9
广 东	100.0	36.9	6.8	9.4
广 西	100.0	39.0	8.0	9.7
海 南	100.0	45.4	6.0	10.5
重 庆	100.0	41.5	13.4	7.1
四 川	100.0	40.4	11.0	8.5
贵 州	100.0	39.7	11.1	8.1
云 南	100.0	39.4	12.7	7.0
西 藏	100.0	49.3	12.2	7.6
陕 西	100.0	36.2	11.7	8.6
甘 肃	100.0	35.8	12.7	10.0
青 海	100.0	37.8	12.2	10.0
宁 夏	100.0	33.9	13.3	8.5
新 疆	100.0	37.7	14.6	8.4

5-1-24 续表　　单位：%

地　区	四、家庭设备及用品支出	五、交通通信支出	六、文教娱乐支出	七、医疗保健支出	八、其他支出
全　国	**6.7**	**14.7**	**12.2**	**6.4**	**3.9**
北　京	6.7	15.7	15.4	6.9	4.8
天　津	5.7	15.4	11.3	7.8	4.5
河　北	7.0	13.8	9.6	8.4	3.4
山　西	6.8	13.7	12.3	7.4	3.9
内蒙古	7.0	14.5	11.1	7.6	4.5
辽　宁	6.4	14.0	11.1	7.9	4.6
吉　林	6.0	12.2	11.2	9.9	4.1
黑龙江	5.7	11.3	9.4	9.1	4.2
上　海	7.3	17.4	14.2	3.9	5.7
江　苏	6.8	14.3	16.3	5.6	3.7
浙　江	5.4	19.2	13.9	5.7	3.8
安　徽	5.4	12.1	12.9	7.6	3.7
福　建	6.7	15.9	11.3	4.2	4.3
江　西	7.6	11.8	11.6	5.2	3.3
山　东	7.1	15.0	10.5	6.4	4.1
河　南	8.3	12.6	11.1	7.9	4.1
湖　北	6.7	10.2	11.4	7.1	2.5
湖　南	7.1	14.3	11.9	6.3	3.2
广　东	6.6	18.6	13.2	4.7	3.9
广　西	7.9	14.7	11.4	6.2	3.1
海　南	5.4	13.9	9.1	6.9	2.9
重　庆	7.2	11.5	8.9	6.6	3.8
四　川	7.3	12.9	10.5	5.1	4.2
贵　州	6.8	15.0	11.1	5.2	3.1
云　南	4.6	16.3	10.3	6.8	3.0
西　藏	4.2	12.4	4.9	4.2	5.2
陕　西	6.4	11.7	13.6	7.9	3.9
甘　肃	6.5	12.3	10.8	8.2	3.7
青　海	7.5	12.6	8.9	7.3	3.7
宁　夏	6.6	15.0	10.8	7.6	4.3
新　疆	6.8	12.0	9.2	7.4	3.9

二、分地区农村居民主要收支数据

5-2-1 2005年分地区农村居民纯收入

单位：元/人

地　区	纯收入	一、工资性收入	二、家庭经营纯收入	三、财产性收入	四、转移性收入
全　国	**3254.9**	**1174.5**	**1844.5**	**88.5**	**147.4**
北　京	7346.3	4524.3	1778.3	588.0	455.6
天　津	5579.9	2720.9	2626.5	152.9	79.7
河　北	3481.6	1293.5	1988.6	93.7	105.8
山　西	2890.7	1177.9	1563.5	62.7	86.5
内蒙古	2988.9	504.5	2223.3	73.1	188.1
辽　宁	3690.2	1212.2	2163.5	113.2	201.3
吉　林	3264.0	511.0	2395.5	148.4	209.2
黑龙江	3221.3	464.3	2363.9	230.6	162.4
上　海	8247.8	6159.7	774.6	457.5	856.0
江　苏	5276.3	2786.1	2125.0	150.4	214.8
浙　江	6660.0	3238.8	2789.4	278.9	352.9
安　徽	2641.0	1010.1	1499.3	44.9	86.8
福　建	4450.4	1650.7	2365.0	98.7	336.0
江　西	3128.9	1227.9	1786.4	25.8	88.8
山　东	3930.6	1437.6	2258.1	102.8	132.1
河　南	2870.6	854.0	1913.7	35.9	67.1
湖　北	3099.2	941.6	2049.0	16.8	91.7
湖　南	3117.7	1228.8	1713.4	42.1	133.6
广　东	4690.5	2562.4	1732.0	167.3	228.9
广　西	2494.7	907.4	1516.4	18.3	52.7
海　南	3004.0	473.1	2345.6	55.6	129.8
重　庆	2809.3	1088.8	1541.5	30.7	148.4
四　川	2802.8	954.9	1681.6	41.6	124.7
贵　州	1877.0	583.3	1153.4	35.5	104.8
云　南	2041.8	348.3	1530.1	75.5	87.8
西　藏	2077.9	565.2	1187.1	217.2	108.4
陕　西	2052.6	756.7	1118.9	56.9	120.1
甘　肃	1979.9	586.7	1263.4	20.6	109.2
青　海	2151.5	560.5	1359.6	62.0	169.4
宁　夏	2508.9	702.1	1561.9	48.6	196.2
新　疆	2482.2	195.5	2140.8	33.9	112.0

5-2-2　2005年分地区农村居民纯收入构成

单位：%

地　区	纯收入	一、工资性收入	二、家庭经营纯收入	三、财产性收入	四、转移性收入
全　国	**100.0**	**36.1**	**56.7**	**2.7**	**4.5**
北　京	100.0	61.6	24.2	8.0	6.2
天　津	100.0	48.8	47.1	2.7	1.4
河　北	100.0	37.2	57.1	2.7	3.0
山　西	100.0	40.7	54.1	2.2	3.0
内蒙古	100.0	16.9	74.4	2.4	6.3
辽　宁	100.0	32.8	58.6	3.1	5.5
吉　林	100.0	15.7	73.4	4.5	6.4
黑龙江	100.0	14.4	73.4	7.2	5.0
上　海	100.0	74.7	9.4	5.5	10.4
江　苏	100.0	52.8	40.3	2.9	4.1
浙　江	100.0	48.6	41.9	4.2	5.3
安　徽	100.0	38.2	56.8	1.7	3.3
福　建	100.0	37.1	53.1	2.2	7.5
江　西	100.0	39.2	57.1	0.8	2.8
山　东	100.0	36.6	57.4	2.6	3.4
河　南	100.0	29.7	66.7	1.2	2.3
湖　北	100.0	30.4	66.1	0.5	3.0
湖　南	100.0	39.4	55.0	1.3	4.3
广　东	100.0	54.6	36.9	3.6	4.9
广　西	100.0	36.4	60.8	0.7	2.1
海　南	100.0	15.7	78.1	1.9	4.3
重　庆	100.0	38.8	54.9	1.1	5.3
四　川	100.0	34.1	60.0	1.5	4.4
贵　州	100.0	31.1	61.4	1.9	5.6
云　南	100.0	17.1	74.9	3.7	4.3
西　藏	100.0	27.2	57.1	10.5	5.2
陕　西	100.0	36.9	54.5	2.8	5.9
甘　肃	100.0	29.6	63.8	1.0	5.5
青　海	100.0	26.1	63.2	2.9	7.9
宁　夏	100.0	28.0	62.3	1.9	7.8
新　疆	100.0	7.9	86.2	1.4	4.5

5-2-3 2005年分地区农村居民消费支出

单位：元/人

地区	消费支出	一、食品支出	二、衣着支出	三、居住支出
全国	**2555.4**	**1162.2**	**148.6**	**370.2**
北京	5315.7	1736.0	378.7	854.4
天津	3036.0	1171.4	257.3	614.3
河北	2165.7	888.4	155.5	398.9
山西	1877.7	830.5	202.4	200.6
内蒙古	2446.2	1054.3	150.0	334.7
辽宁	2805.9	1127.2	221.0	378.2
吉林	2306.0	1003.2	168.2	256.7
黑龙江	2544.7	923.6	184.1	527.0
上海	7277.9	2683.9	366.4	1319.8
江苏	3567.1	1569.3	191.2	512.5
浙江	5433.0	2061.4	318.9	914.1
安徽	2196.2	999.8	117.4	344.9
福建	3292.6	1517.6	186.7	457.3
江西	2483.7	1220.5	124.5	326.2
山东	2735.8	1087.7	159.7	445.7
河南	1891.6	859.0	132.4	318.0
湖北	2430.2	1192.3	125.0	310.3
湖南	2756.4	1433.0	127.9	307.3
广东	3707.7	1789.4	143.5	530.3
广西	2349.6	1186.7	79.5	379.7
海南	1969.1	1134.8	66.4	146.0
重庆	2142.1	1130.4	96.0	231.2
四川	2274.2	1244.4	116.4	234.1
贵州	1552.4	819.9	79.6	235.5
云南	1789.0	975.7	80.3	225.8
西藏	1723.8	1185.2	182.5	84.2
陕西	1896.5	812.9	124.4	211.7
甘肃	1819.6	858.9	92.3	240.7
青海	1976.0	893.3	156.1	329.3
宁夏	2094.5	922.5	143.1	345.9
新疆	1924.4	803.8	171.4	333.2

5-2-3 续表 单位：元/人

地区	四、家庭设备及用品支出	五、交通通信支出	六、文教娱乐支出	七、医疗保健支出	八、其他支出
全国	**111.4**	**245.0**	**295.5**	**168.1**	**54.5**
北京	326.9	615.5	797.0	504.2	103.2
天津	117.1	327.6	328.9	179.2	40.3
河北	101.5	222.0	225.8	134.8	38.9
山西	68.9	160.3	279.5	102.9	32.7
内蒙古	84.4	293.3	309.4	176.4	43.6
辽宁	100.4	300.7	376.9	233.5	67.9
吉林	81.9	284.9	261.1	193.6	56.4
黑龙江	73.8	256.6	277.0	253.5	49.1
上海	458.1	747.5	936.5	561.7	204.0
江苏	168.0	363.8	478.9	198.6	85.0
浙江	260.5	618.3	723.0	415.6	121.3
安徽	106.4	196.7	256.8	133.7	40.6
福建	154.4	365.6	356.5	154.0	100.5
江西	96.4	229.6	276.3	154.7	55.6
山东	136.5	294.4	377.2	188.5	46.1
河南	82.7	159.7	177.7	123.4	38.8
湖北	110.0	223.2	271.9	135.4	62.2
湖南	114.3	219.0	329.3	168.2	57.5
广东	152.1	411.6	360.7	203.9	116.2
广西	95.5	214.1	226.4	123.4	44.5
海南	92.3	178.0	198.7	93.0	60.0
重庆	95.8	163.1	249.7	142.7	33.5
四川	102.1	171.5	225.2	144.5	36.2
贵州	61.7	99.2	160.9	71.8	23.8
云南	67.0	99.8	182.6	122.3	35.4
西藏	81.2	79.3	28.2	44.4	38.7
陕西	83.6	163.2	297.3	165.8	37.6
甘肃	74.1	155.0	257.9	114.0	26.7
青海	84.0	208.4	109.5	152.3	43.0
宁夏	77.2	178.5	177.9	198.8	50.6
新疆	68.0	183.0	159.3	169.3	36.4

5-2-4 2005年分地区农村居民消费支出构成

单位：%

地 区	消费支出	一、食品支出	二、衣着支出	三、居住支出
全 国	**100.0**	**45.5**	**5.8**	**14.5**
北 京	100.0	32.7	7.1	16.1
天 津	100.0	38.6	8.5	20.2
河 北	100.0	41.0	7.2	18.4
山 西	100.0	44.2	10.8	10.7
内蒙古	100.0	43.1	6.1	13.7
辽 宁	100.0	40.2	7.9	13.5
吉 林	100.0	43.5	7.3	11.1
黑龙江	100.0	36.3	7.2	20.7
上 海	100.0	36.9	5.0	18.1
江 苏	100.0	44.0	5.4	14.4
浙 江	100.0	37.9	5.9	16.8
安 徽	100.0	45.5	5.3	15.7
福 建	100.0	46.1	5.7	13.9
江 西	100.0	49.1	5.0	13.1
山 东	100.0	39.8	5.8	16.3
河 南	100.0	45.4	7.0	16.8
湖 北	100.0	49.1	5.1	12.8
湖 南	100.0	52.0	4.6	11.1
广 东	100.0	48.3	3.9	14.3
广 西	100.0	50.5	3.4	16.2
海 南	100.0	57.6	3.4	7.4
重 庆	100.0	52.8	4.5	10.8
四 川	100.0	54.7	5.1	10.3
贵 州	100.0	52.8	5.1	15.2
云 南	100.0	54.5	4.5	12.6
西 藏	100.0	68.8	10.6	4.9
陕 西	100.0	42.9	6.6	11.2
甘 肃	100.0	47.2	5.1	13.2
青 海	100.0	45.2	7.9	16.7
宁 夏	100.0	44.0	6.8	16.5
新 疆	100.0	41.8	8.9	17.3

5-2-4 续表 单位：%

地 区	四、家庭设备及用品支出	五、交通通信支出	六、文教娱乐支出	七、医疗保健支出	八、其他支出
全 国	**4.4**	**9.6**	**11.6**	**6.6**	**2.1**
北 京	6.1	11.6	15.0	9.5	1.9
天 津	3.9	10.8	10.8	5.9	1.3
河 北	4.7	10.2	10.4	6.2	1.8
山 西	3.7	8.5	14.9	5.5	1.7
内蒙古	3.5	12.0	12.6	7.2	1.8
辽 宁	3.6	10.7	13.4	8.3	2.4
吉 林	3.6	12.4	11.3	8.4	2.4
黑龙江	2.9	10.1	10.9	10.0	1.9
上 海	6.3	10.3	12.9	7.7	2.8
江 苏	4.7	10.2	13.4	5.6	2.4
浙 江	4.8	11.4	13.3	7.7	2.2
安 徽	4.8	9.0	11.7	6.1	1.8
福 建	4.7	11.1	10.8	4.7	3.1
江 西	3.9	9.2	11.1	6.2	2.2
山 东	5.0	10.8	13.8	6.9	1.7
河 南	4.4	8.4	9.4	6.5	2.0
湖 北	4.5	9.2	11.2	5.6	2.6
湖 南	4.1	7.9	11.9	6.1	2.1
广 东	4.1	11.1	9.7	5.5	3.1
广 西	4.1	9.1	9.6	5.3	1.9
海 南	4.7	9.0	10.1	4.7	3.0
重 庆	4.5	7.6	11.7	6.7	1.6
四 川	4.5	7.5	9.9	6.4	1.6
贵 州	4.0	6.4	10.4	4.6	1.5
云 南	3.7	5.6	10.2	6.8	2.0
西 藏	4.7	4.6	1.6	2.6	2.2
陕 西	4.4	8.6	15.7	8.7	2.0
甘 肃	4.1	8.5	14.2	6.3	1.5
青 海	4.2	10.5	5.5	7.7	2.2
宁 夏	3.7	8.5	8.5	9.5	2.4
新 疆	3.5	9.5	8.3	8.8	1.9

5-2-5 2005年分地区农村居民现金消费支出

单位：元/人

地 区	现金消费支出	一、食品支出	二、衣着支出	三、居住支出
全 国	**2134.6**	**770.7**	**147.9**	**342.3**
北 京	5273.6	1697.3	378.5	853.2
天 津	2956.1	1092.2	256.6	614.3
河 北	1916.9	640.1	155.3	398.9
山 西	1636.8	596.8	202.3	193.6
内蒙古	1992.1	645.7	147.2	294.0
辽 宁	2491.5	837.5	220.2	354.4
吉 林	1990.2	736.9	168.1	207.5
黑龙江	2295.2	751.0	184.1	450.1
上 海	7091.5	2497.4	366.4	1319.8
江 苏	3137.9	1155.6	191.2	498.0
浙 江	5178.6	1835.3	318.5	886.4
安 徽	1797.7	638.9	117.2	310.2
福 建	2928.9	1211.7	186.7	402.9
江 西	1946.2	727.6	124.4	282.0
山 东	2470.4	826.9	158.7	442.8
河 南	1520.2	533.7	131.9	272.6
湖 北	1813.4	611.1	121.8	278.6
湖 南	2178.5	873.1	127.7	289.4
广 东	3224.3	1370.0	143.5	466.5
广 西	1860.4	750.5	79.5	326.7
海 南	1523.9	719.6	66.4	115.9
重 庆	1494.2	509.5	96.0	204.2
四 川	1623.0	623.6	116.0	208.1
贵 州	1095.6	375.4	79.6	224.2
云 南	1256.8	486.0	80.3	183.7
西 藏	969.5	447.0	177.3	75.0
陕 西	1642.8	562.3	124.2	208.9
甘 肃	1295.7	347.3	92.1	228.9
青 海	1445.4	406.5	154.6	294.9
宁 夏	1648.5	484.1	143.1	338.5
新 疆	1582.2	476.1	166.9	324.0

5-2-5 续表 单位：元/人

地　区	四、家庭设备及用品支出	五、交通通信支出	六、文教娱乐支出	七、医疗保健支出	八、其他支出
全　国	**110.9**	**245.0**	**295.5**	**168.1**	**54.1**
北　京	326.3	615.5	797.0	504.2	101.6
天　津	117.1	327.6	328.9	179.2	40.3
河　北	101.5	222.0	225.8	134.8	38.7
山　西	68.9	160.3	279.5	102.9	32.5
内蒙古	84.4	293.3	309.4	176.4	41.7
辽　宁	100.4	300.7	376.9	233.5	67.9
吉　林	81.9	284.9	261.1	193.6	56.4
黑龙江	73.8	256.6	277.0	253.5	49.1
上　海	458.1	747.5	936.5	561.7	204.0
江　苏	166.9	363.8	478.9	198.6	85.0
浙　江	260.4	618.3	723.0	415.6	121.2
安　徽	103.6	196.7	256.8	133.7	40.5
福　建	154.4	365.6	356.5	154.0	97.0
江　西	96.3	229.6	276.3	154.7	55.4
山　东	136.5	294.4	377.2	188.5	45.5
河　南	82.6	159.7	177.7	123.4	38.6
湖　北	109.4	223.2	271.9	135.4	62.2
湖　南	114.3	219.0	329.3	168.2	57.5
广　东	152.0	411.6	360.7	203.9	116.2
广　西	95.5	214.1	226.4	123.4	44.4
海　南	92.3	178.0	198.7	93.0	60.0
重　庆	95.7	163.1	249.7	142.7	33.5
四　川	98.3	171.5	225.2	144.5	36.0
贵　州	61.7	99.2	160.9	71.8	22.8
云　南	67.0	99.8	182.6	122.3	35.2
西　藏	79.7	79.3	28.2	44.4	38.6
陕　西	83.6	163.2	297.3	165.8	37.6
甘　肃	73.8	155.0	257.9	114.0	26.6
青　海	82.6	208.4	109.5	152.3	36.5
宁　夏	77.2	178.5	177.9	198.8	50.6
新　疆	67.2	183.0	159.3	169.3	36.4

5-2-6　2005年分地区农村居民现金消费支出构成

单位：%

地　区	现金消费支出	一、食品支出	二、衣着支出	三、居住支出
全　国	**100.0**	**36.1**	**6.9**	**16.0**
北　京	100.0	32.2	7.2	16.2
天　津	100.0	36.9	8.7	20.8
河　北	100.0	33.4	8.1	20.8
山　西	100.0	36.5	12.4	11.8
内蒙古	100.0	32.4	7.4	14.8
辽　宁	100.0	33.6	8.8	14.2
吉　林	100.0	37.0	8.4	10.4
黑龙江	100.0	32.7	8.0	19.6
上　海	100.0	35.2	5.2	18.6
江　苏	100.0	36.8	6.1	15.9
浙　江	100.0	35.4	6.1	17.1
安　徽	100.0	35.5	6.5	17.3
福　建	100.0	41.4	6.4	13.8
江　西	100.0	37.4	6.4	14.5
山　东	100.0	33.5	6.4	17.9
河　南	100.0	35.1	8.7	17.9
湖　北	100.0	33.7	6.7	15.4
湖　南	100.0	40.1	5.9	13.3
广　东	100.0	42.5	4.5	14.5
广　西	100.0	40.3	4.3	17.6
海　南	100.0	47.2	4.4	7.6
重　庆	100.0	34.1	6.4	13.7
四　川	100.0	38.4	7.1	12.8
贵　州	100.0	34.3	7.3	20.5
云　南	100.0	38.7	6.4	14.6
西　藏	100.0	46.1	18.3	7.7
陕　西	100.0	34.2	7.6	12.7
甘　肃	100.0	26.8	7.1	17.7
青　海	100.0	28.1	10.7	20.4
宁　夏	100.0	29.4	8.7	20.5
新　疆	100.0	30.1	10.5	20.5

5-2-6 续表 单位：%

地　区	四、家庭设备及用品支出	五、交通通信支出	六、文教娱乐支出	七、医疗保健支出	八、其他支出
全　国	**5.2**	**11.5**	**13.8**	**7.9**	**2.5**
北　京	6.2	11.7	15.1	9.6	1.9
天　津	4.0	11.1	11.1	6.1	1.4
河　北	5.3	11.6	11.8	7.0	2.0
山　西	4.2	9.8	17.1	6.3	2.0
内蒙古	4.2	14.7	15.5	8.9	2.1
辽　宁	4.0	12.1	15.1	9.4	2.7
吉　林	4.1	14.3	13.1	9.7	2.8
黑龙江	3.2	11.2	12.1	11.0	2.1
上　海	6.5	10.5	13.2	7.9	2.9
江　苏	5.3	11.6	15.3	6.3	2.7
浙　江	5.0	11.9	14.0	8.0	2.3
安　徽	5.8	10.9	14.3	7.4	2.3
福　建	5.3	12.5	12.2	5.3	3.3
江　西	5.0	11.8	14.2	7.9	2.8
山　东	5.5	11.9	15.3	7.6	1.8
河　南	5.4	10.5	11.7	8.1	2.5
湖　北	6.0	12.3	15.0	7.5	3.4
湖　南	5.2	10.1	15.1	7.7	2.6
广　东	4.7	12.8	11.2	6.3	3.6
广　西	5.1	11.5	12.2	6.6	2.4
海　南	6.1	11.7	13.0	6.1	3.9
重　庆	6.4	10.9	16.7	9.5	2.2
四　川	6.1	10.6	13.9	8.9	2.2
贵　州	5.6	9.1	14.7	6.6	2.1
云　南	5.3	7.9	14.5	9.7	2.8
西　藏	8.2	8.2	2.9	4.6	4.0
陕　西	5.1	9.9	18.1	10.1	2.3
甘　肃	5.7	12.0	19.9	8.8	2.1
青　海	5.7	14.4	7.6	10.5	2.5
宁　夏	4.7	10.8	10.8	12.1	3.1
新　疆	4.2	11.6	10.1	10.7	2.3

5-2-7　2006年分地区农村居民纯收入

单位：元/人

地　　区	纯收入	一、工资性收入	二、家庭经营纯收入	三、财产性收入	四、转移性收入
全　　国	**3587.0**	**1374.8**	**1931.0**	**100.5**	**180.8**
北　　京	8275.5	5047.4	1957.1	678.8	592.2
天　　津	6227.9	3247.9	2707.4	126.4	146.3
河　　北	3801.8	1514.7	2039.6	107.7	139.8
山　　西	3180.9	1374.3	1622.9	74.5	109.2
内 蒙 古	3341.9	590.7	2406.2	84.8	260.2
辽　　宁	4090.4	1499.5	2210.8	141.8	238.3
吉　　林	3641.1	605.1	2556.7	187.7	291.6
黑 龙 江	3552.4	654.9	2521.5	145.7	230.4
上　　海	9138.7	6686.0	767.7	558.2	1126.8
江　　苏	5813.2	3104.8	2271.4	178.5	258.6
浙　　江	7334.8	3575.1	3084.3	311.6	363.8
安　　徽	2969.1	1184.1	1617.8	52.8	114.4
福　　建	4834.8	1855.5	2481.6	113.5	384.1
江　　西	3459.5	1441.3	1863.5	35.1	119.6
山　　东	4368.3	1671.5	2409.8	127.6	159.4
河　　南	3261.0	1022.7	2108.3	40.4	89.7
湖　　北	3419.4	1199.2	2095.2	25.9	99.1
湖　　南	3389.6	1449.7	1743.4	42.5	154.1
广　　东	5079.8	2906.2	1693.6	220.9	259.1
广　　西	2770.5	972.3	1705.7	22.5	70.0
海　　南	3255.5	555.7	2486.9	49.4	163.4
重　　庆	2873.8	1309.9	1349.6	27.3	187.1
四　　川	3002.4	1219.5	1586.5	52.8	143.5
贵　　州	1984.6	715.5	1112.8	36.9	119.4
云　　南	2250.5	441.8	1631.6	82.2	94.9
西　　藏	2435.0	568.4	1410.5	156.0	300.1
陕　　西	2260.2	848.3	1219.3	52.6	140.0
甘　　肃	2134.1	637.4	1291.9	52.6	152.3
青　　海	2358.4	653.3	1374.4	100.7	230.1
宁　　夏	2760.1	823.1	1662.1	53.4	221.6
新　　疆	2737.3	254.1	2323.0	58.7	101.5

5-2-8　2006年分地区农村居民纯收入构成

单位：%

地　区	纯收入	一、工资性收入	二、家庭经营纯收入	三、财产性收入	四、转移性收入
全　国	**100.0**	**38.3**	**53.8**	**2.8**	**5.0**
北　京	100.0	61.0	23.6	8.2	7.2
天　津	100.0	52.2	43.5	2.0	2.3
河　北	100.0	39.8	53.6	2.8	3.7
山　西	100.0	43.2	51.0	2.3	3.4
内蒙古	100.0	17.7	72.0	2.5	7.8
辽　宁	100.0	36.7	54.0	3.5	5.8
吉　林	100.0	16.6	70.2	5.2	8.0
黑龙江	100.0	18.4	71.0	4.1	6.5
上　海	100.0	73.2	8.4	6.1	12.3
江　苏	100.0	53.4	39.1	3.1	4.4
浙　江	100.0	48.7	42.0	4.2	5.0
安　徽	100.0	39.9	54.5	1.8	3.9
福　建	100.0	38.4	51.3	2.3	7.9
江　西	100.0	41.7	53.9	1.0	3.5
山　东	100.0	38.3	55.2	2.9	3.6
河　南	100.0	31.4	64.7	1.2	2.7
湖　北	100.0	35.1	61.3	0.8	2.9
湖　南	100.0	42.8	51.4	1.3	4.5
广　东	100.0	57.2	33.3	4.3	5.1
广　西	100.0	35.1	61.5	0.8	2.5
海　南	100.0	17.1	76.4	1.5	5.0
重　庆	100.0	45.6	47.0	0.9	6.5
四　川	100.0	40.6	52.8	1.8	4.8
贵　州	100.0	36.1	56.1	1.9	6.0
云　南	100.0	19.6	72.5	3.7	4.2
西　藏	100.0	23.3	57.9	6.4	12.3
陕　西	100.0	37.5	53.9	2.3	6.2
甘　肃	100.0	29.9	60.5	2.5	7.1
青　海	100.0	27.7	58.3	4.3	9.8
宁　夏	100.0	29.8	60.2	1.9	8.0
新　疆	100.0	9.3	84.9	2.1	3.7

5-2-9　2006年分地区农村居民消费支出

单位：元/人

地　区	消费支出	一、食品支出	二、衣着支出	三、居住支出
全　国	**2829.0**	**1217.0**	**168.0**	**469.0**
北　京	5724.5	1879.0	451.6	859.4
天　津	3341.1	1212.6	265.3	664.4
河　北	2495.3	915.5	167.9	531.7
山　西	2253.3	867.7	227.6	305.0
内 蒙 古	2772.0	1082.1	184.6	352.9
辽　宁	3066.9	1162.5	243.0	509.7
吉　林	2700.7	1082.3	191.2	344.0
黑 龙 江	2618.2	923.7	199.0	560.0
上　海	8006.0	3023.5	417.6	1658.1
江　苏	4135.2	1729.0	223.3	641.1
浙　江	6057.2	2218.9	368.7	1202.0
安　徽	2420.9	1045.2	138.4	378.7
福　建	3591.4	1621.9	213.3	563.9
江　西	2676.6	1312.3	131.0	373.4
山　东	3143.8	1191.3	198.1	548.1
河　南	2229.3	911.5	159.8	443.6
湖　北	2732.5	1278.9	146.7	377.3
湖　南	3013.3	1463.3	137.7	421.0
广　东	3886.0	1887.2	151.2	634.0
广　西	2413.9	1196.1	79.9	424.9
海　南	2232.2	1191.1	75.2	252.3
重　庆	2205.2	1151.0	113.3	254.2
四　川	2395.0	1216.2	133.3	328.6
贵　州	1627.1	838.4	88.6	265.5
云　南	2195.6	1071.1	93.6	435.9
西　藏	2002.2	965.8	184.9	467.8
陕　西	2181.0	850.2	138.6	340.6
甘　肃	1855.5	866.0	97.2	251.8
青　海	2179.0	938.5	170.8	366.4
宁　夏	2247.0	929.2	159.1	414.7
新　疆	2032.4	810.7	187.0	371.6

5-2-9 续表 单位：元/人

地 区	四、家庭设备及用品支出	五、交通通信支出	六、文教娱乐支出	七、医疗保健支出	八、其他支出
全 国	**126.6**	**288.8**	**305.1**	**191.5**	**63.1**
北 京	303.5	698.1	844.1	575.8	113.1
天 津	122.4	441.3	315.6	263.2	56.1
河 北	115.8	285.7	265.4	166.3	47.0
山 西	98.3	224.2	339.8	142.7	48.0
内蒙古	98.0	361.8	398.5	232.8	61.4
辽 宁	112.2	337.1	354.6	267.9	79.9
吉 林	105.1	296.0	346.8	256.3	79.1
黑龙江	79.3	267.1	279.7	253.8	55.7
上 海	481.0	779.9	919.9	549.4	176.5
江 苏	199.5	465.2	544.1	232.3	100.8
浙 江	288.3	664.8	731.7	459.4	123.5
安 徽	116.8	237.2	290.7	165.0	49.0
福 建	167.3	431.4	333.6	162.3	97.8
江 西	105.7	250.9	287.5	159.1	56.6
山 东	158.7	352.2	408.8	221.8	64.8
河 南	105.1	220.8	198.6	140.6	49.4
湖 北	135.5	246.1	292.3	172.4	83.2
湖 南	129.8	249.7	341.7	196.5	73.6
广 东	148.6	443.5	303.4	197.0	121.2
广 西	110.1	239.5	198.2	123.9	41.5
海 南	87.9	205.7	238.5	110.9	70.7
重 庆	118.0	186.6	189.7	159.7	32.8
四 川	114.1	203.6	196.6	160.3	42.3
贵 州	64.9	122.5	138.1	76.8	32.3
云 南	83.8	157.3	177.9	138.2	37.9
西 藏	125.1	104.3	64.3	54.4	35.7
陕 西	94.9	216.7	296.1	195.6	48.4
甘 肃	78.7	174.6	228.4	127.4	31.4
青 海	94.7	255.8	118.7	192.8	41.3
宁 夏	104.3	226.4	168.9	187.6	56.9
新 疆	73.0	209.5	157.0	189.7	33.9

5-2-10　2006年分地区农村居民消费支出构成

单位：%

地　区	消费支出	一、食品支出	二、衣着支出	三、居住支出
全　国	**100.0**	**43.0**	**5.9**	**16.6**
北　京	100.0	32.8	7.9	15.0
天　津	100.0	36.3	7.9	19.9
河　北	100.0	36.7	6.7	21.3
山　西	100.0	38.5	10.1	13.5
内蒙古	100.0	39.0	6.7	12.7
辽　宁	100.0	37.9	7.9	16.6
吉　林	100.0	40.1	7.1	12.7
黑龙江	100.0	35.3	7.6	21.4
上　海	100.0	37.8	5.2	20.7
江　苏	100.0	41.8	5.4	15.5
浙　江	100.0	36.6	6.1	19.8
安　徽	100.0	43.2	5.7	15.6
福　建	100.0	45.2	5.9	15.7
江　西	100.0	49.0	4.9	14.0
山　东	100.0	37.9	6.3	17.4
河　南	100.0	40.9	7.2	19.9
湖　北	100.0	46.8	5.4	13.8
湖　南	100.0	48.6	4.6	14.0
广　东	100.0	48.6	3.9	16.3
广　西	100.0	49.5	3.3	17.6
海　南	100.0	53.4	3.4	11.3
重　庆	100.0	52.2	5.1	11.5
四　川	100.0	50.8	5.6	13.7
贵　州	100.0	51.5	5.4	16.3
云　南	100.0	48.8	4.3	19.9
西　藏	100.0	48.2	9.2	23.4
陕　西	100.0	39.0	6.4	15.6
甘　肃	100.0	46.7	5.2	13.6
青　海	100.0	43.1	7.8	16.8
宁　夏	100.0	41.4	7.1	18.5
新　疆	100.0	39.9	9.2	18.3

5-2-10 续表　　单位：%

地　区	四、家庭设备及用品支出	五、交通通信支出	六、文教娱乐支出	七、医疗保健支出	八、其他支出
全　国	**4.5**	**10.2**	**10.8**	**6.8**	**2.2**
北　京	5.3	12.2	14.7	10.1	2.0
天　津	3.7	13.2	9.4	7.9	1.7
河　北	4.6	11.4	10.6	6.7	1.9
山　西	4.4	10.0	15.1	6.3	2.1
内蒙古	3.5	13.1	14.4	8.4	2.2
辽　宁	3.7	11.0	11.6	8.7	2.6
吉　林	3.9	11.0	12.8	9.5	2.9
黑龙江	3.0	10.2	10.7	9.7	2.1
上　海	6.0	9.7	11.5	6.9	2.2
江　苏	4.8	11.2	13.2	5.6	2.4
浙　江	4.8	11.0	12.1	7.6	2.0
安　徽	4.8	9.8	12.0	6.8	2.0
福　建	4.7	12.0	9.3	4.5	2.7
江　西	3.9	9.4	10.7	5.9	2.1
山　东	5.0	11.2	13.0	7.1	2.1
河　南	4.7	9.9	8.9	6.3	2.2
湖　北	5.0	9.0	10.7	6.3	3.0
湖　南	4.3	8.3	11.3	6.5	2.4
广　东	3.8	11.4	7.8	5.1	3.1
广　西	4.6	9.9	8.2	5.1	1.7
海　南	3.9	9.2	10.7	5.0	3.2
重　庆	5.4	8.5	8.6	7.2	1.5
四　川	4.8	8.5	8.2	6.7	1.8
贵　州	4.0	7.5	8.5	4.7	2.0
云　南	3.8	7.2	8.1	6.3	1.7
西　藏	6.3	5.2	3.2	2.7	1.8
陕　西	4.4	9.9	13.6	9.0	2.2
甘　肃	4.2	9.4	12.3	6.9	1.7
青　海	4.3	11.7	5.4	8.8	1.9
宁　夏	4.6	10.1	7.5	8.3	2.5
新　疆	3.6	10.3	7.7	9.3	1.7

5-2-11 2006年分地区农村居民现金消费支出

单位：元/人

地　区	现金消费支出	一、食品支出	二、衣着支出	三、居住支出
全　国	**2415.5**	**835.5**	**167.3**	**438.3**
北　京	5681.1	1836.3	451.6	859.3
天　津	3261.9	1133.6	265.2	664.4
河　北	2246.3	686.0	167.8	512.5
山　西	2039.8	659.0	227.4	300.6
内蒙古	2378.6	726.1	184.1	316.7
辽　宁	2741.0	866.6	243.0	479.8
吉　林	2398.5	818.4	189.9	306.9
黑龙江	2365.2	747.5	198.9	483.3
上　海	7807.1	2825.0	417.6	1657.7
江　苏	3658.2	1283.2	222.6	610.5
浙　江	5819.7	2001.4	368.5	1182.4
安　徽	2050.1	697.4	138.2	355.9
福　建	3217.7	1310.1	213.3	504.7
江　西	2111.7	777.5	130.1	344.3
山　东	2867.3	916.5	197.1	548.0
河　南	1876.0	596.7	159.5	405.7
湖　北	2099.6	686.8	144.3	340.4
湖　南	2444.9	918.2	137.7	398.0
广　东	3421.6	1498.5	151.1	558.8
广　西	1918.0	752.2	79.9	372.8
海　南	1759.3	768.2	75.2	202.3
重　庆	1600.6	577.8	113.3	223.5
四　川	1816.1	675.7	132.9	292.5
贵　州	1167.9	392.9	88.6	253.0
云　南	1597.3	530.8	93.6	378.1
西　藏	1435.4	500.6	175.2	384.1
陕　西	1938.6	612.1	138.3	336.6
甘　肃	1365.3	381.1	97.2	247.4
青　海	1657.9	450.7	160.5	348.3
宁　夏	1824.9	523.9	159.1	397.8
新　疆	1696.4	494.5	182.9	358.3

5-2-11 续表 单位：元/人

地　区	四、家庭设备及用品支出	五、交通通信支出	六、文教娱乐支出	七、医疗保健支出	八、其他支出
全　国	**126.1**	**288.8**	**305.1**	**191.5**	**62.9**
北　京	303.5	698.1	844.1	575.8	112.3
天　津	122.4	441.3	315.6	263.2	56.1
河　北	115.8	285.7	265.4	166.3	46.8
山　西	98.3	224.2	339.8	142.7	47.9
内蒙古	98.0	361.8	398.5	232.8	60.7
辽　宁	112.2	337.1	354.6	267.9	79.9
吉　林	105.1	296.0	346.8	256.3	79.1
黑龙江	79.3	267.1	279.7	253.8	55.7
上　海	481.0	779.9	919.9	549.4	176.5
江　苏	199.5	465.2	544.1	232.3	100.8
浙　江	288.0	664.8	731.7	459.4	123.5
安　徽	116.8	237.2	290.7	165.0	49.0
福　建	167.3	431.4	333.6	162.3	95.1
江　西	105.7	250.9	287.5	159.1	56.6
山　东	158.7	352.2	408.8	221.8	64.2
河　南	104.8	220.8	198.6	140.6	49.4
湖　北	134.2	246.1	292.3	172.4	83.2
湖　南	129.5	249.7	341.7	196.5	73.6
广　东	148.1	443.5	303.4	197.0	121.2
广　西	110.1	239.5	198.2	123.9	41.5
海　南	87.9	205.7	238.5	110.9	70.7
重　庆	117.2	186.6	189.7	159.7	32.8
四　川	112.2	203.6	196.6	160.3	42.3
贵　州	64.9	122.5	138.1	76.8	31.2
云　南	83.8	157.3	177.9	138.2	37.7
西　藏	117.0	104.3	64.3	54.4	35.7
陕　西	94.9	216.7	296.1	195.6	48.4
甘　肃	77.8	174.6	228.4	127.4	31.4
青　海	90.1	255.8	118.7	192.8	41.0
宁　夏	104.3	226.4	168.9	187.6	56.9
新　疆	70.8	209.5	157.0	189.7	33.9

5-2-12　2006年分地区农村居民现金消费支出构成

单位：%

地　区	现金消费支出	一、食品支出	二、衣着支出	三、居住支出
全　国	**100.0**	**34.6**	**6.9**	**18.1**
北　京	100.0	32.3	7.9	15.1
天　津	100.0	34.8	8.1	20.4
河　北	100.0	30.5	7.5	22.8
山　西	100.0	32.3	11.1	14.7
内 蒙 古	100.0	30.5	7.7	13.3
辽　宁	100.0	31.6	8.9	17.5
吉　林	100.0	34.1	7.9	12.8
黑 龙 江	100.0	31.6	8.4	20.4
上　海	100.0	36.2	5.3	21.2
江　苏	100.0	35.1	6.1	16.7
浙　江	100.0	34.4	6.3	20.3
安　徽	100.0	34.0	6.7	17.4
福　建	100.0	40.7	6.6	15.7
江　西	100.0	36.8	6.2	16.3
山　东	100.0	32.0	6.9	19.1
河　南	100.0	31.8	8.5	21.6
湖　北	100.0	32.7	6.9	16.2
湖　南	100.0	37.6	5.6	16.3
广　东	100.0	43.8	4.4	16.3
广　西	100.0	39.2	4.2	19.4
海　南	100.0	43.7	4.3	11.5
重　庆	100.0	36.1	7.1	14.0
四　川	100.0	37.2	7.3	16.1
贵　州	100.0	33.6	7.6	21.7
云　南	100.0	33.2	5.9	23.7
西　藏	100.0	34.9	12.2	26.8
陕　西	100.0	31.6	7.1	17.4
甘　肃	100.0	27.9	7.1	18.1
青　海	100.0	27.2	9.7	21.0
宁　夏	100.0	28.7	8.7	21.8
新　疆	100.0	29.1	10.8	21.1

5-2-12 续表 单位：%

地　区	四、家庭设备及用品支出	五、交通通信支出	六、文教娱乐支出	七、医疗保健支出	八、其他支出
全　国	**5.2**	**12.0**	**12.6**	**7.9**	**2.6**
北　京	5.3	12.3	14.9	10.1	2.0
天　津	3.8	13.5	9.7	8.1	1.7
河　北	5.2	12.7	11.8	7.4	2.1
山　西	4.8	11.0	16.7	7.0	2.3
内蒙古	4.1	15.2	16.8	9.8	2.6
辽　宁	4.1	12.3	12.9	9.8	2.9
吉　林	4.4	12.3	14.5	10.7	3.3
黑龙江	3.4	11.3	11.8	10.7	2.4
上　海	6.2	10.0	11.8	7.0	2.3
江　苏	5.5	12.7	14.9	6.4	2.8
浙　江	4.9	11.4	12.6	7.9	2.1
安　徽	5.7	11.6	14.2	8.0	2.4
福　建	5.2	13.4	10.4	5.0	3.0
江　西	5.0	11.9	13.6	7.5	2.7
山　东	5.5	12.3	14.3	7.7	2.2
河　南	5.6	11.8	10.6	7.5	2.6
湖　北	6.4	11.7	13.9	8.2	4.0
湖　南	5.3	10.2	14.0	8.0	3.0
广　东	4.3	13.0	8.9	5.8	3.5
广　西	5.7	12.5	10.3	6.5	2.2
海　南	5.0	11.7	13.6	6.3	4.0
重　庆	7.3	11.7	11.9	10.0	2.1
四　川	6.2	11.2	10.8	8.8	2.3
贵　州	5.6	10.5	11.8	6.6	2.7
云　南	5.2	9.8	11.1	8.6	2.4
西　藏	8.2	7.3	4.5	3.8	2.5
陕　西	4.9	11.2	15.3	10.1	2.5
甘　肃	5.7	12.8	16.7	9.3	2.3
青　海	5.4	15.4	7.2	11.6	2.5
宁　夏	5.7	12.4	9.3	10.3	3.1
新　疆	4.2	12.3	9.3	11.2	2.0

5-2-13　2007年分地区农村居民纯收入

单位：元/人

地　　区	纯收入	一、工资性收入	二、家庭经营纯收入	三、财产性收入	四、转移性收入
全　　国	**4140.4**	**1596.2**	**2193.7**	**128.2**	**222.3**
北　　京	9439.6	5605.7	2303.7	803.2	727.0
天　　津	7010.1	3582.7	2957.3	162.0	308.1
河　　北	4293.4	1754.3	2249.7	115.8	173.6
山　　西	3665.7	1521.0	1860.4	135.8	148.5
内 蒙 古	3953.1	716.9	2786.1	117.1	333.1
辽　　宁	4773.4	1719.7	2592.2	179.4	282.1
吉　　林	4191.3	711.3	2830.7	283.4	366.0
黑 龙 江	4132.3	773.9	2848.9	196.1	313.4
上　　海	10144.6	7353.4	753.6	690.1	1347.6
江　　苏	6561.0	3443.0	2566.4	226.8	324.8
浙　　江	8265.2	4009.7	3479.1	362.7	413.6
安　　徽	3556.3	1470.1	1820.9	102.0	163.4
福　　建	5467.1	2099.9	2813.2	146.9	407.1
江　　西	4044.7	1611.5	2212.7	56.0	164.6
山　　东	4985.3	1950.8	2700.6	144.3	189.7
河　　南	3851.6	1267.7	2398.2	52.7	133.0
湖　　北	3997.5	1454.5	2379.8	37.7	125.5
湖　　南	3904.2	1712.3	1963.8	39.9	188.1
广　　东	5624.0	3202.1	1838.6	312.6	270.7
广　　西	3224.1	1128.8	1973.4	29.1	92.8
海　　南	3791.4	665.2	2870.4	66.1	189.7
重　　庆	3509.3	1559.3	1639.8	43.8	266.4
四　　川	3546.7	1438.7	1863.3	61.1	183.6
贵　　州	2374.0	846.9	1320.1	46.7	160.4
云　　南	2634.1	521.6	1910.2	86.4	115.9
西　　藏	2788.2	635.1	1673.1	173.5	306.5
陕　　西	2644.7	1036.2	1346.3	73.3	188.9
甘　　肃	2328.9	716.4	1426.9	23.2	162.4
青　　海	2683.8	790.9	1477.3	127.9	287.6
宁　　夏	3180.8	1021.4	1862.1	58.1	239.3
新　　疆	3183.0	330.8	2625.7	116.5	110.0

5-2-14　2007年分地区农村居民纯收入构成

单位：%

地　区	纯收入	一、工资性收入	二、家庭经营纯收入	三、财产性收入	四、转移性收入
全　国	**100.0**	**38.6**	**53.0**	**3.1**	**5.4**
北　京	100.0	59.4	24.4	8.5	7.7
天　津	100.0	51.1	42.2	2.3	4.4
河　北	100.0	40.9	52.4	2.7	4.0
山　西	100.0	41.5	50.8	3.7	4.1
内蒙古	100.0	18.1	70.5	3.0	8.4
辽　宁	100.0	36.0	54.3	3.8	5.9
吉　林	100.0	17.0	67.5	6.8	8.7
黑龙江	100.0	18.7	68.9	4.7	7.6
上　海	100.0	72.5	7.4	6.8	13.3
江　苏	100.0	52.5	39.1	3.5	5.0
浙　江	100.0	48.5	42.1	4.4	5.0
安　徽	100.0	41.3	51.2	2.9	4.6
福　建	100.0	38.4	51.5	2.7	7.4
江　西	100.0	39.8	54.7	1.4	4.1
山　东	100.0	39.1	54.2	2.9	3.8
河　南	100.0	32.9	62.3	1.4	3.5
湖　北	100.0	36.4	59.5	0.9	3.1
湖　南	100.0	43.9	50.3	1.0	4.8
广　东	100.0	56.9	32.7	5.6	4.8
广　西	100.0	35.0	61.2	0.9	2.9
海　南	100.0	17.5	75.7	1.7	5.0
重　庆	100.0	44.4	46.7	1.2	7.6
四　川	100.0	40.6	52.5	1.7	5.2
贵　州	100.0	35.7	55.6	2.0	6.8
云　南	100.0	19.8	72.5	3.3	4.4
西　藏	100.0	22.8	60.0	6.2	11.0
陕　西	100.0	39.2	50.9	2.8	7.1
甘　肃	100.0	30.8	61.3	1.0	7.0
青　海	100.0	29.5	55.0	4.8	10.7
宁　夏	100.0	32.1	58.5	1.8	7.5
新　疆	100.0	10.4	82.5	3.7	3.5

5-2-15　2007年分地区农村居民消费支出

单位：元/人

地　区	消费支出	一、食品支出	二、衣着支出	三、居住支出
全　国	**3223.9**	**1389.0**	**193.5**	**573.8**
北　京	6399.3	2132.5	513.4	1023.2
天　津	3538.3	1367.8	286.3	674.8
河　北	2786.8	1025.7	185.7	628.0
山　西	2682.6	1033.7	260.9	392.8
内蒙古	3256.2	1280.1	228.4	474.0
辽　宁	3368.2	1334.2	281.2	513.1
吉　林	3065.4	1240.9	228.0	399.1
黑龙江	3117.4	1077.3	254.0	691.0
上　海	8844.9	3259.5	475.5	2097.2
江　苏	4786.2	1968.9	251.3	752.7
浙　江	6801.6	2430.6	405.3	1498.5
安　徽	2754.0	1192.6	166.3	479.5
福　建	4053.5	1870.3	235.6	660.6
江　西	2994.5	1492.0	147.7	474.5
山　东	3621.6	1369.2	224.2	682.1
河　南	2676.4	1017.4	189.7	615.6
湖　北	3090.0	1479.0	168.6	434.9
湖　南	3377.4	1675.2	161.8	508.3
广　东	4202.3	2087.6	162.3	763.0
广　西	2747.5	1378.8	86.9	554.1
海　南	2556.6	1430.3	86.3	305.9
重　庆	2526.7	1376.0	136.3	263.7
四　川	2747.3	1435.5	156.7	366.5
贵　州	1913.7	998.4	99.4	329.6
云　南	2637.2	1226.7	112.5	586.1
西　藏	2217.6	1079.8	245.0	418.8
陕　西	2559.6	941.8	161.1	512.4
甘　肃	2017.2	944.1	112.2	295.2
青　海	2446.5	1069.0	191.8	359.7
宁　夏	2528.8	1019.4	184.3	450.6
新　疆	2350.6	939.0	218.2	445.0

5-2-15 续表 单位：元/人

地 区	四、家庭设备及用品支出	五、交通通信支出	六、文教娱乐支出	七、医疗保健支出	八、其他支出
全 国	**149.1**	**328.4**	**305.7**	**210.2**	**74.2**
北 京	340.2	778.5	870.1	629.6	111.8
天 津	126.7	400.1	312.1	306.2	64.3
河 北	140.5	318.2	243.3	188.1	57.4
山 西	120.9	268.8	371.0	170.9	63.8
内 蒙 古	117.6	375.6	423.8	281.5	75.3
辽 宁	142.1	361.8	362.8	265.0	108.1
吉 林	121.0	337.5	339.8	311.4	87.9
黑 龙 江	105.0	335.3	312.3	272.5	70.0
上 海	451.4	883.7	857.5	571.1	249.0
江 苏	228.5	544.0	642.5	263.9	134.4
浙 江	338.8	783.0	750.7	452.4	142.3
安 徽	144.2	258.3	283.2	177.0	53.0
福 建	184.2	465.4	356.3	174.1	107.0
江 西	121.5	277.2	252.8	167.7	61.1
山 东	196.0	422.4	424.9	230.8	72.0
河 南	136.4	269.5	212.4	173.2	62.3
湖 北	166.3	281.1	284.1	178.8	97.1
湖 南	152.6	278.8	293.9	220.0	86.9
广 东	163.9	443.2	254.9	199.3	128.1
广 西	112.2	246.0	172.5	149.0	48.0
海 南	93.3	248.1	224.0	95.6	73.2
重 庆	138.3	208.7	196.0	168.6	39.1
四 川	142.6	241.5	177.2	174.8	52.6
贵 州	70.9	154.5	147.3	79.3	34.2
云 南	107.2	216.7	181.7	167.9	38.4
西 藏	133.3	156.6	65.4	50.0	68.7
陕 西	106.8	254.7	304.5	222.5	55.7
甘 肃	91.4	186.2	208.9	149.8	29.4
青 海	122.2	292.1	135.1	229.3	47.2
宁 夏	109.3	265.8	192.0	239.4	68.2
新 疆	91.5	234.7	166.3	210.7	45.3

5-2-16　2007年分地区农村居民消费支出构成

单位：%

地　区	消费支出	一、食品支出	二、衣着支出	三、居住支出
全　国	**100.0**	**43.1**	**6.0**	**17.8**
北　京	100.0	33.3	8.0	16.0
天　津	100.0	38.7	8.1	19.1
河　北	100.0	36.8	6.7	22.5
山　西	100.0	38.5	9.7	14.6
内蒙古	100.0	39.3	7.0	14.6
辽　宁	100.0	39.6	8.3	15.2
吉　林	100.0	40.5	7.4	13.0
黑龙江	100.0	34.6	8.1	22.2
上　海	100.0	36.9	5.4	23.7
江　苏	100.0	41.1	5.3	15.7
浙　江	100.0	35.7	6.0	22.0
安　徽	100.0	43.3	6.0	17.4
福　建	100.0	46.1	5.8	16.3
江　西	100.0	49.8	4.9	15.8
山　东	100.0	37.8	6.2	18.8
河　南	100.0	38.0	7.1	23.0
湖　北	100.0	47.9	5.5	14.1
湖　南	100.0	49.6	4.8	15.1
广　东	100.0	49.7	3.9	18.2
广　西	100.0	50.2	3.2	20.2
海　南	100.0	55.9	3.4	12.0
重　庆	100.0	54.5	5.4	10.4
四　川	100.0	52.3	5.7	13.3
贵　州	100.0	52.2	5.2	17.2
云　南	100.0	46.5	4.3	22.2
西　藏	100.0	48.7	11.0	18.9
陕　西	100.0	36.8	6.3	20.0
甘　肃	100.0	46.8	5.6	14.6
青　海	100.0	43.7	7.8	14.7
宁　夏	100.0	40.3	7.3	17.8
新　疆	100.0	39.9	9.3	18.9

5-2-16 续表 单位：%

地　区	四、家庭设备及用品支出	五、交通通信支出	六、文教娱乐支出	七、医疗保健支出	八、其他支出
全　国	**4.6**	**10.2**	**9.5**	**6.5**	**2.3**
北　京	5.3	12.2	13.6	9.8	1.7
天　津	3.6	11.3	8.8	8.7	1.8
河　北	5.0	11.4	8.7	6.7	2.1
山　西	4.5	10.0	13.8	6.4	2.4
内蒙古	3.6	11.5	13.0	8.6	2.3
辽　宁	4.2	10.7	10.8	7.9	3.2
吉　林	3.9	11.0	11.1	10.2	2.9
黑龙江	3.4	10.8	10.0	8.7	2.2
上　海	5.1	10.0	9.7	6.5	2.8
江　苏	4.8	11.4	13.4	5.5	2.8
浙　江	5.0	11.5	11.0	6.7	2.1
安　徽	5.2	9.4	10.3	6.4	1.9
福　建	4.5	11.5	8.8	4.3	2.6
江　西	4.1	9.3	8.4	5.6	2.0
山　东	5.4	11.7	11.7	6.4	2.0
河　南	5.1	10.1	7.9	6.5	2.3
湖　北	5.4	9.1	9.2	5.8	3.1
湖　南	4.5	8.3	8.7	6.5	2.6
广　东	3.9	10.5	6.1	4.7	3.0
广　西	4.1	9.0	6.3	5.4	1.7
海　南	3.6	9.7	8.8	3.7	2.9
重　庆	5.5	8.3	7.8	6.7	1.5
四　川	5.2	8.8	6.4	6.4	1.9
贵　州	3.7	8.1	7.7	4.1	1.8
云　南	4.1	8.2	6.9	6.4	1.5
西　藏	6.0	7.1	2.9	2.3	3.1
陕　西	4.2	10.0	11.9	8.7	2.2
甘　肃	4.5	9.2	10.4	7.4	1.5
青　海	5.0	11.9	5.5	9.4	1.9
宁　夏	4.3	10.5	7.6	9.5	2.7
新　疆	3.9	10.0	7.1	9.0	1.9

5-2-17　2007年分地区农村居民现金消费支出

单位：元/人

地　区	现金消费支出	一、食品支出	二、衣着支出	三、居住支出
全　国	**2767.1**	**967.6**	**192.6**	**540.1**
北　京	6347.8	2085.8	513.4	1018.4
天　津	3454.5	1284.0	286.3	674.8
河　北	2520.4	781.4	185.6	606.6
山　西	2460.1	820.6	260.8	385.2
内蒙古	2761.1	827.3	227.7	433.1
辽　宁	3020.4	1015.1	278.0	487.8
吉　林	2706.5	920.6	228.0	360.9
黑龙江	2851.4	912.4	254.0	589.9
上　海	8662.9	3078.3	475.5	2096.4
江　苏	4302.5	1529.1	251.2	709.0
浙　江	6570.8	2220.8	404.7	1478.3
安　徽	2365.2	827.0	166.1	456.7
福　建	3592.6	1527.6	235.6	544.3
江　西	2373.4	902.5	147.3	443.4
山　东	3317.8	1068.8	222.0	682.0
河　南	2308.4	701.8	189.3	563.6
湖　北	2368.7	800.5	166.0	395.8
湖　南	2757.6	1070.5	161.8	493.5
广　东	3718.2	1676.0	162.3	690.8
广　西	2159.2	851.5	86.8	493.5
海　南	1954.9	901.3	86.3	233.2
重　庆	1829.3	712.2	136.3	230.6
四　川	2084.0	800.1	156.6	339.3
贵　州	1338.9	437.8	99.4	317.2
云　南	1982.3	619.0	112.5	539.4
西　藏	1657.3	575.6	225.5	386.5
陕　西	2307.1	692.6	161.0	509.1
甘　肃	1506.5	439.2	112.2	289.5
青　海	1883.2	520.6	187.5	356.2
宁　夏	2115.9	621.6	184.3	435.5
新　疆	1965.6	591.8	211.7	418.6

5-2-17 续表 单位：元/人

地区	四、家庭设备及用品支出	五、交通通信支出	六、文教娱乐支出	七、医疗保健支出	八、其他支出
全国	**148.7**	**328.4**	**305.7**	**210.2**	**73.9**
北京	340.2	778.5	870.1	629.6	111.7
天津	126.7	400.1	312.1	306.2	64.3
河北	140.4	318.2	243.3	188.1	56.9
山西	120.9	268.8	371.0	170.9	62.1
内蒙古	117.6	375.6	423.8	281.5	74.6
辽宁	142.0	361.8	362.8	265.0	108.1
吉林	120.6	337.5	339.8	311.4	87.9
黑龙江	105.0	335.3	312.3	272.5	70.0
上海	451.4	883.7	857.5	571.1	249.0
江苏	228.5	544.0	642.5	263.9	134.4
浙江	338.7	783.0	750.7	452.4	142.2
安徽	144.2	258.3	283.2	177.0	52.9
福建	184.2	465.4	356.3	174.1	105.2
江西	121.5	277.2	252.8	167.7	61.1
山东	195.9	422.4	424.9	230.8	71.0
河南	136.4	269.5	212.4	173.2	62.3
湖北	165.2	281.1	284.1	178.8	97.1
湖南	152.3	278.8	293.9	220.0	86.9
广东	163.5	443.2	254.9	199.3	128.1
广西	112.2	246.0	172.5	149.0	47.7
海南	93.3	248.1	224.0	95.6	73.2
重庆	137.9	208.7	196.0	168.6	39.1
四川	142.1	241.5	177.2	174.8	52.5
贵州	70.9	154.5	147.3	79.3	32.3
云南	106.8	216.7	181.7	167.9	38.2
西藏	129.1	156.6	65.4	50.0	68.7
陕西	106.8	254.7	304.5	222.5	55.7
甘肃	91.4	186.2	208.9	149.8	29.3
青海	115.3	292.1	135.1	229.3	47.1
宁夏	109.3	265.8	192.0	239.4	68.1
新疆	86.6	234.7	166.3	210.7	45.3

5-2-18　2007年分地区农村居民现金消费支出构成

单位：%

地　区	现金消费支出	一、食品支出	二、衣着支出	三、居住支出
全　国	**100.0**	**35.0**	**7.0**	**19.5**
北　京	100.0	32.9	8.1	16.0
天　津	100.0	37.2	8.3	19.5
河　北	100.0	31.0	7.4	24.1
山　西	100.0	33.4	10.6	15.7
内蒙古	100.0	30.0	8.2	15.7
辽　宁	100.0	33.6	9.2	16.2
吉　林	100.0	34.0	8.4	13.3
黑龙江	100.0	32.0	8.9	20.7
上　海	100.0	35.5	5.5	24.2
江　苏	100.0	35.5	5.8	16.5
浙　江	100.0	33.8	6.2	22.5
安　徽	100.0	35.0	7.0	19.3
福　建	100.0	42.5	6.6	15.1
江　西	100.0	38.0	6.2	18.7
山　东	100.0	32.2	6.7	20.6
河　南	100.0	30.4	8.2	24.4
湖　北	100.0	33.8	7.0	16.7
湖　南	100.0	38.8	5.9	17.9
广　东	100.0	45.1	4.4	18.6
广　西	100.0	39.4	4.0	22.9
海　南	100.0	46.1	4.4	11.9
重　庆	100.0	38.9	7.5	12.6
四　川	100.0	38.4	7.5	16.3
贵　州	100.0	32.7	7.4	23.7
云　南	100.0	31.2	5.7	27.2
西　藏	100.0	34.7	13.6	23.3
陕　西	100.0	30.0	7.0	22.1
甘　肃	100.0	29.2	7.4	19.2
青　海	100.0	27.6	10.0	18.9
宁　夏	100.0	29.4	8.7	20.6
新　疆	100.0	30.1	10.8	21.3

5-2-18 续表 单位：%

地　区	四、家庭设备及用品支出	五、交通通信支出	六、文教娱乐支出	七、医疗保健支出	八、其他支出
全　国	**5.4**	**11.9**	**11.0**	**7.6**	**2.7**
北　京	5.4	12.3	13.7	9.9	1.8
天　津	3.7	11.6	9.0	8.9	1.9
河　北	5.6	12.6	9.7	7.5	2.3
山　西	4.9	10.9	15.1	6.9	2.5
内蒙古	4.3	13.6	15.3	10.2	2.7
辽　宁	4.7	12.0	12.0	8.8	3.6
吉　林	4.5	12.5	12.6	11.5	3.2
黑龙江	3.7	11.8	11.0	9.6	2.5
上　海	5.2	10.2	9.9	6.6	2.9
江　苏	5.3	12.6	14.9	6.1	3.1
浙　江	5.2	11.9	11.4	6.9	2.2
安　徽	6.1	10.9	12.0	7.5	2.2
福　建	5.1	13.0	9.9	4.8	2.9
江　西	5.1	11.7	10.7	7.1	2.6
山　东	5.9	12.7	12.8	7.0	2.1
河　南	5.9	11.7	9.2	7.5	2.7
湖　北	7.0	11.9	12.0	7.5	4.1
湖　南	5.5	10.1	10.7	8.0	3.2
广　东	4.4	11.9	6.9	5.4	3.4
广　西	5.2	11.4	8.0	6.9	2.2
海　南	4.8	12.7	11.5	4.9	3.7
重　庆	7.5	11.4	10.7	9.2	2.1
四　川	6.8	11.6	8.5	8.4	2.5
贵　州	5.3	11.5	11.0	5.9	2.4
云　南	5.4	10.9	9.2	8.5	1.9
西　藏	7.8	9.4	3.9	3.0	4.1
陕　西	4.6	11.0	13.2	9.6	2.4
甘　肃	6.1	12.4	13.9	9.9	1.9
青　海	6.1	15.5	7.2	12.2	2.5
宁　夏	5.2	12.6	9.1	11.3	3.2
新　疆	4.4	11.9	8.5	10.7	2.3

5-2-19　2008年分地区农村居民纯收入

单位：元/人

地　区	纯收入	一、工资性收入	二、家庭经营纯收入	三、财产性收入	四、转移性收入
全　国	**4760.6**	**1853.7**	**2435.6**	**148.1**	**323.2**
北　京	10661.9	6389.3	2058.6	1142.8	1071.3
天　津	7910.8	4065.0	3097.1	463.4	285.3
河　北	4795.5	1979.5	2416.2	118.6	281.1
山　西	4097.2	1713.6	1986.4	153.1	244.3
内蒙古	4656.2	806.5	3218.0	114.9	516.8
辽　宁	5576.5	2035.5	2931.3	201.3	408.4
吉　林	4932.7	810.2	3344.7	183.2	594.7
黑龙江	4855.6	916.8	3163.7	243.6	531.6
上　海	11440.3	8108.3	711.3	849.8	1770.9
江　苏	7356.5	3895.5	2812.0	253.5	395.5
浙　江	9257.9	4587.4	3762.9	437.5	470.0
安　徽	4202.5	1737.8	2114.2	119.0	231.4
福　建	6196.1	2421.5	3146.1	179.0	449.5
江　西	4697.2	1842.4	2552.6	66.6	235.7
山　东	5641.4	2263.5	2963.0	163.9	251.1
河　南	4454.2	1499.9	2699.3	53.0	202.0
湖　北	4656.4	1742.3	2690.8	40.8	182.4
湖　南	4512.5	1990.5	2196.6	57.1	268.3
广　东	6399.8	3684.5	2001.5	339.5	374.4
广　西	3690.3	1283.4	2190.6	41.8	174.6
海　南	4390.0	808.6	3235.1	53.6	292.7
重　庆	4126.2	1764.6	2016.6	50.9	294.0
四　川	4121.2	1620.4	2061.7	71.4	367.7
贵　州	2796.9	1002.7	1512.5	63.9	217.9
云　南	3102.6	617.5	2156.8	109.8	218.5
西　藏	3175.8	759.7	1845.0	185.5	385.6
陕　西	3136.5	1243.6	1475.0	86.0	331.9
甘　肃	2723.8	868.0	1543.2	19.5	293.1
青　海	3061.2	983.2	1602.7	148.6	326.8
宁　夏	3681.4	1260.0	2032.0	65.7	323.6
新　疆	3502.9	422.8	2779.7	121.2	179.2

5-2-20 2008年分地区农村居民纯收入构成

单位：%

地　区	纯收入	一、工资性收入	二、家庭经营纯收入	三、财产性收入	四、转移性收入
全　国	**100.0**	**38.9**	**51.2**	**3.1**	**6.8**
北　京	100.0	59.9	19.3	10.7	10.0
天　津	100.0	51.4	39.2	5.9	3.6
河　北	100.0	41.3	50.4	2.5	5.9
山　西	100.0	41.8	48.5	3.7	6.0
内蒙古	100.0	17.3	69.1	2.5	11.1
辽　宁	100.0	36.5	52.6	3.6	7.3
吉　林	100.0	16.4	67.8	3.7	12.1
黑龙江	100.0	18.9	65.2	5.0	10.9
上　海	100.0	70.9	6.2	7.4	15.5
江　苏	100.0	53.0	38.2	3.4	5.4
浙　江	100.0	49.6	40.6	4.7	5.1
安　徽	100.0	41.4	50.3	2.8	5.5
福　建	100.0	39.1	50.8	2.9	7.3
江　西	100.0	39.2	54.3	1.4	5.0
山　东	100.0	40.1	52.5	2.9	4.5
河　南	100.0	33.7	60.6	1.2	4.5
湖　北	100.0	37.4	57.8	0.9	3.9
湖　南	100.0	44.1	48.7	1.3	5.9
广　东	100.0	57.6	31.3	5.3	5.8
广　西	100.0	34.8	59.4	1.1	4.7
海　南	100.0	18.4	73.7	1.2	6.7
重　庆	100.0	42.8	48.9	1.2	7.1
四　川	100.0	39.3	50.0	1.7	8.9
贵　州	100.0	35.8	54.1	2.3	7.8
云　南	100.0	19.9	69.5	3.5	7.0
西　藏	100.0	23.9	58.1	5.8	12.1
陕　西	100.0	39.6	47.0	2.7	10.6
甘　肃	100.0	31.9	56.7	0.7	10.8
青　海	100.0	32.1	52.4	4.9	10.7
宁　夏	100.0	34.2	55.2	1.8	8.8
新　疆	100.0	12.1	79.4	3.5	5.1

5-2-21　2008年分地区农村居民消费支出

单位：元/人

地　区	消费支出	一、食品支出	二、衣着支出	三、居住支出
全　国	**3660.7**	**1598.8**	**211.8**	**678.8**
北　京	7284.7	2470.7	577.8	1163.0
天　津	3825.4	1569.0	292.5	699.2
河　北	3125.6	1192.9	203.7	696.1
山　西	3097.5	1206.7	276.2	486.8
内蒙古	3618.1	1483.6	240.0	569.6
辽　宁	3814.0	1549.0	298.8	601.7
吉　林	3443.2	1362.4	254.1	530.7
黑龙江	3844.7	1267.7	308.5	871.5
上　海	9119.7	3731.3	467.3	1806.1
江　苏	5328.4	2202.6	276.4	860.4
浙　江	7534.1	2779.1	454.8	1659.9
安　徽	3284.1	1454.2	180.0	650.5
福　建	4661.9	2162.3	263.6	777.5
江　西	3309.2	1633.1	157.8	559.4
山　东	4077.1	1551.8	250.3	804.8
河　南	3044.2	1165.8	209.8	712.6
湖　北	3652.6	1711.3	187.1	651.5
湖　南	3805.0	1947.5	169.1	629.8
广　东	4872.5	2388.9	177.7	964.5
广　西	2985.0	1594.7	91.2	535.5
海　南	2883.1	1537.6	89.9	391.0
重　庆	2884.9	1537.6	160.3	329.0
四　川	3127.9	1627.6	174.6	469.7
贵　州	2165.7	1119.6	112.5	427.4
云　南	2990.6	1483.2	119.6	626.1
西　藏	2199.6	1153.4	248.7	324.1
陕　西	2979.4	1115.7	175.5	598.6
甘　肃	2401.0	1132.5	134.7	387.8
青　海	2896.6	1220.0	200.3	568.8
宁　夏	3094.9	1288.5	217.2	582.5
新　疆	2691.8	1146.7	218.6	492.8

5-2-21 续表 单位：元/人

地区	四、家庭设备及用品支出	五、交通通信支出	六、文教娱乐支出	七、医疗保健支出	八、其他支出
全　国	**174.0**	**360.2**	**314.5**	**246.0**	**76.7**
北　京	402.6	950.5	883.4	709.4	127.3
天　津	153.6	402.9	324.5	301.1	82.8
河　北	151.9	346.7	250.1	219.3	64.7
山　西	138.3	328.7	380.7	210.3	69.9
内蒙古	128.8	406.7	399.4	320.6	69.4
辽　宁	158.9	426.5	388.0	283.4	107.8
吉　林	124.8	355.6	341.7	380.7	93.3
黑龙江	130.0	395.0	437.6	351.1	83.4
上　海	504.0	879.6	855.3	697.1	179.1
江　苏	250.1	614.2	713.2	290.9	120.6
浙　江	364.1	851.1	747.0	532.1	146.1
安　徽	165.5	280.6	294.8	199.4	58.9
福　建	222.9	534.7	390.2	197.9	113.0
江　西	155.0	301.7	236.0	205.7	60.6
山　东	240.9	452.6	417.3	280.5	79.0
河　南	169.6	290.8	214.4	215.0	66.3
湖　北	234.9	290.4	267.1	210.4	99.8
湖　南	171.1	286.0	278.7	244.2	78.7
广　东	189.0	483.7	272.9	259.0	136.8
广　西	124.0	261.9	172.7	154.3	50.8
海　南	104.1	261.6	288.5	123.8	86.7
重　庆	167.7	238.4	211.8	197.2	42.9
四　川	164.0	256.1	173.3	209.2	53.5
贵　州	94.4	159.6	122.1	96.4	33.8
云　南	119.0	248.3	168.6	182.0	44.0
西　藏	140.1	147.2	62.3	53.8	70.1
陕　西	155.1	270.6	352.0	251.2	60.7
甘　肃	95.6	234.7	219.9	164.7	31.1
青　海	110.4	316.8	148.9	270.1	61.5
宁　夏	123.9	299.3	192.6	318.8	72.2
新　疆	97.6	276.3	169.0	244.6	46.2

5-2-22 2008年分地区农村居民消费支出构成

单位：%

地　区	消费支出	一、食品支出	二、衣着支出	三、居住支出
全　国	**100.0**	**43.7**	**5.8**	**18.5**
北　京	100.0	33.9	7.9	16.0
天　津	100.0	41.0	7.6	18.3
河　北	100.0	38.2	6.5	22.3
山　西	100.0	39.0	8.9	15.7
内蒙古	100.0	41.0	6.6	15.7
辽　宁	100.0	40.6	7.8	15.8
吉　林	100.0	39.6	7.4	15.4
黑龙江	100.0	33.0	8.0	22.7
上　海	100.0	40.9	5.1	19.8
江　苏	100.0	41.3	5.2	16.1
浙　江	100.0	36.9	6.0	22.0
安　徽	100.0	44.3	5.5	19.8
福　建	100.0	46.4	5.7	16.7
江　西	100.0	49.4	4.8	16.9
山　东	100.0	38.1	6.1	19.7
河　南	100.0	38.3	6.9	23.4
湖　北	100.0	46.9	5.1	17.8
湖　南	100.0	51.2	4.4	16.6
广　东	100.0	49.0	3.6	19.8
广　西	100.0	53.4	3.1	17.9
海　南	100.0	53.3	3.1	13.6
重　庆	100.0	53.3	5.6	11.4
四　川	100.0	52.0	5.6	15.0
贵　州	100.0	51.7	5.2	19.7
云　南	100.0	49.6	4.0	20.9
西　藏	100.0	52.4	11.3	14.7
陕　西	100.0	37.4	5.9	20.1
甘　肃	100.0	47.2	5.6	16.2
青　海	100.0	42.1	6.9	19.6
宁　夏	100.0	41.6	7.0	18.8
新　疆	100.0	42.6	8.1	18.3

5-2-22 续表 单位：%

地 区	四、家庭设备及用品支出	五、交通通信支出	六、文教娱乐支出	七、医疗保健支出	八、其他支出
全 国	**4.8**	**9.8**	**8.6**	**6.7**	**2.1**
北 京	5.5	13.0	12.1	9.7	1.7
天 津	4.0	10.5	8.5	7.9	2.2
河 北	4.9	11.1	8.0	7.0	2.1
山 西	4.5	10.6	12.3	6.8	2.3
内蒙古	3.6	11.2	11.0	8.9	1.9
辽 宁	4.2	11.2	10.2	7.4	2.8
吉 林	3.6	10.3	9.9	11.1	2.7
黑龙江	3.4	10.3	11.4	9.1	2.2
上 海	5.5	9.6	9.4	7.6	2.0
江 苏	4.7	11.5	13.4	5.5	2.3
浙 江	4.8	11.3	9.9	7.1	1.9
安 徽	5.0	8.5	9.0	6.1	1.8
福 建	4.8	11.5	8.4	4.2	2.4
江 西	4.7	9.1	7.1	6.2	1.8
山 东	5.9	11.1	10.2	6.9	1.9
河 南	5.6	9.6	7.0	7.1	2.2
湖 北	6.4	8.0	7.3	5.8	2.7
湖 南	4.5	7.5	7.3	6.4	2.1
广 东	3.9	9.9	5.6	5.3	2.8
广 西	4.2	8.8	5.8	5.2	1.7
海 南	3.6	9.1	10.0	4.3	3.0
重 庆	5.8	8.3	7.3	6.8	1.5
四 川	5.2	8.2	5.5	6.7	1.7
贵 州	4.4	7.4	5.6	4.5	1.6
云 南	4.0	8.3	5.6	6.1	1.5
西 藏	6.4	6.7	2.8	2.4	3.2
陕 西	5.2	9.1	11.8	8.4	2.0
甘 肃	4.0	9.8	9.2	6.9	1.3
青 海	3.8	10.9	5.1	9.3	2.1
宁 夏	4.0	9.7	6.2	10.3	2.3
新 疆	3.6	10.3	6.3	9.1	1.7

5-2-23 2008年分地区农村居民现金消费支出

单位：元/人

地 区	现金消费支出	一、食品支出	二、衣着支出	三、居住支出
全 国	**3159.4**	**1135.2**	**211.1**	**642.3**
北 京	7228.4	2420.9	577.8	1156.6
天 津	3746.1	1489.7	292.5	699.2
河 北	2838.5	934.6	203.5	667.7
山 西	2840.6	956.5	276.1	480.2
内蒙古	3057.3	957.3	239.6	535.5
辽 宁	3396.8	1168.5	298.8	565.0
吉 林	3101.7	1092.0	254.1	460.3
黑龙江	3493.0	1097.9	308.5	689.6
上 海	8962.2	3574.7	467.3	1805.3
江 苏	4855.3	1751.9	276.4	838.0
浙 江	7294.7	2558.0	453.2	1643.3
安 徽	2859.1	1044.0	179.8	636.2
福 建	4089.2	1767.8	263.6	599.4
江 西	2709.0	1048.9	157.7	543.4
山 东	3760.7	1240.2	248.4	802.1
河 南	2677.5	844.3	209.7	667.7
湖 北	2857.8	962.3	183.6	610.9
湖 南	3088.9	1244.7	169.0	616.9
广 东	4298.5	1908.8	177.6	870.9
广 西	2300.0	968.9	91.2	476.2
海 南	2323.4	1004.4	89.9	364.5
重 庆	2145.2	841.3	160.3	285.6
四 川	2418.7	946.3	174.6	442.9
贵 州	1585.4	550.1	112.5	416.7
云 南	2209.2	734.7	119.6	593.2
西 藏	1629.3	615.5	226.6	315.4
陕 西	2712.1	854.1	175.5	592.9
甘 肃	1816.3	555.1	134.6	380.8
青 海	2208.1	571.2	197.2	536.9
宁 夏	2559.7	768.4	217.2	567.3
新 疆	2224.3	708.7	215.1	470.2

5-2-23 续表 单位：元/人

地　区	四、家庭设备及用品支出	五、交通通信支出	六、文教娱乐支出	七、医疗保健支出	八、其他支出
全　国	**173.6**	**360.2**	**314.5**	**246.0**	**76.7**
北　京	402.6	950.5	883.4	709.4	127.3
天　津	153.5	402.9	324.5	301.1	82.8
河　北	151.9	346.7	250.1	219.3	64.7
山　西	138.2	328.7	380.7	210.3	69.9
内蒙古	128.7	406.7	399.4	320.6	69.4
辽　宁	158.9	426.5	388.0	283.4	107.8
吉　林	124.1	355.6	341.7	380.7	93.3
黑龙江	130.0	395.0	437.6	351.1	83.4
上　海	504.0	879.6	855.3	697.1	179.1
江　苏	250.1	614.2	713.2	290.9	120.6
浙　江	364.0	851.1	747.0	532.1	146.1
安　徽	165.3	280.6	294.8	199.4	58.9
福　建	222.9	534.7	390.2	197.9	112.9
江　西	155.0	301.7	236.0	205.7	60.6
山　东	240.8	452.6	417.3	280.5	79.0
河　南	169.5	290.8	214.4	215.0	66.3
湖　北	233.3	290.4	267.1	210.4	99.8
湖　南	170.7	286.0	278.7	244.2	78.7
广　东	188.8	483.7	272.9	259.0	136.8
广　西	124.0	261.9	172.7	154.3	50.8
海　南	104.1	261.6	288.5	123.8	86.7
重　庆	167.7	238.4	211.8	197.2	42.9
四　川	162.8	256.1	173.3	209.2	53.5
贵　州	94.3	159.6	122.1	96.4	33.8
云　南	118.9	248.3	168.6	182.0	44.0
西　藏	138.4	147.2	62.3	53.8	70.1
陕　西	155.1	270.6	352.0	251.2	60.7
甘　肃	95.5	234.7	219.9	164.7	31.1
青　海	105.5	316.8	148.9	270.1	61.5
宁　夏	123.9	299.3	192.6	318.8	72.2
新　疆	94.1	276.3	169.0	244.6	46.2

5-2-24　2008年分地区农村居民现金消费支出构成

单位：%

地　区	现金消费支出	一、食品支出	二、衣着支出	三、居住支出
全　国	**100.0**	**35.9**	**6.7**	**20.3**
北　京	100.0	33.5	8.0	16.0
天　津	100.0	39.8	7.8	18.7
河　北	100.0	32.9	7.2	23.5
山　西	100.0	33.7	9.7	16.9
内蒙古	100.0	31.3	7.8	17.5
辽　宁	100.0	34.4	8.8	16.6
吉　林	100.0	35.2	8.2	14.8
黑龙江	100.0	31.4	8.8	19.7
上　海	100.0	39.9	5.2	20.1
江　苏	100.0	36.1	5.7	17.3
浙　江	100.0	35.1	6.2	22.5
安　徽	100.0	36.5	6.3	22.3
福　建	100.0	43.2	6.4	14.7
江　西	100.0	38.7	5.8	20.1
山　东	100.0	33.0	6.6	21.3
河　南	100.0	31.5	7.8	24.9
湖　北	100.0	33.7	6.4	21.4
湖　南	100.0	40.3	5.5	20.0
广　东	100.0	44.4	4.1	20.3
广　西	100.0	42.1	4.0	20.7
海　南	100.0	43.2	3.9	15.7
重　庆	100.0	39.2	7.5	13.3
四　川	100.0	39.1	7.2	18.3
贵　州	100.0	34.7	7.1	26.3
云　南	100.0	33.3	5.4	26.9
西　藏	100.0	37.8	13.9	19.4
陕　西	100.0	31.5	6.5	21.9
甘　肃	100.0	30.6	7.4	21.0
青　海	100.0	25.9	8.9	24.3
宁　夏	100.0	30.0	8.5	22.2
新　疆	100.0	31.9	9.7	21.1

5-2-24 续表 单位：%

地区	四、家庭设备及用品支出	五、交通通信支出	六、文教娱乐支出	七、医疗保健支出	八、其他支出
全国	**5.5**	**11.4**	**10.0**	**7.8**	**2.4**
北京	5.6	13.1	12.2	9.8	1.8
天津	4.1	10.8	8.7	8.0	2.2
河北	5.3	12.2	8.8	7.7	2.3
山西	4.9	11.6	13.4	7.4	2.5
内蒙古	4.2	13.3	13.1	10.5	2.3
辽宁	4.7	12.6	11.4	8.3	3.2
吉林	4.0	11.5	11.0	12.3	3.0
黑龙江	3.7	11.3	12.5	10.1	2.4
上海	5.6	9.8	9.5	7.8	2.0
江苏	5.2	12.7	14.7	6.0	2.5
浙江	5.0	11.7	10.2	7.3	2.0
安徽	5.8	9.8	10.3	7.0	2.1
福建	5.4	13.1	9.5	4.8	2.8
江西	5.7	11.1	8.7	7.6	2.2
山东	6.4	12.0	11.1	7.5	2.1
河南	6.3	10.9	8.0	8.0	2.5
湖北	8.2	10.2	9.3	7.4	3.5
湖南	5.5	9.3	9.0	7.9	2.5
广东	4.4	11.3	6.3	6.0	3.2
广西	5.4	11.4	7.5	6.7	2.2
海南	4.5	11.3	12.4	5.3	3.7
重庆	7.8	11.1	9.9	9.2	2.0
四川	6.7	10.6	7.2	8.7	2.2
贵州	5.9	10.1	7.7	6.1	2.1
云南	5.4	11.2	7.6	8.2	2.0
西藏	8.5	9.0	3.8	3.3	4.3
陕西	5.7	10.0	13.0	9.3	2.2
甘肃	5.3	12.9	12.1	9.1	1.7
青海	4.8	14.3	6.7	12.2	2.8
宁夏	4.8	11.7	7.5	12.5	2.8
新疆	4.2	12.4	7.6	11.0	2.1

5-2-25　2009年分地区农村居民纯收入

单位：元/人

地　区	纯收入	一、工资性收入	二、家庭经营纯收入	三、财产性收入	四、转移性收入
全　国	**5153.2**	**2061.3**	**2526.8**	**167.2**	**397.9**
北　京	11668.6	7326.2	1540.0	1268.6	1533.8
天　津	8687.6	4408.3	3551.6	267.5	460.1
河　北	5149.7	2251.0	2440.4	123.9	334.3
山　西	4244.1	1789.9	1919.8	205.1	329.3
内蒙古	4937.8	900.4	3277.5	137.3	622.6
辽　宁	5958.0	2239.8	3017.3	205.5	495.4
吉　林	5265.9	869.0	3436.8	290.9	669.3
黑龙江	5206.8	1019.6	3326.7	241.0	619.4
上　海	12482.9	8671.0	590.2	932.8	2289.0
江　苏	8003.5	4238.5	2938.7	325.6	500.7
浙　江	10007.3	5090.2	3869.6	487.9	559.7
安　徽	4504.3	1882.4	2238.6	117.0	266.3
福　建	6680.2	2678.4	3330.2	199.9	471.7
江　西	5075.0	2019.0	2685.3	80.4	290.3
山　东	6118.8	2496.6	3129.3	196.1	296.8
河　南	4807.0	1621.8	2890.6	56.0	238.6
湖　北	5035.3	1900.5	2828.5	58.4	247.8
湖　南	4909.0	2234.0	2257.3	81.2	336.5
广　东	6906.9	4089.7	2017.4	357.7	442.2
广　西	3980.4	1465.2	2228.2	41.5	245.5
海　南	4744.4	972.7	3426.3	56.1	289.3
重　庆	4478.4	1919.7	2111.7	67.8	379.2
四　川	4462.1	1821.4	2072.9	94.8	473.1
贵　州	3005.4	1074.3	1537.6	81.9	311.6
云　南	3369.3	685.0	2279.0	127.5	277.9
西　藏	3531.7	914.1	1956.5	148.3	512.9
陕　西	3437.6	1428.5	1570.2	92.6	346.3
甘　肃	2980.1	994.9	1583.2	34.1	367.9
青　海	3346.2	1081.6	1666.2	117.0	481.3
宁　夏	4048.3	1518.9	2111.6	63.1	354.7
新　疆	3883.1	461.5	3069.6	121.3	230.8

5-2-26 2009年分地区农村居民纯收入构成

单位：%

地区	纯收入	一、工资性收入	二、家庭经营纯收入	三、财产性收入	四、转移性收入
全国	**100.0**	**40.0**	**49.0**	**3.2**	**7.7**
北京	100.0	62.8	13.2	10.9	13.1
天津	100.0	50.7	40.9	3.1	5.3
河北	100.0	43.7	47.4	2.4	6.5
山西	100.0	42.2	45.2	4.8	7.8
内蒙古	100.0	18.2	66.4	2.8	12.6
辽宁	100.0	37.6	50.6	3.4	8.3
吉林	100.0	16.5	65.3	5.5	12.7
黑龙江	100.0	19.6	63.9	4.6	11.9
上海	100.0	69.5	4.7	7.5	18.3
江苏	100.0	53.0	36.7	4.1	6.3
浙江	100.0	50.9	38.7	4.9	5.6
安徽	100.0	41.8	49.7	2.6	5.9
福建	100.0	40.1	49.9	3.0	7.1
江西	100.0	39.8	52.9	1.6	5.7
山东	100.0	40.8	51.1	3.2	4.9
河南	100.0	33.7	60.1	1.2	5.0
湖北	100.0	37.7	56.2	1.2	4.9
湖南	100.0	45.5	46.0	1.7	6.9
广东	100.0	59.2	29.2	5.2	6.4
广西	100.0	36.8	56.0	1.0	6.2
海南	100.0	20.5	72.2	1.2	6.1
重庆	100.0	42.9	47.2	1.5	8.5
四川	100.0	40.8	46.5	2.1	10.6
贵州	100.0	35.7	51.2	2.7	10.4
云南	100.0	20.3	67.6	3.8	8.2
西藏	100.0	25.9	55.4	4.2	14.5
陕西	100.0	41.6	45.7	2.7	10.1
甘肃	100.0	33.4	53.1	1.1	12.3
青海	100.0	32.3	49.8	3.5	14.4
宁夏	100.0	37.5	52.2	1.6	8.8
新疆	100.0	11.9	79.0	3.1	5.9

5-2-27　2009年分地区农村居民消费支出

单位：元/人

地　区	消费支出	一、食品支出	二、衣着支出	三、居住支出
全　国	**3993.5**	**1636.0**	**232.5**	**805.0**
北　京	8897.6	2808.9	654.4	1798.9
天　津	4273.2	1848.1	324.6	674.7
河　北	3349.7	1195.7	217.8	796.6
山　西	3304.8	1224.6	283.2	584.1
内蒙古	3968.4	1578.6	271.9	609.3
辽　宁	4254.0	1563.3	335.9	793.9
吉　林	3902.9	1371.1	287.0	737.1
黑龙江	4241.3	1331.1	345.7	946.8
上　海	9804.4	3639.1	496.1	2103.0
江　苏	5804.5	2275.3	306.6	969.8
浙　江	7731.7	2812.4	473.1	1489.0
安　徽	3655.0	1494.2	203.4	813.1
福　建	5015.7	2304.1	291.7	821.2
江　西	3532.7	1609.2	162.6	725.1
山　东	4417.2	1618.7	265.6	945.8
河　南	3388.5	1220.4	225.6	875.8
湖　北	3725.2	1668.4	195.5	702.6
湖　南	4020.9	1967.5	182.5	691.6
广　东	5019.8	2425.6	192.7	946.1
广　西	3231.1	1572.8	91.8	677.9
海　南	3088.6	1639.3	108.0	348.5
重　庆	3142.1	1542.1	198.6	406.4
四　川	4141.4	1740.6	197.1	1138.7
贵　州	2422.0	1093.9	125.4	588.4
云　南	2924.9	1410.0	137.2	496.7
西　藏	2399.5	1190.0	266.7	383.2
陕　西	3349.2	1175.3	208.0	697.4
甘　肃	2766.5	1142.1	157.3	648.6
青　海	3209.4	1164.1	224.7	820.8
宁　夏	3347.9	1395.4	256.3	501.8
新　疆	2950.6	1225.9	261.3	514.7

5-2-27 续表 单位：元/人

地　区	四、家庭设备及用品支出	五、交通通信支出	六、文教娱乐支出	七、医疗保健支出	八、其他支出
全　国	**204.8**	**402.9**	**340.6**	**287.5**	**84.1**
北　京	528.0	1132.1	960.4	867.9	147.1
天　津	187.8	481.3	371.9	299.8	85.0
河　北	170.4	350.9	263.5	289.3	65.6
山　西	156.3	324.9	416.9	240.9	73.9
内蒙古	148.0	466.3	390.9	416.9	86.6
辽　宁	185.5	416.4	437.8	409.6	111.5
吉　林	168.4	356.0	376.8	511.5	95.1
黑龙江	161.0	427.4	496.4	434.3	98.6
上　海	480.6	1212.4	942.8	738.9	191.4
江　苏	286.4	691.6	818.5	323.0	133.4
浙　江	374.3	968.2	843.3	609.1	162.4
安　徽	229.7	302.2	312.1	227.1	73.3
福　建	260.7	570.2	421.7	219.0	127.0
江　西	181.9	295.8	254.8	232.8	70.5
山　东	273.8	533.6	400.0	301.6	78.3
河　南	203.8	310.1	234.0	242.9	75.9
湖　北	229.3	307.2	281.7	236.3	104.3
湖　南	203.7	341.3	291.0	258.1	85.3
广　东	206.4	558.8	296.7	232.0	161.6
广　西	157.9	275.6	192.5	205.2	57.4
海　南	132.2	357.3	287.9	129.3	86.1
重　庆	209.4	260.3	237.4	242.6	45.4
四　川	219.6	324.1	206.7	258.1	56.6
贵　州	115.4	175.1	151.6	133.2	39.0
云　南	147.8	313.3	177.7	197.6	44.7
西　藏	148.6	224.8	61.1	71.5	53.5
陕　西	195.9	300.3	380.4	329.3	62.6
甘　肃	142.7	237.9	217.4	180.1	40.4
青　海	132.5	341.1	173.8	291.3	61.0
宁　夏	169.0	365.6	217.2	356.4	86.3
新　疆	107.3	319.4	158.1	316.6	47.4

5-2-28 2009年分地区农村居民消费支出构成

单位：%

地　区	消费支出	一、食品支出	二、衣着支出	三、居住支出
全　国	**100.0**	**41.0**	**5.8**	**20.2**
北　京	100.0	31.6	7.4	20.2
天　津	100.0	43.2	7.6	15.8
河　北	100.0	35.7	6.5	23.8
山　西	100.0	37.1	8.6	17.7
内蒙古	100.0	39.8	6.9	15.4
辽　宁	100.0	36.7	7.9	18.7
吉　林	100.0	35.1	7.4	18.9
黑龙江	100.0	31.4	8.2	22.3
上　海	100.0	37.1	5.1	21.4
江　苏	100.0	39.2	5.3	16.7
浙　江	100.0	36.4	6.1	19.3
安　徽	100.0	40.9	5.6	22.2
福　建	100.0	45.9	5.8	16.4
江　西	100.0	45.6	4.6	20.5
山　东	100.0	36.6	6.0	21.4
河　南	100.0	36.0	6.7	25.8
湖　北	100.0	44.8	5.2	18.9
湖　南	100.0	48.9	4.5	17.2
广　东	100.0	48.3	3.8	18.8
广　西	100.0	48.7	2.8	21.0
海　南	100.0	53.1	3.5	11.3
重　庆	100.0	49.1	6.3	12.9
四　川	100.0	42.0	4.8	27.5
贵　州	100.0	45.2	5.2	24.3
云　南	100.0	48.2	4.7	17.0
西　藏	100.0	49.6	11.1	16.0
陕　西	100.0	35.1	6.2	20.8
甘　肃	100.0	41.3	5.7	23.4
青　海	100.0	36.3	7.0	25.6
宁　夏	100.0	41.7	7.7	15.0
新　疆	100.0	41.5	8.9	17.4

5-2-28 续表 单位：%

地　区	四、家庭设备及用品支出	五、交通通信支出	六、文教娱乐支出	七、医疗保健支出	八、其他支出
全　国	**5.1**	**10.1**	**8.5**	**7.2**	**2.1**
北　京	5.9	12.7	10.8	9.8	1.7
天　津	4.4	11.3	8.7	7.0	2.0
河　北	5.1	10.5	7.9	8.6	2.0
山　西	4.7	9.8	12.6	7.3	2.2
内蒙古	3.7	11.8	9.8	10.5	2.2
辽　宁	4.4	9.8	10.3	9.6	2.6
吉　林	4.3	9.1	9.7	13.1	2.4
黑龙江	3.8	10.1	11.7	10.2	2.3
上　海	4.9	12.4	9.6	7.5	2.0
江　苏	4.9	11.9	14.1	5.6	2.3
浙　江	4.8	12.5	10.9	7.9	2.1
安　徽	6.3	8.3	8.5	6.2	2.0
福　建	5.2	11.4	8.4	4.4	2.5
江　西	5.1	8.4	7.2	6.6	2.0
山　东	6.2	12.1	9.1	6.8	1.8
河　南	6.0	9.2	6.9	7.2	2.2
湖　北	6.2	8.2	7.6	6.3	2.8
湖　南	5.1	8.5	7.2	6.4	2.1
广　东	4.1	11.1	5.9	4.6	3.2
广　西	4.9	8.5	6.0	6.3	1.8
海　南	4.3	11.6	9.3	4.2	2.8
重　庆	6.7	8.3	7.6	7.7	1.4
四　川	5.3	7.8	5.0	6.2	1.4
贵　州	4.8	7.2	6.3	5.5	1.6
云　南	5.1	10.7	6.1	6.8	1.5
西　藏	6.2	9.4	2.5	3.0	2.2
陕　西	5.8	9.0	11.4	9.8	1.9
甘　肃	5.2	8.6	7.9	6.5	1.5
青　海	4.1	10.6	5.4	9.1	1.9
宁　夏	5.0	10.9	6.5	10.6	2.6
新　疆	3.6	10.8	5.4	10.7	1.6

5-2-29　2009年分地区农村居民现金消费支出

单位：元/人

地　区	现金消费支出	一、食品支出	二、衣着支出	三、居住支出
全　国	**3504.8**	**1180.7**	**231.9**	**772.6**
北　京	8847.8	2759.3	654.4	1798.7
天　津	4192.6	1767.6	324.6	674.7
河　北	3067.9	937.8	217.7	772.8
山　西	3057.1	988.4	283.2	573.2
内蒙古	3396.1	1046.9	271.7	568.9
辽　宁	3861.4	1202.2	335.2	763.1
吉　林	3510.3	1086.0	287.0	629.6
黑龙江	3992.8	1169.4	345.7	860.0
上　海	9643.0	3478.5	496.1	2102.2
江　苏	5332.2	1831.4	306.6	941.6
浙　江	7493.9	2597.3	472.4	1467.1
安　徽	3233.6	1093.9	202.7	792.7
福　建	4512.9	1905.0	291.7	717.6
江　西	2934.1	1039.0	162.2	697.4
山　东	4100.4	1303.7	264.5	945.4
河　南	2996.2	879.4	225.6	824.6
湖　北	3033.4	991.7	194.1	689.8
湖　南	3303.9	1270.1	182.4	672.7
广　东	4441.4	1952.0	192.7	841.7
广　西	2548.2	952.2	91.8	615.7
海　南	2456.2	1044.1	108.0	311.4
重　庆	2458.5	895.6	198.6	369.7
四　川	3384.6	997.9	197.0	1126.0
贵　州	1888.1	569.1	125.4	579.5
云　南	2217.6	741.1	137.2	458.4
西　藏	1860.8	676.3	246.9	378.2
陕　西	3088.4	920.8	208.0	691.2
甘　肃	2231.9	615.9	157.3	640.3
青　海	2675.3	645.0	222.9	808.5
宁　夏	2782.2	834.2	256.3	497.3
新　疆	2459.1	759.9	257.3	495.8

5-2-29 续表 单位：元/人

地 区	四、家庭设备及用品支出	五、交通通信支出	六、文教娱乐支出	七、医疗保健支出	八、其他支出
全 国	**204.5**	**402.9**	**340.6**	**287.5**	**84.1**
北 京	528.0	1132.1	960.4	867.9	147.1
天 津	187.8	481.3	371.9	299.8	85.0
河 北	170.4	350.9	263.5	289.3	65.6
山 西	155.8	324.9	416.9	240.9	73.9
内 蒙 古	148.0	466.3	390.9	416.9	86.6
辽 宁	185.5	416.4	437.8	409.6	111.5
吉 林	168.4	356.0	376.8	511.5	95.1
黑 龙 江	161.0	427.4	496.4	434.3	98.6
上 海	480.6	1212.4	942.8	738.9	191.4
江 苏	286.2	691.6	818.5	323.0	133.4
浙 江	374.3	968.2	843.3	609.1	162.4
安 徽	229.6	302.2	312.1	227.1	73.3
福 建	260.7	570.2	421.7	219.0	127.0
江 西	181.7	295.8	254.8	232.8	70.5
山 东	273.5	533.6	400.0	301.6	78.3
河 南	203.8	310.1	234.0	242.9	75.9
湖 北	228.3	307.2	281.7	236.3	104.3
湖 南	203.1	341.3	291.0	258.1	85.3
广 东	206.0	558.8	296.7	232.0	161.6
广 西	157.9	275.6	192.5	205.2	57.4
海 南	132.2	357.3	287.9	129.3	86.1
重 庆	209.0	260.3	237.4	242.6	45.4
四 川	218.3	324.1	206.7	258.1	56.6
贵 州	115.4	175.1	151.6	133.2	39.0
云 南	147.8	313.3	177.7	197.6	44.7
西 藏	148.4	224.8	61.1	71.5	53.5
陕 西	195.9	300.3	380.4	329.3	62.6
甘 肃	142.7	237.9	217.4	180.1	40.4
青 海	131.7	341.1	173.8	291.3	61.0
宁 夏	169.0	365.6	217.2	356.4	86.3
新 疆	104.7	319.4	158.1	316.6	47.4

5-2-30　2009年分地区农村居民现金消费支出构成

单位：%

地　区	现金消费支出	一、食品支出	二、衣着支出	三、居住支出
全　国	**100.0**	**33.7**	**6.6**	**22.0**
北　京	100.0	31.2	7.4	20.3
天　津	100.0	42.2	7.7	16.1
河　北	100.0	30.6	7.1	25.2
山　西	100.0	32.3	9.3	18.7
内蒙古	100.0	30.8	8.0	16.8
辽　宁	100.0	31.1	8.7	19.8
吉　林	100.0	30.9	8.2	17.9
黑龙江	100.0	29.3	8.7	21.5
上　海	100.0	36.1	5.1	21.8
江　苏	100.0	34.3	5.8	17.7
浙　江	100.0	34.7	6.3	19.6
安　徽	100.0	33.8	6.3	24.5
福　建	100.0	42.2	6.5	15.9
江　西	100.0	35.4	5.5	23.8
山　东	100.0	31.8	6.5	23.1
河　南	100.0	29.3	7.5	27.5
湖　北	100.0	32.7	6.4	22.7
湖　南	100.0	38.4	5.5	20.4
广　东	100.0	44.0	4.3	18.9
广　西	100.0	37.4	3.6	24.2
海　南	100.0	42.5	4.4	12.7
重　庆	100.0	36.4	8.1	15.0
四　川	100.0	29.5	5.8	33.3
贵　州	100.0	30.1	6.6	30.7
云　南	100.0	33.4	6.2	20.7
西　藏	100.0	36.3	13.3	20.3
陕　西	100.0	29.8	6.7	22.4
甘　肃	100.0	27.6	7.0	28.7
青　海	100.0	24.1	8.3	30.2
宁　夏	100.0	30.0	9.2	17.9
新　疆	100.0	30.9	10.5	20.2

5-2-30 续表　　　　单位：%

地　区	四、家庭设备及用品支出	五、交通通信支出	六、文教娱乐支出	七、医疗保健支出	八、其他支出
全　国	**5.8**	**11.5**	**9.7**	**8.2**	**2.4**
北　京	6.0	12.8	10.9	9.8	1.7
天　津	4.5	11.5	8.9	7.2	2.0
河　北	5.6	11.4	8.6	9.4	2.1
山　西	5.1	10.6	13.6	7.9	2.4
内蒙古	4.4	13.7	11.5	12.3	2.5
辽　宁	4.8	10.8	11.3	10.6	2.9
吉　林	4.8	10.1	10.7	14.6	2.7
黑龙江	4.0	10.7	12.4	10.9	2.5
上　海	5.0	12.6	9.8	7.7	2.0
江　苏	5.4	13.0	15.3	6.1	2.5
浙　江	5.0	12.9	11.3	8.1	2.2
安　徽	7.1	9.3	9.7	7.0	2.3
福　建	5.8	12.6	9.3	4.9	2.8
江　西	6.2	10.1	8.7	7.9	2.4
山　东	6.7	13.0	9.8	7.4	1.9
河　南	6.8	10.4	7.8	8.1	2.5
湖　北	7.5	10.1	9.3	7.8	3.4
湖　南	6.1	10.3	8.8	7.8	2.6
广　东	4.6	12.6	6.7	5.2	3.6
广　西	6.2	10.8	7.6	8.1	2.3
海　南	5.4	14.5	11.7	5.3	3.5
重　庆	8.5	10.6	9.7	9.9	1.8
四　川	6.5	9.6	6.1	7.6	1.7
贵　州	6.1	9.3	8.0	7.1	2.1
云　南	6.7	14.1	8.0	8.9	2.0
西　藏	8.0	12.1	3.3	3.8	2.9
陕　西	6.3	9.7	12.3	10.7	2.0
甘　肃	6.4	10.7	9.7	8.1	1.8
青　海	4.9	12.8	6.5	10.9	2.3
宁　夏	6.1	13.1	7.8	12.8	3.1
新　疆	4.3	13.0	6.4	12.9	1.9

5-2-31 2010年分地区农村居民纯收入

单位：元/人

地　区	纯收入	一、工资性收入	二、家庭经营纯收入	三、财产性收入	四、转移性收入
全　国	**5919.0**	**2431.1**	**2832.8**	**202.3**	**452.9**
北　京	13262.3	8229.2	1816.8	1339.9	1876.4
天　津	10074.9	5262.0	3895.2	368.4	549.3
河　北	5958.0	2653.4	2729.8	182.5	392.3
山　西	4736.3	2108.6	2028.5	214.2	385.0
内蒙古	5529.6	1036.8	3669.9	164.3	658.6
辽　宁	6907.9	2650.0	3486.1	234.2	537.7
吉　林	6237.4	1072.1	4085.9	377.5	701.9
黑龙江	6210.7	1241.6	3941.7	344.1	683.4
上　海	13978.0	9605.7	589.7	970.3	2812.2
江　苏	9118.2	4896.4	3215.0	398.9	607.9
浙　江	11302.6	5822.5	4307.1	525.4	647.6
安　徽	5285.2	2203.9	2626.4	142.0	312.9
福　建	7426.9	3094.6	3558.4	245.1	528.7
江　西	5788.6	2394.6	2919.4	100.2	374.3
山　东	6990.3	2958.1	3456.9	238.3	337.0
河　南	5523.7	1943.9	3240.4	59.3	280.1
湖　北	5832.3	2186.1	3234.9	106.9	304.3
湖　南	5622.0	2655.6	2463.9	101.6	400.9
广　东	7890.3	4799.5	2203.7	401.2	485.9
广　西	4543.4	1707.2	2510.2	33.8	292.3
海　南	5275.4	1261.9	3563.3	107.8	342.4
重　庆	5276.7	2335.2	2323.5	90.5	527.4
四　川	5086.9	2248.2	2263.3	144.0	431.4
贵　州	3471.9	1303.9	1706.3	117.2	344.6
云　南	3952.0	930.0	2510.1	176.8	335.1
西　藏	4138.7	1108.8	2308.8	169.1	552.0
陕　西	4105.0	1734.5	1882.2	97.0	391.3
甘　肃	3424.7	1199.5	1856.0	39.9	329.3
青　海	3862.7	1269.8	1973.1	120.7	499.1
宁　夏	4674.9	1788.3	2421.5	98.7	366.5
新　疆	4642.7	556.3	3650.0	126.5	309.9

5-2-32 2010年分地区农村居民纯收入构成

单位：%

地 区	纯收入	一、工资性收入	二、家庭经营纯收入	三、财产性收入	四、转移性收入
全 国	**100.0**	**41.1**	**47.9**	**3.4**	**7.7**
北 京	100.0	62.0	13.7	10.1	14.1
天 津	100.0	52.2	38.7	3.7	5.5
河 北	100.0	44.5	45.8	3.1	6.6
山 西	100.0	44.5	42.8	4.5	8.1
内蒙古	100.0	18.7	66.4	3.0	11.9
辽 宁	100.0	38.4	50.5	3.4	7.8
吉 林	100.0	17.2	65.5	6.1	11.3
黑龙江	100.0	20.0	63.5	5.5	11.0
上 海	100.0	68.7	4.2	6.9	20.1
江 苏	100.0	53.7	35.3	4.4	6.7
浙 江	100.0	51.5	38.1	4.6	5.7
安 徽	100.0	41.7	49.7	2.7	5.9
福 建	100.0	41.7	47.9	3.3	7.1
江 西	100.0	41.4	50.4	1.7	6.5
山 东	100.0	42.3	49.5	3.4	4.8
河 南	100.0	35.2	58.7	1.1	5.1
湖 北	100.0	37.5	55.5	1.8	5.2
湖 南	100.0	47.2	43.8	1.8	7.1
广 东	100.0	60.8	27.9	5.1	6.2
广 西	100.0	37.6	55.2	0.7	6.4
海 南	100.0	23.9	67.5	2.0	6.5
重 庆	100.0	44.3	44.0	1.7	10.0
四 川	100.0	44.2	44.5	2.8	8.5
贵 州	100.0	37.6	49.1	3.4	9.9
云 南	100.0	23.5	63.5	4.5	8.5
西 藏	100.0	26.8	55.8	4.1	13.3
陕 西	100.0	42.3	45.9	2.4	9.5
甘 肃	100.0	35.0	54.2	1.2	9.6
青 海	100.0	32.9	51.1	3.1	12.9
宁 夏	100.0	38.3	51.8	2.1	7.8
新 疆	100.0	12.0	78.6	2.7	6.7

5-2-33 2010年分地区农村居民消费支出

单位：元/人

地　区	消费支出	一、食品支出	二、衣着支出	三、居住支出
全　国	**4381.8**	**1800.7**	**264.0**	**835.2**
北　京	9254.8	2994.7	699.4	1990.2
天　津	4936.7	2060.8	365.9	888.3
河　北	3844.9	1351.4	250.9	839.7
山　西	3663.9	1372.5	315.8	614.7
内蒙古	4460.8	1675.0	317.7	752.0
辽　宁	4489.5	1714.2	369.2	745.0
吉　林	4147.4	1523.3	309.8	752.8
黑龙江	4391.2	1484.0	387.2	793.8
上　海	10210.5	3806.8	554.1	2070.3
江　苏	6542.9	2491.5	350.0	1170.9
浙　江	8928.9	3055.6	551.5	2044.3
安　徽	4013.3	1633.0	232.2	867.5
福　建	5498.3	2537.2	310.1	865.5
江　西	3911.6	1812.7	174.6	782.7
山　东	4807.2	1804.5	305.6	833.0
河　南	3682.2	1371.2	261.5	765.2
湖　北	4090.8	1763.1	217.6	816.4
湖　南	4310.4	2087.9	209.9	719.2
广　东	5515.6	2630.1	215.5	986.7
广　西	3455.3	1675.4	110.5	692.5
海　南	3446.2	1724.5	117.4	609.8
重　庆	3624.6	1750.0	224.1	548.0
四　川	3897.5	1881.2	226.6	625.3
贵　州	2852.5	1319.4	137.5	621.8
云　南	3398.3	1604.5	160.7	638.1
西　藏	2666.9	1325.7	326.7	352.9
陕　西	3793.8	1299.2	237.9	837.5
甘　肃	2942.0	1315.3	184.2	551.6
青　海	3774.5	1442.9	255.2	944.2
宁　夏	4013.2	1541.8	302.6	776.4
新　疆	3457.9	1394.4	303.7	695.2

5-2-33 续表　　单位：元/人

地　区	四、家庭设备及用品支出	五、交通通信支出	六、文教娱乐支出	七、医疗保健支出	八、其他支出
全　国	**234.1**	**461.1**	**366.7**	**326.0**	**94.0**
北　京	473.6	1112.4	950.6	840.6	193.2
天　津	233.0	467.5	462.3	360.5	98.5
河　北	218.9	464.8	296.1	344.3	78.9
山　西	173.6	357.7	420.2	328.9	80.4
内蒙古	177.9	598.6	374.2	468.0	97.4
辽　宁	185.2	449.0	500.3	413.8	112.9
吉　林	171.9	368.6	454.1	462.4	104.5
黑龙江	164.6	455.9	560.7	443.2	101.9
上　海	528.0	1459.5	997.7	584.5	209.7
江　苏	327.7	785.5	908.1	362.3	146.9
浙　江	410.6	1146.0	839.2	709.3	172.3
安　徽	231.2	339.0	363.9	264.4	82.1
福　建	292.7	638.1	462.2	251.4	141.2
江　西	205.3	331.8	285.2	243.8	75.5
山　东	324.7	649.2	421.9	383.9	84.5
河　南	254.5	401.4	250.5	287.8	90.1
湖　北	262.3	331.4	288.1	295.2	116.7
湖　南	243.9	343.8	315.9	293.6	96.2
广　东	235.0	637.1	326.5	307.4	177.3
广　西	192.8	310.3	182.6	229.0	62.3
海　南	135.2	312.5	318.0	138.4	90.5
重　庆	260.7	281.7	239.0	270.3	50.7
四　川	239.5	360.7	218.6	276.1	69.6
贵　州	135.6	229.7	186.2	178.1	44.2
云　南	167.7	337.9	206.5	239.9	43.1
西　藏	181.3	282.4	51.1	71.2	75.8
陕　西	233.4	336.2	397.6	376.2	75.8
甘　肃	146.9	256.7	238.0	203.1	46.1
青　海	193.6	369.6	198.5	307.9	62.6
宁　夏	188.1	444.0	241.1	417.9	101.2
新　疆	137.7	382.1	170.2	314.7	59.9

5-2-34 2010年分地区农村居民消费支出构成

单位：%

地　　区	消费支出	一、食品支出	二、衣着支出	三、居住支出
全　　国	**100.0**	**41.1**	**6.0**	**19.1**
北　　京	100.0	32.4	7.6	21.5
天　　津	100.0	41.7	7.4	18.0
河　　北	100.0	35.1	6.5	21.8
山　　西	100.0	37.5	8.6	16.8
内 蒙 古	100.0	37.5	7.1	16.9
辽　　宁	100.0	38.2	8.2	16.6
吉　　林	100.0	36.7	7.5	18.2
黑 龙 江	100.0	33.8	8.8	18.1
上　　海	100.0	37.3	5.4	20.3
江　　苏	100.0	38.1	5.3	17.9
浙　　江	100.0	34.2	6.2	22.9
安　　徽	100.0	40.7	5.8	21.6
福　　建	100.0	46.1	5.6	15.7
江　　西	100.0	46.3	4.5	20.0
山　　东	100.0	37.5	6.4	17.3
河　　南	100.0	37.2	7.1	20.8
湖　　北	100.0	43.1	5.3	20.0
湖　　南	100.0	48.4	4.9	16.7
广　　东	100.0	47.7	3.9	17.9
广　　西	100.0	48.5	3.2	20.0
海　　南	100.0	50.0	3.4	17.7
重　　庆	100.0	48.3	6.2	15.1
四　　川	100.0	48.3	5.8	16.0
贵　　州	100.0	46.3	4.8	21.8
云　　南	100.0	47.2	4.7	18.8
西　　藏	100.0	49.7	12.2	13.2
陕　　西	100.0	34.2	6.3	22.1
甘　　肃	100.0	44.7	6.3	18.8
青　　海	100.0	38.2	6.8	25.0
宁　　夏	100.0	38.4	7.5	19.3
新　　疆	100.0	40.3	8.8	20.1

5-2-34 续表

单位：%

地　　区	四、家庭设备及用品支出	五、交通通信支出	六、文教娱乐支出	七、医疗保健支出	八、其他支出
全　　国	**5.3**	**10.5**	**8.4**	**7.4**	**2.1**
北　　京	5.1	12.0	10.3	9.1	2.1
天　　津	4.7	9.5	9.4	7.3	2.0
河　　北	5.7	12.1	7.7	9.0	2.1
山　　西	4.7	9.8	11.5	9.0	2.2
内 蒙 古	4.0	13.4	8.4	10.5	2.2
辽　　宁	4.1	10.0	11.1	9.2	2.5
吉　　林	4.1	8.9	10.9	11.1	2.5
黑 龙 江	3.7	10.4	12.8	10.1	2.3
上　　海	5.2	14.3	9.8	5.7	2.1
江　　苏	5.0	12.0	13.9	5.5	2.2
浙　　江	4.6	12.8	9.4	7.9	1.9
安　　徽	5.8	8.4	9.1	6.6	2.0
福　　建	5.3	11.6	8.4	4.6	2.6
江　　西	5.2	8.5	7.3	6.2	1.9
山　　东	6.8	13.5	8.8	8.0	1.8
河　　南	6.9	10.9	6.8	7.8	2.4
湖　　北	6.4	8.1	7.0	7.2	2.9
湖　　南	5.7	8.0	7.3	6.8	2.2
广　　东	4.3	11.6	5.9	5.6	3.2
广　　西	5.6	9.0	5.3	6.6	1.8
海　　南	3.9	9.1	9.2	4.0	2.6
重　　庆	7.2	7.8	6.6	7.5	1.4
四　　川	6.1	9.3	5.6	7.1	1.8
贵　　州	4.8	8.1	6.5	6.2	1.5
云　　南	4.9	9.9	6.1	7.1	1.3
西　　藏	6.8	10.6	1.9	2.7	2.8
陕　　西	6.2	8.9	10.5	9.9	2.0
甘　　肃	5.0	8.7	8.1	6.9	1.6
青　　海	5.1	9.8	5.3	8.2	1.7
宁　　夏	4.7	11.1	6.0	10.4	2.5
新　　疆	4.0	11.1	4.9	9.1	1.7

5-2-35 2010年分地区农村居民现金消费支出

单位：元/人

地区	现金消费支出	一、食品支出	二、衣着支出	三、居住支出
全国	**3859.3**	**1313.2**	**263.4**	**801.4**
北京	9182.2	2924.3	699.4	1989.7
天津	4854.6	1978.7	365.9	888.3
河北	3534.6	1065.2	250.6	815.9
山西	3395.1	1124.9	315.8	593.5
内蒙古	3951.2	1186.2	317.5	731.9
辽宁	4093.3	1344.3	369.1	718.7
吉林	3772.8	1210.0	309.8	691.6
黑龙江	4161.2	1337.5	387.2	710.3
上海	10044.9	3642.0	554.1	2069.5
江苏	6041.9	2002.2	350.0	1159.2
浙江	8677.9	2833.6	551.3	2015.6
安徽	3541.9	1215.1	232.1	814.2
福建	4994.9	2100.8	310.1	798.8
江西	3269.1	1212.2	174.4	744.2
山东	4469.5	1468.1	304.8	832.5
河南	3292.0	1024.3	261.4	722.6
湖北	3406.1	1096.3	214.0	802.7
湖南	3552.7	1358.2	209.7	691.8
广东	4884.6	2110.7	215.5	875.4
广西	2783.2	1044.8	110.5	651.0
海南	2803.4	1151.3	117.4	540.1
重庆	2837.1	994.7	224.1	518.1
四川	3121.7	1122.7	226.6	608.4
贵州	2159.1	637.8	137.5	610.2
云南	2575.9	839.7	160.7	580.6
西藏	2088.5	782.6	300.9	343.7
陕西	3506.2	1025.2	237.9	824.0
甘肃	2329.4	712.4	184.2	542.0
青海	3095.5	779.9	252.8	933.5
宁夏	3446.8	975.4	302.6	776.4
新疆	2838.0	850.1	301.2	625.9

5-2-35 续表　　　　单位：元/人

地　区	四、家庭设备及用品支出	五、交通通信支出	六、文教娱乐支出	七、医疗保健支出	八、其他支出
全　国	**233.5**	**461.1**	**366.7**	**326.0**	**94.0**
北　京	473.6	1112.4	950.6	840.6	191.5
天　津	233.0	467.5	462.3	360.5	98.5
河　北	218.9	464.8	296.1	344.3	78.9
山　西	173.6	357.7	420.2	328.9	80.4
内蒙古	177.4	598.6	374.2	468.0	97.4
辽　宁	185.2	449.0	500.3	413.8	112.9
吉　林	171.9	368.6	454.1	462.4	104.5
黑龙江	164.6	455.9	560.7	443.2	101.9
上　海	528.0	1459.5	997.7	584.5	209.7
江　苏	327.6	785.5	908.1	362.3	146.9
浙　江	410.6	1146.0	839.2	709.3	172.3
安　徽	231.2	339.0	363.9	264.4	82.1
福　建	292.3	638.1	462.2	251.4	141.2
江　西	201.8	331.8	285.2	243.8	75.5
山　东	324.6	649.2	421.9	383.9	84.5
河　南	253.8	401.4	250.5	287.8	90.1
湖　北	261.7	331.4	288.1	295.2	116.7
湖　南	243.4	343.8	315.9	293.6	96.2
广　东	234.7	637.1	326.5	307.4	177.3
广　西	192.8	310.3	182.6	229.0	62.3
海　南	135.2	312.5	318.0	138.4	90.5
重　庆	258.4	281.7	239.0	270.3	50.7
四　川	239.0	360.7	218.6	276.1	69.6
贵　州	135.5	229.7	186.2	178.1	44.2
云　南	167.6	337.9	206.5	239.9	43.1
西　藏	180.9	282.4	51.1	71.2	75.8
陕　西	233.3	336.2	397.6	376.2	75.8
甘　肃	146.9	256.7	238.0	203.1	46.1
青　海	190.7	369.6	198.5	307.9	62.6
宁　夏	188.1	444.0	241.1	417.9	101.2
新　疆	133.9	382.1	170.2	314.7	59.9

5-2-36　2010年分地区农村居民现金消费支出构成

单位：%

地　区	现金消费支出	一、食品支出	二、衣着支出	三、居住支出
全　国	**100.0**	**34.0**	**6.8**	**20.8**
北　京	100.0	31.8	7.6	21.7
天　津	100.0	40.8	7.5	18.3
河　北	100.0	30.1	7.1	23.1
山　西	100.0	33.1	9.3	17.5
内蒙古	100.0	30.0	8.0	18.5
辽　宁	100.0	32.8	9.0	17.6
吉　林	100.0	32.1	8.2	18.3
黑龙江	100.0	32.1	9.3	17.1
上　海	100.0	36.3	5.5	20.6
江　苏	100.0	33.1	5.8	19.2
浙　江	100.0	32.7	6.4	23.2
安　徽	100.0	34.3	6.6	23.0
福　建	100.0	42.1	6.2	16.0
江　西	100.0	37.1	5.3	22.8
山　东	100.0	32.8	6.8	18.6
河　南	100.0	31.1	7.9	21.9
湖　北	100.0	32.2	6.3	23.6
湖　南	100.0	38.2	5.9	19.5
广　东	100.0	43.2	4.4	17.9
广　西	100.0	37.5	4.0	23.4
海　南	100.0	41.1	4.2	19.3
重　庆	100.0	35.1	7.9	18.3
四　川	100.0	36.0	7.3	19.5
贵　州	100.0	29.5	6.4	28.3
云　南	100.0	32.6	6.2	22.5
西　藏	100.0	37.5	14.4	16.5
陕　西	100.0	29.2	6.8	23.5
甘　肃	100.0	30.6	7.9	23.3
青　海	100.0	25.2	8.2	30.2
宁　夏	100.0	28.3	8.8	22.5
新　疆	100.0	30.0	10.6	22.1

5-2-36　续表　　　　单位：%

地　　区	四、家庭设备及用品支出	五、交通通信支出	六、文教娱乐支出	七、医疗保健支出	八、其他支出
全　　国	**6.1**	**11.9**	**9.5**	**8.4**	**2.4**
北　　京	5.2	12.1	10.4	9.2	2.1
天　　津	4.8	9.6	9.5	7.4	2.0
河　　北	6.2	13.1	8.4	9.7	2.2
山　　西	5.1	10.5	12.4	9.7	2.4
内 蒙 古	4.5	15.2	9.5	11.8	2.5
辽　　宁	4.5	11.0	12.2	10.1	2.8
吉　　林	4.6	9.8	12.0	12.3	2.8
黑 龙 江	4.0	11.0	13.5	10.6	2.4
上　　海	5.3	14.5	9.9	5.8	2.1
江　　苏	5.4	13.0	15.0	6.0	2.4
浙　　江	4.7	13.2	9.7	8.2	2.0
安　　徽	6.5	9.6	10.3	7.5	2.3
福　　建	5.9	12.8	9.3	5.0	2.8
江　　西	6.2	10.2	8.7	7.5	2.3
山　　东	7.3	14.5	9.4	8.6	1.9
河　　南	7.7	12.2	7.6	8.7	2.7
湖　　北	7.7	9.7	8.5	8.7	3.4
湖　　南	6.9	9.7	8.9	8.3	2.7
广　　东	4.8	13.0	6.7	6.3	3.6
广　　西	6.9	11.1	6.6	8.2	2.2
海　　南	4.8	11.1	11.3	4.9	3.2
重　　庆	9.1	9.9	8.4	9.5	1.8
四　　川	7.7	11.6	7.0	8.8	2.2
贵　　州	6.3	10.6	8.6	8.2	2.0
云　　南	6.5	13.1	8.0	9.3	1.7
西　　藏	8.7	13.5	2.4	3.4	3.6
陕　　西	6.7	9.6	11.3	10.7	2.2
甘　　肃	6.3	11.0	10.2	8.7	2.0
青　　海	6.2	11.9	6.4	9.9	2.0
宁　　夏	5.5	12.9	7.0	12.1	2.9
新　　疆	4.7	13.5	6.0	11.1	2.1

5-2-37　2011年分地区农村居民纯收入

单位：元/人

地　区	纯收入	一、工资性收入	二、家庭经营纯收入	三、财产性收入	四、转移性收入
全　国	**6977.3**	**2963.4**	**3222.0**	**228.6**	**563.3**
北　京	14735.7	9578.9	1363.3	1537.0	2256.6
天　津	12321.2	6829.2	3908.1	742.4	841.5
河　北	7119.7	3424.0	3006.2	206.4	483.2
山　西	5601.4	2684.9	2140.8	170.4	605.3
内蒙古	6641.6	1310.9	4217.5	337.6	775.6
辽　宁	8296.5	3179.8	4271.0	244.6	601.2
吉　林	7510.0	1469.2	4950.4	395.7	694.6
黑龙江	7590.7	1496.5	4784.1	545.2	764.9
上　海	16053.8	10493.0	876.8	1244.1	3439.9
江　苏	10805.0	5969.0	3490.3	414.3	931.4
浙　江	13070.7	6721.3	4981.8	555.7	811.9
安　徽	6232.2	2723.2	2986.1	106.0	417.0
福　建	8778.6	3889.5	4094.8	291.5	502.8
江　西	6891.6	2994.5	3421.4	111.5	364.2
山　东	8342.1	3715.3	3935.2	246.5	445.2
河　南	6604.0	2523.8	3601.1	108.1	371.0
湖　北	6897.9	2703.1	3731.3	84.5	379.1
湖　南	6567.1	3240.8	2725.2	112.2	488.9
广　东	9371.7	5854.7	2498.1	490.4	528.5
广　西	5231.3	1820.4	3007.9	41.2	361.8
海　南	6446.0	2004.6	3827.0	85.8	528.6
重　庆	6480.4	2894.5	2748.3	139.7	698.0
四　川	6128.6	2652.5	2761.7	140.4	574.0
贵　州	4145.4	1713.5	1980.2	59.5	392.1
云　南	4722.0	1138.6	2966.2	219.0	398.3
西　藏	4904.3	1008.0	3142.6	113.6	640.0
陕　西	5027.9	2395.5	2017.2	165.3	450.0
甘　肃	3909.4	1562.0	1866.8	82.5	398.2
青　海	4608.5	1775.4	2088.8	93.7	650.6
宁　夏	5410.0	2164.2	2730.4	116.4	398.9
新　疆	5442.2	804.7	3887.2	147.1	603.1

5-2-38　2011年分地区农村居民纯收入构成

单位：%

地　　区	纯收入	一、工资性收入	二、家庭经营纯收入	三、财产性收入	四、转移性收入
全　　国	**100.0**	**42.5**	**46.2**	**3.3**	**8.1**
北　　京	100.0	65.0	9.3	10.4	15.3
天　　津	100.0	55.4	31.7	6.0	6.8
河　　北	100.0	48.1	42.2	2.9	6.8
山　　西	100.0	47.9	38.2	3.0	10.8
内 蒙 古	100.0	19.7	63.5	5.1	11.7
辽　　宁	100.0	38.3	51.5	2.9	7.2
吉　　林	100.0	19.6	65.9	5.3	9.2
黑 龙 江	100.0	19.7	63.0	7.2	10.1
上　　海	100.0	65.4	5.5	7.7	21.4
江　　苏	100.0	55.2	32.3	3.8	8.6
浙　　江	100.0	51.4	38.1	4.3	6.2
安　　徽	100.0	43.7	47.9	1.7	6.7
福　　建	100.0	44.3	46.6	3.3	5.7
江　　西	100.0	43.5	49.6	1.6	5.3
山　　东	100.0	44.5	47.2	3.0	5.3
河　　南	100.0	38.2	54.5	1.6	5.6
湖　　北	100.0	39.2	54.1	1.2	5.5
湖　　南	100.0	49.3	41.5	1.7	7.4
广　　东	100.0	62.5	26.7	5.2	5.6
广　　西	100.0	34.8	57.5	0.8	6.9
海　　南	100.0	31.1	59.4	1.3	8.2
重　　庆	100.0	44.7	42.4	2.2	10.8
四　　川	100.0	43.3	45.1	2.3	9.4
贵　　州	100.0	41.3	47.8	1.4	9.5
云　　南	100.0	24.1	62.8	4.6	8.4
西　　藏	100.0	20.6	64.1	2.3	13.1
陕　　西	100.0	47.6	40.1	3.3	8.9
甘　　肃	100.0	40.0	47.8	2.1	10.2
青　　海	100.0	38.5	45.3	2.0	14.1
宁　　夏	100.0	40.0	50.5	2.2	7.4
新　　疆	100.0	14.8	71.4	2.7	11.1

5-2-39　2011年分地区农村居民消费支出

单位：元/人

地　区	消费支出	一、食品支出	二、衣着支出	三、居住支出
全　国	**5221.1**	**2107.3**	**341.3**	**961.5**
北　京	11077.7	3593.5	862.6	2350.3
天　津	6725.4	2376.0	611.7	1346.3
河　北	4711.2	1579.7	334.1	1090.3
山　西	4587.0	1729.9	401.9	824.7
内蒙古	5507.7	2067.0	395.2	880.3
辽　宁	5406.4	2116.3	446.1	860.2
吉　林	5305.8	1872.1	397.5	951.9
黑龙江	5333.6	2072.4	473.8	824.7
上　海	11049.3	4517.2	644.5	1805.9
江　苏	8094.6	2839.9	554.8	1372.6
浙　江	9965.1	3714.8	717.5	1617.0
安　徽	4957.3	2055.2	297.0	885.2
福　建	6540.9	3032.2	395.4	1033.2
江　西	4659.9	2106.3	233.6	888.8
山　东	5900.6	2107.1	399.8	1127.0
河　南	4320.0	1559.7	362.8	846.9
湖　北	5010.7	1954.6	272.1	1086.9
湖　南	5179.4	2343.1	260.4	969.7
广　东	6725.6	3301.1	277.3	1172.3
广　西	4210.9	1844.9	123.9	1018.6
海　南	4166.1	2137.9	139.8	700.5
重　庆	4502.1	2108.6	309.0	555.8
四　川	4675.5	2161.7	281.9	727.4
贵　州	3455.8	1646.5	186.2	639.3
云　南	3999.9	1884.0	209.1	702.4
西　藏	2741.6	1384.7	331.2	328.0
陕　西	4491.7	1345.0	285.4	1108.6
甘　肃	3664.9	1548.2	246.7	596.6
青　海	4536.8	1716.4	347.5	1090.7
宁　夏	4726.6	1762.5	380.0	935.2
新　疆	4397.8	1589.5	372.1	1025.3

5-2-39　续表　　　　单位：元/人

地　区	四、家庭设备及用品支出	五、交通通信支出	六、文教娱乐支出	七、医疗保健支出	八、其他支出
全　国	**308.9**	**547.0**	**396.4**	**436.8**	**122.0**
北　京	714.5	1228.2	1003.7	1035.2	289.7
天　津	352.3	781.6	542.1	571.7	143.8
河　北	316.9	520.2	315.4	434.7	120.0
山　西	243.8	458.8	448.4	349.3	130.1
内蒙古	243.3	728.9	525.9	534.2	132.9
辽　宁	225.4	577.7	550.0	482.9	147.9
吉　林	232.3	564.3	456.8	673.6	157.4
黑龙江	209.7	576.3	464.7	573.6	138.4
上　海	648.9	1308.9	916.1	908.6	299.2
江　苏	503.2	923.9	1044.6	645.6	209.9
浙　江	542.8	1380.6	846.1	921.3	225.0
安　徽	304.3	475.2	376.2	440.5	123.8
福　建	357.1	728.5	506.7	321.2	166.6
江　西	277.5	393.3	319.4	346.7	94.3
山　东	411.6	753.1	482.7	508.4	111.0
河　南	328.1	427.9	278.2	399.7	116.6
湖　北	359.6	414.4	341.9	438.2	143.1
湖　南	330.7	421.7	346.6	396.5	110.6
广　东	301.3	682.5	404.2	398.5	188.3
广　西	241.6	384.8	218.7	301.3	77.1
海　南	176.3	370.3	224.9	290.1	126.3
重　庆	348.3	401.7	334.8	375.3	68.6
四　川	301.0	431.1	276.6	413.1	82.7
贵　州	192.8	304.5	183.0	246.3	57.1
云　南	208.2	393.0	241.1	309.3	52.8
西　藏	186.0	348.9	40.9	65.8	56.2
陕　西	279.9	406.7	405.6	533.4	127.2
甘　肃	198.1	366.6	292.7	339.3	76.9
青　海	272.3	450.9	265.4	308.1	85.6
宁　夏	264.6	483.4	324.4	444.7	131.8
新　疆	198.6	530.6	229.7	376.9	75.3

5-2-40 2011年分地区农村居民消费支出构成

单位：%

地　　区	消费支出	一、食品支出	二、衣着支出	三、居住支出
全　　国	**100.0**	**40.4**	**6.5**	**18.4**
北　　京	100.0	32.4	7.8	21.2
天　　津	100.0	35.3	9.1	20.0
河　　北	100.0	33.5	7.1	23.1
山　　西	100.0	37.7	8.8	18.0
内 蒙 古	100.0	37.5	7.2	16.0
辽　　宁	100.0	39.1	8.3	15.9
吉　　林	100.0	35.3	7.5	17.9
黑 龙 江	100.0	38.9	8.9	15.5
上　　海	100.0	40.9	5.8	16.3
江　　苏	100.0	35.1	6.9	17.0
浙　　江	100.0	37.3	7.2	16.2
安　　徽	100.0	41.5	6.0	17.9
福　　建	100.0	46.4	6.0	15.8
江　　西	100.0	45.2	5.0	19.1
山　　东	100.0	35.7	6.8	19.1
河　　南	100.0	36.1	8.4	19.6
湖　　北	100.0	39.0	5.4	21.7
湖　　南	100.0	45.2	5.0	18.7
广　　东	100.0	49.1	4.1	17.4
广　　西	100.0	43.8	2.9	24.2
海　　南	100.0	51.3	3.4	16.8
重　　庆	100.0	46.8	6.9	12.3
四　　川	100.0	46.2	6.0	15.6
贵　　州	100.0	47.6	5.4	18.5
云　　南	100.0	47.1	5.2	17.6
西　　藏	100.0	50.5	12.1	12.0
陕　　西	100.0	29.9	6.4	24.7
甘　　肃	100.0	42.2	6.7	16.3
青　　海	100.0	37.8	7.7	24.0
宁　　夏	100.0	37.3	8.0	19.8
新　　疆	100.0	36.1	8.5	23.3

5-2-40 续表 单位：%

地　区	四、家庭设备及用品支出	五、交通通信支出	六、文教娱乐支出	七、医疗保健支出	八、其他支出
全　国	**5.9**	**10.5**	**7.6**	**8.4**	**2.3**
北　京	6.5	11.1	9.1	9.3	2.6
天　津	5.2	11.6	8.1	8.5	2.1
河　北	6.7	11.0	6.7	9.2	2.5
山　西	5.3	10.0	9.8	7.6	2.8
内蒙古	4.4	13.2	9.5	9.7	2.4
辽　宁	4.2	10.7	10.2	8.9	2.7
吉　林	4.4	10.6	8.6	12.7	3.0
黑龙江	3.9	10.8	8.7	10.8	2.6
上　海	5.9	11.8	8.3	8.2	2.7
江　苏	6.2	11.4	12.9	8.0	2.6
浙　江	5.4	13.9	8.5	9.2	2.3
安　徽	6.1	9.6	7.6	8.9	2.5
福　建	5.5	11.1	7.7	4.9	2.5
江　西	6.0	8.4	6.9	7.4	2.0
山　东	7.0	12.8	8.2	8.6	1.9
河　南	7.6	9.9	6.4	9.3	2.7
湖　北	7.2	8.3	6.8	8.7	2.9
湖　南	6.4	8.1	6.7	7.7	2.1
广　东	4.5	10.1	6.0	5.9	2.8
广　西	5.7	9.1	5.2	7.2	1.8
海　南	4.2	8.9	5.4	7.0	3.0
重　庆	7.7	8.9	7.4	8.3	1.5
四　川	6.4	9.2	5.9	8.8	1.8
贵　州	5.6	8.8	5.3	7.1	1.7
云　南	5.2	9.8	6.0	7.7	1.3
西　藏	6.8	12.7	1.5	2.4	2.0
陕　西	6.2	9.1	9.0	11.9	2.8
甘　肃	5.4	10.0	8.0	9.3	2.1
青　海	6.0	9.9	5.9	6.8	1.9
宁　夏	5.6	10.2	6.9	9.4	2.8
新　疆	4.5	12.1	5.2	8.6	1.7

5-2-41　2011年分地区农村居民现金消费支出

单位：元/人

地　区	现金消费支出	一、食品支出	二、衣着支出	三、居住支出
全　国	**4733.4**	**1651.3**	**341.1**	**930.2**
北　京	11021.2	3541.4	862.3	2346.8
天　津	6673.3	2324.1	611.5	1346.3
河　北	4514.2	1396.0	333.9	1077.2
山　西	4355.8	1499.6	401.8	823.9
内蒙古	4828.0	1479.7	394.8	788.4
辽　宁	5081.4	1826.5	446.1	825.0
吉　林	4891.6	1564.2	397.5	845.7
黑龙江	5024.7	1844.3	473.8	744.2
上　海	10834.1	4303.5	644.5	1804.4
江　苏	7709.1	2468.3	554.8	1359.2
浙　江	9792.5	3554.8	717.0	1605.0
安　徽	4499.4	1646.0	297.0	836.5
福　建	6113.0	2654.6	395.4	982.9
江　西	4029.5	1486.7	233.6	878.3
山　东	5623.6	1831.4	398.9	1126.9
河　南	4047.9	1323.4	362.8	811.4
湖　北	4383.0	1337.9	271.0	1077.2
湖　南	4355.7	1557.9	260.3	931.9
广　东	6149.9	2817.8	277.3	1080.2
广　西	3522.6	1212.5	123.9	962.7
海　南	3781.6	1797.5	139.8	656.4
重　庆	3734.6	1360.4	309.0	536.7
四　川	3924.3	1424.5	281.9	713.4
贵　州	2670.7	881.0	186.2	619.9
云　南	3205.4	1147.5	209.1	644.6
西　藏	2235.6	880.6	331.1	326.3
陕　西	4254.9	1112.1	285.3	1104.7
甘　肃	3151.1	1060.7	246.7	570.3
青　海	3920.2	1103.7	346.8	1088.0
宁　夏	4209.6	1245.4	380.0	935.2
新　疆	3889.7	1138.1	368.4	976.4

5-2-41 续表 单位：元/人

地区	四、家庭设备及用品支出	五、交通通信支出	六、文教娱乐支出	七、医疗保健支出	八、其他支出
全国	**308.6**	**547.0**	**396.4**	**436.8**	**122.0**
北京	714.4	1228.2	1003.7	1035.2	289.3
天津	352.3	781.6	542.1	571.7	143.8
河北	316.9	520.2	315.4	434.7	120.0
山西	243.8	458.8	448.4	349.3	130.1
内蒙古	243.2	728.9	525.9	534.2	132.9
辽宁	225.4	577.7	550.0	482.9	147.9
吉林	232.3	564.3	456.8	673.6	157.4
黑龙江	209.5	576.3	464.7	573.6	138.4
上海	648.9	1308.9	916.1	908.6	299.2
江苏	502.8	923.9	1044.6	645.6	209.9
浙江	542.7	1380.6	846.1	921.3	225.0
安徽	304.2	475.2	376.2	440.5	123.8
福建	357.1	728.5	506.7	321.2	166.6
江西	277.2	393.3	319.4	346.7	94.3
山东	411.3	753.1	482.7	508.4	111.0
河南	327.9	427.9	278.2	399.7	116.6
湖北	359.4	414.4	341.9	438.2	143.1
湖南	330.2	421.7	346.6	396.5	110.6
广东	301.1	682.5	404.2	398.5	188.3
广西	241.6	384.8	218.7	301.3	77.1
海南	176.3	370.3	224.9	290.1	126.3
重庆	348.2	401.7	334.8	375.3	68.6
四川	300.9	431.1	276.6	413.1	82.7
贵州	192.8	304.5	183.0	246.3	57.1
云南	208.1	393.0	241.1	309.3	52.8
西藏	186.0	348.9	40.9	65.8	56.2
陕西	279.9	406.7	405.6	533.4	127.2
甘肃	198.1	366.6	292.7	339.3	76.9
青海	271.7	450.9	265.4	308.1	85.6
宁夏	264.6	483.4	324.4	444.7	131.8
新疆	194.4	530.6	229.7	376.9	75.3

5-2-42 2011年分地区农村居民现金消费支出构成

单位：%

地 区	现金消费支出	一、食品支出	二、衣着支出	三、居住支出
全 国	**100.0**	**34.9**	**7.2**	**19.7**
北 京	100.0	32.1	7.8	21.3
天 津	100.0	34.8	9.2	20.2
河 北	100.0	30.9	7.4	23.9
山 西	100.0	34.4	9.2	18.9
内蒙古	100.0	30.6	8.2	16.3
辽 宁	100.0	35.9	8.8	16.2
吉 林	100.0	32.0	8.1	17.3
黑龙江	100.0	36.7	9.4	14.8
上 海	100.0	39.7	5.9	16.7
江 苏	100.0	32.0	7.2	17.6
浙 江	100.0	36.3	7.3	16.4
安 徽	100.0	36.6	6.6	18.6
福 建	100.0	43.4	6.5	16.1
江 西	100.0	36.9	5.8	21.8
山 东	100.0	32.6	7.1	20.0
河 南	100.0	32.7	9.0	20.0
湖 北	100.0	30.5	6.2	24.6
湖 南	100.0	35.8	6.0	21.4
广 东	100.0	45.8	4.5	17.6
广 西	100.0	34.4	3.5	27.3
海 南	100.0	47.5	3.7	17.4
重 庆	100.0	36.4	8.3	14.4
四 川	100.0	36.3	7.2	18.2
贵 州	100.0	33.0	7.0	23.2
云 南	100.0	35.8	6.5	20.1
西 藏	100.0	39.4	14.8	14.6
陕 西	100.0	26.1	6.7	26.0
甘 肃	100.0	33.7	7.8	18.1
青 海	100.0	28.2	8.8	27.8
宁 夏	100.0	29.6	9.0	22.2
新 疆	100.0	29.3	9.5	25.1

5-2-42 续表 单位：%

地区	四、家庭设备及用品支出	五、交通通信支出	六、文教娱乐支出	七、医疗保健支出	八、其他支出
全　国	**6.5**	**11.6**	**8.4**	**9.2**	**2.6**
北　京	6.5	11.1	9.1	9.4	2.6
天　津	5.3	11.7	8.1	8.6	2.2
河　北	7.0	11.5	7.0	9.6	2.7
山　西	5.6	10.5	10.3	8.0	3.0
内蒙古	5.0	15.1	10.9	11.1	2.8
辽　宁	4.4	11.4	10.8	9.5	2.9
吉　林	4.7	11.5	9.3	13.8	3.2
黑龙江	4.2	11.5	9.2	11.4	2.8
上　海	6.0	12.1	8.5	8.4	2.8
江　苏	6.5	12.0	13.6	8.4	2.7
浙　江	5.5	14.1	8.6	9.4	2.3
安　徽	6.8	10.6	8.4	9.8	2.8
福　建	5.8	11.9	8.3	5.3	2.7
江　西	6.9	9.8	7.9	8.6	2.3
山　东	7.3	13.4	8.6	9.0	2.0
河　南	8.1	10.6	6.9	9.9	2.9
湖　北	8.2	9.5	7.8	10.0	3.3
湖　南	7.6	9.7	8.0	9.1	2.5
广　东	4.9	11.1	6.6	6.5	3.1
广　西	6.9	10.9	6.2	8.6	2.2
海　南	4.7	9.8	5.9	7.7	3.3
重　庆	9.3	10.8	9.0	10.0	1.8
四　川	7.7	11.0	7.0	10.5	2.1
贵　州	7.2	11.4	6.9	9.2	2.1
云　南	6.5	12.3	7.5	9.6	1.6
西　藏	8.3	15.6	1.8	2.9	2.5
陕　西	6.6	9.6	9.5	12.5	3.0
甘　肃	6.3	11.6	9.3	10.8	2.4
青　海	6.9	11.5	6.8	7.9	2.2
宁　夏	6.3	11.5	7.7	10.6	3.1
新　疆	5.0	13.6	5.9	9.7	1.9

5-2-43　2012年分地区农村居民纯收入

单位：元/人

地　区	纯收入	一、工资性收入	二、家庭经营纯收入	三、财产性收入	四、转移性收入
全　国	**7916.6**	**3447.5**	**3533.4**	**249.1**	**686.7**
北　京	16475.7	10843.5	1318.1	1716.4	2597.8
天　津	14025.5	7922.3	4126.3	921.0	1056.0
河　北	8081.4	4005.3	3254.6	218.3	603.2
山　西	6356.6	3175.5	2334.4	140.8	705.9
内蒙古	7611.3	1459.1	4689.1	323.0	1140.2
辽　宁	9383.7	3630.2	4783.4	246.2	724.0
吉　林	8598.2	1792.0	5617.6	393.0	795.6
黑龙江	8603.8	1816.8	5433.7	580.3	773.0
上　海	17803.7	11477.7	902.6	1381.8	4041.5
江　苏	12202.0	6775.9	3873.9	458.5	1093.7
浙　江	14551.9	7678.2	5291.4	588.5	993.8
安　徽	7160.5	3243.5	3265.6	111.8	539.5
福　建	9967.2	4474.5	4570.4	319.8	602.4
江　西	7829.4	3532.7	3742.4	120.9	433.4
山　东	9446.5	4383.2	4234.6	257.2	571.6
河　南	7524.9	2989.4	3973.4	135.5	426.7
湖　北	7851.7	3189.8	4123.5	65.9	472.5
湖　南	7440.2	3847.6	2903.2	112.8	576.6
广　东	10542.8	6804.4	2566.1	556.5	615.8
广　西	6007.5	2246.0	3234.6	53.9	473.2
海　南	7408.0	2475.6	4182.7	173.3	576.4
重　庆	7383.3	3400.8	2975.3	175.6	831.6
四　川	7001.4	3088.9	3004.9	166.6	741.1
贵　州	4753.0	1977.7	2249.2	71.5	454.5
云　南	5416.5	1435.9	3328.1	234.2	418.4
西　藏	5719.4	1201.9	3678.7	127.7	711.1
陕　西	5762.5	2727.9	2294.4	200.1	540.2
甘　肃	4506.7	1787.7	2114.8	112.1	492.1
青　海	5364.4	1989.7	2221.9	95.3	1057.5
宁　夏	6180.3	2510.5	3071.5	101.6	496.7
新　疆	6393.7	1008.0	4239.0	170.7	976.0

5-2-44　2012年分地区农村居民纯收入构成

单位：%

地　区	纯收入	一、工资性收入	二、家庭经营纯收入	三、财产性收入	四、转移性收入
全　国	**100.0**	**43.5**	**44.6**	**3.1**	**8.7**
北　京	100.0	65.8	8.0	10.4	15.8
天　津	100.0	56.5	29.4	6.6	7.5
河　北	100.0	49.6	40.3	2.7	7.5
山　西	100.0	50.0	36.7	2.2	11.1
内蒙古	100.0	19.2	61.6	4.2	15.0
辽　宁	100.0	38.7	51.0	2.6	7.7
吉　林	100.0	20.8	65.3	4.6	9.3
黑龙江	100.0	21.1	63.2	6.7	9.0
上　海	100.0	64.5	5.1	7.8	22.7
江　苏	100.0	55.5	31.7	3.8	9.0
浙　江	100.0	52.8	36.4	4.0	6.8
安　徽	100.0	45.3	45.6	1.6	7.5
福　建	100.0	44.9	45.9	3.2	6.0
江　西	100.0	45.1	47.8	1.5	5.5
山　东	100.0	46.4	44.8	2.7	6.1
河　南	100.0	39.7	52.8	1.8	5.7
湖　北	100.0	40.6	52.5	0.8	6.0
湖　南	100.0	51.7	39.0	1.5	7.7
广　东	100.0	64.5	24.3	5.3	5.8
广　西	100.0	37.4	53.8	0.9	7.9
海　南	100.0	33.4	56.5	2.3	7.8
重　庆	100.0	46.1	40.3	2.4	11.3
四　川	100.0	44.1	42.9	2.4	10.6
贵　州	100.0	41.6	47.3	1.5	9.6
云　南	100.0	26.5	61.4	4.3	7.7
西　藏	100.0	21.0	64.3	2.2	12.4
陕　西	100.0	47.3	39.8	3.5	9.4
甘　肃	100.0	39.7	46.9	2.5	10.9
青　海	100.0	37.1	41.4	1.8	19.7
宁　夏	100.0	40.6	49.7	1.6	8.0
新　疆	100.0	15.8	66.3	2.7	15.3

5-2-45 2012年分地区农村居民消费支出

单位：元/人

地　区	消费支出	一、食品支出	二、衣着支出	三、居住支出
全　国	**5908.0**	**2323.9**	**396.4**	**1086.4**
北　京	11878.9	3944.8	948.0	2199.8
天　津	8336.5	3019.9	780.7	1263.5
河　北	5364.1	1817.0	396.6	1137.3
山　西	5566.2	1860.0	501.8	1142.1
内蒙古	6382.0	2379.8	481.8	1079.0
辽　宁	5998.4	2300.0	517.9	979.8
吉　林	6186.2	2268.8	478.7	836.8
黑龙江	5718.0	2164.9	544.6	754.7
上　海	11971.5	4847.6	704.4	1834.1
江　苏	9138.2	3049.1	610.7	1493.2
浙　江	10652.7	3947.3	751.6	1950.1
安　徽	5556.0	2180.8	331.9	1139.8
福　建	7401.9	3403.5	471.4	1165.8
江　西	5129.5	2232.8	265.0	1030.2
山　东	6776.0	2321.5	454.7	1399.9
河　南	5032.1	1701.7	424.1	1060.7
湖　北	5726.7	2154.0	316.4	1206.2
湖　南	5870.1	2574.8	318.0	1088.2
广　东	7458.6	3658.7	319.5	1196.1
广　西	4933.6	2085.6	156.5	1200.8
海　南	4776.3	2410.1	178.9	828.6
重　庆	5018.6	2216.1	380.2	557.0
四　川	5366.7	2514.2	338.5	787.4
贵　州	3901.7	1740.6	226.8	758.4
云　南	4561.3	2080.6	241.1	804.4
西　藏	2967.6	1592.0	372.6	251.6
陕　西	5114.7	1520.1	332.7	1258.1
甘　肃	4146.2	1648.6	303.1	682.3
青　海	5338.9	1858.6	404.5	1209.7
宁　夏	5351.4	1891.4	463.4	1033.2
新　疆	5301.3	1891.1	429.9	1298.5

5-2-45 续表 单位：元/人

地区	四、家庭设备及用品支出	五、交通通信支出	六、文教娱乐支出	七、医疗保健支出	八、其他支出
全　国	**341.7**	**652.8**	**445.5**	**513.8**	**147.6**
北　京	773.5	1398.8	1152.7	1125.2	336.2
天　津	451.3	1066.3	766.1	760.4	228.4
河　北	349.9	604.3	358.5	543.7	156.8
山　西	298.3	626.0	498.0	490.2	149.7
内蒙古	269.0	912.2	514.0	588.9	157.4
辽　宁	250.5	668.7	556.6	548.8	176.2
吉　林	251.9	699.0	606.3	840.5	204.1
黑龙江	229.7	611.3	518.0	727.0	167.7
上　海	646.1	1704.8	952.1	1029.0	253.4
江　苏	532.9	1311.1	1184.2	724.2	232.7
浙　江	604.4	1499.9	902.2	746.1	251.1
安　徽	346.9	516.6	385.9	510.1	144.0
福　建	426.7	795.0	565.8	380.6	193.1
江　西	278.3	494.5	342.7	380.4	105.6
山　东	405.7	937.6	501.0	635.3	120.2
河　南	361.6	525.1	343.8	468.8	146.2
湖　北	397.9	496.1	394.6	591.9	169.7
湖　南	373.5	481.6	400.2	497.2	136.6
广　东	378.5	760.1	466.6	446.5	232.7
广　西	274.6	453.0	270.2	383.9	108.8
海　南	207.5	435.6	254.0	306.5	155.2
重　庆	413.5	489.3	394.2	482.2	86.0
四　川	333.2	463.9	329.3	498.3	101.9
贵　州	211.4	371.3	226.4	282.5	84.3
云　南	247.0	470.2	289.2	362.6	66.2
西　藏	173.3	364.0	40.9	82.7	90.5
陕　西	298.7	503.3	445.5	619.9	136.4
甘　肃	250.4	436.0	327.3	398.0	100.4
青　海	257.4	683.7	283.3	520.1	121.6
宁　夏	305.0	620.8	373.4	492.1	172.2
新　疆	219.1	646.4	261.7	444.2	110.2

5-2-46　2012年分地区农村居民消费支出构成

单位：%

地　区	消费支出	一、食品支出	二、衣着支出	三、居住支出
全　国	**100.0**	**39.3**	**6.7**	**18.4**
北　京	100.0	33.2	8.0	18.5
天　津	100.0	36.2	9.4	15.2
河　北	100.0	33.9	7.4	21.2
山　西	100.0	33.4	9.0	20.5
内蒙古	100.0	37.3	7.5	16.9
辽　宁	100.0	38.3	8.6	16.3
吉　林	100.0	36.7	7.7	13.5
黑龙江	100.0	37.9	9.5	13.2
上　海	100.0	40.5	5.9	15.3
江　苏	100.0	33.4	6.7	16.3
浙　江	100.0	37.1	7.1	18.3
安　徽	100.0	39.3	6.0	20.5
福　建	100.0	46.0	6.4	15.7
江　西	100.0	43.5	5.2	20.1
山　东	100.0	34.3	6.7	20.7
河　南	100.0	33.8	8.4	21.1
湖　北	100.0	37.6	5.5	21.1
湖　南	100.0	43.9	5.4	18.5
广　东	100.0	49.1	4.3	16.0
广　西	100.0	42.3	3.2	24.3
海　南	100.0	50.5	3.7	17.3
重　庆	100.0	44.2	7.6	11.1
四　川	100.0	46.8	6.3	14.7
贵　州	100.0	44.6	5.8	19.4
云　南	100.0	45.6	5.3	17.6
西　藏	100.0	53.6	12.6	8.5
陕　西	100.0	29.7	6.5	24.6
甘　肃	100.0	39.8	7.3	16.5
青　海	100.0	34.8	7.6	22.7
宁　夏	100.0	35.3	8.7	19.3
新　疆	100.0	35.7	8.1	24.5

5-2-46 续表 单位：%

地　区	四、家庭设备及用品支出	五、交通通信支出	六、文教娱乐支出	七、医疗保健支出	八、其他支出
全　国	**5.8**	**11.0**	**7.5**	**8.7**	**2.5**
北　京	6.5	11.8	9.7	9.5	2.8
天　津	5.4	12.8	9.2	9.1	2.7
河　北	6.5	11.3	6.7	10.1	2.9
山　西	5.4	11.2	8.9	8.8	2.7
内蒙古	4.2	14.3	8.1	9.2	2.5
辽　宁	4.2	11.1	9.3	9.1	2.9
吉　林	4.1	11.3	9.8	13.6	3.3
黑龙江	4.0	10.7	9.1	12.7	2.9
上　海	5.4	14.2	8.0	8.6	2.1
江　苏	5.8	14.3	13.0	7.9	2.5
浙　江	5.7	14.1	8.5	7.0	2.4
安　徽	6.2	9.3	6.9	9.2	2.6
福　建	5.8	10.7	7.6	5.1	2.6
江　西	5.4	9.6	6.7	7.4	2.1
山　东	6.0	13.8	7.4	9.4	1.8
河　南	7.2	10.4	6.8	9.3	2.9
湖　北	6.9	8.7	6.9	10.3	3.0
湖　南	6.4	8.2	6.8	8.5	2.3
广　东	5.1	10.2	6.3	6.0	3.1
广　西	5.6	9.2	5.5	7.8	2.2
海　南	4.3	9.1	5.3	6.4	3.2
重　庆	8.2	9.7	7.9	9.6	1.7
四　川	6.2	8.6	6.1	9.3	1.9
贵　州	5.4	9.5	5.8	7.2	2.2
云　南	5.4	10.3	6.3	8.0	1.5
西　藏	5.8	12.3	1.4	2.8	3.1
陕　西	5.8	9.8	8.7	12.1	2.7
甘　肃	6.0	10.5	7.9	9.6	2.4
青　海	4.8	12.8	5.3	9.7	2.3
宁　夏	5.7	11.6	7.0	9.2	3.2
新　疆	4.1	12.2	4.9	8.4	2.1

5-2-47　2012年分地区农村居民现金消费支出

单位：元/人

地　区	现金消费支出	一、食品支出	二、衣着支出	三、居住支出
全　国	**5414.5**	**1863.1**	**396.1**	**1054.2**
北　京	11828.0	3899.0	948.0	2196.4
天　津	8305.5	2988.8	780.7	1263.5
河　北	5172.5	1647.7	396.5	1115.2
山　西	5359.0	1657.6	501.7	1137.4
内蒙古	5731.2	1808.0	481.7	1000.9
辽　宁	5666.4	2019.4	517.9	928.4
吉　林	5712.5	1887.3	478.2	745.1
黑龙江	5451.8	1990.3	544.6	664.2
上　海	11746.6	4629.2	704.4	1827.6
江　苏	8796.5	2723.0	610.7	1477.8
浙　江	10486.0	3796.9	750.7	1936.6
安　徽	5153.8	1836.8	331.8	1081.7
福　建	6998.8	3030.2	471.4	1136.3
江　西	4456.1	1580.0	264.9	1009.7
山　东	6513.8	2059.8	454.4	1399.9
河　南	4779.6	1474.2	424.1	1035.8
湖　北	5070.7	1532.1	315.2	1173.5
湖　南	5023.8	1748.3	317.9	1069.1
广　东	6867.2	3155.9	319.4	1107.6
广　西	4165.2	1373.9	156.5	1144.2
海　南	4435.6	2122.4	178.9	775.6
重　庆	4359.5	1564.0	380.1	550.2
四　川	4487.9	1653.6	338.5	769.2
贵　州	3157.4	1045.9	226.8	708.8
云　南	3735.3	1331.0	241.1	728.3
西　藏	2303.6	930.4	372.5	249.3
陕　西	4883.9	1293.4	332.7	1254.0
甘　肃	3689.0	1210.0	303.1	663.7
青　海	4773.3	1300.4	403.5	1204.0
宁　夏	4913.6	1453.6	463.4	1033.2
新　疆	4784.7	1391.2	426.6	1289.3

5-2-47 续表　　单位：元/人

地　区	四、家庭设备及用品支出	五、交通通信支出	六、文教娱乐支出	七、医疗保健支出	八、其他支出
全　国	**341.4**	**652.8**	**445.5**	**513.8**	**147.5**
北　京	773.5	1398.8	1152.7	1125.2	334.5
天　津	451.3	1066.3	766.1	760.4	228.4
河　北	349.8	604.3	358.5	543.7	156.7
山　西	298.3	626.0	498.0	490.2	149.7
内蒙古	268.1	912.2	514.0	588.9	157.4
辽　宁	250.5	668.7	556.6	548.8	176.2
吉　林	251.9	699.0	606.3	840.5	204.1
黑龙江	228.5	611.3	518.0	727.0	167.7
上　海	646.1	1704.8	952.1	1029.0	253.4
江　苏	532.8	1311.1	1184.2	724.2	232.7
浙　江	602.5	1499.9	902.2	746.1	251.0
安　徽	346.9	516.6	385.9	510.1	144.0
福　建	426.4	795.0	565.8	380.6	193.1
江　西	278.3	494.5	342.7	380.4	105.6
山　东	405.6	937.6	501.0	635.3	120.2
河　南	361.6	525.1	343.8	468.8	146.2
湖　北	397.6	496.1	394.6	591.9	169.7
湖　南	373.0	481.6	400.2	497.2	136.6
广　东	378.4	760.1	466.6	446.5	232.7
广　西	274.6	453.0	270.2	383.9	108.8
海　南	207.5	435.6	254.0	306.5	155.2
重　庆	413.5	489.3	394.2	482.2	85.8
四　川	333.2	463.9	329.3	498.3	101.9
贵　州	211.4	371.3	226.4	282.5	84.3
云　南	247.0	470.2	289.2	362.6	65.8
西　藏	173.3	364.0	40.9	82.7	90.5
陕　西	298.7	503.3	445.5	619.9	136.4
甘　肃	250.4	436.0	327.3	398.0	100.4
青　海	256.6	683.7	283.3	520.1	121.6
宁　夏	305.0	620.8	373.4	492.1	172.2
新　疆	215.1	646.4	261.7	444.2	110.2

5-2-48 2012年分地区农村居民现金消费支出构成

单位：%

地 区	现金消费支出	一、食品支出	二、衣着支出	三、居住支出
全 国	**100.0**	**34.4**	**7.3**	**19.5**
北 京	100.0	33.0	8.0	18.6
天 津	100.0	36.0	9.4	15.2
河 北	100.0	31.9	7.7	21.6
山 西	100.0	30.9	9.4	21.2
内蒙古	100.0	31.5	8.4	17.5
辽 宁	100.0	35.6	9.1	16.4
吉 林	100.0	33.0	8.4	13.0
黑龙江	100.0	36.5	10.0	12.2
上 海	100.0	39.4	6.0	15.6
江 苏	100.0	31.0	6.9	16.8
浙 江	100.0	36.2	7.2	18.5
安 徽	100.0	35.6	6.4	21.0
福 建	100.0	43.3	6.7	16.2
江 西	100.0	35.5	5.9	22.7
山 东	100.0	31.6	7.0	21.5
河 南	100.0	30.8	8.9	21.7
湖 北	100.0	30.2	6.2	23.1
湖 南	100.0	34.8	6.3	21.3
广 东	100.0	46.0	4.7	16.1
广 西	100.0	33.0	3.8	27.5
海 南	100.0	47.8	4.0	17.5
重 庆	100.0	35.9	8.7	12.6
四 川	100.0	36.8	7.5	17.1
贵 州	100.0	33.1	7.2	22.4
云 南	100.0	35.6	6.5	19.5
西 藏	100.0	40.4	16.2	10.8
陕 西	100.0	26.5	6.8	25.7
甘 肃	100.0	32.8	8.2	18.0
青 海	100.0	27.2	8.5	25.2
宁 夏	100.0	29.6	9.4	21.0
新 疆	100.0	29.1	8.9	26.9

5-2-48 续表 单位：%

地　区	四、家庭设备及用品支出	五、交通通信支　出	六、文教娱乐支　出	七、医疗保健支出	八、其他支出
全　国	**6.3**	**12.1**	**8.2**	**9.5**	**2.7**
北　京	6.5	11.8	9.7	9.5	2.8
天　津	5.4	12.8	9.2	9.2	2.7
河　北	6.8	11.7	6.9	10.5	3.0
山　西	5.6	11.7	9.3	9.1	2.8
内蒙古	4.7	15.9	9.0	10.3	2.7
辽　宁	4.4	11.8	9.8	9.7	3.1
吉　林	4.4	12.2	10.6	14.7	3.6
黑龙江	4.2	11.2	9.5	13.3	3.1
上　海	5.5	14.5	8.1	8.8	2.2
江　苏	6.1	14.9	13.5	8.2	2.6
浙　江	5.7	14.3	8.6	7.1	2.4
安　徽	6.7	10.0	7.5	9.9	2.8
福　建	6.1	11.4	8.1	5.4	2.8
江　西	6.2	11.1	7.7	8.5	2.4
山　东	6.2	14.4	7.7	9.8	1.8
河　南	7.6	11.0	7.2	9.8	3.1
湖　北	7.8	9.8	7.8	11.7	3.3
湖　南	7.4	9.6	8.0	9.9	2.7
广　东	5.5	11.1	6.8	6.5	3.4
广　西	6.6	10.9	6.5	9.2	2.6
海　南	4.7	9.8	5.7	6.9	3.5
重　庆	9.5	11.2	9.0	11.1	2.0
四　川	7.4	10.3	7.3	11.1	2.3
贵　州	6.7	11.8	7.2	8.9	2.7
云　南	6.6	12.6	7.7	9.7	1.8
西　藏	7.5	15.8	1.8	3.6	3.9
陕　西	6.1	10.3	9.1	12.7	2.8
甘　肃	6.8	11.8	8.9	10.8	2.7
青　海	5.4	14.3	5.9	10.9	2.5
宁　夏	6.2	12.6	7.6	10.0	3.5
新　疆	4.5	13.5	5.5	9.3	2.3

全国及分地区农村住户固定资产投资情况

一、农村住户固定资产投资和结构

6-1-1　2010-2014年全国农村住户固定资产投资情况

单位：亿元

指　　标	2010年	2011年	2012年	2013年	2014年
农村住户固定资产投资完成额	**7886.0**	**9089.1**	**9840.6**	**10546.7**	**10755.8**
一、按投资构成分					
1、建筑工程	5729.1	6535.5	6999.5	8072.6	8620.4
# 水利	17.0	10.7	11.1	34.1	38.4
住宅	5262.2	6040.7	6568.5	7387.3	7726.8
2、安装工程	31.5	15.6	16.9	17.6	13.7
3、设备工具器具购置	1426.7	1572.3	1785.8	1778.1	1617.7
# 生产设备	864.3	1044.8	1255.0	1604.7	1557.2
4、其他	698.7	965.7	1038.3	678.4	503.9
二、按投资方向分					
# 农林牧渔业	1368.9	1938.6	2224.0	2077.6	1999.8
采矿业	8.4	0.2	2.1	2.0	1.7
制造业	118.4	146.5	146.1	120.5	127.5
电力、燃气及水的生产和供应业	3.7	0.5	0.7	5.8	4.7
建筑业	209.9	117.3	53.6	137.4	91.7
批发和零售业	48.1	59.7	47.7	121.2	247.6
交通运输、仓储和邮政业	553.8	525.8	563.5	436.9	326.1
住宿和餐饮业	37.7	37.8	45.9	29.9	41.3
房地产业	5308.5	6022.4	6519.9	7429.8	7789.9
租赁和商务服务业	2.8	2.9	5.7	18.6	11.6
居民服务和其他服务业	188.7	224.2	219.3	104.9	96.1

注：表6-1-1到6-3-6为农村住户固定资产投资抽样调查资料。

6-1-2　2010年分地区农村住户固定资产投资结构情况

单位：亿元

地　区	投资额	建筑工程	#住宅	设备工具器具购置	#生产设备
全　国	**7886.0**	**5729.1**	**5262.2**	**1426.7**	**864.3**
北　京	52.1	48.8	46.8	2.7	0.4
天　津	26.4	13.2	13.0	8.4	6.6
河　北	460.8	366.9	356.9	51.2	1.0
山　西	217.9	148.9	125.7	55.4	45.1
内蒙古	91.2	41.8	29.1	41.0	27.9
辽　宁	249.4	178.3	158.7	31.4	6.2
吉　林	174.8	78.4	64.0	47.7	12.8
黑龙江	316.7	93.0	84.5	136.5	114.3
上　海	2.0	2.0	1.9	0.0	0.0
江　苏	377.7	231.7	193.4	116.9	82.6
浙　江	507.8	436.5	424.9	55.0	46.9
安　徽	439.1	347.7	342.7	79.7	51.7
福　建	206.1	171.4	164.7	30.4	24.8
江　西	305.3	246.9	221.8	45.2	41.5
山　东	697.8	441.3	395.1	152.7	50.8
河　南	786.6	692.3	641.3	80.1	74.7
湖　北	302.8	247.3	194.6	28.8	20.7
湖　南	362.5	299.2	287.8	45.8	15.2
广　东	353.3	290.4	282.6	18.3	0.3
广　西	338.3	245.7	239.7	65.7	55.3
海　南	38.4	25.8	25.4	2.2	
重　庆	94.6	59.2	53.6	8.1	0.6
四　川	566.9	410.7	331.8	82.1	15.8
贵　州	159.1	119.4	117.3	39.7	15.1
云　南	219.8	148.7	138.2	42.7	37.9
西　藏					
陕　西	220.3	147.6	140.6	66.5	50.3
甘　肃	103.6	77.2	74.5	17.7	10.1
青　海	49.4	39.8	38.5	6.5	3.6
宁　夏	46.6	26.7	26.3	15.5	10.0
新　疆	118.5	52.5	46.7	52.8	42.4

6-1-3 2011年分地区农村住户固定资产投资结构情况

单位：亿元

地　区	投资额	建筑工程	#住宅	设备工具器具购置	#生产设备
全　国	**9089.1**	**6535.5**	**6040.7**	**1572.3**	**1044.8**
北　京	59.1	52.7	49.7	1.7	0.9
天　津	27.0	14.9	14.7	4.9	0.9
河　北	609.1	424.7	373.1	121.3	84.3
山　西	235.4	155.9	152.9	63.4	37.4
内蒙古	112.2	26.8	24.6	34.5	24.5
辽　宁	294.8	198.4	177.5	43.0	8.7
吉　林	215.1	68.3	65.9	68.6	54.1
黑龙江	317.5	91.8	80.6	140.8	120.2
上　海	2.1	2.1	2.1	0.1	0.1
江　苏	379.2	221.7	171.8	122.1	89.1
浙　江	533.6	459.5	441.8	56.0	47.4
安　徽	447.8	355.5	325.4	78.7	66.1
福　建	233.8	199.5	187.1	29.7	20.3
江　西	333.7	255.2	243.3	34.0	22.7
山　东	842.3	518.5	478.3	188.7	74.5
河　南	834.6	742.8	696.9	84.4	83.9
湖　北	362.0	345.7	319.1	8.6	5.5
湖　南	473.2	399.5	379.1	50.7	19.6
广　东	470.0	365.8	354.6	32.3	18.2
广　西	409.8	288.1	283.4	68.2	31.4
海　南	58.1	49.1	44.8	2.5	1.9
重　庆	106.4	54.1	54.1	7.8	5.4
四　川	534.5	417.2	348.3	60.5	33.8
贵　州	209.5	157.7	152.1	39.8	19.6
云　南	258.2	175.1	162.7	45.4	40.4
西　藏					
陕　西	322.1	245.2	229.0	61.2	46.4
甘　肃	95.7	69.7	61.4	17.6	11.7
青　海	69.7	57.2	55.9	8.2	3.7
宁　夏	55.6	32.8	32.3	18.0	10.2
新　疆	187.2	89.9	78.1	79.8	61.8

6-1-4　2012年分地区农村住户固定资产投资结构情况

单位：亿元

地区	投资额	建筑工程	#住宅	设备工具器具购置	#生产设备
全国	**9840.6**	**6999.5**	**6568.5**	**1785.8**	**1255.0**
北京	47.5	44.0	39.4	0.8	0.5
天津	21.5	10.2	10.0	6.7	5.9
河北	556.7	401.7	365.2	73.3	52.7
山西	278.4	190.2	186.0	68.9	48.9
内蒙古	126.0	31.9	25.3	41.8	37.8
辽宁	300.9	201.3	178.3	49.9	10.6
吉林	249.3	52.9	46.7	92.2	73.2
黑龙江	319.3	87.2	78.0	156.4	145.2
上海	3.0	2.7	2.6	0.2	0.2
江苏	380.5	228.8	213.7	114.0	92.3
浙江	553.4	482.7	458.4	52.2	45.2
安徽	482.0	368.3	352.8	106.8	87.6
福建	257.4	220.2	204.1	34.4	21.8
江西	395.8	311.4	299.7	34.6	22.6
山东	936.2	584.4	536.2	213.0	81.0
河南	891.4	793.3	753.3	90.0	89.5
湖北	429.6	335.1	309.1	65.0	45.7
湖南	557.0	476.0	461.8	60.1	19.7
广东	501.3	377.2	372.1	34.8	15.9
广西	463.4	341.5	325.0	72.7	51.3
海南	80.9	73.7	68.9	2.1	0.9
重庆	125.8	78.9	68.8	5.2	4.8
四川	509.7	389.7	331.8	70.2	35.9
贵州	212.9	159.7	158.6	34.3	17.5
云南	277.6	188.0	174.7	49.5	44.1
西藏					
陕西	338.7	236.4	231.3	81.7	56.3
甘肃	105.0	76.9	72.1	18.1	11.9
青海	74.8	63.0	61.4	9.8	8.4
宁夏	63.8	38.8	38.2	22.0	12.5
新疆	300.8	153.6	145.0	125.0	114.9

6-1-5 2013年分地区农村住户固定资产投资结构情况

单位：亿元

地 区	投资额	建筑工程	#住宅	设备工具器具购置	#生产设备
全 国	**10546.7**	**8072.6**	**7387.3**	**1778.1**	**1604.7**
北 京	49.5	44.2	41.1	2.9	2.9
天 津	27.2	13.8	13.1	11.1	11.1
河 北	564.5	482.6	425.4	56.3	56.3
山 西	286.5	199.3	190.7	72.8	72.8
内蒙古	145.0	89.3	74.1	46.5	46.5
辽 宁	316.3	207.4	181.8	71.5	71.5
吉 林	253.5	73.2	59.8	154.1	154.1
黑龙江	331.8	105.5	90.9	226.3	226.3
上 海	3.7	3.5	3.1	0.0	0.0
江 苏	390.8	367.4	344.0	12.0	12.0
浙 江	588.0	553.4	501.9	22.1	22.1
安 徽	530.7	372.2	352.6	130.5	130.5
福 建	281.6	240.5	223.5	35.9	35.7
江 西	415.3	371.9	362.4	28.5	28.5
山 东	913.2	546.6	483.2	222.7	103.6
河 南	899.4	794.0	701.0	97.5	96.9
湖 北	510.5	406.6	358.2	74.7	74.7
湖 南	616.2	524.8	497.2	74.9	74.9
广 东	512.9	392.0	387.1	31.4	18.2
广 西	523.7	387.3	366.7	81.1	57.6
海 南	72.3	69.2	66.0	2.8	2.8
重 庆	144.3	123.7	114.0	8.6	8.6
四 川	570.8	463.9	428.7	74.6	74.6
贵 州	270.8	210.5	205.0	26.7	26.7
云 南	346.5	258.3	223.3	48.0	48.0
西 藏					
陕 西	350.6	287.1	273.8	51.6	51.6
甘 肃	120.7	89.0	69.9	20.7	14.3
青 海	75.8	61.8	58.4	12.2	12.2
宁 夏	73.4	45.9	45.0	24.3	14.0
新 疆	361.1	287.9	245.6	55.6	55.6

6-1-6　2014年分地区农村住户固定资产投资结构情况

单位：亿元

地　区	投资额	建筑工程	#住宅	设备工具器具购置	#生产设备
全　国	**10755.8**	**8620.4**	**7726.8**	**1617.7**	**1557.2**
北　京	50.8	48.7	45.9	1.1	1.1
天　津	27.8	19.9	8.3	6.2	6.2
河　北	524.7	458.1	414.5	56.1	56.1
山　西	319.1	223.1	213.6	80.5	80.5
内蒙古	154.0	90.2	67.5	53.4	53.4
辽　宁	304.0	216.3	188.9	59.0	59.0
吉　林	231.7	68.6	53.6	143.7	143.7
黑龙江	291.1	112.6	87.0	164.9	136.2
上　海	3.5	3.5	3.4	0.0	0.0
江　苏	385.9	341.3	265.5	28.5	
浙　江	708.0	650.1	612.8	54.8	54.8
安　徽	619.3	475.8	439.7	106.9	106.9
福　建	308.1	264.0	247.9	38.2	38.1
江　西	432.9	383.0	371.7	30.9	30.9
山　东	896.4	626.5	432.5	228.7	228.7
河　南	769.9	691.1	602.3	70.7	70.7
湖　北	473.6	404.1	365.3	46.6	46.6
湖　南	694.4	599.3	562.6	68.6	68.6
广　东	450.9	434.0	417.8	9.6	9.6
广　西	555.6	403.3	388.2	88.8	88.8
海　南	72.8	67.3	64.4	4.7	4.7
重　庆	144.6	122.0	112.8	9.5	9.5
四　川	656.4	573.7	534.2	42.1	42.1
贵　州	247.3	198.1	189.4	21.8	21.8
云　南	424.7	341.9	318.3	39.3	39.3
西　藏					
陕　西	351.7	295.6	262.5	45.0	45.0
甘　肃	124.5	87.2	64.5	29.3	26.0
青　海	72.3	58.9	55.2	11.1	11.1
宁　夏	79.9	51.2	50.2	25.6	25.6
新　疆	380.0	311.3	286.3	52.0	52.0

二、农村住户固定资产投资和投向

6-2-1 2010-2014年分地区农村住户固定资产投资完成额

单位：亿元

地区	2010年	2011年	2012年	2013年	2014年
全国	**7886.0**	**9089.1**	**9840.6**	**10546.7**	**10755.8**
北京	52.1	59.1	47.5	49.5	50.8
天津	26.4	27.0	21.5	27.2	27.8
河北	460.8	609.1	556.7	564.5	524.7
山西	217.9	235.4	278.4	286.5	319.1
内蒙古	91.2	112.2	126.0	145.0	154.0
辽宁	249.4	294.8	300.9	316.3	304.0
吉林	174.8	215.1	249.3	253.5	231.7
黑龙江	316.7	317.5	319.3	331.8	291.1
上海	2.0	2.1	3.0	3.7	3.5
江苏	377.7	379.2	380.5	390.8	385.9
浙江	507.8	533.6	553.4	588.0	708.0
安徽	439.1	447.8	482.0	530.7	619.3
福建	206.1	233.8	257.4	281.6	308.1
江西	305.3	333.7	395.8	415.3	432.9
山东	697.8	842.3	936.2	913.2	896.4
河南	786.6	834.6	891.4	899.4	769.9
湖北	302.8	362.0	429.6	510.5	473.6
湖南	362.5	473.2	557.0	616.2	694.4
广东	353.3	470.0	501.3	512.9	450.9
广西	338.3	409.8	463.4	523.7	555.6
海南	38.4	58.1	80.9	72.3	72.8
重庆	94.6	106.4	125.8	144.3	144.6
四川	566.9	534.5	509.7	570.8	656.4
贵州	159.1	209.5	212.9	270.8	247.3
云南	219.8	258.2	277.6	346.5	424.7
西藏					
陕西	220.3	322.1	338.7	350.6	351.7
甘肃	103.6	95.7	105.0	120.7	124.5
青海	49.4	69.7	74.8	75.8	72.3
宁夏	46.6	55.6	63.8	73.4	79.9
新疆	118.5	187.2	300.8	361.1	380.0

6-2-2　2010年分地区农村住户固定资产投资投向情况

单位：亿元

地　区	投资额	农业	制造业	建筑业	交通运输、仓储和邮政业	房地产业	居民服务和其他服务业
全　国	**7886.0**	**1368.9**	**118.4**	**209.9**	**553.8**	**5308.46**	**188.7**
北　京	52.1	2.8			2.4	46.8	0.0
天　津	26.4	5.8	2.0	0.7	4.9	13.0	
河　北	460.8	68.0	1.0		24.9	366.9	
山　西	217.9	37.9	0.0	0.3	24.8	147.5	0.3
内蒙古	91.2	43.2	0.2	3.5	5.2	33.0	1.2
辽　宁	249.4	58.0	2.5	11.3	20.3	149.3	5.1
吉　林	174.8	84.3	0.0	0.1	18.5	71.5	
黑龙江	316.7	201.6			22.2	93.0	
上　海	2.0	0.1				1.9	
江　苏	377.7	60.3	30.7	0.2	35.4	193.4	35.3
浙　江	507.8	30.4	30.0		19.2	424.9	1.7
安　徽	439.1	44.8	2.2	7.5	35.0	342.7	2.1
福　建	206.1	24.1	1.9	1.4	5.9	165.3	2.0
江　西	305.3	46.2	1.3	7.4	23.5	197.1	23.6
山　东	697.8	156.8	30.5	1.3	56.9	439.9	4.7
河　南	786.6	85.0	4.1	2.6	28.1	641.3	21.4
湖　北	302.8	32.9	1.5	8.3	12.2	247.3	0.3
湖　南	362.5	47.6	4.5	9.9	17.0	264.3	13.0
广　东	353.3	48.5	0.8	33.5	17.4	250.3	1.3
广　西	338.3	36.5	1.7	0.8	30.1	242.7	12.5
海　南	38.4	11.2	0.0		0.6	25.8	0.3
重　庆	94.6	26.8	0.6		2.6	64.7	
四　川	566.9	53.4	2.0	109.4	40.6	294.0	51.4
贵　州	159.1	15.1	0.2	0.2	23.0	117.3	1.3
云　南	219.8	49.1	0.1	0.0		145.2	3.5
西　藏							
陕　西	220.3	23.1	0.1	5.5	38.7	141.8	4.0
甘　肃	103.6	13.3	0.4	3.8	5.7	76.2	3.4
青　海	49.4	4.5	0.1		5.0	39.8	
宁　夏	46.6	8.0	0.1		12.3	26.3	
新　疆	118.5	49.6	0.1	2.2	21.3	45.3	

6-2-3 2011年分地区农村住户固定资产投资投向情况

单位：亿元

地　　区	投资额	农业	制造业	建筑业	交通运输、仓储和邮政业	房地产业	居民服务和其他服务业
全　　国	**9089.1**	**1938.6**	**146.5**	**117.3**	**525.8**	**6022.37**	**224.2**
北　　京	59.1	6.5	0.0		0.8	49.7	2.1
天　　津	27.0	8.3			3.9	14.7	0.1
河　　北	609.1	162.3	14.9		37.0	373.1	21.7
山　　西	235.4	48.4	0.0	0.7	25.1	152.9	3.5
内 蒙 古	112.2	72.7			10.0	24.6	4.9
辽　　宁	294.8	67.1	3.2	13.6	25.3	177.5	8.1
吉　　林	215.1	124.2	0.1		14.6	65.9	10.2
黑 龙 江	317.5	207.7			20.6	80.6	8.5
上　　海	2.1	0.1				2.1	
江　　苏	379.2	70.2	29.8	0.2	35.3	159.5	53.8
浙　　江	533.6	38.1	30.9	0.6	17.9	441.8	2.5
安　　徽	447.8	72.2	5.4	8.5	29.9	325.4	1.7
福　　建	233.8	23.0	5.1	4.1	6.3	187.5	0.1
江　　西	333.7	53.0	1.0		11.3	255.2	13.1
山　　东	842.3	198.4	42.5	1.8	64.9	518.5	5.9
河　　南	834.6	79.9	2.3	2.5	28.2	696.9	21.2
湖　　北	362.0	8.1	1.4	3.1	1.8	345.7	0.1
湖　　南	473.2	66.2	5.1	11.2	19.6	350.0	13.6
广　　东	470.0	88.5			14.0	342.1	25.4
广　　西	409.8	82.6	1.7		36.7	283.4	5.3
海　　南	58.1	12.6	0.0		0.6	44.8	0.0
重　　庆	106.4	49.6	0.0	54.1	2.4		0.3
四　　川	534.5	156.0	1.1		26.7	348.3	2.3
贵　　州	209.5	34.0	0.3		22.2	152.1	0.9
云　　南	258.2	58.0	0.5	0.0		171.3	4.1
西　　藏							
陕　　西	322.1	48.8	0.1	2.8	19.6	230.0	5.9
甘　　肃	95.7	14.7	0.3	4.1	5.4	60.9	8.8
青　　海	69.7	7.1	0.1		5.1	57.2	0.1
宁　　夏	55.6	10.0	0.1		13.3	32.3	
新　　疆	187.2	70.1	0.6	10.0	27.3	78.3	0.1

6-2-4　2012年分地区农村住户固定资产投资投向情况

单位：亿元

地　区	投资额	农业	制造业	建筑业	交通运输、仓储和邮政业	房地产业	居民服务和其他服务业
全　国	**9840.6**	**2224.0**	**146.1**	**53.6**	**563.5**	**6519.95**	**219.3**
北　京	47.5	7.7			0.3	39.4	0.1
天　津	21.5	5.9	4.8		0.8	10.0	0.1
河　北	556.7	152.6	4.7		20.6	365.2	13.7
山　西	278.4	52.6	0.0	0.5	32.5	186.0	2.1
内蒙古	126.0	90.1	4.1		4.2	25.2	2.4
辽　宁	300.9	73.4	3.1	12.3	25.7	178.3	8.1
吉　林	249.3	171.4	0.0		19.0	46.7	12.1
黑龙江	319.3	211.5			20.7	78.0	9.2
上　海	3.0	0.4				2.6	
江　苏	380.5	72.4	30.5	0.2	36.1	158.6	51.2
浙　江	553.4	41.7	28.3	0.7	19.4	458.4	2.6
安　徽	482.0	77.5	3.1	2.6	43.4	352.8	2.3
福　建	257.4	25.1	2.4	3.0	12.3	204.1	0.2
江　西	395.8	58.1	1.6	3.6	11.9	306.6	12.8
山　东	936.2	220.8	44.1	2.1	66.2	584.4	6.5
河　南	891.4	79.2	4.9	5.3	30.5	745.0	22.4
湖　北	429.6	90.3	3.4		19.2	309.1	7.5
湖　南	557.0	70.9	5.1	11.7	22.8	422.3	15.7
广　东	501.3	116.0			18.9	359.1	7.3
广　西	463.4	95.5	2.6		21.4	325.0	18.9
海　南	80.9	10.8			1.3	68.9	0.0
重　庆	125.8	56.4	0.0		0.4	68.8	0.1
四　川	509.7	139.1	1.9		34.3	331.8	2.6
贵　州	212.9	35.0		0.1	16.7	158.6	2.4
云　南	277.6	62.6	0.5	0.2		183.9	4.5
西　藏							
陕　西	338.7	48.9	0.5	8.7	28.0	232.6	10.1
甘　肃	105.0	18.7	0.1	2.6	4.7	74.0	4.3
青　海	74.8	5.7	0.2		3.9	63.0	0.0
宁　夏	63.8	11.3	0.1		14.3	38.2	
新　疆	300.8	122.7	0.0		33.9	143.4	0.1

6-2-5 2013年分地区农村住户固定资产投资投向情况

单位：亿元

地 区	投资额	农业	制造业	建筑业	交通运输、仓储和邮政业	房地产业	居民服务和其他服务业
全 国	**10546.7**	**2077.6**	**120.5**	**137.4**	**460.8**	**7429.76**	**104.9**
北 京	49.5	2.0	1.4	0.4	3.8	41.1	0.0
天 津	27.2	3.6	2.0	6.5	1.1	13.1	0.0
河 北	564.5	106.6	0.8	0.9	13.8	425.4	5.6
山 西	286.5	54.0	0.3	0.8	27.6	190.7	2.7
内蒙古	145.0	69.3		0.2	0.3	74.1	0.9
辽 宁	316.3	79.0	3.1	12.2	26.0	182.1	8.3
吉 林	253.5	186.7	0.0	0.1	1.8	59.8	0.9
黑龙江	331.8	158.1	0.1	42.9	2.3	90.9	0.1
上 海	3.7	0.4				3.1	0.0
江 苏	390.8	57.6	2.2	1.6	0.0	301.3	1.7
浙 江	588.0	68.5	16.7	1.0	4.4	485.6	0.9
安 徽	530.7	105.2	3.9	37.3	26.2	352.6	2.3
福 建	281.6	29.0	2.5	3.4	13.0	223.5	0.2
江 西	415.3	40.7	2.4	1.2	4.8	362.4	1.8
山 东	913.2	233.5	50.2	2.2	72.6	533.6	6.6
河 南	899.4	88.8	5.5	5.2	32.8	734.2	24.6
湖 北	510.5	83.8	5.2	12.8	48.3	358.2	0.9
湖 南	616.2	75.2	7.7	0.8		497.9	6.0
广 东	512.9	105.6	0.3	0.2	19.1	378.8	6.7
广 西	523.7	101.0	2.9	0.6	23.4	371.3	20.3
海 南	72.3	5.1		0.0	0.9	66.0	0.1
重 庆	144.3	20.4	0.0	0.9	2.5	114.6	0.9
四 川	570.8	84.6	11.3	0.3	35.0	428.7	4.1
贵 州	270.8	40.3	0.2	0.6		205.0	1.3
云 南	346.5	87.4	1.3	1.4	22.5	224.4	1.4
西 藏							
陕 西	350.6	42.0	0.3	0.3	31.9	273.8	0.3
甘 肃	120.7	20.4	0.1	3.0		86.1	5.1
青 海	75.8	6.2		0.5	7.4	60.9	0.4
宁 夏	73.4	13.0	0.1		15.2	45.0	
新 疆	361.1	109.6		0.0		245.6	0.8

6-2-6 2014年分地区农村住户固定资产投资投向情况

单位：亿元

地　区	投资额	农林牧渔业	制造业	建筑业	交通运输、仓储和邮政业	房地产业	居民服务和其他服务业
全　国	**10755.8**	**1999.8**	**127.5**	**91.7**	**326.1**	**7789.92**	**96.1**
北　京	50.8	3.3	0.0	0.3	0.5	45.9	0.0
天　津	27.8	2.6	13.3	0.0	1.1	8.3	0.4
河　北	524.7	83.4	0.0		21.9	414.5	0.9
山　西	319.1	59.0	0.3	0.8	31.1	213.6	2.9
内蒙古	154.0	82.6				67.5	0.7
辽　宁	304.0	89.8	2.8	12.4	7.6	160.8	8.0
吉　林	231.7	176.5	0.0	0.1	0.9	53.6	0.3
黑龙江	291.1	158.7		0.6	25.7	87.0	0.0
上　海	3.5	0.1				3.4	
江　苏	385.9	69.9	36.1	0.6	0.7	275.5	0.3
浙　江	708.0	41.5	6.0	32.9	7.4	612.8	0.6
安　徽	619.3	125.0	5.4	2.0	38.0	439.7	2.8
福　建	308.1	30.6	2.8	3.7		247.9	0.3
江　西	432.9	43.4	0.6	3.8		371.7	1.5
山　东	896.4	272.7	47.8	1.8		472.5	9.6
河　南	769.9	78.4	6.0	4.8	33.3	612.2	27.0
湖　北	473.6	76.2	0.3	0.5	30.2	365.3	0.2
湖　南	694.4	80.7	0.4	8.4		562.6	1.4
广　东	450.9	26.6	0.0	0.0		417.8	0.9
广　西	555.6	110.7	3.2	0.5	25.9	388.2	22.5
海　南	72.8	4.7	0.2	1.9		64.4	0.0
重　庆	144.6	21.2	0.0	0.9	2.7	113.2	1.0
四　川	656.4	65.9	1.3	1.5	45.1	532.0	5.7
贵　州	247.3	36.5	0.2	6.6		189.4	1.2
云　南	424.7	72.2	0.0	0.2	25.4	318.5	1.1
西　藏							
陕　西	351.7	63.2	0.4	1.2	15.0	269.0	0.6
甘　肃	124.5	21.3		3.3		87.4	5.1
青　海	72.3	6.1		2.3		58.7	0.4
宁　夏	79.9	15.5	0.5		13.6	50.2	
新　疆	380.0	81.6		0.7		286.3	0.6

三、农村住户固定资产投资和建房

6-3-1 1985-2014年全国农村住户固定资产投资和建房情况

年份	投资总额（亿元）	#竣工房屋投资	#住宅	房屋施工面积（万平方米）	房屋竣工面积（万平方米）	#住宅	竣工房屋造价（元/平方米）	#住宅
1985	478.4	350.1	313.2		78973.0	69542.0	44.0	45.0
1990	876.5	777.1	649.8	76819.0	71136.0	67812.0	109.0	96.0
1991	1042.6	912.5	759.3	85405.0	79501.0	74193.0	115.0	102.0
1992	1005.5	937.5	678.5	83392.0	65338.0	60442.0	143.0	112.0
1993	1137.7	1015.4	760.3	57432.0	56012.0	46129.0	181.0	165.0
1994	1519.2	1315.9	1002.7	72283.0	65390.0	57646.0	201.0	174.0
1995	2007.9	1709.4	1349.9	78192.0	73522.0	66230.0	233.0	204.0
1996	2544.0	2250.9	1766.4	96115.0	87277.0	79531.0	258.0	222.0
1997	2691.2	2405.8	1890.7	89309.0	85888.0	77287.0	280.0	245.0
1998	2681.5	2402.2	1907.2	89099.0	83864.0	77031.0	286.0	248.0
1999	2779.6	1908.2	1799.1	89050.0	83244.0	76758.0	229.2	234.4
2000	2904.3	1969.3	1846.8	88231.8	81270.2	75515.3	242.3	244.6
2001	2976.6	1908.2	1775.0	81048.2	74517.5	68799.3	256.1	258.0
2002	3123.2	1956.5	1858.1	80345.0	75125.7	69841.0	260.4	266.0
2003	3201.0	2053.2	1926.9	81123.7	75683.6	69741.1	271.3	276.3
2004	3362.7	2031.0	1933.4	71112.1	65801.5	62303.5	308.7	310.3
2005	3940.6	2190.6	2083.1	73109.2	66604.2	62292.4	328.9	334.4
2006	4436.2	2620.1	2490.2	76189.4	69237.9	64563.7	378.4	385.7
2007	5123.3	3228.3	3022.0	86665.6	78321.2	72676.4	412.2	415.8
2008	5951.8	3748.5	3547.1	91911.4	84407.0	78585.7	444.1	451.4
2009	7434.5	5029.9	4743.3	116099.4	105683.0	95570.5	475.9	496.3
2010	7886.0	5247.0	4931.7	106679.8	94114.8	87947.1	557.5	560.8
2011	9089.1	5983.7	5636.0	118455.2	103053.2	94939.1	580.6	593.6
2012	9840.6	6395.3	6051.6	105516.6	94187.8	87775.9	679.0	689.4
2013	10546.7	7249.6	6735.9	109242.0	92661.7	85953.0	782.4	783.7
2014	10755.8	7387.5	6843.0	103672.9	90287.4	83769.6	818.2	816.9

6-3-2　2010年分地区农村住户固定资产投资和建房情况

地区	投资总额(亿元)	#竣工房屋投资	#住宅	房屋施工面积(万平方米)	房屋竣工面积(万平方米)	#住宅	竣工房屋造价(元/平方米)	#住宅
全　国	**7886.0**	**5247.0**	**4931.7**	**106679.8**	**94114.8**	**87947.1**	**557.5**	**560.8**
北　京	52.1	42.7	41.6	948.1	630.5	611.0	677.6	680.7
天　津	26.4	12.0	11.9	134.6	104.6	98.7	1147.3	1203.4
河　北	460.8	324.5	300.2	5630.6	4815.0	4702.7	673.9	638.4
山　西	217.9	110.8	102.2	2486.0	1899.0	1714.0	583.4	596.5
内蒙古	91.2	38.6	35.2	507.0	469.0	360.0	822.4	978.8
辽　宁	249.4	187.8	171.2	4068.1	4068.1	3638.1	461.7	470.6
吉　林	174.8	63.3	61.9	949.6	949.6	922.6	666.4	671.1
黑龙江	316.7	89.3	81.8	1156.2	1086.0	969.6	822.3	844.1
上　海	2.0	2.0	1.9	17.6	17.6	16.8	1127.5	1127.5
江　苏	377.7	229.4	193.4	2544.0	2469.0	2409.0	929.2	802.9
浙　江	507.8	436.4	424.9	5978.0	5626.0	5457.0	775.7	778.6
安　徽	439.1	281.7	274.1	4968.0	4511.0	4344.0	624.4	631.0
福　建	206.1	101.2	97.6	3367.9	1724.9	1601.7	586.6	609.2
江　西	305.3	194.1	183.9	6686.6	4069.8	3974.3	476.8	462.8
山　东	697.8	421.1	386.0	8362.1	8278.1	7228.9	508.7	534.0
河　南	786.6	648.0	632.6	16653.0	15077.0	14002.0	429.8	451.8
湖　北	302.8	234.9	193.0	4086.9	3755.7	3604.9	625.4	535.4
湖　南	362.5	293.5	284.3	6810.0	6299.0	6041.0	465.9	470.6
广　东	353.3	251.7	247.8	4484.0	3437.0	3378.0	732.2	733.6
广　西	338.3	239.8	238.0	4959.9	4850.5	4801.0	494.3	495.7
海　南	38.4	24.7	24.1	341.8	279.5	271.8	883.2	888.5
重　庆	94.6	63.1	55.1	1353.7	1389.2	1373.2	454.0	401.5
四　川	566.9	374.9	331.8	8020.9	6862.1	5697.4	546.4	582.5
贵　州	159.1	112.2	111.1	2397.0	2193.0	2159.0	511.4	514.8
云　南	219.8	139.7	123.6	3883.0	3716.0	3458.0	376.0	357.4
西　藏								
陕　西	220.3	137.9	136.5	2306.7	2201.6	2155.2	626.4	633.3
甘　肃	103.6	77.1	74.5	1480.0	1326.0	1057.0	581.3	704.5
青　海	49.4	39.6	38.3	710.4	707.5	661.7	560.0	578.3
宁　夏	46.6	26.7	26.3	264.0	264.0	244.0	1013.2	1078.6
新　疆	118.5	48.6	46.7	1124.4	1038.6	994.4	467.8	469.4

6-3-3 2011年分地区农村住户固定资产投资和建房情况

地区	投资总额（亿元）	#竣工房屋投资	#住宅	房屋施工面积（万平方米）	房屋竣工面积（万平方米）	#住宅	竣工房屋造价（元/平方米）	#住宅
全国	**9089.1**	**5983.7**	**5636.0**	**118455.2**	**103053.2**	**94939.1**	**580.6**	**593.6**
北京	59.1	42.5	39.1	789.9	594.1	547.4	715.8	714.2
天津	27.0	13.4	12.9	119.0	113.1	110.3	1187.0	1168.3
河北	609.1	353.9	323.8	6055.3	5179.8	4640.1	683.2	697.8
山西	235.4	115.5	112.4	2525.0	1929.0	1815.0	598.9	619.2
内蒙古	112.2	36.4	26.7	616.0	582.0	428.0	625.0	624.3
辽宁	294.8	191.8	174.6	4484.2	4132.6	3674.9	464.2	475.2
吉林	215.1	73.3	67.2	1094.8	878.4	802.0	834.3	838.4
黑龙江	317.5	90.4	78.9	1104.9	1055.1	945.3	856.9	834.7
上海	2.1	2.1	2.1	12.4	12.4	12.4	1661.7	1661.7
江苏	379.2	192.2	171.8	2247.0	1925.0	1903.0	998.2	902.8
浙江	533.6	433.7	427.5	5598.0	5146.0	5010.0	842.9	853.4
安徽	447.8	292.7	275.9	4828.0	4130.0	3808.0	708.7	724.6
福建	233.8	128.3	125.0	3263.8	1816.4	1734.9	706.2	720.7
江西	333.7	204.4	208.2	4347.6	3628.7	3485.1	563.2	597.3
山东	842.3	516.6	475.2	10369.0	10153.5	9227.7	508.8	515.0
河南	834.6	688.1	676.3	16080.0	13829.0	12693.0	497.6	532.8
湖北	362.0	330.2	304.6	5498.6	5218.4	4215.6	632.8	722.5
湖南	473.2	377.8	357.1	6901.0	6393.0	6201.0	591.0	575.9
广东	470.0	311.0	301.5	4744.0	3951.0	3876.0	787.2	777.8
广西	409.8	278.1	272.5	5253.7	4952.7	4844.3	561.5	562.5
海南	58.1	40.0	37.1	663.8	416.7	349.1	959.5	1063.5
重庆	106.4	54.1	54.1	1060.3	809.5	732.9	668.1	737.9
四川	534.5	413.8	342.8	6161.2	5533.3	4709.7	747.9	727.9
贵州	209.5	152.5	146.3	2755.0	2410.6	2376.2	632.7	615.9
云南	258.2	164.5	144.8	4294.0	4157.0	3824.0	395.6	378.8
西藏								
陕西	322.1	222.7	223.3	3757.8	3079.3	3029.8	723.3	737.1
甘肃	95.7	59.1	56.7	1290.0	953.0	796.0	620.7	711.7
青海	69.7	54.7	53.4	808.8	771.6	719.3	709.3	743.0
宁夏	55.6	32.8	32.3	294.0	294.0	271.0	1115.7	1190.9
新疆	187.2	117.1	111.8	1895.5	1722.8	1561.3	679.8	716.1

6-3-4 2012年分地区农村住户固定资产投资和建房情况

地区	投资总额（亿元）	#竣工房屋投资	#住宅	房屋施工面积（万平方米）	房屋竣工面积（万平方米）	#住宅	竣工房屋造价（元/平方米）	#住宅
全国	**9840.6**	**6395.3**	**6051.6**	**105516.6**	**94187.8**	**87775.9**	**679.0**	**689.4**
北京	47.5	41.4	38.8	377.2	368.2	325.2	1125.3	1193.5
天津	21.5	10.3	10.1	74.3	73.6	70.5	1401.8	1435.2
河北	556.7	384.7	347.4	4954.5	4547.3	4458.2	846.0	779.3
山西	278.4	133.0	132.2	2676.0	2020.0	1907.0	658.6	693.1
内蒙古	126.0	27.8	26.3	460.0	401.0	359.0	692.8	732.9
辽宁	300.9	194.8	176.1	4498.1	4176.1	3690.2	466.5	477.2
吉林	249.3	51.2	45.5	602.6	581.2	504.2	880.9	901.8
黑龙江	319.3	84.7	67.3	1002.1	951.0	879.0	890.2	766.0
上海	3.0	2.6	2.5	18.5	18.5	17.6	1406.3	1414.7
江苏	380.5	222.2	213.7	2232.0	2167.0	2129.0	1025.4	1003.9
浙江	553.4	446.4	432.0	5459.0	5049.0	4867.0	884.2	887.6
安徽	482.0	334.6	322.5	5011.0	4364.0	4149.0	766.7	777.2
福建	257.4	120.8	117.3	2819.0	1738.9	1686.8	694.5	695.7
江西	395.8	249.2	239.3	5588.6	4703.6	4550.1	529.8	525.9
山东	936.2	560.4	529.3	11642.5	11153.9	10331.9	502.5	512.3
河南	891.4	730.9	716.3	15142.5	12938.4	11262.5	564.9	636.0
湖北	429.6	337.6	319.8	5152.5	4544.0	4138.2	742.9	772.7
湖南	557.0	435.9	424.1	7188.0	6681.0	6502.0	652.4	652.3
广东	501.3	337.6	332.7	4208.9	3410.8	3335.7	989.8	997.3
广西	463.4	298.3	295.8	5569.2	5081.0	4925.8	587.1	600.5
海南	80.9	64.6	55.5	730.8	529.2	494.1	1220.0	1123.3
重庆	125.8	66.4	57.1	992.0	851.3	731.8	780.2	779.6
四川	509.7	346.8	275.4	4372.6	3772.5	3235.6	919.3	851.0
贵州	212.9	152.2	151.1	2407.0	2194.0	2168.0	693.9	697.1
云南	277.6	176.5	155.5	4637.0	4531.0	4077.0	389.6	381.4
西藏								
陕西	338.7	233.4	228.4	3159.2	3037.5	2972.1	768.4	768.6
甘肃	105.0	93.1	89.3	1185.0	1139.0	1058.0	817.6	844.0
青海	74.8	55.0	53.5	824.2	744.0	665.0	739.3	804.6
宁夏	63.8	38.8	38.2	309.0	309.0	286.0	1254.6	1335.2
新疆	300.8	164.0	158.8	2223.5	2112.0	1999.6	776.5	794.0

6-3-5 2013年分地区农村住户固定资产投资和建房情况

地区	投资总额（亿元）	#竣工房屋投资	#住宅	房屋施工面积（万平方米）	房屋竣工面积（万平方米）	#住宅	竣工房屋造价（元/平方米）	#住宅
全国	**10546.7**	**7249.6**	**6735.9**	**109242.0**	**92661.7**	**85953.0**	**782.4**	**783.7**
北京	49.5	40.9	39.3	363.1	348.0	328.6	1176.5	1194.7
天津	27.2	15.2	14.4	112.1	103.8	95.7	1459.6	1503.6
河北	564.5	414.6	385.3	5228.6	4502.1	4038.9	920.9	953.9
山西	286.5	190.8	183.2	2700.2	2365.1	2263.7	806.7	809.5
内蒙古	145.0	80.8	72.8	914.4	890.0	782.6	907.7	930.3
辽宁	316.3	202.1	179.9	4581.0	4259.0	3747.2	474.5	480.2
吉林	253.5	61.7	58.9	804.9	796.3	747.8	774.6	787.5
黑龙江	331.8	91.9	85.8	941.0	865.0	797.0	1062.4	1076.5
上海	3.7	2.6	2.5	18.5	15.2	14.2	1713.2	1761.4
江苏	390.8	363.5	344.0	3248.0	3220.0	2955.0	1128.7	1164.1
浙江	588.0	503.9	474.4	6762.7	4009.6	3615.6	1256.8	1312.2
安徽	530.7	314.0	296.5	4962.1	4114.6	3841.5	763.2	771.8
福建	281.6	167.4	163.6	2759.9	1837.0	1777.1	911.1	920.6
江西	415.3	318.3	308.7	5806.8	4809.3	4666.8	661.9	661.5
山东	913.2	529.1	482.5	10689.7	10125.2	9361.9	522.5	515.3
河南	899.4	758.9	646.1	12405.4	10155.3	9572.6	747.3	675.0
湖北	510.5	386.3	346.9	5598.8	4584.5	4219.4	842.7	822.1
湖南	616.2	458.5	437.6	5889.4	4951.1	4686.4	926.1	933.7
广东	512.9	369.1	356.7	4210.8	3187.6	3072.4	1157.8	1161.1
广西	523.7	317.8	312.0	5668.6	5160.1	4941.8	615.8	631.3
海南	72.3	58.2	55.6	644.0	471.3	460.5	1235.3	1206.5
重庆	144.3	99.4	92.0	1405.0	1211.5	1141.4	820.7	806.3
四川	570.8	409.9	362.8	5634.2	4915.1	4148.7	834.0	874.6
贵州	270.8	193.3	189.8	2767.0	2452.0	2381.0	788.2	797.1
云南	346.5	228.2	206.9	6545.2	5327.3	4840.3	428.4	427.5
西藏								
陕西	350.6	261.3	250.2	3470.8	3140.6	3075.0	832.2	813.7
甘肃	120.7	77.2	70.1	1220.0	1159.0	1077.0	666.2	650.4
青海	75.8	57.8	55.6	802.2	733.0	665.4	788.3	836.1
宁夏	73.4	45.9	45.0	318.0	318.0	294.0	1442.5	1530.1
新疆	361.1	231.1	216.8	2769.6	2635.1	2343.5	877.0	925.3

6-3-6 2014年分地区农村住户固定资产投资和建房情况

地区	投资总额(亿元)	#竣工房屋投资	#住宅	房屋施工面积(万平方米)	房屋竣工面积(万平方米)	#住宅	竣工房屋造价(元/平方米)	#住宅
全国	**10755.8**	**7387.5**	**6843.0**	**103672.9**	**90287.4**	**83769.6**	**818.2**	**816.9**
北京	50.8	46.0	43.6	428.2	406.3	380.2	1132.9	1147.1
天津	27.8	27.1	23.6	219.1	181.7	155.4	1491.2	1519.9
河北	524.7	423.6	393.9	4870.7	4437.2	4032.5	954.6	976.8
山西	319.1	206.1	202.0	2872.6	2588.0	2504.5	796.5	806.4
内蒙古	154.0	88.1	78.2	903.2	871.8	709.6	1010.6	1101.9
辽宁	304.0	207.7	181.9	4113.8	3684.1	3106.5	563.9	585.6
吉林	231.7	58.8	52.1	509.7	504.0	410.8	1166.5	1267.2
黑龙江	291.1	75.4	64.7	785.0	747.6	579.4	1007.9	1117.1
上海	3.5	2.5	2.5	18.2	14.6	14.1	1741.6	1763.9
江苏	385.9	269.9	237.2	3079.9	2679.9	2474.3	1007.1	958.5
浙江	708.0	497.4	460.2	5242.4	3876.3	3649.1	1283.3	1261.2
安徽	619.3	407.7	378.2	5483.0	4454.0	4251.0	915.4	889.6
福建	308.1	189.2	185.9	2947.1	1892.4	1861.5	999.7	998.6
江西	432.9	322.2	312.7	5818.5	4783.2	4642.1	673.6	673.6
山东	896.4	510.0	421.6	10095.0	9900.0	8520.0	515.2	494.8
河南	769.9	603.3	576.4	9279.3	8013.7	7663.2	752.8	752.1
湖北	473.6	351.8	329.6	4543.9	3671.4	3388.3	958.2	972.9
湖南	694.4	542.7	517.6	5988.7	5309.1	5045.9	1022.2	1025.8
广东	450.9	327.4	314.0	3664.1	3060.9	2957.5	1069.7	1061.7
广西	555.6	330.0	323.6	5995.1	5460.8	5256.7	604.3	615.6
海南	72.8	60.6	58.8	693.4	552.2	529.0	1096.9	1111.4
重庆	144.6	98.2	90.5	1382.0	1175.8	1101.5	835.4	821.3
四川	656.4	537.6	490.4	5911.8	5794.7	5139.9	927.8	954.1
贵州	247.3	184.0	177.4	2427.0	2251.0	2145.0	817.6	826.9
云南	424.7	334.7	290.1	7960.6	6380.0	6080.2	524.6	477.1
西藏								
陕西	351.7	235.1	207.7	2774.3	2295.6	2228.7	1024.1	932.0
甘肃	124.5	71.6	64.5	1268.0	1220.0	1105.0	586.6	583.3
青海	72.3	57.5	54.0	750.6	723.5	654.7	794.3	824.5
宁夏	79.9	51.2	50.2	353.0	353.0	329.0	1451.1	1525.8
新疆	380.0	270.0	260.1	3294.9	3004.7	2854.0	898.6	911.5

住户调查其他数据

7-1 全国居民人均可支配收入基尼系数

年 份	基尼系数
2003	0.479
2004	0.473
2005	0.485
2006	0.487
2007	0.484
2008	0.491
2009	0.490
2010	0.481
2011	0.477
2012	0.474
2013	0.473
2014	0.469

7-2 农村贫困状况

年 份	1978年标准		2008年标准		2010年标准	
	贫困人口(万人)	贫困发生率(%)	贫困人口(万人)	贫困发生率(%)	贫困人口(万人)	贫困发生率(%)
1978	25000	30.7				
1980	22000	26.8				
1981	15200	18.5				
1982	14500	17.5				
1983	13500	16.2				
1984	12800	15.1				
1985	12500	14.8				
1986	13100	15.5				
1987	12200	14.3				
1988	9600	11.1				
1989	10200	11.6				
1990	8500	9.4				
1991	9400	10.4				
1992	8000	8.8				
1994	7000	7.7				
1995	6540	7.1				
1997	4962	5.4				
1998	4210	4.6				
1999	3412	3.7				
2000	3209	3.5	9422	10.2		
2001	2927	3.2	9029	9.8		
2002	2820	3.0	8645	9.2		
2003	2900	3.1	8517	9.1		
2004	2610	2.8	7587	8.1		
2005	2365	2.5	6432	6.8		
2006	2148	2.3	5698	6.0		
2007	1479	1.6	4320	4.6		
2008			4007	4.2		
2009			3597	3.8		
2010			2688	2.8	16567	17.2
2011					12238	12.7
2012					9899	10.2
2013					8249	8.5
2014					7017	7.2

注：①1978年标准:1978-1999年称为农村贫困标准，2000-2007年称为农村绝对贫困标准。
②2008年标准：2000-2007年称为农村低收入标准，2008-2010年称为农村贫困标准。
③2010年标准：是新确定的农村扶贫标准。

7-3 农民工数量及收入水平

年 份	一、农民工总量（万人）	1. 外出农民工（万人）	(1)住户中外出农民工（万人）	(2)举家外出农民工（万人）	2. 本地农民工（万人）	二、农民工月收入水平（元/人）
2008	22542	14041	11182	2859	8501	1340
2009	22978	14533	11567	2966	8445	1417
2010	24223	15335	12264	3071	8888	1690
2011	25278	15863	12584	3279	9415	2049
2012	26261	16336	12961	3375	9925	2290
2013	26894	16610	13085	3525	10284	2609
2014	27395	16821	13243	3578	10574	2864

注：本表来源于农民工监测调查资料。

住户调查简介

城乡一体化住户调查简介

实行城乡一体化住户调查，是推进城乡住户调查一体化改革、统筹城乡发展、构建和谐社会的必然要求，是调整国家收入分配格局、制定收入分配政策的客观需要，是提高住户调查数据质量的基本保障。从 2013 年度起，中国国家统计局实施了城乡一体化住户调查改革，统一了原分别组织的城镇住户调查和农村住户调查，规范了统计名称、统计分类和统计标准，并据此采集全体居民有关数据。

一、调查目的

为全面、准确、及时了解全国和各地区城乡居民收入、消费及其他生活状况，客观监测居民收入分配格局和不同收入层次居民的生活质量，更好地满足研究制定城乡统筹政策和民生政策的需要，为国民经济核算和居民消费价格指数权重制定提供基础数据，依照《中华人民共和国统计法》规定，开展住户收支与生活状况调查（以下简称住户调查）。

二、调查对象

住户调查对象为中华人民共和国境内的住户，既包括城镇住户，也包括农村住户；既包括以家庭形式居住的户，也包括以集体形式居住的户。无论户口性质和户口登记地，中国公民均以住户为单位，在常住地参加本调查。

三、调查组织

住户调查以省为总体进行抽样。国家统计局统一领导住户调查，负责制定调查方案，组织调查实施，监督调查过程，审核、处理、汇总调查数据，发布全国和分省城乡居民收入、消费和生活状况数据。国家统计局各调查总队按照本方案规定，负责组织本省住户调查工作。

四、调查内容

住户调查内容主要包括居民现金和实物收支情况、住户成员及劳动力从业情况、居民家庭食品和能源消费情况、住房和耐用消费品拥有情况、家庭经营和生产投资情况、收入分配影响因素情况、社区基本情况以及其他民生状况等。

五、样本抽选

样本抽选包括抽样方法设计、县级调查网点代表性评估、调查小区抽选以及摸底调查、调查住宅抽选、调查户落实等现场抽样工作。

国家统计局使用统一的抽样框，以省为总体，采用分层、多阶段随机抽样方法抽选调查住宅，确定调查户。全国共抽选出 1650 个县(市、区)的 1.6 万个调查小区，对抽中小区中的 200 多万个住户进行全面摸底调查，在此基础上随机等距抽选出约 16 万住户参加记账调查。定期对调查小区和调查住宅进行轮换。在 95%的置信度下，全国居民人均可支配收入的抽样误差小于 1%。

六、数据采集与处理

主要采用调查户记日记账的方式采集居民收支数据，同时辅之以统一的调查问卷，收集与收入和支出有关的其他调查内容。所有调查工作由国家统计局派驻各地的调查队独立完成。由市县级调查队使用统一的方法和数据处理程序对原始调查资料进行编码、录入，经各调查队审核后将分户基础数据直接传输至国家统计局进行统一汇总计算。国家统计局以数据库形式保存所有调查户信息、记账资料、问卷调查资料等基础数据和汇总计算结果。

七、数据主要变化情况

根据城乡一体化住户收支与生活状况调查，2013 年及以后新口径的城镇和农村居民人均可支配收入等数据的覆盖人群主要变化: 一是计算城镇居民人均可支配收入时分母包括了在城镇地区常住的农民工，计算农村居民人均可支配收入时分母不包括在城镇地区常住的农民工; 二是由本户供养的在外大学生视为常住人口。新口径的城镇居民和农村居民人均可支配收入及消费等的指标口径变化主要是: 计算城镇居民和农村居民人均可支配收入和消费支出时，包括了自有住房折算租金。

八、数据发布

住户调查结果数据按年度和季度发布。全国和分省数据由国家统计局发布。

九、数据质量控制

住户调查实行全过程质量控制。国家统计局建立全过程质量控制制度，规范方案设计，科学抽选样本，认真组织培训，严格流程管理，加强监督检查。每个季度随机抽取 6000 个调查户进行电话回访，检查核实各地上报的数据。同时，也采用现场抽查等多种质量控制办法。

住户调查主要收支指标解释

一、2013 年及以后的住户收支与生活状况调查指标解释

从 2013 年度起，国家统计局对分别进行的城乡住户调查实施了一体化改革，规范了城乡划分范围，统一了城乡居民收入指标名称、分类和统计标准，建立了城乡统一的一体化住户调查，并据此采集全国居民有关数据。

（一）居民可支配收入

居民可支配收入指居民可用于最终消费支出和储蓄的总和，即居民可用于自由支配的收入。既包括现金收入，也包括实物收入。按照收入的来源，可支配收入包含四项，分别为：工资性收入、经营性净收入、转移性净收入和财产性净收入。

工资性收入　指就业人员通过各种途径得到的全部劳动报酬和各种福利，包括受雇于单位或个人、从事各种自由职业、兼职和零星劳动得到的全部劳动报酬和福利。

经营净收入　指住户或住户成员从事生产经营活动所获得的净收入，是全部经营收入中扣除经营费用、生产性固定资产折旧和生产税之后得到的净收入。计算公式具体为：

经营净收入＝经营收入-经营费用-生产性固定资产折旧-生产税

财产净收入　指住户或住户成员将其所拥有的金融资产、住房等非金融资产和自然资源交由其他机构单位、住户或个人支配而获得的回报并扣除相关的费用之后得到的净收入。财产净收入包括利息净收入、红利收入、储蓄性保险净收益、转让承包土地经营权租金净收入、出租房屋净收入、出租其他资产净收入和自有住房折算净租金等。财产净收入不包括转让资产所有权的溢价所得。

转移净收入　计算公式为：转移净收入＝转移性收入-转移性支出

转移性收入　指国家、单位、社会团体对住户的各种经常性转移支付和住户之间的经常性收入转移。包括养老金或退休金、社会救济和补助、政策性生产补贴、政策性生活补贴、救灾款、经常性捐赠和赔偿、报销医疗费、住户之间的赡养收入，本住户非常住成员寄回带回的收入等。转移性收入不包括住户之间的实物馈赠。

转移性支出　指居民家庭对国家、单位、住户或个人的经常性或义务性转移支付。包括缴纳的税款、各项社会保障支出、赡养支出、经常性捐赠和赔偿支出以及其他经常转移支出等。

（二）居民消费支出

居民消费支出是指居民用于满足家庭日常生活消费需要的全部支出，既包括现金消费支出，也包括实物消费支出。消费支出可划分为食品烟酒、衣着、居住、生活用品及服务、交通通信、教育文化娱乐、医疗保健以及其他用品及服务八大类。

食品烟酒　指用于各种食品和烟草、酒类的支出。

衣着　指与居民穿着有关的支出，包括服装、服装材料、鞋类、其他衣类及配件、衣着相关加工服务的支出。

居住　指与居住有关的支出，包括房租、水、电、燃料、物业管理等方面的支出，也包括自有住房折算租金。

生活用品及服务　指家庭及个人的各类生活品及家庭服务。包括家具及室内装饰品、家用器具、家用纺织品、家庭日用杂品、个人用品和家庭服务。

交通通信　指用于交通和通信工具及相关的各种服务费、维修费和车辆保险等支出。

教育文化娱乐　指用于教育、文化和娱乐方面的支出。

医疗保健　指用于医疗和保健的药品、用品和服务的总费用。包括医疗器具及药品，以及医疗服务。

其他用品及服务　指无法直接归入上述各类支出的其他用品与服务支出。

二、2012 年及以前的分城镇和农村住户调查指标解释

2012 年及以前年份，中国的住户调查一直分城乡分别开展。由于分别调查，农村与城镇居民收入、支出等指标的统计口径有所不同，数据也不完全可比，城镇调查城镇居民可支配收入，农村调查农村居民纯收入。城镇居民收入与支出数据，指现金收入或现金支出，不包括实物收支；其中，计算城镇居民人均可支配收入和消费支出时，不包括自有住房折算租金，也不包括购建房支出。农村居民收入与支出数据，分为总收支和现金收支，即农村居民的总收支部分包括了自产自用的实物收支；其中，计算农村居民人均纯收入和消费支出时，也不包括自有住房折算租金，但农村居民居住消费支出中，包括了购建房支出。

为了保持历史数据的可比，本年鉴中 2012 年及以前年份的数据和指标解释仍保持了原城镇住户调查和农村住户调查方案的原貌。

（一）城镇住户调查主要收支指标解释

1. 城镇居民家庭总收入

家庭总收入：指居民家庭中生活在一起的所有家庭成员在调查期得到的工薪收入、经营净收入、财产性收入、转移性收入的总和，不包括出售财物和借贷收入。收入的统计标准以实际发生的数额为准，无论收入是补发还是预发，只要是调查期得到的都应如实计算，不作分摊。

工薪收入：指就业人员通过各种途径得到的全部劳动报酬，包括所从事的主要职业的工资以及从事第二职业、其他兼职和零星劳动得到的其它劳动收入。

经营净收入：指家庭成员从事生产经营活动所获得的净收入。是全部生产经营收入中扣除生产成本和税金后所得的收入。如当期收入小于生产费用的开支，其差额记入“其他借贷支出 ”中。

财产性收入：指家庭拥有的动产（如银行存款、有价证券）、不动产（如房屋、车辆、土地、收藏品等）所获得的收入。包括出让财产使用权所获得的利息、租金、专利收入；财产营运所获得的红利收入、财产增值收益等。

利息收入：指资产所有者按预先约定的利率获得的高于存款本金以外的那部分收入。包括各类定期和活期存款利息、债券利息、储蓄性奖券和存款的“中奖”收入。利息与红利的差异：利息一般是预先约定的，与企业的经营状况无关，而红利的多少与企业的经营效益直接有关，一般不预先约定。利息收入是应得收入，包括银行代扣的利息所得税。

转移性收入：指国家、单位、社会团体对居民家庭的各种转移支付和居民家庭间的收入转移。包括政府对个人收入转移的离退休金、失业救济金、赔偿等；单位对个人收入转移的辞退金、保险索赔、住房公积金、家庭间的赠送和赡养等。

记账补贴：指居民家庭因承担记账工作从统计部门、工作单位和其它途径所得到的现金。不包括实物部分。

2. 城镇居民可支配收入

可支配收入：指居民家庭可用于最终消费支出和其它非义务性支出以及储蓄的总和，即居民家庭可以用来自由支配的收入。它是家庭总收入扣除交纳的所得税、个人交纳的社会保障费以及调查户的记账补贴后的收入。计算公式为：

可支配收入＝家庭总收入-交纳所得税-个人交纳的社会保障支出-记账补贴

3. 城镇居民家庭总支出

家庭总支出：指家庭除借贷支出以外的全部实际支出。包括消费支出、购房建房支出、转移性支出、财产性支出、社会保障支出。支出统计是以实际购得的商品或服务的总价值填报，不论其付款方式是一次付清、分期付款，还是赊购，只要商品或服务已被消费就要按其总价值计量。如果采用分期付款或赊购形式，则要在借贷收入类相应的项目填入实付款与总的应付款的差额。

4. 城镇居民消费支出

消费支出：指居民家庭用于满足家庭日常生活消费需要的全部支出，包括食品、衣着、居住、家庭设备及用品、交通通信、文教娱乐、医疗保健、其他等八大类。消费支出构成是按照商品或服务的用途进行分类，如果消费支出的目的与用途不一致时，必须按照用途归入相应类内。

服务性消费支出：指居民家庭用于本家庭支付社会提供的各种文化和生活方面的非商品性服务费用。不包括为别人付款的服务。服务消费与商品消费不同，其特点在于其劳动过程和消费过程在时间与空间上的统一。

财产性支出：指家庭购买或维护财产所支付的利息等有关费用。

社会保障支出：指居民家庭成员参加国家法律、法规规定的社会保障项目中由个人交纳的保障支出。不包括职工所在单位交纳的那部分社会保障金。

食品支出：指居民为摄取身体所需要的营养和满足某种嗜好而进食的各种消费品，包括在商店、集市、工作单位食堂和饮食业购买的主食、副食、烟草、酒、饮料以及干鲜瓜果、糖果、糕点、奶制品等。

衣着支出：指各种穿着用品及加工穿着品的各种材料，包括棉、麻、丝、毛和各种人造纤维、合成纤维纺织的各种布匹、呢绒、绸缎及其加工的服装，各种鞋、袜、帽及其他零星穿着用品等。

居住支出：指与居住有关的支出，包括住房、水、电、燃料方面的支出。其中的住房支出：指居民家庭用于住房的直接支出，包括房租、房屋维修支出、物业管理费、房屋装潢支出。不包括购建房支出，也不包括自有住房虚拟租金。

家庭设备及用品支出：指家庭各类日用消费品及家庭服务。包括日用耐用消费品、室内装饰品、床上用品、家庭日用杂品、家具、家庭服务。不含个人用品和服务。

交通通信支出：指用于交通和通信工具和相关的各种服务费、维修等支出。

交通：指购置交通工具及零配件、支付各种交通费、修理服务费、油料费等的支出。

通信：指家庭用于通信方面的全部支出。包括通信工具、电话费、邮费及其他通信费用。

文教娱乐支出：指居民家庭用于教育和文化娱乐方面的支出。

文化娱乐用品:指居民家庭用于购置家庭文娱用耐用消费品和其它文娱用品的支出。其中，购买家庭影院的根据其设备配置情况分别记为彩色电视机、影碟机、组合音响等。

文化娱乐服务:指和文化娱乐活动有关的各种服务费用。

教育支出：是指按一定的目的要求，对受教育者的德育、智育、体育、爱好、技能等诸方面施以影响的一种有计划的活动，与这一活动直接相关的支出即为教育支出。包括学费、教材费、家教费、赞助费、寄宿学生的住宿费等。

医疗保健支出：指用于医疗和保健的药品、用品和服务费用。包括医疗器具、保健用品、医药费、滋补保健品、医疗保健服务及其他医疗保健费用。实行医疗改革的单位，医疗基金（医保卡）支付的全部费用计入工资及补贴收入中，同时记入相应的医疗保健支出中。个人先现金支付然后到单位报销的医疗费在记入相应消费的同时，如果是在职职工则记入工资性收入，如果是离退休职工则记入离退休金中。

其他支出：指无法直接归入上述各类支出以外的个人用品和其他商品与服务支出。

其他商品:指七大类以外的个人用品和各种其他商品。

服务:指用于个人消费中的服务费，包括旅馆住宿费、理发洗澡费、美容费等。

（二）农村住户调查主要收支指标解释

1. 农村居民总收入与总支出

总收入：指调查期内农村住户和住户成员从各种来源渠道得到的收入总和。按收入的性质划分为工资性收入、家庭经营收入、财产性收入和转移性收入。

工资性收入：指农村住户成员受雇于单位或个人，靠出卖劳动而获得的收入。

在非企业组织中劳动得到的收入：指农村住户成员在不具备企业性质的行政事业单位和各种组织中劳动得到的收入。包括村干部和民办教师的工资(奖金、补贴)，乡及以上行政、事业单位工作人员的工资(奖金、补贴)等。

在本地劳动得到的收入：指农村住户成员在住户所属乡(镇)地域范围内受雇于单位或个人，靠出卖劳动而获得的收入。

常住人口外出从业得到的收入：指农村住户成员到住户所属乡(镇)地域范围以外从业得到的收入。

家庭经营收入：指农村住户以家庭为生产经营单位进行生产筹划和管理而获得的收入。农村住户家庭经营活动按行业划分为农业、林业、牧业、渔业、工业、建筑业、交通运输业邮电业、批发和零贸易餐饮业、社会服务业、文教卫生业和其他家庭经营。

农业收入：指包括谷物种植业，豆类和薯类作物种植业，棉、麻等植物性纺织原料种植业，油料、糖料作物种植业，烟草种植业，药材种植业，蔬菜、瓜类作物种植业，饲料作物种植业，茶、桑、果树种植业。

种植业收入：是指农村住户当年从承包地和自营地上收获的粮食、经济作物、蔬菜、茶叶、水果、水生植物（如菱、藕等）等的主产品和副产品的全部收入。但生产用的绿肥和青饲料不作为收入，用来沤肥的副产品以及野生植物的采集和家庭兼营商品性手工业不作为种植业收入。

林业收入：是指农村住户当年采伐竹木收入、出售树苗和从人工栽培的竹林上不经砍伐而取得的各种林产品收入，如生漆、棕片、五倍籽、松脂、紫胶、竹笋、油桐籽、油茶籽、乌桕籽、核桃、各种林木子实，以及修剪竹木枝叶（荆条、柳条、蒲葵叶）等等；包括野生林木的采集产品收入；但不包括桑叶、茶叶、水果、花卉，它们算在种植业收入中。

畜牧业收入：是指农村住户当年出售、屠宰的畜禽、小动物和畜禽产品收入。包括家畜（仔畜、架子猪也包括在内）、家禽（包括幼禽）及其他小动物收入；也包括出售鹌鹑、鸽子等收入，按出售和屠宰的产品计算。畜禽的繁殖和增重，不计算收入；活的家畜、家禽及其他小动物的产品（如蛋类、羊毛、蜂蜜、蜂蜡等）收入，按全部产品计算；动物屠宰和死后的畜产品（如猪鬃、羊皮、蚕茧等）收入，按全部产品计算。牧区和半牧区农民出卖大牲畜的收入，应作为畜牧业收入；农户出售肉牛的收入和专门饲养大牲畜出售的收入应作为畜牧业收入，但变卖属于固定资产的役畜的现金收入，不能作为牧业收入，而应计算在出售财物收入中；包括野生动物的狩猎及其产品的采集收入。

渔业收入：是指农村住户当年捕捞天然水生的和人工养殖的鱼、虾、蟹、贝、藻类等淡水水产品和海水水产品的全部收入。包括养殖观赏鱼类的收入。

工业收入：是指农村住户的个体企业（有固定场所和生产设备、有专业生产劳动力，年内生产三个月以上）利用手工和机械进行自然资源开采，农副产品,工业品加工和修理以及从事手工业(手工业指依靠手工劳动,使用简单工具从事的工业性生产活动，包括各种制作、刺绣、编织、雕刻、加工等手工业。)所得全部产品收入，来料加工的产品，按加工费计算收入。自制自用的产品不计收入。

建筑业收入：是指农村住户成员当年从事房屋或建筑物的新建和维修以及设备安装所得到的劳动报酬，参加国家举办的基本建设工程所得到的收入。

交通运输业、邮电业收入：是指农村住户成员当年从事对本户以外的单位或个人进行货物运送、旅客运送及从事邮电行业活动的收入。

批零和零售贸易、餐饮业收入：是指从事批发贸易、零售商业和餐饮业活动的收入。

社会服务业：是指从事于日常生活及社会公共服务等服务活动的收入。包括从事社会服务业、金融保险业、房地产管理、旅馆、车店、理发、照相、洗染、缝纫、修理、导游等收入。

文教卫生业：指在文教卫生等单位从事有关活动的收入。如在教育、文化艺术事业、广播电视业从事有关活动的收入；在体育事业单位、体育设施管理单位、体育队、体育训练机构等从事体育活动的收入；在医疗、防治、检疫及其他卫生事业的收入等。

财产性收入：指金融资产或有形非生产性资产的所有者向其他机构单位提供资金或将有形非生产性资产供其支配，作为回报而从中获得的收入。

转移性收入：指农村住户和住户成员无需付出任何对应物而获得的货物、服务、资金或资产所有权等，不包括无偿提供的用于固定资本形成的资金。一般情况下，是指农村住户在二次分配中的所有收入。包括在外人口寄回和带回、农村外部亲友赠送、救济金、保险赔偿收入、退休金、土地征用补偿收入等。

总支出：是指农村住户全年用于生产、生活和再分配等方面的全部实际支出。包括家庭经营费用支出、购置生产性固定资产支出、税费支出、生活消费支出、转移性支出和财产性支出。

家庭经营费用支出：指农村住户以家庭为基本生产经营单位从事生产经营活动而消费的商品和服务、自产自用产品。所消费的未计算为住户收入的自产自用产品，不计算为费用支出；库存的化肥、农药也不计算为本期费用支出。

农业生产支出：指用于农业生产活动费用。如种籽、肥料、农药、小农具购置和修理、油料费、耕畜的饲料、饲草费、机耕费、排灌费、电费等，此外还包括家庭兼营商品性手工业等所支付的有关费用。

种植业生产支出：是指种植各种农作物所支付的生产费用。如种籽、肥料、农药、小农具购置和修理、油料费、耕畜的饲料、饲草费、机耕费、排灌费、电费等。

林业生产支出：是指经营林业生产而支付的费用。如树种、树苗、肥料、农药、电费及小型工具的购置维修等开支，但不包括林业的基本建设投资。

牧业生产支出：是指经营牧业生产所支付的费用。如购买仔畜（包括架子猪）、幼禽支出；肉用牛、羊的饲料、饲草支出；生猪、家禽等的饲料、燃料、防疫医疗费；电费和小型用具购置、维修等支出。但耕畜的饲料费应列为"种植业生产费用支出"。

渔业生产支出：是指养殖水生动物、培养海藻和捕捞生产过程中的开支。包括鱼苗、饵料、电费以及小型渔具和用具的购置、维修及油料费等支出。但不包括添置的固定资产支出。

工业生产支出：是指进行工业生产所支付的生产费用。包括工业生产耗用的原料、燃料、电费及小型工具的购置、维修等开支，还包括来料加工产品所耗用的燃料、电费，但不包括自产自用和来料加工产品所耗用的原材料。

建筑业生产支出：是指为了从事本户以外的房屋或建筑物的新建与维修以及设备安装而耗用的建筑材料、电器设备、燃料、电费以及小型工具的购置、维修等开支。

交通运输业生产支出：是指为从事对本户以外单位或个人进行货物运送和旅客运送所耗用燃料和小型工具的购置、维修等开支。

批零和零售贸易、餐饮业生产支出：是指从事批发贸易、零售商业、和餐饮业活动时所购买的生产用具支出、租用铺面支出、帮工工资支出、燃料支出、电费支出及其他费用开支。

社会服务业生产支出：指用于包括金融保险业、房地产管理、旅馆、车店、理发、照相、洗染、缝纫、修理、导游等日常生活及社会公共服务等服务活动的费用支出。

文教卫生业生产支出：指在文教卫生等单位从事有关活动的支出。如在教育、文化艺术事业、广播电视业从事有关活动的支出；在体育事业单位、体育设施管理单位、体育队、体育训练机构等从事体育活动的支出；在医疗、防治、检疫及其他卫生事业的支出等。

其他家庭生产经营支出：是指上述各项家庭经营费用支出以外的其他支出，包括各项劳务所支出的费用。

购置生产性固定资产支出：指农村住户用于建造和购置生产性固定资产所支出的费用。

税费支出：是指农村住户从事生产经营活动以现金和实物形式缴纳的各种税费。

消费支出：指农村住户用于物质生活和精神生活方面的消费支出。消费支出分为食品支出、衣着支出、居住支出、家庭设备及用品支出、交通通信支出、文教娱乐支出、医疗保健支出、其他支出。

食品支出：指农村居民年内消费各类食品支出。包括主食、副食、其他食品、在外饮食和食品加工费支出。

衣着支出：指农村住户用于各种穿着用品及加工穿着用品的材料支出。包括棉花、丝棉、化纤棉、驼毛、棉布、各种化纤布、绸、缎、呢绒、各类成衣、棉、毛、丝、麻纺织品，背心、汗衫、棉毛衫裤、卫生衫裤、袜子等针织品，毛线、毛线织品、各种鞋、帽等消费品及衣着的加工修理费(指农村住户为加工或修补服装、鞋帽等衣着所支付的服务费)。但不包括用各种布料做的床上用品，室内装饰品。

居住支出：指与农村住户居住有关的所有支出。包括新建(购)房屋、房屋维修、居住服务、租赁住房所付的租金、生活用水、生活用电、用于生活的燃料等支出。

家庭设备及用品支出：指农村住户消费的各种耐用消费品、其他家庭用品及用品的加工修理费用。

交通通信支出：指农村住户用于交通和通讯的工具、各种服务费、维修费用支出。

文教娱乐支出：指农村住户用于文化、教育、娱乐方面的支出。包括文化教育娱乐用品支出和文化教育娱乐服务支出。

医疗保健支出：指农村住户用于医疗和保健的药品、医疗器械和服务费用。包括医药卫生保健用品、医疗保健服务费和医疗卫生设备、用品加工修理费等。

其他支出：指上述各类支出以外的商品和服务支出。

财产性支出：为获得其他住户财产(包括无形资产)的使用权而支付的各种费用。

转移性支出：指农村住户和住户成员没有获得任何对应物而支出的货物、服务、资金或资产所有权等，不包括无偿提供的用于固定资本形成的资金。一般情况下，指农村住户在二次分配中的所有支出。

2．农村居民现金收入与支出

现金收入：指农村住户和住户成员在调查期内得到以现金形态表现的收入。按来源分成工资性收入、家庭经营现金收入、财产性收入、转移性收入。

现金支出：指农村住户在调查期内用于生产、生活和再分配所支付的现金。包括家庭经营费用支出、缴纳的税费、购买生产性固定资产、生活消费、财产性和转移性支出。

3．农村居民纯收入

纯收入：指农村住户当年从各个来源得到的总收入相应地扣除所发生的费用后的收入总和。纯收入主要用于再生产投入和当年生活消费支出，也可用于储蓄和各种非义务性支出。“农民人均纯收入”按人口平均的纯收入水平，反映的是一个地区或一个农户农村居民的平均收入水平。计算方法：

纯收入＝总收入-家庭经营费用支出-税费支出-生产性固定资产折旧-农村内部亲友赠送

三、分组等指标

（一）收入五等份分组方法

是将所有居民家庭按户的人均可支配收入(城镇居民)、或按人均纯收入（农村居民）由低到高排队，按20%、20%、20%、20%、20%的比例依次分成为：低收入组、中等偏下收入组、中等收入组、中等偏上收入组、高收入组五组。

（二）四大经济区域

东部地区：包括北京、天津、河北、上海、江苏、浙江、福建、山东、广东、海南10个省（市）。

中部地区：包括山西、安徽、江西、河南、湖北、湖南6个省。

西部地区：包括内蒙古、广西、重庆、四川、贵州、云南、西藏、陕西、甘肃、青海、宁夏、新疆12个省（区、市）。

东北地区：包括辽宁、吉林、黑龙江3个省。

（三）基尼系数

指在全部居民收入中，用于进行不平均分配的那部分收入占总收入的比例。基尼系数最大为“1”，最小为“0”。前者表示居民之间的收入分配绝对不平均，即100%的收入被一个单位的人全部占有；而后者则表示居民之间的收入分配绝对平均，即人与人之间收入完全平等，没有任何差异。通常这两种情况在实际生活中不会出现。因此，基尼系数的实际数值只能介于0～1之间。本书中，基尼系数使用住户收支与生活状况调查的全部样本人均年度可支配收入的分户数据计算。